云亭法律实务书系

公司法律服务全流程手册

梁玉茹 / 编著

中国法制出版社
CHINA LEGAL PUBLISHING HOUSE

自　序

《公司法》是"公司经济生活中的根本大法，是投资兴业的总章程"①，截至 2019 年 4 月我国登记注册的公司制企业 3172 万户②，占全部企业类型的 30%，其中有限责任公司占比 98.4%，股份公司占比约 1.6%。伴随着五部公司法解释的逐一出台和《全国法院民商事审判工作会议纪要》、《民法典》的面世，作为商事裁判核心依据的公司法相关规定也在不断完善中。而企业管理者日常管理经营需要具备一定的公司法理论与实务基础，公司法律师、法务从业者亦需要不断更新公司法知识库，提升处理实践中纷繁复杂商事案件的能力。

本书作者近年来，陆续在喜马拉雅 FM 开设公益课程"公司法实务 100 问"，通过简单明了的最高人民法院（以下简称最高院）相关案例，融合公司法具体规定，将复杂抽象的公司法律用简明实用的语言展现出来，受到了广大听众的喜爱与关注，其中不少听众沟通表示希望能将这些实务案例编辑成书，其间更是受到北京律协公司法专委会副主任唐青林律师和北京云亭律师事务所主任李舒律师的大力鼓励与支持。

基于公司法相对于民法、刑法等其他学科，更具抽象和难度，作者希冀用具体案例剖析实务中存在的焦点与难点问题，并通过公司生命周期将公司法的脉络清晰展现，使得公司运营者可以从最高院案例、典型案例中掌握相关公司法实务要点，从而明晰股东权利义务与责任，完善公司运营发展与合规，促进企业管理者对公司法的理解，提高对公司运营中法律风险的认识，进而更好地防范日常经营法律风险。

本书尝试做了如下工作：

一、按照公司生命周期贯穿全程，即从公司初创设立、运营成长、合规治理、解散清算直到公司消亡，同时结合公司法 25 个诉讼案由来编排全书纵轴体系。

二、在每个具体章节里，以核心 167 个实务要点为问题切入点，并结合相关最高院指导性案例、公报案例、典型案例，以及北京、上海、江苏等法院发布的典型案例、同类裁判指引等为全书横向体系，通过案例要点剖析、法官裁判思路解读，

---

① 面向 21 世纪教材·《公司法学》，北京大学出版社，刘俊海。
② 《2019 年中国资本市场法治论坛会议实录》刘俊海教授发言稿。

进而提出要点实务建议，以期对理解掌握公司法中的实务问题有所裨益。

三、"法律的生命不在于逻辑，而在于经验"。本书主要依托《公司法》及其五部解释和《全国法院民商事审判工作会议纪要》《民法典》《证券法》等公司法律渊源，将公司法枯燥的法条通过具体案例鲜活起来，从而使得这部与市场经济发展息息相关的法律更具实践指导意义。

本书在写作过程中，得到了诸多读者的诚挚建议，在此一并表示感谢。同时，本书中可能还有错误或疏漏之处，还望读者予以批评指正。也欢迎各界朋友与笔者联系商讨公司法诉讼纠纷预防与争议解决等问题，笔者的邮箱是 18910838878@163.com。

梁玉茹

2022 年 2 月

目录
Contents

第一章
公司设立

01 创业伊始，选择什么样的组织形式？/ 002
02 认缴注册资本1个亿，出资不到位有什么风险？/ 004
03 法定代表人需不需要是公司的股东？/ 006
04 公司可否把别人的商标名拿来当字/商号？/ 008
05 公司章程照搬法条，是"暗爽"还是"暗礁"？/ 010

第二章
发起人责任

01 公司设立失败，发起人承担什么责任？/ 014
02 公司成功设立，发起人责任知多少？/ 016
03 发起人须与设立时未履行出资义务股东承担连带补充赔偿责任吗？/ 018

第三章
股东出资

01 知识产权出资后被宣告无效，出资人是否需要补足出资呢？/ 022
02 以土地使用权或房产等实物出资未过户就要被认定为未出资吗？/ 024
03 股东协议约定一方以技术出资有效吗？/ 027
04 股东实际出资比例与工商登记的不一样，哪一个为准？/ 030
05 股东未履行出资义务便转让股权是否还要承担补足出资义务呢？/ 033
06 股东在认缴期前转让股权还须对债权人承担补充赔偿责任吗？/ 034
07 股东出资后又无正当理由转出的构成抽逃出资吗？/ 038

08 典型抽逃出资行为有哪些？协助抽逃的股东、董事承担责任吗？/ 040
09 股东未实缴出资，哪些权利受影响？/ 042
10 股东出资瑕疵，其他股东承担什么责任？/ 045
11 董事未履行向股东催缴出资义务是否承担责任？/ 049
12 瑕疵出资股东是否还具有股东资格？/ 051

第四章
股东资格确认

01 确认股东资格的标准是工商已经登记还是股东实际出资？/ 056
02 被冒名登记为股东就是真实的股东吗？/ 058
03 继受取得股权情形下如何确认股东资格呢？/ 060
04 登记的是我的名，实际上是你的股？/ 062
05 隐名股东和显名股东到底谁是股东，双方博弈又该如何胜出？/ 063
06 未签订股权代持协议时如何认定隐名股东资格？/ 065
07 有限公司章程对股东资格继承作出排除性规定，股东资格还能继承吗？/ 067
08 虚假增资稀释原股东股权份额的行为有效吗？/ 070
09 全体股东可以约定不按实际出资比例持有股权比例吗？/ 071
10 采用股权让与担保方式的股东能否确认股东资格？/ 073

第五章
股东名册记载

01 依法改制后股东诉请变更公司股东名册能否获得法院支持？/ 078
02 隐名股东在什么情况下可请求确认股东资格并变更股东名册？/ 080

第六章
变更公司工商登记

01 法定代表人变更是否需经代表 2/3 以上表决权的股东通过？/ 084
02 原法定代表人离职后可否起诉要求公司变更工商登记？/ 085
03 新法定代表人如何通过工商变更登记之诉成功夺权？/ 087

04 股权转让人去世，受让人可否直接请求其继承人配合变更股权登记？/ 089

第七章

股权转让

01 有限公司股东间转让股权，其他股东可以行使优先购买权吗？/ 092
02 有限公司向股东以外的人转让股权，应当如何履行通知程序？/ 093
03 有限公司转让股权，原股东在什么条件下可以行使优先购买权？/ 096
04 侵犯其他股东优先购买权的股权转让合同有效吗？/ 097
05 转让股东与第三人恶意串通的股权转让合同是否有效？/ 099
06 股东可否无限期地行使优先购买权？/ 101
07 未经夫妻一方同意转让婚后所得股权是否有效？/ 103
08 离婚时，不是股东一方可否直接要求分割公司股权？/ 104
09 如发生股权继承、赠与、强制执行时，如何保护其他股东优先购买权？/ 106
10 如何确定股权转让合同中股权价格？/ 108
11 阴阳股权转让合同的法律效力如何？/ 110
12 转让股东瑕疵出资是否影响股权转让合同效力？/ 112
13 股东未履行出资义务便转让股权，受让人在什么情形下连带承担补足出资义务？/ 114
14 股东可否将对公司的债权转为股权出资？/ 117
15 伪造股东签名的股权转让协议是否有效？/ 119
16 股份公司章程可否对股权转让进行限制，违反章程规定的股权转让协议又是否有效？/ 120
17 名义股东擅自转让股权是否有效？/ 123
18 股权转让后未办理工商登记又二卖，原受让人如何维护合法权益？/ 125
19 转让人可以股权受让人未支付剩余股权转让款为由解除合同吗？/ 127
20 分期支付股权转让款可否以未付款项达五分之一为由解除合同吗？/ 130
21 转让人主张解除股权转让合同超过行使解除权合理期间的法院还予支持吗？/ 132
22 有限公司可否通过章程对股权转让进行人走股留的限制？/ 133
23 上市公司高管因股权激励签订的股份锁定协议效力如何？/ 135
24 股份公司发起人约定禁售期满后转让股份是否有效？/ 137
25 能否通过股权转让实现土地使用权、矿业权等资产转让？/ 139

26 外国人可以委托中国人代持内资公司股份吗？/ 141

27 国有股权转让未经审批程序合同效力如何？/ 144

28 是否参与公司的经营决策及管理是区分"股权让与担保"与"股权转让"的标准吗？/ 147

第八章

公司增资

01 增资扩股的正确法律打开模式是什么？/ 152

02 未经代表 2/3 以上表决权股东通过的增资决议是否有效？/ 154

03 未办理工商登记，增资行为是否无效？/ 156

04 增资后不得抽逃出资，上市公司可以例外？/ 157

05 被恶意增资的股东可否主张维持原股权比例？/ 159

第九章

新增资本认购

01 增资侵犯其他股东优先认缴权部分是否有效？/ 162

02 主张优先认缴权的股东可否无限期行使优先权？/ 164

03 股东对其他股东放弃的增资份额有优先认购权吗？/ 166

04 股份有限公司股东可以行使增资优先认购权吗？/ 168

第十章

公司减资

01 公司减资未通知已知债权人，减资股东要背负债务吗？/ 172

02 减资过程中需要通知的债权人有哪些？/ 174

03 未完全履行出资义务的股东不当减资需要承担责任吗？/ 175

04 未减资股东与瑕疵减资股东承担连带责任吗？/ 178

05 股东会决议不同比例减资需要全体股东一致同意吗？/ 179

06 股东定向减资也需要全体股东一致同意吗？/ 180

第十一章

公司合并

01　公司合并需要经过的法定程序是什么？/ 184
02　合并协议解除的条件是什么？/ 187

第十二章

公司分立

01　公司分立需要经过的法定程序是什么？/ 192
02　公司分立时财产应当如何分配？/ 195

第十三章

公司决议

01　公司决议类诉讼的原被告如何确立？/ 200
02　侵犯股东权利的公司决议是否有效？/ 201
03　公司决议无效主要有哪些情形呢？/ 204
04　控股股东以多数决通过的修改股东出资期限决议有效吗？/ 205
05　公司决议任命的职工监事非公司职工是否有效呢？/ 207
06　股东会对股东进行罚款作出的决议是否有效？/ 209
07　未按规定提前发送会议通知，决议是否可撤销？/ 212
08　召集程序违法的股东会决议是否可以撤销？/ 215
09　解聘总经理职务的决议可以撤销吗？/ 217
10　决议内容违反股东协议约定的是否可以撤销？/ 219
11　未实际召开的会议作出的决议是否成立？/ 221
12　违反章程规定"董事会决议须全票通过"的决议是否成立？/ 224
13　未合理履行催告程序，且违反法定程序作出的除名决议是否成立？/ 226
14　伪造签名的决议是否成立？/ 228
15　轻微瑕疵情形下的决议如何处理？/ 230
16　决议被撤销或者无效后是否影响公司已对外签署的合同？/ 233
17　增资决议被否定，工商已变更登记将被撤销吗？/ 236

18　公司未经股东会决议或者决议存在瑕疵，公司对外签署的担保合同是否有效？/ 239

　19　上市公司提供担保需要什么流程才合法合规？/ 244

第十四章

股东知情权

　01　行使股东知情权的前提是享有股东资格吗？/ 252

　02　股东行使知情权的法定程序是什么？/ 254

　03　股东行使知情权的查阅范围有多大？/ 256

　04　公司如何正当地阻却股东行使知情权？/ 259

　05　营利性民办学校举办者可以行使知情权吗？/ 261

第十五章

公司盈余分配

　01　股东身份是提起盈余分配请求权的前提？/ 266

　02　股东出资不实是否影响盈余分配请求权？/ 268

　03　盈余分配方案审批权可否由董事会行使？/ 270

　04　股东主张盈余分配权的前提条件是什么？/ 272

　05　股东分红权利被侵犯该如何救济？/ 274

　06　不按出资比例分红需要全体股东一致同意吗？/ 277

第十六章

请求公司收购股份

　01　请求有限公司收购股权法定前提条件有哪些？/ 282

　02　对股东会决议投反对票是请求公司收购股份的必经程序吗？/ 284

　03　有限公司章程规定或股东约定回购情形是否有效？/ 286

　04　对赌协议中与目标公司约定股权回购的合同效力如何？/ 288

　05　股份公司哪些情形下可以收购股份？/ 291

第十七章

证照返还

01 公司印章证照到底应该由谁保管？/ 296
02 公司谁有权提起证照返还纠纷诉讼？/ 298
03 法定代表人变更时公司证照纠纷之诉如何进行？/ 300
04 公司在证照返还之诉中还需要证明被告是非法侵占吗？/ 302

第十八章

损害公司利益责任

01 名为高管就一定是损害公司利益的责任主体吗？/ 308
02 高管与公司的自我交易行为是否有效？/ 311
03 实践中如何认定高管劫取公司商业机会？/ 314
04 高管违反竞业禁止义务需要承担什么法律责任呢？/ 317
05 高管挪用、侵占公司资金又将承担什么样的法律后果？/ 320
06 高管侵犯公司商业秘密面临法律风险有哪些？/ 323
07 公司可以直接告法定代表人损害公司利益吗？/ 328
08 股东代表诉讼未履行前置程序法院一律驳回起诉吗？/ 332
09 股东代表诉讼中要注意哪些问题呢？/ 335

第十九章

损害股东利益责任

01 损害股东利益责任纠纷与损害公司利益责任纠纷有何不同？/ 340
02 侵害股东参与重大事项决策权的行为会有什么样的法律后果？/ 343
03 对于董事高管损害股东利益的股东应如何举证呢？/ 346
04 股东违法注销公司侵犯股东权利的承担什么责任？/ 348
05 一番"神操作"伪造股东签名稀释并转让其股权承担什么法律后果呢？/ 350

第二十章

股东损害公司债权人利益责任

- 01 一人公司股东如何才能避免成为公司债务的连带责任人？/ 354
- 02 夫妻公司经营不当需对公司债务承担连带责任吗？/ 356
- 03 从最高院指导案例 15 号来看揭开法人面纱需要满足什么条件？/ 359
- 04 股东认缴出资未到期需要对公司债务承担责任吗？/ 363
- 05 股东抽逃出资及协助抽逃的要对公司债务承担责任吗？/ 365
- 06 股东抽逃增资后转让全部股权的是否仍应对债权人承担责任？/ 368
- 07 减资/解散时未依法通知债权人，后果有多严重？/ 371
- 08 简易注销真的简约而不简单吗？/ 374
- 09 被吊销营业执照怠于履行清算义务的股东须对债务承担责任吗？/ 378
- 10 股东以虚假的清算报告注销公司须对公司债务承担什么责任呢？/ 381

第二十一章

公司关联交易损害责任

- 01 称谓形式上非法定高管是否属于关联交易主体？/ 386
- 02 司法实践中一般如何认定关联关系呢？/ 388
- 03 合法的关联交易应当满足什么条件？/ 392
- 04 违法的关联交易司法实践中如何认定呢？/ 394
- 05 已经股东会决议但实质不公平的关联交易还能得到法院支持吗？/ 396

第二十二章

公司解散

- 01 谁有权提起公司解散之诉？/ 402
- 02 公司处于盈利状态也可以提请解散吗？/ 404
- 03 大股东擅自转移公司资金，小股东有权解散公司吗？/ 407
- 04 股东一发生矛盾就可以提请解散公司吗？/ 409
- 05 被吊销营业执照将导致公司直接解散吗？/ 412

第二十三章

申请公司清算

01 哪些主体有权申请公司强制清算？/ 416

02 申请公司强制清算的前提条件是什么？/ 418

03 强制清算和强制解散可以同时进行吗？/ 421

第二十四章

清算责任

01 清算义务人未依法履行清算义务的，需对公司债权人承担责任吗？/ 424

02 有限公司股东违反清算义务须对债权人承担什么责任呢？/ 426

03 九民纪要后对小股东承担清算责任限制有哪些？/ 429

04 股东需对公司债务承担责任的情形有哪些？/ 432

第二十五章

上市公司收购

01 上市公司的收购人条件及要约收购信披义务有哪些？/ 442

02 收购方撤回要约申请是否应当承担责任？/ 445

03 如何认定上市公司收购纠纷中的一致行动人？/ 448

第一章
公司设立

01 创业伊始，选择什么样的组织形式？

很多创业者在创业时遇到的第一个问题就是，如今万事俱备，工商组织形式是选择个人独资企业？一人公司？合伙企业？还是干脆一步到位来个股份公司？知己知彼，方能百战不殆，对于组织形式的选择亦是如此。

（一）创业者首先需要了解各种企业组织形式特点

先看个人独资企业：优点显而易见，个人对企业享有绝对控制权，企业资产所有权、控制权、经营权、收益权高度统一，设立门槛低，财务核算简单，只需缴纳一层税，即个人所得税，技术和经营方面也易于保密。但它最大的风险就是个人承担无限责任，而且如果在申请企业设立登记时明确以其家庭共有财产作为个人出资的，还会让家庭共有财产暴露在风险里，即以家庭共有财产对企业债务承担无限责任。另外，独资企业囿于规模小，难以筹集大量资金，不易发展壮大。

再看一人公司：优点是最小的法人组织，股东可以是一个自然人，也可以是一个法人，同时可以实现公司财产和个人财产的分离，最重要的是个人不用再承担无限责任，组织形式灵活，具有可持续发展能力。但是一人公司的死穴是如果"一人有限责任公司的股东不能证明公司财产独立于股东自己的财产的，应当对公司债务承担连带责任"，另外，法律为了防范债务风险，规定了一个自然人只能投资设立一个一人公司，同时该公司不能再设立新的一人公司。因一人公司缺乏信任体系，筹资壮大能力亦有限。

至于合伙企业，它和个人独资企业一样只承担一次税务，即对合伙企业本身不征税，只对合伙人征税。合伙人是自然人，缴纳个人所得税；合伙人是法人或其他机构，缴纳企业所得税。合伙企业分为普通合伙企业和有限合伙企业，其中有限合伙企业因结合了有限合伙人承担有限责任、普通合伙人承担无限责任的优势，应用更为广泛，一般运用在轻资本运作的职业服务公司，如咨询行业、中介行业、事务所、管理中心、基金、投资类型的企业等。股权激励、持股平台等也大多采取有限合伙企业的形式。

对于大多数初创者，最好的选择还是设立有限公司，公司拥有独立法人资格，能够独立行使民事权利，拥有完善的决策机制，可以承担更大的责任和义务，同时通过股东会、董事会和监事会有序进行公司治理，经营权和所有权分离的产权结构便于科学决策，更有利于资本积累，将公司做大做强。最重要的是公司股东仅以出资额为限承担有限责任。不过要面临双重征税的情况，如股东分红，除公司缴纳企业所得税外，股东个人尚需缴纳个人所得税，同时将来如果上市，需要进行股改变成股份公司形式方能进入资本市场。

最后来看"高大上"的股份公司。股份公司是进入资本市场的必经之路，有利于快速吸引第三方投资，利于公司快速成长，而且投资的人可能占有的股份并不高，对于投资者的风险不是很大；但在实务中其注册时的繁杂，各种会议的召开、报备等会极大地降低公司运营效率，而且公司受人关注较多，一些商业秘密容易暴露，如果是上市企业，则应严格履行监管部门的信息披露和报告义务，所以创业之初并不建议直接采用这种形式。

（二）了解各类组织形式的优缺点后，创业者还可综合考虑以下方面

首先考虑自己创业项目定位及主营范围，对于一些特殊的行业，我国法律规定只能采取特定的形式，如律师事务所不能采用公司制形式，而对于银行、保险等金融行业，则法律有着严格的要求必须采用公司制形式。如果拟从事零售业、手工业、农林渔、服务业、家庭作坊等，更多采用个人独资企业形式，如网咖、保健专营店、汽车清洗店、美容店之类等，但如果考虑连锁经营，建议最好还是采用公司形式，最少也要成立一人公司，运作更容易。同时也要考虑资金实力、团队人员、盈利模式和回收资金周期等因素。另外，应当根据所处行业考虑具体采用的企业组织形式，如果法律有强制性规定的行业，创业者只能遵循执行，而对于法律没有强制要求的，创业者可以根据实践中通常的做法以及自身具体要求进行确定。

其次创业者需要考虑自身风险承担能力。创业伊始，各种风险接踵而至，而企业组织形式的选择决定了创业者日后所需要承担的责任。从上述企业组织形式的优劣分析可见，公司制有限责任制度起到了防火墙作用，可以有效控制创业者的风险，而采用合伙企业或个人独资企业，创业者所承担的风险不仅限于投资额，还包括全部个人财产甚至家庭全部财产，面临风险较大。

另外，还可以考虑税务筹划，选择合伙制企业一般所需要缴纳的税赋比公司制企业低。不过对于一些特殊的行业，如高新技术企业和小微企业，在享受到税收优惠政策的情况下，公司制企业或许更加节税。

最后是否有投资需求、企业规范管理等也是需要综合考虑的方面，拟投资的事业所需资金不多，采用个人独资企业或合伙制均可；如果发展业务投资需求较多则建议设立公司制企业。另外，从公司经营管理规范角度来讲，个人独资企业和合伙企业的运营更多的体现个人意志，实践中经营期限均不长。但公司制企业除出现法定解散事由或约定解散事由外，是可以长久存续的。因此，如果创业者希望企业长久发展，建议采取公司制企业形式。

综上，企业组织形式"各有神通"，没有最好只有更适合的，建议创业者结合自身情况和实际需求，在进行风险评判的前提下，选择最适合自身发展的组织形式。

[引申法条]

《中华人民共和国个人独资企业法》

第二条 本法所称个人独资企业，是指依照本法在中国境内设立，由一个自然人投资，财产为投资人个人所有，投资人以其个人财产对企业债务承担无限责任的经营实体。

第十八条 个人独资企业投资人在申请企业设立登记时明确以其家庭共有财产作为个人出资的，应当依法以家庭共有财产对企业债务承担无限责任。

《中华人民共和国合伙企业法》

第二条 本法所称合伙企业，是指自然人、法人和其他组织依照本法在中国境内设立的普通合伙企业和有限合伙企业。

普通合伙企业由普通合伙人组成，合伙人对合伙企业债务承担无限连带责任。本法对普通合伙人承担责任的形式有特别规定的，从其规定。

有限合伙企业由普通合伙人和有限合伙人组成，普通合伙人对合伙企业债务承担无限连带责任，有限合伙人以其认缴的出资额为限对合伙企业债务承担责任。

《中华人民共和国公司法》

第三条 公司是企业法人，有独立的法人财产，享有法人财产权。公司以其全部财产对公司的债务承担责任。

有限责任公司的股东以其认缴的出资额为限对公司承担责任；股份有限公司的股东以其认购的股份为限对公司承担责任。

02 认缴注册资本1个亿，出资不到位有什么风险？

从2014年3月起《中华人民共和国公司法》（以下正文简称《公司法》）将原来实行的公司注册资本实缴制改为认缴制，于是成立注册资本上亿级别的公司已不再是梦，那么认缴注册资本是否可任性为之，出资不到位又有什么风险呢？

[典型案例]

财大粗先生投资设立公司，为彰显实力，一口气认缴注册资本1个亿，但实际只缴纳100万元，后因经营不善负债累累，对于承诺的1亿元注册资本未到位他又将面临什么风险呢？

（一）如果注册资本认缴期已到而实际出资不到位，财大粗先生将在未缴纳出资本息范围内对公司债务承担补足责任

《最高人民法院关于适用〈中华人民共和国公司法〉若干问题的规定（三）》（以下正文简称《公司法司法解释三》）第十三条第二款规定"公司债权人请求未履行或者未全面履行出资义务的股东在未出资本息范围内对公司债务不能清偿的部分承担补充赔偿责任的，人民法院应予支持……"比如，财大粗先生认缴1亿元，实缴100万元，认缴到期应缴未缴注册资本为9900万元，则在9900万元本息范围内对债务承担补充赔偿责任。

（二）如果认缴期未到，遇到极端情况股东出资也要加速到期，即公司不能清偿债务时，债权人请求未届出资期限的股东在其未出资范围内承担补充清偿责任

对加速到期最高院一贯持谨慎态度，2019年11月11日，最高院发布的《全国法院民商事审判工作会议纪要》（以下正文简称《九民纪要》）倾向于在公司没有破产或解散的情形下，股东出资原则上不应加速到期，因为公司股东出资时间经工商登记向社会公示，股东依法享有期限利益，债权人可综合考察相关信息后决定是否进行交易，但同时也规定了股东出资加速到期的两种例外情形：（1）公司作为被执行人的案件，人民法院穷尽执行措施无财产可供执行，已具备破产原因，但不申请破产的；（2）在公司债务产生后，公司股东（大）会决议或以其他方式延长股东出资期限的。在上述两种例外情形下，股东出资视为到期，同样要承担补充赔偿责任。

另外《最高人民法院关于适用〈中华人民共和国公司法〉若干问题的规定（二）》（以下简称《公司法司法解释二》）第二十二条也规定在公司解散时，股东尚未缴纳的出资均应作为清算财产。公司财产不足以清偿债务时，债权人可以向未缴出资股东，以及公司设立时的其他股东或者发起人主张在未缴出资范围内对公司债务承担连带清偿责任。

所以，认缴制度下的注册资本并非可以任性，即使还没有到认缴期，遇到上述极端情况，公司破产或解散了，财大粗先生要在认缴的1亿元内承担责任。

综上，建议合伙人根据实际经营需要核定注册资本，如考虑行业资质，如互联网公司的ICP许可证要求注册资本须在100万元以上，若考虑入驻国内大的电商平台，则要符合规定的门槛，若项目涉及招投标则须参照行业通行做法，因为注册资本不仅仅是面子工程，更是将来需要承担风险往外掏钱的风险敞口，而对于未来需要进行股权融资的创业者实际上股权比例更为重要，所以根据自己的情况，设定一个合理的注册资本，才是最理智的选择。

[引申法条]

《最高人民法院关于适用〈中华人民共和国公司法〉若干问题的规定（三）》

第十三条　股东未履行或者未全面履行出资义务，公司或者其他股东请求其向公司依法全面履行出资义务的，人民法院应予支持。

公司债权人请求未履行或者未全面履行出资义务的股东在未出资本息范围内对公司债务不能清偿的部分承担补充赔偿责任的，人民法院应予支持；未履行或者未全面履行出资义务的股东已经承担上述责任，其他债权人提出相同请求的，人民法院不予支持。

股东在公司设立时未履行或者未全面履行出资义务，依照本条第一款或者第二款提起诉讼的原告，请求公司的发起人与被告股东承担连带责任的，人民法院应予支持；公司的发起人承担责任后，可以向被告股东追偿。

股东在公司增资时未履行或者未全面履行出资义务，依照本条第一款或者第二款提起诉讼的原告，请求未尽公司法第一百四十七条第一款规定的义务而使出资未缴足的董事、高级管理人员承担相应责任的，人民法院应予支持；董事、高级管理人员承担责任后，可以向被告股东追偿。

《最高人民法院关于适用〈中华人民共和国公司法〉若干问题的规定（二）》

第二十二条　公司解散时，股东尚未缴纳的出资均应作为清算财产。股东尚未缴纳的出资，包括到期应缴未缴的出资，以及依照公司法第二十六条和第八十条的规定分期缴纳尚未届满缴纳期限的出资。

公司财产不足以清偿债务时，债权人主张未缴出资股东，以及公司设立时的其他股东或者发起人在未缴出资范围内对公司债务承担连带清偿责任的，人民法院应依法予以支持。

03　法定代表人需不需要是公司的股东？

从《公司法》上来说，并不要求法定代表人由股东担任，《公司法》第十三条规定公司法定代表人依照公司章程的规定，由董事长、执行董事或者经理担任，即法定代表人由董事长、不设董事会的执行董事或者总经理担任，法定代表人既可以是当董事长的股东，也可由选出的职业经理人担任。但从实务上来说，法定代表人由公司的大股东担任的情况较多，毕竟公司的盈利与否关系着大股东的切身利益。

公司的法定代表人对内处于公司管理核心的地位，对外代表公司，以公司的名义对外实施的行为均视为公司的行为，该行为的法律后果由公司承担，如合同中只有法定代表人的签字，根据《中华人民共和国民法典》（以下正文简称《民法典》）第六十一条的规定，法定代表人以法人名义从事的民事活动，其法律后果由法人承受，即使公司未盖章合同也照样生效，可以说法定代表人就是"行走的公章"。

不过，当法定代表人也面临不少法律风险，其代表公司的权利，反过来也可能因公司债务纠纷而陷于民事诉讼中，从而被直接限制高消费、限制出境，有的甚至被公司倒打一耙，以滥用权利损害公司利益为由而成了公司的被告。更为严重的将涉及刑事风险，如生产销售伪劣产品罪、逃税罪、虚开增值税专用发票罪、侵犯著作权罪、非法经营罪、重大责任事故罪等均系双罚制罪名，即除对单位进行处罚外，还极可能追究"直接负责的主管人员和其他直接责任人"。

从公司股东层面来讲，对法定代表人负有选任责任，依据《民法典》第六十二条规定，法定代表人因执行职务造成他人损害的，先由法人承担民事责任，再向有过错的法定代表人追偿，如果用人不善，选任错误，公司将可能对法定代表人违规甚至不法行为埋单；而担任法定代表人也要做好风险防范，就好比金刚罩护体，如在章程中增加"公司的董事、董事长、法定代表人不需对在董事会和公司章程规定的其职责范围内的任何行为或不作为承担个人法律责任，除非其行为构成营私舞弊、严重玩忽职守、肆意渎职或故意损害公司利益"。同时要敢于对违反法律、行政法规或者公司章程的行为说不，及时提出明确异议并在相关会议记录上进行留痕记载等，以免因法定代表人身份而沦为公司的傀儡或承担不应承担的个人责任。

[引申法条]

《中华人民共和国民法典》

第六十一条 依照法律或者法人章程的规定，代表法人从事民事活动的负责人，为法人的法定代表人。

法定代表人以法人名义从事的民事活动，其法律后果由法人承受。

法人章程或者法人权力机构对法定代表人代表权的限制，不得对抗善意相对人。

第六十二条 法定代表人因执行职务造成他人损害的，由法人承担民事责任。

法人承担民事责任后，依照法律或者法人章程的规定，可以向有过错的法定代表人追偿。

《中华人民共和国公司法》

第十三条 公司法定代表人依照公司章程的规定，由董事长、执行董事或者经理担任，并依法登记。公司法定代表人变更，应当办理变更登记。

《中华人民共和国企业法人登记管理条例施行细则》

第十九条 经登记主管机关核准登记注册的代表企业行使职权的主要负责人，是企业法人的法定代表人。法定代表人是代表企业法人根据章程行使职权的签字人。

企业的法定代表人必须是完全民事行为能力人，并且应当符合国家法律、法规和政策的规定。

04 公司可否把别人的商标名拿来当字/商号？

有些人做事讲究图吉利图个好彩头，给公司起名也不例外，有的专门用《易经》进行测算，有的干脆用热点事件起名，本篇与大家谈谈公司直接拿别人的商标名来当字/商号是否可行？

[**典型案例**]

北京某丰包子铺与山东某丰餐饮管理有限公司侵害商标权与不正当竞争纠纷案中，最高院认为，公民享有其合法的姓名权，当然可以合理使用自己的姓名。但是，公民在将其姓名作为商标或企业字号进行商业使用时，不得违反诚实信用原则，不得侵害他人的在先权利。明知他人注册商标或字号具有较高的知名度和影响力，在同类商品或服务上突出使用与他人注册商标相同或相近似的商标或字号，明显具有攀附他人注册商标或字号知名度的恶意，容易使相关公众产生误认，即使该字号中含有与姓名相同的文字，亦不属于对姓名的合理使用，构成侵害他人注册商标专用权和不正当竞争。也就是说，企业起的名称如果恶意攀附他人在先注册商标的知名度，会被法院认定为侵害他人注册商标专用权或构成不正当竞争的行为。[①]

《中华人民共和国商标法》（以下简称《商标法》）第五十八条也明确规定，将他人注册商标、未注册的驰名商标作为企业名称中的字号使用，误导公众，构成不正当竞争行为的，将依照《中华人民共和国反不正当竞争法》进行处理。

为了避免企业名称无意中傍上名牌，在给公司起名时到底应该注意什么呢？一般来说，当企业名称和商标冲突时，是以保护在先的注册商标权为处理原则的，切勿试图通过将他人商标用作字号的方式来攀附他人商誉，尤其是那些知名商标，最高院的司法政策明确指出："企业名称因突出使用而侵犯在先注册商标专用权的，

---

① 最高人民法院（2016）最高法民再238号（公报案例）。

依法按照商标侵权行为处理；企业名称未突出使用但其使用足以产生市场混淆、违反公平竞争的，依法按照不正当竞争处理。"① 要准确把握权利冲突的处理原则。审理这类权利冲突案件时，要遵循诚实信用、维护公平竞争和保护在先权利等原则。所以建议不要拿人家的名牌商标作字号，最好的办法就是踏踏实实地把自己的字号做成知名商标。

[引申法条]

《中华人民共和国商标法》

第五十八条　将他人注册商标、未注册的驰名商标作为企业名称中的字号使用，误导公众，构成不正当竞争行为的，依照《中华人民共和国反不正当竞争法》处理。

《中华人民共和国反不正当竞争法》

第六条　经营者不得实施下列混淆行为，引人误认为是他人商品或者与他人存在特定联系：

（一）擅自使用与他人有一定影响的商品名称、包装、装潢等相同或者近似的标识；

（二）擅自使用他人有一定影响的企业名称（包括简称、字号等）、社会组织名称（包括简称等）、姓名（包括笔名、艺名、译名等）；

（三）擅自使用他人有一定影响的域名主体部分、网站名称、网页等；

（四）其他足以引人误认为是他人商品或者与他人存在特定联系的混淆行为。

《企业名称登记管理规定》

第十一条　企业名称不得有下列情形：

（一）损害国家尊严或者利益；

（二）损害社会公共利益或者妨碍社会公共秩序；

（三）使用或者变相使用政党、党政军机关、群团组织名称及其简称、特定称谓和部队番号；

（四）使用外国国家（地区）、国际组织名称及其通用简称、特定称谓；

（五）含有淫秽、色情、赌博、迷信、恐怖、暴力的内容；

（六）含有民族、种族、宗教、性别歧视的内容；

（七）违背公序良俗或者可能有其他不良影响；

（八）可能使公众受骗或者产生误解；

---

① 可参考最高人民法院关于政协十三届全国委员会第二次会议第2716号（科学技术类153号）提案的答复。

（九）法律、行政法规以及国家规定禁止的其他情形。

第二十一条 企业认为其他企业名称侵犯本企业名称合法权益的，可以向人民法院起诉或者请求为涉嫌侵权企业办理登记的企业登记机关处理。

企业登记机关受理申请后，可以进行调解；调解不成的，企业登记机关应当自受理之日起3个月内作出行政裁决。

第二十二条 利用企业名称实施不正当竞争等行为的，依照有关法律、行政法规的规定处理。

第二十三条第一款 使用企业名称应当遵守法律法规，诚实守信，不得损害他人合法权益。

05 公司章程照搬法条，是"暗爽"还是"暗礁"？

公司法里有一句话比较著名，就是"公司章程另有规定的除外"，据粗略统计大概有30余处可以章程进行任意约定的事项，这些另有约定的事项可以突破公司法的规定，适用其他已经约定的内容。而现实中，有很多创业者范本章程拿来就用，这将是"暗爽"还是"暗礁"，先来看一个案例。

[典型案例]

财大粗和高富帅是同学，毕业后共同创业设立了明星公司，分别占股70%、30%，因二人配合默契度高且善于抓住机会，公司发展势头迅猛，正在风生水起之时，突然天妒英才，大股东财大粗溘然长逝，其股东资格被继承后，因其妻根本不懂经营竟然直接作出解散公司的决定。财大粗妻子解散公司虽然完全符合章程规定的"股东会会议作出修改公司章程、增加或者减少注册资本的决议，以及公司合并、分立、解散或者变更公司形式的决议，必须经代表三分之二以上表决权的股东通过"。但是正是因为范本章程未对股东继承进行任何特殊约定，直接导致小股东高富帅多年的心血化为乌有，可惜了一个大有前景的公司就败在了一纸范本章程上。大多章程范本都直接照搬《公司法》第七十五条"自然人股东死亡后，其合法继承人可以继承股东资格；但是，公司章程另有规定的除外"。如果未进行具体规定，合法继承人可以继承股东资格，这句话实则形同虚设。

退一步讲，如果上述两人一开始就在章程中明确约定不能继承股东资格，继承人只能取得股权中的财产权利，或者继承人成为公司新股东须经另一方书面同意，如果不同意继承人成为公司股东，则有义务按照该部分股权对应的最近一期经审计的净资产价格或与其他股东约定的价格收购被继承股权等条款,这样公司将避免被解散,未来会是外一番境地。

章程里类似这样看似准确其实处处有陷阱的约定,实在需要提前用心拟定,如公司法定代表人安排给总经理还是董事长?而董事长又该如何选举?公司对外投资和担保由股东会还是董事会决定?股权比例分配及出资期限安排、不按出资比例分红及优先认购新增资本、公司治理结构三会(股东会或股东大会、董事会、监事会)设计、公司控制权安排、提前规定公司解散之事由等,不一而足。可以说照搬法条拟定章程只能图一时省事,要避免踩到陷阱还是需要尽量摆前把条款规定好。

拟定有限公司章程,务必重点关注根据公司法规定的以下24处弹性空间。

1. 公司法定代表人按照公司章程的规定,由董事长、执行董事或者经理担任(第十三条);

2. 公司章程对公司对外担保的作出由股东大会或者董事会决定,公司对外担保的限额(第十六条);

3. 全体股东约定不按照出资比例分取红利或者不按照出资比例优先认缴出资(第三十四条);

4. 公司章程可以对股东会法定职权以外的职权作出规定(第三十七条);

5. 股东会的定期会议按照公司章程的规定召开(第三十九条);

6. 公司章程关于召开股东会通知的规定,且该规定优先于《公司法》适用(第四十一条);

7. 公司章程关于股东在股东会上不按出资比例行使表决权的规定(第四十二条);

8. 公司章程关于股东会的议事方式和表决程序作出不违背《公司法》的规定(第四十三条);

9. 董事长、副董事长的产生办法由公司章程规定(第四十四条);

10. 董事任期由公司章程规定(第四十五条);

11. 公司章程对董事会法定职权范围之外的职权的规定(第四十六条);

12. 公司章程对董事会的议事方式和表决程序作出不违背《公司法》的规定(第四十八条);

13. 公司章程对经理职权的规定,且该规定优先于《公司法》适用(第四十九条);

14. 执行董事的职权由公司章程规定(第五十条);

15. 监事会中职工代表监事的具体比例由公司章程规定(第五十一条);

16. 公司章程对监事会法定职权范围之外的职权的规定(第五十三条);

17. 公司章程对监事会的议事方式和表决程序作出不违背《公司法》的规定

（第五十五条）；

  18. 国有独资公司监事会成员中职工代表的具体比例由公司章程规定（第七十条）；

  19. 公司章程对股权转让的规定，且该规定优先于《公司法》适用（第七十一条）；

  20. 公司章程对自然人股东死后继承问题的规定，且该规定优先于《公司法》适用（第七十五条）；

  21. 公司将财务会计报告送交各股东的期限由公司章程规定（第一百六十五条）；

  22. 公司章程规定公司聘用、解聘承办公司审计业务的会计师事务所由股东会或者是董事会决定（第一百六十九条）；

  23. 公司章程对公司解散事由的规定（第一百八十条）；

  24. 公司章程对公司中高级管理人员范围的规定（第二百一十六条）。

[引申法条]

《中华人民共和国公司法》

  第二十五条 有限责任公司章程应当载明下列事项：

（一）公司名称和住所；

（二）公司经营范围；

（三）公司注册资本；

（四）股东的姓名或者名称；

（五）股东的出资方式、出资额和出资时间；

（六）公司的机构及其产生办法、职权、议事规则；

（七）公司法定代表人；

（八）股东会会议认为需要规定的其他事项。

股东应当在公司章程上签名、盖章。

第二章
发起人责任

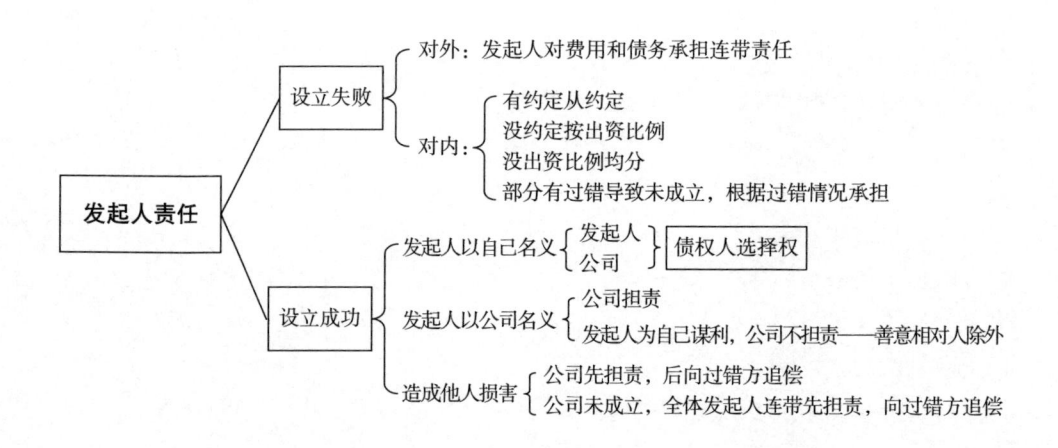

```
                    ┌─ 对外：发起人对费用和债务承担连带责任
         ┌─ 设立失败 ┤
         │          │        ┌ 有约定从约定
         │          └─ 对内： │ 没约定按出资比例
         │                   │ 没出资比例均分
         │                   └ 部分有过错导致未成立，根据过错情况承担
发起人责任 ┤
         │                             ┌ 发起人
         │          ┌─ 发起人以自己名义 ┤          [债权人选择权]
         │          │                  └ 公司
         │          │                  ┌ 公司担责
         └─ 设立成功┤─ 发起人以公司名义 ┤
                    │                  └ 发起人为自己谋利，公司不担责——善意相对人除外
                    │                  ┌ 公司先担责，后向过错方追偿
                    └─ 造成他人损害   ┤
                                       └ 公司未成立，全体发起人连带先担责，向过错方追偿
```

01 公司设立失败，发起人承担什么责任？

公司设立涉及人、财、物全方位的协作，从合伙各方达成设立公司意向，到真正开成公司还需要经历很多程序，甚至会遇到不少困难。因此，在设立公司时未雨绸缪，了解一些公司设立失败时的责任很有裨益。如果公司未能如期设立，发起人也未曾变成股东身份，那需要承担什么责任呢？

[典型案例]

在北京市高院审理的刘某发起人责任纠纷案中，法院认为：刘某、余中某、余某三方签订的《股份合作协议书》及《赢者某量4月份目标》是三方真实意思表示，各方应按照协议履行各自义务。根据《赢者某量4月份目标》的规定，刘某需完成4月目标，如不能完成，则三方终止合作。后三方确认4月目标并未完成，公司不再设立，三方在原审中均表示同意解除《股份合作协议书》，原审法院判决解除该协议无不当之处。针对筹备期间的费用负担，《公司法司法解释三》第四条规定，"公司因故未成立，债权人请求全体或者部分发起人对设立公司所产生的费用和债务承担连带清偿责任的，人民法院应予支持。部分发起人依照前款规定承担责任后，请求其他发起人分担的，人民法院应当判令其他发起人按照约定的责任承担比例分担责任；没有约定责任承担比例的，按照约定的出资比例分担责任；没有约定出资比例的，按照均等份额分担责任。因部分发起人的过错导致公司未成立，其他发起人主张其承担设立行为所发生的费用和债务的，人民法院应当根据过错情况，确定过错一方的责任范围"。《股份合作协议书》亦约定，各方签字认同的经营债务按各自比例负担，且任何一方对外清偿债务后，其他方应当按比例在10日内向对方清偿自己负担的部分。经原审查明，赢者某量公司筹备期间的费用为

151514.37元，根据三方出资比例的约定，刘某占总股份的49%，故刘某应当按照49%的比例承担赢者某量公司筹备期间的费用。刘某辩称，公司未成立，故其不应分担此项费用，并且要求被申请人赔偿损失，该意见没有法律依据，本院不予支持。①

在分析上述案例之前，首先了解一下什么是公司发起人，《公司法司法解释三》第一条规定为设立公司而签署公司章程、向公司认购出资或者股份并履行公司设立职责的人为公司的发起人，其中也包括有限责任公司设立时的股东。这条界定了发起人的定义，即一般需要符合三个条件：签署公司章程，向公司认购出资或股份，同时履行公司设立职责。

从本案例可以看出，公司如果设立失败，对外的债务和费用，全体或者部分发起人需要承担连带清偿责任，而对发起人内部来说，如果部分发起人承担了责任，则可以依据发起人协议的约定要求其他发起人分担，没有协议约定的，按出资比例分担，出资相同或没有约定出资的则平摊费用。如果因部分发起人过错导致公司设立失败，其他发起人可以主张由过错方承担上述费用和债务。另外根据《公司法》第九十四条的规定，除需承担上述公司设立时产生的债务和费用外，股份有限公司的发起人须返还股款并加算银行同期存款利息，即公司设立失败时，发起人对出资人、认股人投入的出资款本金及同期存款利息也需承担返还的连带责任。

综上，公司未成功设立时，其法律后果由发起人承受，发起人为二人以上的，享有连带债权，承担连带债务。公司在设立阶段，发起人各自为一定民事行为，共同完成设立公司的任务，其间关系特征符合《民法典》第九百六十七条关于合伙合同关系的规定，对公司设立活动，发起人团体应共享利益，共担风险。在公司设立失败时，发起人在共同对外承担责任后，在其内部，应再按约定的方式或按约定的对拟设立公司的投资比例分担责任，没有约定的，均等份额承担责任；公司设立失败系因部分发起人的过错行为导致的，应根据过错情况，由部分发起人对设立公司的费用和债务承担相应的责任。②

[引申法条]

《中华人民共和国公司法》

第九十三条 股份有限公司成立后，发起人未按照公司章程的规定缴足出资的，应当补缴；其他发起人承担连带责任。

---

① （2014）高民（商）申字第03940号。

② 参见最高院王东敏法官《民法典生效后，公司法及司法解释内容的变与不变》，载微信公众号《法律之树》。

股份有限公司成立后,发现作为设立公司出资的非货币财产的实际价额显著低于公司章程所定价额的,应当由交付该出资的发起人补足其差额;其他发起人承担连带责任。

第九十四条　股份有限公司的发起人应当承担下列责任:

(一)公司不能成立时,对设立行为所产生的债务和费用负连带责任;

(二)公司不能成立时,对认股人已缴纳的股款,负返还股款并加算银行同期存款利息的连带责任;

(三)在公司设立过程中,由于发起人的过失致使公司利益受到损害的,应当对公司承担赔偿责任。

《最高人民法院关于适用〈中华人民共和国公司法〉若干问题的规定(三)》

第一条　为设立公司而签署公司章程、向公司认购出资或者股份并履行公司设立职责的人,应当认定为公司的发起人,包括有限责任公司设立时的股东。

第四条　公司因故未成立,债权人请求全体或者部分发起人对设立公司行为所产生的费用和债务承担连带清偿责任的,人民法院应予支持。

部分发起人依照前款规定承担责任后,请求其他发起人分担的,人民法院应当判令其他发起人按照约定的责任承担比例分担责任;没有约定责任承担比例的,按照约定的出资比例分担责任;没有约定出资比例的,按照均等份额分担责任。

因部分发起人的过错导致公司未成立,其他发起人主张其承担设立行为所产生的费用和债务的,人民法院应当根据过错情况,确定过错一方的责任范围。

《中华人民共和国民法典》

第九百六十七条　合伙合同是两个以上合伙人为了共同的事业目的,订立的共享利益、共担风险的协议。

02　公司成功设立,发起人责任知多少?

公司若成功设立,而在设立中,发起人有可能以自己名义或者以公司名义签订合同,这分别由谁来承担责任呢?如果在设立期间造成他人损害的,是由公司还是发起人负责呢?下面从最高院的案例来看发起人以自己名义签订合同情形。

[典型案例]

发起人香港恒某公司与发起人路某公司约定共同成立目标公司恒某酒店公司,以共同开发海天大厦,双方约定设计由香港恒某公司负责,第三人瀚海公司以自己名义出具委托设计书，委托维业山东分公司承担海天大厦的设计工作，发起人香港恒某公司在委托书上盖章确认。维业山东分公司按要求交付设计成果给香港恒某公司，香港恒某公司对设计成果和费用予以确认并同意支付600万元，但一直未依约支付设计费，故债权人维业公司、维业山东分公司请求发起人香港恒某公司与路某公司、第三人瀚海公司、目标公司恒某酒店公司承担相应责任。

最高院经审理认为，发起人为设立公司以自己名义对外签订合同的，只有在设立后的公司通过明示方式或以实际享有合同权利或承担合同义务的默示方式同意成为合同当事人时，才会产生设立后的公司代替发起人成为合同当事人的法律后果。而本案并无证据证明恒某酒店公司同意受发起人香港恒某公司的合同约束，故发起人的行为后果不能由公司承担合同责任，最终判决由发起人香港恒某公司自行支付设计费。[①]

上述案例符合2020年12月29日修订前的《公司法司法解释三》第二条之规定，修订前合同相对人如果在公司成立后请求公司承担合同责任的，需要成立后的公司对该合同予以确认或者已经实际享有合同权利或者履行合同义务，而该条款在实践中较难落地，可操作性不强。修订后删除了该条件，合同相对人有权直接向发起人发起请求，也可以选择在公司设立后向公司直接发起请求，进一步平衡了权利主体的利益保护。据此，合同相对人享有选择以订约的发起人或设立后的公司作为合同当事人的请求权。

如果发起人直接以公司名义对外签订合同，则公司成立后由公司自行承担责任，但是发起人谋私利的公司可不担责，善意合同相对人例外。另外，发起人设立公司如果造成他人损害的，公司未成立由发起人承担损害赔偿连带责任，公司成立后由公司承担。同时公司设立成功后，如果在设立过程中，由于发起人的过失造成公司利益受损的，公司可以向有过错的发起人主张赔偿责任，若导致其他发起人或认股人损失的，其他发起人或认股人可要求负有过错的发起人承担损害赔偿责任。

综上，作为设立公司的发起人，为设立公司或为拟设立公司的利益而对外签订合同时，建议由全体发起人对合同责任的承担方式事先作出约定，同时发起人内部之间可以签订发起人协议，明确发起人权利义务，如享有优先推荐董事、监事、高级管理人员，报酬请求权，设立费用补偿请求权，签署法律文件等权利；承担如筹办事务、缴纳出资、损害赔偿、设立费用和债务清偿方式等义务。避免发起人之间权利义务混乱、互相扯皮，导致公司筹备事务进程缓慢，甚至公司设立失败等不利后果。而作为合同相对人，可以根据对发起人或公司履约能力的判断，选择发起人或设立后的公司作为被告来保障自己的权益。

---

① （2013）民提字第212号。

[引申法条]

《中华人民共和国民法典》

第七十五条　设立人为设立法人从事的民事活动，其法律后果由法人承受；法人未成立的，其法律后果由设立人承受，设立人为二人以上的，享有连带债权，承担连带债务。

设立人为设立法人以自己的名义从事民事活动产生的民事责任，第三人有权选择请求法人或者设立人承担。

《最高人民法院关于适用〈中华人民共和国公司法〉若干问题的规定（三）》

第二条　发起人为设立公司以自己名义对外签订合同，合同相对人请求该发起人承担合同责任的，人民法院应予支持；公司成立后合同相对人请求公司承担合同责任的，人民法院应予支持。

第三条　发起人以设立中公司名义对外签订合同，公司成立后合同相对人请求公司承担合同责任的，人民法院应予支持。

公司成立后有证据证明发起人利用设立中公司的名义为自己的利益与相对人签订合同，公司以此为由主张不承担合同责任的，人民法院应予支持，但相对人为善意的除外。

第五条　发起人因履行公司设立职责造成他人损害，公司成立后受害人请求公司承担侵权赔偿责任的，人民法院应予支持；公司未成立，受害人请求全体发起人承担连带赔偿责任的，人民法院应予支持。

公司或者无过错的发起人承担赔偿责任后，可以向有过错的发起人追偿。

03　发起人须与设立时未履行出资义务股东承担连带补充赔偿责任吗？

股东在公司设立时未（全面）履行出资义务，内部公司或其他股东可要求其承担补足出资义务，外部债权人也可请求该股东在未出资本息范围内对公司债务承担补充赔偿责任，同时公司或债权人均可要求发起人与该股东承担连带责任，发起人承担责任后，可以向未出资股东追偿。

[典型案例]

在重庆市合川区洵某砂石公司与南某发展公司、重庆建某集团股份有限公司等股东出资纠纷，重庆五中院审理认为根据最高院《公司法司法解释三》第一条规定，为设立公司而签署公司章程、向公司认购出资或者股份并履行公司设立职责的人，应当认定为公司的发起人，包括有限责任公司设立时的股东。第十三条第三款规定，股东在公司设立时未履行或者未全面履行出资义务，依照本条第一款或者第二款提起诉讼的原告，请求公司的发起人与被告股东承担连带责任的，人民法院应予支持；公司的发起人承担责任后，可以向被告股东追偿。被告建工某建、建某集团系庆某公司设立时的股东和庆某公司的发起人，被告南某公司在公司设立时未全面履行出资义务。被告建工某建虽出示了相关的证据证明其在另案中被执行了相关款项，但其证据未能充分证明相关款项系因南某公司出资不实，其作为庆某公司的发起人对公司债务所承担的相关责任，其已补足出资不实部分的相关抗辩不能成立。原告洵某砂石公司要求作为发起人的被告建工某建和建某集团对出资不实股东南某公司的上述债务承担连带责任的主张于法有据，故法院对此予以支持。[1]

发起人由于系公司设立时的股东，除上述需要对公司设立时未出资股东承担连带补充赔偿责任外，实际上对公司设立时的出资还承担着类似连带担保责任，即公司设立成功后，发现作为出资的非货币资本实际价额显著低于公司章程规定价额的，应由交付该出资的股东承担补足责任，设立时的其他股东（发起人）承担连带责任。

故作为公司发起人，除承担公司从无到有的创建责任外，还对设立时的股东依约履行出资义务承担着连带责任，故建议发起人对设立时未履行出资义务的股东及时监管与督促，以免背负不必要的连带责任。而发起人对于因市场变化或者其他客观因素导致的出资财产贬值，无须承担责任，同时并非对股东所有出资违约行为均须承担连带责任，比如后续增资出现瑕疵时，则设立时的发起人无须承担责任。

[引申法条]

《中华人民共和国公司法》

第三十条 有限责任公司成立后，发现作为设立公司出资的非货币财产的实际价额显著低于公司章程所定价额的，应当由交付该出资的股东补足其差额；公司设立时的其他股东承担连带责任。

第九十三条 股份有限公司成立后，发起人未按照公司章程的规定缴足出资的，应当补缴；其他发起人承担连带责任。

股份有限公司成立后，发现作为设立公司出资的非货币财产的实际价额显著低于公司章程所定价额的，应当由交付该出资的发起人补足其差额；其他发起人承担连带责任。

---

[1] （2015）渝五中法民初字第00678号。

《最高人民法院关于适用〈中华人民共和国公司法〉若干问题的规定（三）》

第十三条 股东未履行或者未全面履行出资义务，公司或者其他股东请求其向公司依法全面履行出资义务的，人民法院应予支持。

公司债权人请求未履行或者未全面履行出资义务的股东在未出资本息范围内对公司债务不能清偿的部分承担补充赔偿责任的，人民法院应予支持；未履行或者未全面履行出资义务的股东已经承担上述责任，其他债权人提出相同请求的，人民法院不予支持。

股东在公司设立时未履行或者未全面履行出资义务，依照本条第一款或者第二款提起诉讼的原告，请求公司的发起人与被告股东承担连带责任的，人民法院应予支持；公司的发起人承担责任后，可以向被告股东追偿。

股东在公司增资时未履行或者未全面履行出资义务，依照本条第一款或者第二款提起诉讼的原告，请求未尽公司法第一百四十七条第一款规定的义务而使出资未缴足的董事、高级管理人员承担相应责任的，人民法院应予支持；董事、高级管理人员承担责任后，可以向被告股东追偿。

第十五条 出资人以符合法定条件的非货币财产出资后，因市场变化或者其他客观因素导致出资财产贬值，公司、其他股东或者公司债权人请求该出资人承担补足出资责任的，人民法院不予支持。但是，当事人另有约定的除外。

第三章
股东出资

01 知识产权出资后被宣告无效，出资人是否需要补足出资呢？

根据《公司法》的相关规定，股东可以用货币出资，也可以用实物、知识产权、土地使用权等可以用货币估价并可以依法转让的非货币财产作价出资，而其中知识产权具有较强的时效性，如果在出资后被撤销或宣告无效的，出资人是否需要补足出资呢？通过以下最高院案例来解析。

[典型案例]

2002年10月30日，青海某德有限公司（以下简称青海某德公司）登记成立。受北京某德公司委托，2009年11月27日，北京某正评估公司对北京某德公司拥有的"一种以菊芋或菊苣为原料制造菊粉的新方法"发明专利及相关全套工业生产技术、"红菊芋"注册商标、"wede"注册商标3项无形资产作出168号评估报告。至评估基准日2009年9月30日，上述3项无形资产的评估结果为人民币1300万元，评估结论使用有效期自评估基准日起一年。2010年4月9日，青海某德公司作出股东会决议，同意北京某德公司以上述3项无形资产向青海某德公司增资，并以评估结果1300万元认定增资数额。嗣后，完成了无形资产的增资并依法变更工商登记。

2014年12月30日，国家工商行政管理总局商标评审委员会作出商评字（2014）第0000115544号商标无效宣告请求裁定书，宣告"红菊芋"商标无效并进行了公告。2016年2月25日，国家知识产权局专利复审委员会作出第27799号无效宣告请求审查决定书，宣告03119619.5号发明专利权（"一种以菊芋或菊苣为原料制造菊粉的新方法"发明专利）无效并进行了公告。"wede"注册商标仍在有效期内。

青海某德公司提起诉讼，请求判令北京某德公司向青海某德公司补充缴纳出资1300万元及经营利益损失，并要求股东殷某、张某承担连带责任（青海某德公司2002年由张某、殷某及另外几个股东共同创建）。

一审青海高院驳回青海某德公司的诉讼请求；最高院二审驳回青海某德公司的上诉请求，维持原判，其理由如下：根据《公司法》第二十七条的规定，股东可以用知识产权等可以用货币估价并可以依法转让的非货币财产作价出资，对作为出资的非货币财产应当评估作价，核实财产，不得高估或者低估作价。《公司法司法解释三》第十五条亦规定，出资人以符合法定条件的非货币财产出资后，因市场变化或者其他客观因素导致出资财产贬值，该出资人不承担补足出资责任，除非当事人另有约定。据此,出资人以知识产权出资的,知识产权的价值由出资时所作评估确定,出资人不对其后因市场变化或其他客观因素导致的贬值承担责任,除非当事人另有约定。本案中,北京某德公司于2010年委托北京某正评估公司对其所有的知识产权价值进行了评估,并据此增资入股至青海某德公司,双方未作其他约定。随后,青海某德公司召开股东会会议,决议同意北京某德公司以知识产权评估作价1300万元入股青海某德公司,并履行了股东变更工商登记手续。上述事实表明,北京某德公司的出资严格遵循了《公司法》对知识产权出资的要求。青海某德公司未能提交证据证明本案评估存在违法情形或者北京某德公司在评估时存在违法情形,现以案涉两项知识产权被确认无效,要求北京某德公司承担补足出资和赔偿损失的责任,缺乏事实和法律依据。[1]

上述案例中,出资人以符合法定条件的知识产权出资后,该知识产权被国家行政机关宣告无效,在不能证明出资人存在主观恶意或者当事人另有约定的情形下,最终法院认定该出资人不承担补足出资的责任。申言之,若非因出资人过错,而由于市场变化或其他客观因素导致的知识产权贬值出资人不再承担补足责任,如最高院发布的经典案例:案涉股东以著作权完成出资后,后经二次评估该著作权虽发生较大贬值,但仍应认为其已经履行了出资义务,在入股时未就著作权出资后贬值的风险负担作出特别约定情形下,此时该财产的贬值属于公司应承担的正常商业风险,出资人没有过错,除非当事人另有约定,否则出资人不应再承担责任。[2]

如果存在出资不实,或用以出资的知识产权权属不清晰抑或存在侵权情形的,出资人需要承担补足责任和损失赔偿责任。故对于以知识产权出资的股东来说,建议及时办理评估作价和财产权转移手续,依法完成出资义务。而对于公司及其他股东来说,应当审慎评估用以入股的知识产权的价值,并且可事先约定出资后若知识产权被宣告无效或出现其他贬值情形的,出资股东应当承担补足出资责任,或者可以一步到位直接约定非货币财产无论因何种原因贬值时,出资人皆负有补足出资的义务。

[引申法条]

《中华人民共和国公司法》

第二十七条 股东可以用货币出资,也可以用实物、知识产权、土地使用权等可以用货币估价并可以依法转让的非货币财产作价出资;但是,法律、行政法规规定不得作为出资的财产除外。

---

[1] (2019)最高法民终959号。
[2] (2011)二中民终字第19645号。

对作为出资的非货币财产应当评估作价，核实财产，不得高估或者低估作价。法律、行政法规对评估作价有规定的，从其规定。

《最高人民法院关于适用〈中华人民共和国公司法〉若干问题的规定（三）》

第九条　出资人以非货币财产出资，未依法评估作价，公司、其他股东或者公司债权人请求认定出资人未履行出资义务的，人民法院应当委托具有合法资格的评估机构对该财产评估作价。评估确定的价额显著低于公司章程所定价额的，人民法院应当认定出资人未依法全面履行出资义务。

第十五条　出资人以符合法定条件的非货币财产出资后，因市场变化或者其他客观因素导致出资财产贬值，公司、其他股东或者公司债权人请求该出资人承担补足出资责任的，人民法院不予支持。但是，当事人另有约定的除外。

《中华人民共和国商标法》

第四十七条　依照本法第四十四条、第四十五条的规定宣告无效的注册商标，由商标局予以公告，该注册商标专用权视为自始即不存在。

宣告注册商标无效的决定或者裁定，对宣告无效前人民法院做出并已执行的商标侵权案件的判决、裁定、调解书和工商行政管理部门做出并已执行的商标侵权案件的处理决定以及已经履行的商标转让或者使用许可合同不具有追溯力。但是，因商标注册人的恶意给他人造成的损失，应当给予赔偿。

依照前款规定不返还商标侵权赔偿金、商标转让费、商标使用费，明显违反公平原则的，应当全部或者部分返还。

《中华人民共和国专利法》

第四十七条　宣告无效的专利权视为自始即不存在。

宣告专利权无效的决定，对在宣告专利权无效前人民法院作出并已执行的专利侵权的判决、调解书，已经履行或者强制执行的专利侵权纠纷处理决定，以及已经履行的专利实施许可合同和专利权转让合同，不具有追溯力。但是因专利权人的恶意给他人造成的损失，应当给予赔偿。

依照前款规定不返还专利侵权赔偿金、专利使用费、专利权转让费，明显违反公平原则的，应当全部或者部分返还。

02　以土地使用权或房产等实物出资未过户就要被认定为未出资吗？

出资人以房屋、土地使用权或者商标、专利等知识产权出资的，需要办理权属变更手续，同时需要将非货币财产实际交付给公司使用，其中变更手续是法院认定履行出资义务的依据，实际交付公司使用股东才可实际享有股东权利。如果股东以土地使用权或房产等实物出资，但未办理过户手续的，会被认定为未出资吗？沈阳重型某矿机械制造公司某厂与沈阳北重某矿电站设备研制有限公司等股东出资纠纷案。

[典型案例]

2010年10月18日，国有企业沈阳重型某矿机械制造公司某厂（以下简称沈重某厂）与民营企业沈阳北重某矿电站设备研制有限公司（以下简称某重公司）签订了《合资合作协议书》，约定：沈重某厂将五座厂房、办公楼评估作价，以固定资产方式入股到某重公司，所占投资比例为45%；另有五个自然人以货币出资350万元，占某重公司股份的55%；各方按照投资比例进行利益分红；沈重某厂的五处出资房产，经评估入股后归属某重公司，待具备一定条件时，办理产权变更手续。后因沈重某厂一直未将出资房产过户至某重公司名下，某重公司诉至法院，要求沈重某厂履行出资义务。

辽宁省沈阳市皇姑区人民法院一审认为：本案争议焦点在于沈重某厂是否已履行出资义务。《公司法》第二十八条第一款规定："股东应当按期足额缴纳公司章程中规定的各自所认缴的出资额。股东以货币出资的，应当将货币出资足额存入有限责任公司在银行开设的账户；以非货币财产出资的，应当依法办理其财产权的转移手续。"本案中，沈重某厂虽然将出资厂房交付某重公司使用，但未办理房产变更手续，沈重某厂未履行完出资义务，构成违约，应向某重公司履行出资义务。判决：沈重某厂于判决生效后十日内向某重公司履行股东出资义务，并协助办理房产的更名过户手续。沈重某厂上诉后，沈阳市中级人民法院判决驳回上诉、维持原判。[①]

据此我们来了解《公司法司法解释三》的制定背景：对于以房屋、土地使用权或者需要办理权属登记的知识产权等非货币财产出资的，在认定出资是否到位时，按照资本维持原则的要求，应坚持权属变更与财产实际交付并重的标准。即该财产已实际交付公司使用但未办理权属变更登记的，应属未依法履行出资义务，但在诉讼中法院应先责令当事人在指定的合理期间内办理权属变更手续，从而履行《公司法》规定的义务。在该期间办理完前述手续后，法院就应认定出资人已履行出资义务。而且，由于该财产之前已交付公司使用，公司的收益中也凝结了该财产的贡献，所以股东可以要求从实际交付财产时享有股东权利。另外，出资人对上述非货币财产已办理权属变更手续，但未实际交付公司使用的，根据《物权法》的规定，法院可以判令其向公司实际交付该财产。而且，由于该财产未交付，公司的收益中

---

① 最高人民法院发布十起依法平等保护非公有制经济典型案例之七。

就没有凝结该财产的价值，故在交付前出资人相应的股东权利应该受到限制。《公司法司法解释三》作出了上述规定。这些规定旨在敦促出资人尽快完全履行出资义务，保证公司资本的确定。[①]

此外，以国有划拨土地使用权作为出资，须经国家有关部门批准并办理土地出让手续。原则上，划拨土地使用权只能用于划拨用途，不能擅自进入市场流通用于出资，但司法实践中，如出资人已以划拨土地出资设立公司，工商行政管理机关已经办理了公司登记，在法院审理过程中如能在法院指定的合理期限内补正的，即在法院指定的合理期限内依法补缴土地出让金，办理土地变更手续，将划拨土地使用权变更为出让土地使用权，则可以认定为完成出资义务。但需要注意的是能否补正瑕疵的决定权在于土地管理部门，而不是法院，法院的审理是以瑕疵补正的结果为判断前提的。

同样，以设定权利负担的土地使用权出资，公司对该土地使用权可能因权利负担而丧失，故该土地使用权在权利上也存有瑕疵。这都将使通过出资形成的公司资本（财产）面临较大的不确定性，此时出资人属于未全面履行出资义务，公司、其他股东可主张出资人未尽出资义务。但是，如果土地使用权存在的这些权利瑕疵可以补正，出于尽快稳定公司资本、解决当事人之间纠纷的考虑，法院在审理中应当责令当事人补正。只有逾期未补正时才应判定出资人未依法全面履行出资义务。[②]而对于股东以无处分权的财产出资，则需考虑是否适用善意取得。而以贪污、受贿、侵占、挪用等犯罪所得出资的，法院应采取拍卖或者变卖的方式处置上述股权，而不能直接从公司抽回货币出资。

[引申法条]

《中华人民共和国公司法》

第二十八条 股东应当按期足额缴纳公司章程中规定的各自所认缴的出资额。股东以货币出资的，应当将货币出资足额存入有限责任公司在银行开设的账户；以非货币财产出资的，应当依法办理其财产权的转移手续。

股东不按照前款规定缴纳出资的，除应当向公司足额缴纳外，还应当向已按期足额缴纳出资的股东承担违约责任。

《最高人民法院关于适用〈中华人民共和国公司法〉若干问题的规定（三）》

第七条 出资人以不享有处分权的财产出资，当事人之间对于出资行为效力产

---

① 宋晓明、张勇健、杜军：《非货币财产出资存在的问题及规范》，载《人民司法》2011年第5期。

② 同上。

生争议的,人民法院可以参照民法典第三百一十一条的规定予以认定。

以贪污、受贿、侵占、挪用等违法犯罪所得的货币出资后取得股权的,对违法犯罪行为予以追究、处罚时,应当采取拍卖或者变卖的方式处置其股权。

第八条 出资人以划拨土地使用权出资,或者以设定权利负担的土地使用权出资,公司、其他股东或者公司债权人主张认定出资人未履行出资义务的,人民法院应当责令当事人在指定的合理期间内办理土地变更手续或者解除权利负担;逾期未办理或者未解除的,人民法院应当认定出资人未依法全面履行出资义务。

第十条 出资人以房屋、土地使用权或者需要办理权属登记的知识产权等财产出资,已经交付公司使用但未办理权属变更手续,公司、其他股东或者公司债权人主张认定出资人未履行出资义务的,人民法院应当责令当事人在指定的合理期间内办理权属变更手续;在前述期间内办理了权属变更手续的,人民法院应当认定其已经履行了出资义务;出资人主张自其实际交付财产给公司使用时享有相应股东权利的,人民法院应予支持。

出资人以前款规定的财产出资,已经办理权属变更手续但未交付给公司使用,公司或者其他股东主张其向公司交付、并在实际交付之前不享有相应股东权利的,人民法院应予支持。

03 股东协议约定一方以技术出资有效吗?

法律对非货币财产用于出资有两个前提,即可以货币估价并可依法转让,如实物、知识产权、土地使用权、股权、债权等均可用于出资,但劳务、信用、自然人姓名、商誉、特许经营权等是不允许作价出资的。而在纷繁复杂的创业公司中,不乏合伙人以技术出资,这种通过股东协议约定的技术出资是否有效呢?

[典型案例]

优某有限责任公司(以下简称优某公司)成立于2016年3月15日,注册资本1000万元,股东为安某和王某。公司章程载明,安某认缴出资600万元,王某认缴出资400万元,出资期限均为2016年12月1日,出资方式均为货币。章程落款时间为2016年3月15日。安某作为甲方,与乙方王某曾于2016年1月31日签订品牌珠某互动云平台合作协议(以下简称合作协议),主要内容如下:甲方和乙方联合成立创业公司珠某互动(北京)电子商务有限公司(公司名称暂定,以工商核准登记为准),预计早期投资额约为1000万元,注册资金为1000万元。甲方以货币方式出资1000万元，作为投资人占珠某互动云平台60%股份。乙方以其移动互联网珠某垂直云平台原创项目创始人及本项目平台产品创新研发、技术开发、市场经营、企业管理等技术方式出资，占珠某互动云平台40%股份。在该协议第十二条第四项，双方约定，本项目的其他规定，由珠某互动云平台公司章程规定。如公司章程没有本合同约定内容，或与本合同约定内容相冲突，以本合同约定为准。

后优某公司主张，根据公司章程规定安某已完成认缴出资600万元，王某至今未按照章程规定缴纳出资400万元，优某公司认为股东出资应以章程为准，虽然合作协议约定王某以技术出资，但因王某并不拥有技术出资所要求的技术，所以双方在后来形成的章程中将王某的出资方式更改为货币出资。故优某公司起诉，请求法院判令王某向优某公司缴纳出资400万元。

北京市朝阳区法院一审审理认为：安某和王某作为优某公司的股东，在成立优某公司前签订合作协议，约定优某公司的出资方式和出资金额，并且约定公司章程的内容与协议内容不一致的，以该协议为准。虽然该协议的签订时间早于公司章程的形成时间，但因安某和王某在签订合作协议时并未有公司章程，而且优某公司自始仅有一份工商登记机关备案的公司章程，故合作协议中记载的公司章程，显然是指优某公司在成立时向工商登记机关备案的公司章程。因此，就优某公司股东内部而言，应当以合作协议约定的内容确定双方的出资额、出资方式和出资时间。根据该协议，优某公司的注册资金1000万元，均由安某实际缴纳，王某仅负责管理和运营，无须向优某公司缴纳货币出资。北京市朝阳区法院判决驳回优某公司的诉讼请求。

优某公司不服提起上诉，北京市第三中级人民法院经审理认为：安某和王某作为优某公司仅有的两位股东，在成立优某公司前两次签订合作协议，约定成立公司的出资方式和出资金额，并且约定公司章程的内容与协议内容不一致的，以协议内容为准。优某公司主张公司章程是对合作协议出资的调整，但综合本案来看，欠缺调整的合意。如按优某公司主张，其无法解决合作协议与公司章程约定冲突的问题，而该冲突背后，实质上是股东之间内部纠纷，因此一审法院根据股东的合作协议约定内容进行认定，具有事实和法律依据，并无不当。北京市第三中级人民法院遂判决驳回上诉，维持原判。[1]

通过上述判例，可以看出法院审理内外有别的思路，即对公司内部股东之间纠纷，充分尊重股东之间的真实意思表示，法律并不禁止也不应当禁止股东以货币方式替代出资，以将其他股东所拥有的无形资产兑现，使得公司既能够获取劳务、技术人员、信用等能够为公司带来重大收益的资源，也能够避免公司设立不能的后

---

[1] （2020）京03民终119号。

果。无形资产是否有价值、具体价值的货币估值、如何转让成为公司资产的问题，当事人最有自主判断的能力和权利，通过股东协议形成相应的交易安排，应属于股东意思自治的范畴，法律不应过度干涉其效力。①

而最高院在 2011 年深圳市某迪信息技术有限公司诉郑州某华投资有限公司案中，认可了教育资源对于公司有效经营的意义，并指出我国法律并未禁止股东内部对各自的实际出资数额和占有股权比例作出约定，这样的约定并不影响公司资本对公司债权担保等对外基本功能的实现，并非规避法律的行为，属于股东意思自治的范畴，应属有效。②

上述司法判例对以股东协议内部约定技术出资形式予以肯定，但司法实践也有不同观点，如上海市第一中级人民法院在其所审理的曹某诉上海木牛某马公司股东出资纠纷案中认为：如证言所述，木牛某马非专利技术作为一项非物质文化遗产，曹某作为传承人，有义务将其传承下去，并对此展开相应工作，曹某难以确保木牛某马非专利技术具有"可以依法转让的非货币财产"此为《公司法》上的出资特征，从而不能实现被相关部门予以工商登记并认可，进而否定技术出资的效力。③

故如果合伙人欲采用技术出资，可以直接以合伙企业形式运营，合伙企业与公司最显著的不同一点就是，普通合伙人可以用劳务出资，具体评估办法由全体合伙人协商确定，并在合伙协议中载明，避免后期被追究出资不实的责任。如果拟采用公司形式运营，建议事先签署内部股东协议，即全体股东同意用某种技术出资，工商登记为非专利技术出资，并依法进行资产评估，同时技术出资人须办理技术出资产权转移或交付技术资料、给予公司必要的技术指导以完成技术出资义务，而作为公司可以要求技术出资股东提供真实公允的评估报告，并可以约定如出现出资技术不符合约定等情形的，股东须以货币方式限期补足出资，同时对出资不实而造成的违约责任予以明确。

[引申法条]

《中华人民共和国公司法》

第二十七条 股东可以用货币出资，也可以用实物、知识产权、土地使用权等可以用货币估价并可以依法转让的非货币财产作价出资；但是，法律、行政法规规定不得作为出资的财产除外。

对作为出资的非货币财产应当评估作价，核实财产，不得高估或者低估作价。

---

① 张雅霖：《股东协议约定一方以技术出资的效力》，载《人民司法》2021 年第 5 期。
② 〔2011〕民提字第 6 号。
③ （2017）沪 01 民终 5961 号。

法律、行政法规对评估作价有规定的，从其规定。

《中华人民共和国公司登记管理条例》

第十四条 股东的出资方式应当符合《公司法》第二十七条的规定，但股东不得以劳务、信用、自然人姓名、商誉、特许经营权或者设定担保的财产等作价出资。

《中华人民共和国合伙企业法》

第十六条 合伙人可以用货币、实物、知识产权、土地使用权或者其他财产权利出资，也可以用劳务出资。

合伙人以实物、知识产权、土地使用权或者其他财产权利出资，需要评估作价的，可以由全体合伙人协商确定，也可以由全体合伙人委托法定评估机构评估。

合伙人以劳务出资的，其评估办法由全体合伙人协商确定，并在合伙协议中载明。

04 股东实际出资比例与工商登记的不一样，哪一个为准？

工商登记材料一般被视为证明股东资格并对抗第三人的证据，工商登记对外具有公示和公信的效力，但当股东内部因股东权益产生争议时及公司股东名册或工商登记出现不一致时，应该以哪个为准呢？

[典型案例]

李某持有甲煤矿公司（以下简称甲公司）100%的股权。2007年5月，李某引入侯某、朱某参股甲公司，口头约定将其持有的甲公司50%的股权分别转让给侯某、朱某各25%。2007年7月末，侯某通过银行汇给李某转让款500万元。

2007年9月7日，甲公司办理工商变更登记，公司章程注明股东比例为李某50%、朱某25%、侯某25%。后甲公司因煤矿整合关闭，公司在清算中确认侯某占16%的补偿款份额。侯某不同意该分配方案，向法院提起诉讼，请求判令按公司章程约定25%的比例分配整合补偿款。

李某、朱某共同答辩称，由李某转让煤矿25%的股权给侯某，侯某需出资1000万元，但实际仅出资500万元，依照其实际出资比例，仅占甲公司12.5%的股权，应按此比例分配权益。这个案件历经山西省忻州市中院一审、山西省高院二审、最高法院再审，最终认定应当以侯某实际出资500万元，确认其所占公司股权比例为12.5%，并按此比例分配权益。

本案争议的焦点在于股东工商登记出资比例与实际出资情况不一致,而且本案侯某与李某也未签订书面的股权转让协议,对于李某转让给侯某的25%股权的价格无法确定,对此最高院认为,就股东资格而言,工商登记材料可以被视为证明股东资格并对抗第三人的证据。对股东资格进行工商登记,是为了向第三人宣示股东资格,使登记股东就其股东资格获得对抗第三人的能力,工商登记对外具有公示和公信的效力。但工商登记仅具有证权性,没有设权性,当股东之间因股东权益产生争议时,公司股东名册或工商登记不能成为确定股东权益的唯一根据,而应以股东实际出资额来确定。对此,《公司法》第三十四条已做了明确规定,即股东按照实缴的出资比例分取红利。因此,根据三个股东议定,以侯某进入煤矿经营管理的时间2007年8月31日为基准日进行公司资产评估,以评估报告确认股东出资比例,最终确认侯某应支付1000万元以获得公司25%的股权是适当的。但由于侯某实际出资500万元,故应确认其所占公司股权比例为12.5%,并按此比例分配权益。[①]

　　从这个判例可以看出,工商登记一般仅具有对外的公示效力,在股东内部还是要以实际出资比例或者约定为准。由此引发另一个问题,股东协议和章程又该以哪个为准呢?在现在大众创业、人人股东的时代,囿于各地工商对章程的管理尺度不同,股东之间想约定清楚权责利更多需要通过内部另行签署股东协议来实现。那股东协议和章程谁"大"呢?简单来说,内外有别,对股东以外的人,比如公司内部董事、监事、高级管理人员,外部债权人或其他社会公众而言,当然是章程为大,但是在股东之间,当股东协议和章程约定不一致时,法官会倾向于探究股东的真实意思表示,不过为了避免不必要的纠纷,建议股东协议里明确约定"本协议自股东各方签章之日起生效,不因目标公司章程的签署而被取代或变更;公司章程条款与本协议内容约定不一致的,以本协议为准"。

　　申言之,股东协议里一般需要约定些什么呢?如果你约定保底收益,如一些财务投资人为确保旱涝丰收,而约定这样的条款"公司的日常经营管理由乙方负责,双方不按出资比例进行利润分配,乙方应保证公司按照其出资额15%的年收益率向甲方支付收益,每个经营年度终了之日30日内,公司应以现金形式将上年收益足额支付给甲方,如公司未能按时足额支付,乙方应对此收益支付承担连带保证责任"。这样的约定,看似滴水不漏,但往往会被法官以不考虑公司经营的盈亏状况,使得甲方的投资可以取得固定收益,损害了公司利益和公司债权人利益,属于滥用股东权利,而被认定为无效约定。

　　因此,一份好的股东协议需要把股东权利、义务规范清晰,同时对股东退出、竞业禁止、股权成熟等关键节点作出安排。

---

① (2015)民申字第2332号。

1. 股东权利：股东之间实际的股权比例、出资情况、是否存在代持、是否预留期权等在股东协议里体现清楚，如何行使分红权、表决权约定好，比全体股东均同意不按出资比例分红或者优先认缴出资等，同时可以约定好股东会和董事会决策事项。

2. 股东义务：股东协议究其本质，就是要把合伙人之间口头约定固化下来，股东合伙做事，必定有的出钱有的出力还有的出资源，基本上是能者多劳，所以需要把每个股东必须为公司做的事落到纸面，如果做不到有什么违约措施，事先在股东协议里约定清楚。

3. 股东退出：退出机制建议事先约定，实务中碰到太多的公司因为股东分歧无法调和又没有退出机制，导致公司元气大伤，甚至闹到最后关门解体。股东退出简单来说可分为无过错退出（如合伙人之间理念发生严重分歧）或者过错退出（股东自己违反竞业禁止或有其他严重损害公司的行为等），事先明确约定在什么情况下股东可以退出，什么情况下必须退出，退出条件和方式、退出价格等。

另外股东离婚、继承等情形也可以在股东协议里明确，如是否同意不可以继承股东资格，或者夫妻一方只享有股权收益等，还有一些条款如股权成熟安排、股权调整（反稀释条款）、竞业禁止、违约责任等也要约定好。这样一份合理、体现各方真实意思表示的协议才能基本成型，做到未雨绸缪，有备无患。

[引申法条]

《中华人民共和国公司法》

第十一条 设立公司必须依法制定公司章程。公司章程对公司、股东、董事、监事、高级管理人员具有约束力。

第三十二条 有限责任公司应当置备股东名册，记载下列事项：

（一）股东的姓名或者名称及住所；

（二）股东的出资额；

（三）出资证明书编号。

记载于股东名册的股东，可以依股东名册主张行使股东权利。

公司应当将股东的姓名或者名称向公司登记机关登记；登记事项发生变更的，应当办理变更登记。未经登记或者变更登记的，不得对抗第三人。

第三十四条 股东按照实缴的出资比例分取红利；公司新增资本时，股东有权优先按照实缴的出资比例认缴出资。但是，全体股东约定不按照出资比例分取红利或者不按照出资比例优先认缴出资的除外。

05 股东未履行出资义务便转让股权是否还要承担补足出资义务呢?

有限责任公司的股东未(全面)履行出资义务即转让瑕疵出资股权,其补足出资的法定义务一般不因股权转让、受让股东承诺承担责任而免除。

[典型案例]

甲公司注册资本1000万元,两位自然人股东赵某、钱某各持50%股权。公司设立时,用于验资的资金来源于专门代垫资金的公司。在验资完成之后,甲公司遂通过借款等名义将1000万元归还给垫资的第三人。之后,赵某因与钱某产生分歧,决定将股权转让给孙某,双方在股权转让协议中约定,赵某完全退出公司经营管理,不再享有股东权利,对公司债权债务不再承担责任,孙某受让股权后缴足出资。协议签订后,双方办理了工商变更登记,甲公司在股东会决议中亦载明要求孙某在限定期限内补足出资。之后,孙某未补足出资。

甲公司向法院提起诉讼,要求原股东赵某向甲公司履行补足出资义务。赵某抗辩称:向公司负有出资义务的应当是公司股东,其已不再是甲公司股东,对甲公司已不负有出资义务;股权转让时对于出资未到位这一事实,受让股东孙某知晓并承诺履行补足义务,即使原股东负有补足义务,也已经转让至新股东名下;甲公司对前述情况清楚并接受,故已无权再要求原股东赵某承担补足出资的义务。

法院生效判决认为,有限责任公司股东对公司的出资义务为法定义务。未尽出资义务即转让股权,转让股东的出资义务并不因此而免除,公司仍有权请求转让股东承担相应责任。受让股东孙某承诺补足出资,公司曾要求受让股东补足出资,均不能构成对原股东赵某法定义务的免除。遂判决:赵某向甲公司履行补足出资的义务。[1]

同样在陕西省高院审理的谢某诉西安庆南贸易有限公司股东出资纠纷案中,法院亦明确有限责任公司股东负有向公司足额缴纳出资的法定义务。未全面履行出资义务(已届履行期而未履行出资义务)即转让其股权的股东,应向公司承担补齐出资的民事责任,该责任不能由出让股东与受让股东之间依据意思自治的原则予以免除。[2]

综上,股东的出资义务是法定义务,股权转让时如存在出资期限已满而未出资或出资不实、瑕疵出资等情形,一般而言,原股东的补足出资义务并不因股东身份

---

[1] 江苏法院公司审判十大案例之二:甲公司与赵某股东出资纠纷案。
[2] (2017)陕民申591号。

丧失而免除，且因该义务的履行涉及公司债权人利益的保护，包括受让股东、公司在内的任何人，均无权免除该项法定义务。同时受让股东知晓或承诺由其补足出资的，则与转让股东一起向公司承担连带责任，如果受让股东明知股权存在瑕疵仍受让的，无权在接受股权后再要求出让股东补足出资，此时有权要求出让股东补足出资的则是公司或公司债权人等其他主体。

[引申法条]

《最高人民法院关于适用〈中华人民共和国公司法〉若干问题的规定（三）》

第十三条　股东未履行或者未全面履行出资义务，公司或者其他股东请求其向公司依法全面履行出资义务的，人民法院应予支持。

公司债权人请求未履行或者未全面履行出资义务的股东在未出资本息范围内对公司债务不能清偿的部分承担补充赔偿责任的，人民法院应予支持；未履行或者未全面履行出资义务的股东已经承担上述责任，其他债权人提出相同请求的，人民法院不予支持。

股东在公司设立时未履行或者未全面履行出资义务，依照本条第一款或者第二款提起诉讼的原告，请求公司的发起人与被告股东承担连带责任的，人民法院应予支持；公司的发起人承担责任后，可以向被告股东追偿。

股东在公司增资时未履行或者未全面履行出资义务，依照本条第一款或者第二款提起诉讼的原告，请求未尽公司法第一百四十七条第一款规定的义务而使出资未缴足的董事、高级管理人员承担相应责任的，人民法院应予支持；董事、高级管理人员承担责任后，可以向被告股东追偿。

第十八条　有限责任公司的股东未履行或者未全面履行出资义务即转让股权，受让人对此知道或者应当知道，公司请求该股东履行出资义务、受让人对此承担连带责任的，人民法院应予支持；公司债权人依照本规定第十三条第二款向该股东提起诉讼，同时请求前述受让人对此承担连带责任的，人民法院应予支持。

受让人根据前款规定承担责任后，向该未履行或者未全面履行出资义务的股东追偿的，人民法院应予支持。但是，当事人另有约定的除外。

06　股东在认缴期前转让股权还须对债权人承担补充赔偿责任吗？

股东在出资期限尚未届满的情况下转让股权，不构成司法解释规定的"未履行或者未全面履行出资义务即转让股权"的情形，因其发生债务时已经不再是股东，

债权人对该股东的出资没有期待信赖利益,要求原股东继续承担出资责任有违风险利益一致原则:

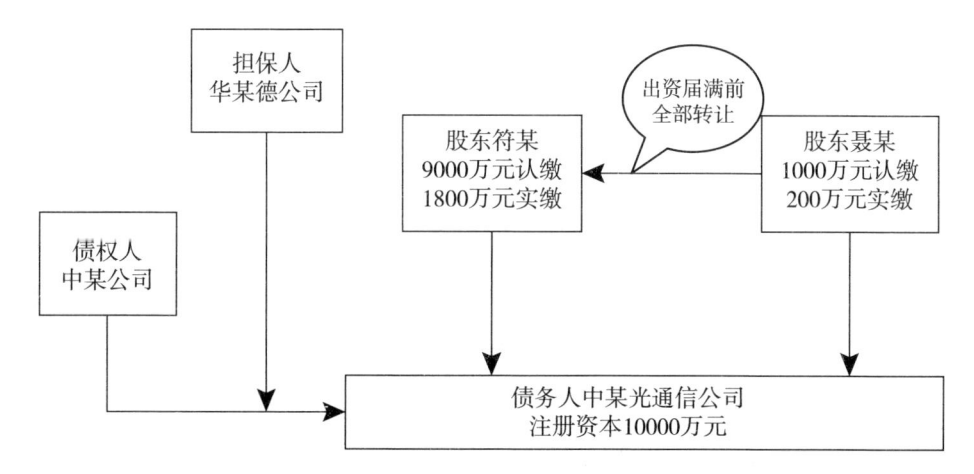

```
                  ┌──────────────┐
                  │   担保人      │
                  │ 华某德公司    │
                  └──────┬───────┘
                         │
                         │          ┌─────────────┐
                         │          │ 出资届满前  │
                         │          │  全部转让   │
                         │          └──┬──────────┘
                         │             ↓
   ┌──────────┐    ┌───────────────┐    ┌───────────────┐
   │ 债权人   │    │  股东符某     │←──│  股东聂某     │
   │ 中某公司 │    │9000万元认缴   │    │1000万元认缴   │
   └────┬─────┘    │1800万元实缴   │    │ 200万元实缴   │
        │          └──────┬────────┘    └───────┬───────┘
        │                 │                     │
        ↓                 ↓                     ↓
   ┌───────────────────────────────────────────────────┐
   │       债务人中某光通信公司                        │
   │         注册资本10000万元                         │
   └───────────────────────────────────────────────────┘
```

[**典型案例**]

2014年11月18日,中某公司与中某光通信公司签订《协议书》一份,约定由中某公司承包工程,中某光纤公司在该《协议书》上加盖了公司印章。协议签订后,中某公司按约向中某光通信公司支付工程预约金1300万元,但中某光通信公司收到款项后,并未将该工程交付给中某公司施工,而是挪作他用,经多次催收,华某德公司代中某光通信公司退还部分款项。

2016年10月20日,中某光通信公司和符某向中某公司出具了《还款承诺书》,承认结欠本息、违约金合计1295.855万元,并承诺分期归还,华某德公司出具了《还款担保书》,为中某光通信公司提供担保。

中某光通信公司于2012年12月13日成立,注册资本为10000万元,其中符某认缴出资9000万元,实缴出资额1800万元;聂某认缴出资1000万元,实缴出资额200万元。根据《公司章程》规定,聂某认缴部分的剩余800万元应于2014年12月9日缴纳。2013年1月21日,聂某将其全部股权转让给符某,并于同年1月29日办理了工商变更登记。符某受让股权后,仍未缴纳认缴出资。

2013年12月11日符某将其在公司1000万元的股份分别转让给肖某和姚某各500万元,并于同年12月11日到工商部门办理了股权变更登记,但二人亦未实际缴纳出资。

2015年3月3日,中某光通信公司再次召开股东会,决定将股东符某、肖某、姚某的认缴出资期限延长至2032年12月10日。

2016年7月29日,肖某和姚某将各自在公司的500万元股份全部转回给符某,并将公司类型由原来的有限责任公司（自然人投资或控股）变更为有限责任公司（自然人独资），并于同年8月4日到工商部门办理股权变更登记。

中某公司向一审法院起诉请求：1. 判令中某光通信公司、符某立即退还本金、违约金、利息共计1175.855万元并且支付违约金；2. 判令中以光纤公司对中某光通信公司所负债务承担共同偿还责任；3. 判令聂某、符某在未缴纳的出资800万元限额内，姚某在未缴纳的出资400万元限额内，连带承担中某光通信公司对中某公司债务的补充责任。

本案一审法院认为聂某实缴出资额为200万元，尚欠800万元出资没有缴纳，聂某应当在其未出资800万元限额内向中某公司承担补充赔偿责任。二审法院就股东出资问题认为：聂某认缴出资1000万元，实缴出资200万元，剩余800万元的认缴期应为2014年12月9日。聂某在2013年1月21日将全部股权转让给符某，并于同年1月29日办理了工商变更登记。因聂某在认缴期限前没有缴纳该部分出资的行为并不违法，其在认缴期限前将股权全部转让给他人，该出资义务亦相应转移给股权受让方，故聂某在出资义务尚未到期的情况下转让股权，不构成前述司法解释规定的"未履行或者未全面履行出资义务即转让股权"的情形，聂某在本案中不应承担补充赔偿责任，遂改判撤销聂某承担责任的判决，改判符某在未缴纳的出资800万元限额内，姚某在未缴纳的出资400万元限额内，就中某光通信公司的债务不能清偿部分承担补充赔偿责任。

中某公司向最高人民法院申请再审，最高院再审认为：聂某作为中某光通信公司设立时的股东，认缴出资1000万元，实缴出资200万元。按照中某光通信公司《公司章程》的规定，聂某认缴部分的剩余800万元应于2014年12月9日缴纳。2013年1月21日，聂某将其持有的中某光通信公司全部股权转让给符某，并于同年1月29日办理了工商变更登记手续。中某公司主张聂某系中某光通信公司的发起人，身份有别于其他股东，应当以认缴额对公司承担责任。然而，中某公司起诉请求并未明确主张聂某承担发起人的出资违约责任。且中某光通信公司成立后，聂某系中某光通信公司占比10%的股东，原判决认定聂某在出资义务尚未到期的情况下转让股权，不属于出资期限届满而不履行出资义务的情形，不构成前述司法解释规定的"未履行或者未全面履行出资义务即转让股权"的情形，并无不当。中某公司主张聂某承担中某光通信公司对中某公司债务的补充赔偿责任，依据不足。遂裁判驳回再审申请。[①]

上述案例最高院的思路可供债权人维权参考，如债权人可以发起人身份要求聂某与被告股东符某承担连带责任，同时，本案例后续债务人将股东符某、肖某、姚

[①] （2020）最高法民申2285号。

某的认缴出资期限延长，亦符合《九民纪要》规定：在公司债务产生后，公司股东（大）会决议或以其他方式延长股东出资期限的，债权人以公司不能清偿到期债务为由，请求未届出资期限的股东在未出资范围内对公司不能清偿的债务承担补充赔偿责任的，应当支持。

综上，股东享有出资的"期限利益"，公司债权人在与公司进行交易时有机会在审查公司股东出资时间等信用信息的基础上综合考察是否与公司进行交易，债权人决定交易即应受股东出资时间的约束。《公司法司法解释三》第十三条规定的"未履行或者未全面履行出资义务"应当理解为"未缴纳或未足额缴纳出资"，出资期限尚未届满的股东尚未完全缴纳其出资份额不应认定为"未履行或者未全面履行出资义务"。① 股东违反出资义务的行为表现为未履行或未全面履行出资义务。股东未履行出资义务，是指股东根本未出资，具体包括拒绝出资、不能出资、虚假出资等。未全面履行出资义务包括未完全履行和不适当履行，其中未完全履行是指股东只履行了部分出资义务，未按规定数额足额出资。不适当履行是指出资的时间、形式或手续不符合规定，包括迟延出资、瑕疵出资等②，故未届履行期限和上述未履行或未完全履行概念不同，股东依法享有出资的期限利益，股权转让后无须再行对债权承担补充赔偿责任。

[引申法条]

《中华人民共和国公司法》

第二十八条 股东应当按期足额缴纳公司章程中规定的各自所认缴的出资额。股东以货币出资的，应当将货币出资足额存入有限责任公司在银行开设的账户；以非货币财产出资的，应当依法办理其财产权的转移手续。

股东不按照前款规定缴纳出资的，除应当向公司足额缴纳外，还应当向已按期足额缴纳出资的股东承担违约责任。

《最高人民法院关于适用〈中华人民共和国公司法〉若干问题的规定（三）》

第十三条 股东未履行或者未全面履行出资义务，公司或者其他股东请求其向公司依法全面履行出资义务的，人民法院应予支持。

公司债权人请求未履行或者未全面履行出资义务的股东在未出资本息范围内对公司债务不能清偿的部分承担补充赔偿责任的，人民法院应予支持；未履行或者未全面履行出资义务的股东已经承担上述责任，其他债权人提出相同请求的，人民法院不予支持。

---

① （2019）最高法民终230号。
② 参见最高院《公司法司法解释三理解与适用》第十三条条文释义。

股东在公司设立时未履行或者未全面履行出资义务,依照本条第一款或者第二款提起诉讼的原告,请求公司的发起人与被告股东承担连带责任的,人民法院应予支持;公司的发起人承担责任后,可以向被告股东追偿。

股东在公司增资时未履行或者未全面履行出资义务,依照本条第一款或者第二款提起诉讼的原告,请求未尽公司法第一百四十七条第一款规定的义务而使出资未缴足的董事、高级管理人员承担相应责任的,人民法院应予支持;董事、高级管理人员承担责任后,可以向被告股东追偿。

第十八条 有限责任公司的股东未履行或者未全面履行出资义务即转让股权,受让人对此知道或者应当知道,公司请求该股东履行出资义务、受让人对此承担连带责任的,人民法院应予支持;公司债权人依照本规定第十三条第二款向该股东提起诉讼,同时请求前述受让人对此承担连带责任的,人民法院应予支持。

受让人根据前款规定承担责任后,向该未履行或者未全面履行出资义务的股东追偿的,人民法院应予支持。但是,当事人另有约定的除外。

《全国法院民商事审判工作会议纪要》(法〔2019〕254号)

6.【股东出资应否加速到期】在注册资本认缴制下,股东依法享有期限利益。债权人以公司不能清偿到期债务为由,请求未届出资期限的股东在未出资范围内对公司不能清偿的债务承担补充赔偿责任的,人民法院不予支持。但是,下列情形除外:

(1) 公司作为被执行人的案件,人民法院穷尽执行措施无财产可供执行,已具备破产原因,但不申请破产的;

(2) 在公司债务产生后,公司股东(大)会决议或以其他方式延长股东出资期限的。

07 股东出资后又无正当理由转出的构成抽逃出资吗?

股东出资是设立有限责任公司的法定必经程序,股东出资构成公司的注册资本,它是有限责任公司开展生产经营活动和对外承担责任的基础。实践中,存在股东为了规避法律、逃避法律责任,在公司成立时及生产经营活动中做出虚假出资、抽逃出资、转移财产等违法行为,这有违资本维持原则,并侵害公司、其他无过错股东及外部债权人的合法权益。

[典型案例]

某企业发展咨询公司成立于2012年3月2日,原为自然人独资公司,股东为柳某，注册资本为 50 万元，实收资本为 50 万元。某企业发展咨询公司的工商登记信息中显示，2015 年 12 月 3 日，某企业发展咨询公司形成一份股东决定，该决定中载明同意将股东由柳某变更为柳某和刘某。另，2015 年 12 月 3 日，某企业发展咨询公司再次形成一份股东会决议，同意增加注册资本，由 50 万元增加至 1000 万元，新增的 950 万元由刘某以货币形式出资 500 万元，由柳某以货币形式出资 450 万元；免去柳某的执行董事职务，选举刘某为执行董事并为该公司法定代表人，上述股东会决议有"柳某""刘某"签名字样。现某企业发展咨询公司工商登记的法定代表人为刘某，注册资本为 1000 万元；股东为刘某和柳某，分别认缴出资 500 万元，认缴出资时间为 2016 年 12 月 31 日。同时某企业发展咨询公司的企业信用信息公示报告中显示，柳某已于 2012 年 3 月 2 日实缴出资 50 万元。2012 年 3 月 1 日，柳某通过转账形式向某企业发展咨询公司企业入资专用账户中汇款 50 万元。2012 年 3 月 19 日，某企业发展咨询公司通过转账形式向案外人李某转让 50.0080 万元，用途为还款。

某企业发展咨询公司遂起诉请求：柳某向公司返还抽逃的出资 50 万元及赔偿相应的利息损失。一审庭审中，柳某称其没有证据证明向李某转账的合理性，但其作为某企业发展咨询公司的法定代表人、执行董事及总经理，该笔转账属于职务行为；即使付款业务单上显示的收款人为李某存在不当得利的情形，也应当由某企业发展咨询公司向李某进行追偿。

生效判决认为，根据《公司法》第三十五条及《公司法司法解释三》第十二条之规定，本案中，在 2012 年 3 月 2 日至 2015 年 12 月 3 日期间某企业发展咨询公司为一人有限责任公司，股东、法定代表人等均为柳某。在某企业发展咨询公司成立、柳某出资仅仅数十天后，便以还款的形式向案外人李某支付 50.0080 万元，柳某亦没有证据证明其转账的合理性，综上，法院认定 50.0080 万元为抽逃出资，现某企业发展咨询公司要求柳某返还抽逃出资并赔偿损失的诉讼请求，于法有据，法院予以支持。虽然柳某对 2015 年 12 月 3 日的股东会决议有异议，但刘某现为某企业发展咨询公司工商登记的法定代表人，且公司向出资人追究抽逃出资责任维护的是公司的合法利益，该责任不应以该公司是否为一人有限责任公司而免除。同时，某企业发展咨询公司向柳某主张抽逃出资责任抑或向案外人主张不当得利责任系其权利。故柳某的答辩意见没有法律依据，法院不予采纳。法院判决：柳某向某企业发展咨询公司返还出资款 50 万元，并赔偿损失。[①]

公司成立后，股东将出资款转入公司账户验资后未经法定程序又转出、损害公

[①] 北京三中院发布二十个公司类纠纷典型案例之二：某企业发展咨询公司诉柳某股东出资纠纷案（发布日期 2021 年 4 月 20 日）。

司利益的，上述判例法院的裁判思路为该情形可按照《公司法司法解释三》第十二条第（四）项的规定认定为股东抽逃出资。关于举证责任的分配，在股东控制公司的情况下，股东具有更为优势的举证能力，应当对股东与公司之间的资金往来、股东从公司转出出资的合理性承担举证责任，股东不能举证证明其转出出资款具有正当理由的，应当认定为抽逃出资，即法院将举证责任苛以控制公司的股东：股东对其将出资款转入公司账户验资后即转出的行为具有正当理由负举证责任。

[引申法条]

《最高人民法院关于适用〈中华人民共和国公司法〉若干问题的规定（三）》

第十二条　公司成立后，公司、股东或者公司债权人以相关股东的行为符合下列情形之一且损害公司权益为由，请求认定该股东抽逃出资的，人民法院应予支持：

（一）制作虚假财务会计报表虚增利润进行分配；

（二）通过虚构债权债务关系将其出资转出；

（三）利用关联交易将出资转出；

（四）其他未经法定程序将出资抽回的行为。

08　典型抽逃出资行为有哪些？协助抽逃的股东、董事承担责任吗？

注册验资后将资产以各种名目转出，比如构置虚假债权债务关系、利用关联交易，或者虚增利润进行分配，以公司资产偿还股东注册资金出资等，均是典型的抽逃出资行为，而在此过程中，如果公司的其他股东、董事、高管人员实施了协助抽逃出资的行为，均应承担连带责任。

最高院审理的王某等诉温州标某建设有限公司（以下简称标某公司）抽逃出资纠纷案中，认为关于原审判决认定王某抽逃出资款110万元并判令其承担相应责任是否缺乏证据证明的问题。《公司法》第三十五条规定："公司成立后，股东不得抽逃出资。"依据原审查明的事实，标某公司注册资本为800万元。依照标某公司章程的规定，王某应出资120万元。2009年3月15日，标某公司向王某出具收款收据，收到投资款10万元。2009年3月31日，温州某城会计师事务所出具温东成会验字〔2009〕222号验资报告，证实王某实际缴纳出资额为120万元。浙江温州某城农村商业银行股份有限公司存款分户明细反映，2013年3月31日户名为标某公司的×××账号王某现存投资款120万元，同年4月2日该账户中包括王某在内的 800 万元出资款分次汇入王某 1 账户后转汇危某账户。本案一审时，标某公司原法定代表人王某 1 接受法院询问承认"每个股东都是出资 10 万元，因为登记需要 800 万元，再另外向融资公司借款垫资，公司设立后就将该笔款项还回去了"。王某接受法院询问也承认其出资为 10 万元。本案二审时，标某公司提交的证据材料证明标某公司验资的 800 万元来源于胡某的存单等，后该款在同一时间内作为标某公司股东的出资，在完成验资后，上述款项先转入王某 1 账户，再通过危某账户转为胡某的存款。上述证据材料相互印证已形成证据链，能够证明标某公司注册资本被抽逃的事实。王某虽主张其未抽逃出资款、对王某 1 转款情况不知情、案涉 10 万元不是出资款等，但均未提交充分有效证据加以证明。因此，原审判决认定王某抽逃出资款 110 万元，并不缺乏证据证明。[①]

另外，最高院在审理的濮某等诉四川奶某乐乳业有限公司等股东出资纠纷案中，认为以公司资产偿还股东注册资金出资等同于抽逃出资：一、二审判决认定濮某、濮某 1 在实际控制、经营四川奶某乐乳业有限公司期间以公司资产偿还罗某的注册资金借款，等同于罗伯特抽逃注册资金并判令濮某、濮某 1 承担连带责任，有事实与法律依据。[②]

如果其他股东、董事、高管等协助抽逃出资应承担连带责任：最高院在审理的袁某与光某宝龙兰州新区建设有限公司（以下简称宝龙公司）等股东出资纠纷上诉案中认为：原审判决认定龙某港公司抽逃了对光某宝龙公司的 1439 万元出资，龙某港公司和袁某对此均未提出上诉，故本院予以确认。龙某港公司抽逃出资的方式，是通过虚构光某宝龙公司与疏某公司之间的工程款债务，将款项从光某宝龙公司转入疏某公司，再从疏某公司转入瑞某星公司，用以偿还了龙某港公司欠瑞某星公司的借款。在光某宝龙公司为龙某港公司抽逃出资而出具的《资金使用申请单》上，袁某签字同意。虽然该行为发生在款项已经转出之后，但仍代表袁某对龙某港公司抽逃出资行为的认可。根据《公司法司法解释三》第十四条第一款的规定，公司的其他股东、董事、高管人员等，只要实施了协助股东抽逃出资的行为，即应承担连带责任，而与协助行为对抽逃出资所起作用的大小、是否为抽逃出资的必要条件等无关。故原审法院认定袁某实施了协助抽逃出资的行为，应当承担连带责任并无不妥。本院认为，从本案的一系列事实分析判断，有充足的理由使人相信，袁某对通过其担任法定代表人的三个关联公司之间故意虚构债务以抽逃出资的行为主观上存在过错，客观上也实施了协帮的行为，应当承担连带返还责任。[③]

---

① （2017）最高法民申 2729 号。
② （2016）最高法民申 2652 号。
③ （2014）民二终字第 00092 号。

由此可知，股东的出资义务是其天然责任，如果以各种名目抽逃出资的，债权人可以据此要求其在抽逃出资本息范围内对公司债务不能清偿的部分承担补充赔偿责任，同时协助抽逃出资的其他股东、董事、高管人员或者实控人须承担连带责任，而司法实践中往往不考虑协助行为是否对抽逃出资起到关键决定作用。公司其他股东也应及时了解公司股东的关联公司与公司之间的经济往来，防范可能发生的抽逃出资行为。

[引申法条]

《最高人民法院关于适用〈中华人民共和国公司法〉若干问题的规定（三）》

第十四条 股东抽逃出资，公司或者其他股东请求其向公司返还出资本息、协助抽逃出资的其他股东、董事、高级管理人员或者实际控制人对此承担连带责任的，人民法院应予支持。

公司债权人请求抽逃出资的股东在抽逃出资本息范围内对公司债务不能清偿的部分承担补充赔偿责任、协助抽逃出资的其他股东、董事、高级管理人员或者实际控制人对此承担连带责任的，人民法院应予支持；抽逃出资的股东已经承担上述责任，其他债权人提出相同请求的，人民法院不予支持。

09 股东未实缴出资，哪些权利受影响？

股东出资是股东最基本的义务，但现实中，约定好的出资往往因为种种原因不能及时到位，为了公司发展，出资不到位的股东一般不会立即被"踢出局"。但是，在出资不到位期间公司还需要继续经营，这时是否可以限制股东的某些权利呢？

[典型案例]

1993年，A、B、C三公司签订合资成立协议书，约定成立甲公司，注册资本为3100万港元，其中C公司提供9.3亩土地使用权，折价1300万元，占股43%。甲公司成立后，2012年某日，甲公司召开董事会议，认为因C公司未履行出资义务，故C公司不享有利润分配请求权、新股优先认购权、剩余财产分配请求权等股东权利。后A股东以C股东未履行出资义务为由，提起诉讼，法院判决确认C股东未履行向甲公司出资的义务；确认不享有甲公司的股东利润分配请求权、新股优先认购权、剩余财产分配请求权等股东权利。

但事情至此发生了"神转折"，即C股东向最高院提起再审，最高院改判，不支持公司限制股东权利①，问题出在了哪里？原来《中外合资经营企业法》立法时间早于《公司法》，而且废止之前的《中外合资经营企业法》中的治理结构是没有股东会的，其相应职责实际是由董事会行使。根据甲公司章程规定，出席董事会会议的法定人数不得少于全体董事的三分之二，当不够三分之二人数时，其通过的决议无效。而上述判例甲公司有5名董事，召开的限制股东权利的会议却只有3名董事参加，显然不满足合资企业章程规定的条件，故当次董事会决议无效。因此，并不是说公司无权对未出资的股东进行权利限制，而是本案对股东权利限制的程序上出了错。甲公司根据无效的董事会决议，请求限制C公司相应的股东权利，当然不能得到支持。

通过上述判例，我们能更好地理解《公司法司法解释三》第十六条股东未履行或者未全面履行出资义务或者抽逃出资情形下，公司根据公司章程或者股东会决议对股东的利润分配请求权、新股优先认购权、剩余财产分配请求权等股东权利可以作出相应的合理限制。这里需要注意，限制股东利润分配请求权、新股优先认购权、剩余财产分配请求权等股东权利，应当同时具备以下条件：一是股东未（全面）履行出资义务，或者有抽逃出资的行为；二是应当根据公司章程或者股东会决议对股东权利作出合理限制。

申言之，法律理论上把股东权利分成自益权和共益权，自益权主要包括上述判例中提到的利润分配请求权、新股优先认购权、剩余财产分配请求权这几项资产收益权，这也是股东投资的本来目的所在。如果股东没有事先的股东协议或章程规定，比如全体股东约定不按照出资比例分取红利或者优先认缴出资，自益权一般会受到是否实缴出资的限制，即股东的分红和认购新股应按照实缴出资比例，如果股东未缴足出资，不享有未出资股份项下的红利分配权和新股认购权等资产收益权。

除此之外，对于共益权，主要体现为股东参与公司经营管理的权利，如表决权、知情权。对于股东认缴出资未届履行期限，对未缴纳部分出资是否享有表决权，《九民纪要》进行了明确：股东的表决权是否会受到限制首先取决于公司章程的规定，公司章程如果作出了相应限制，则执行章程规定；其次如果公司章程没有规定，则按认缴出资比例确定股东表决权；最后，如果股东会按照法定程序作出决议，决定不按认缴出资比例而按实际出资比例或者其他标准确定表决权，则须执行股东会决议，此处需要注意的是，表决程序须经代表三分之二以上表决权的股东通过方为有效。对于股东知情权的影响，以下面案例说明。

---

① （2016）最高法民再357号。

[典型案例]

在常某与北京某水木旅游规划设计院有限公司股东知情权纠纷一审案中，海淀区法院一审认为，股东知情权系股东为获取与其切身利益密切相关的公司信息之权利，是股东了解公司经营情况的固有权利，从而行使对公司的监督权和重大决策权，以维护股东的终极利益，属共益权范畴，与其是否具备股东身份密切相关，与股东是否实际出资并不具备紧密联系……常某虽未履行出资义务，但其作为工商登记载明的股东，在未经法定程序解除其股东资格的情况下，其股东资格并不被法律当然否定，故常某的股东知情权利不应以其未履行出资义务为由加以剥夺。而且根据《最高人民法院关于适用〈中华人民共和国公司法〉若干问题的规定（四）》（以下简称《公司法司法解释四》）第七条规定，股东是否具有行使知情权的主体资格的时间点原则上为"起诉时"，如在股东知情权纠纷案件审理过程中，公司或者其他股东才对未出资股东进行除名，且将相应情况做了工商登记，瑕疵出资股东的知情权纠纷原告资格并不丧失，在除名决议或除名工商登记日前仍然享有知情权，但法院一般会在一定程度上限制瑕疵股东知情权的查阅/复制期限，即查阅/复制截止日为除权决议作出日。①

对此北京市高院规定股东知情权案件中，被告公司以原告股东出资瑕疵为由进行抗辩的，人民法院不予支持。而上海市高院同样认为股东对公司未履行出资义务，或者未足额履行出资义务，或者在公司成立后又抽逃资金的，应当按照《公司法》的规定履行相应的义务。然而知情权是股东权的一项重要权利。股东虽然存在出资瑕疵，但在其未丧失公司股东身份之前仍可按照《公司法》或章程的规定行使相应的股东权，除非章程或股东与公司之间另有约定，一般不能以股东出资存在瑕疵为由否定其应享有的知情权。②

综上，股东出资如果存在出资瑕疵，则自益权在履行法定程序后可以受限，而对于共益权，如果瑕疵出资股东能证明其为公司登记信息中记录在册的股东，大部分法院认为其享有股东资格，其知情权请求一般不会因为存在出资瑕疵而被驳回。表决权在股东认缴的出资仍未届履行期限情形下，如果章程没有特别规定或相关的股东会决议，则按照认缴出资而非实缴出资比例行使。

---

① （2017）京 0108 民初 32172 号。
② 可参见 2005 年 11 月 29 日发布的"2005 年上海法院民商事审判回答（之四）"，即《关于审理股东请求对公司行使知情权纠纷案件若干问题的问答》。

[引申法条]

《最高人民法院关于适用〈中华人民共和国公司法〉若干问题的规定（三）》

第十六条　股东未履行或者未全面履行出资义务或者抽逃出资，公司根据公司章程或者股东会决议对其利润分配请求权、新股优先认购权、剩余财产分配请求权等股东权利作出相应的合理限制，该股东请求认定该限制无效的，人民法院不予支持。

《最高人民法院关于适用〈中华人民共和国公司法〉若干问题的规定（四）》

第七条　股东依据公司法第三十三条、第九十七条或者公司章程的规定，起诉请求查阅或者复制公司特定文件材料的，人民法院应当依法予以受理。

公司有证据证明前款规定的原告在起诉时不具有公司股东资格的，人民法院应当驳回起诉，但原告有初步证据证明在持股期间其合法权益受到损害，请求依法查阅或者复制其持股期间的公司特定文件材料的除外。

《北京市高级人民法院关于审理公司纠纷案件若干问题的指导意见》

第十四条　股东知情权案件中，被告公司以原告股东出资瑕疵为由抗辩的，人民法院不予支持。

《全国法院民商事审判工作会议纪要》（法〔2019〕254号）

7.【表决权能否受限】股东认缴的出资未届履行期限，对未缴纳部分的出资是否享有以及如何行使表决权等问题，应当根据公司章程来确定。公司章程没有规定的，应当按照认缴出资的比例确定。如果股东（大）会作出不按认缴出资比例而按实际出资比例或其他标准确定表决权的决议，股东请求确认决议无效的，人民法院应当审查该决议是否符合修改公司章程所要求的表决程序，即必须经代表三分之二以上表决权的股东通过。符合的，人民法院不予支持；反之，则依法予以支持。

10　股东出资瑕疵，其他股东承担什么责任？

根据法律规定，股东未（全面）履行出资义务时，出资瑕疵的股东本身需要对公司债务在未出资本息范围内承担补足责任，那其他股东是否也需要"背锅"呢？

[典型案例]

1998年，南某公司、重庆某建筑工程公司（现某建公司）、重庆某建筑工程承包有限责任公司（现建工公司）作为发起人，共同投资设立庆某公司。各方已按约定出资到位,并经过验资程序。其中,南某公司的出资方式为实物出资,含混凝土搅拌车8辆。2005年6月9日,重庆市工商行政管理局作出行政处罚决定书,称南某公司实物出资的价值6298855.83元的混凝土搅拌车未依法办理财产权转移手续,南某公司在设立庆某公司过程中有虚假出资行为,据此要求南某公司改正并处罚金。2008年,重庆市南岸区法院判决庆某公司返还上海中某贸易发展有限公司8台混凝土搅拌车。后债权人张某在庆某公司无力承担债务的情况下,将虚假出资的股东南某公司及其他二股东诉至法院,要求南某公司在出资不实的本息范围内对庆某公司的债务承担赔偿责任,其他二股东承担连带赔偿责任。

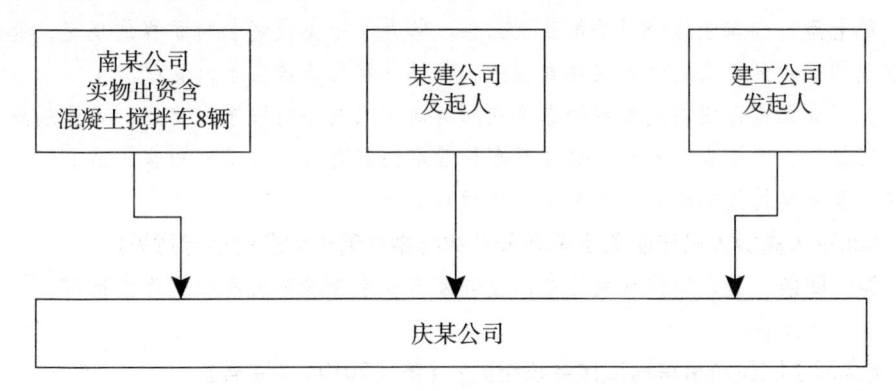

```
┌─────────────────┐   ┌─────────┐   ┌─────────┐
│    南某公司      │   │某建公司 │   │建工公司 │
│   实物出资含     │   │ 发起人  │   │ 发起人  │
│ 混凝土搅拌车8辆  │   │         │   │         │
└────────┬────────┘   └────┬────┘   └────┬────┘
         │                 │             │
         └─────────────────┼─────────────┘
                           ▼
              ┌──────────────────────┐
              │      庆某公司        │
              └──────────────────────┘
```

重庆高院在上述重庆建工某建设有限公司诉张某等股东出资纠纷上诉案中认为:根据《公司法司法解释三》第十三条第二款的规定,公司债权人请求未履行或者未全面履行出资义务的股东在未出资本息范围内对公司债务不能清偿的部分承担补充赔偿责任的,人民法院应予支持。南某公司系庆某公司的股东,重庆市工商行政管理局于2005年查处其在庆某公司设立时有虚假出资行为,虚假出资为价值6298855.83元的8辆混凝土搅拌车,此后该8辆混凝土搅拌车被判决返还上海中某贸易发展有限公司,也无证据显示南某公司另行补足了出资,据此,足以认定南某公司虚假出资的金额为6298855.83元。鉴于庆某公司现已停止经营,无财产可供清偿债务,且张某在本案中诉请南某公司承担的债务金额未超过南某公司虚假出资6298855.83元的范围,故原审法院对张某要求南某公司在虚假出资6298855.83元的范围内对庆某公司根据(2010)渝北法民初字第6641号民事判决书所述其应履行付款债务不能清偿部分承担补充赔偿责任的请求予以支持正确,本院予以维持。另根据《公司法司法解释三》第十三条第三款的规定,股东在公司设立时未履行或者未全面履行出资义务,依照本条第一款或者第二款提起诉讼的原告,请求公司的发起人与被告股东承担连带责任的,人民法院应予支持。某建公司及建工公司系庆某公司设立时的股东,亦为公司发起人,南某公司在公司设立时未履行或者未全面履行出资义务,发起人某建公司、建工公司应对出资不实股东南某公司承担的公司债务承担连带责任。①

2013年注册资本认缴制实行后，发起人在公司设立时是否实缴出资以及认缴出资的缴纳期限均不再法定，而是由发起人在公司设立时共同合意决定。最高院民二庭负责人就《公司法司法解释三》答记者问的答复称"督促股东全面履行出资义务、保障公司资本的充实是《公司法司法解释三》的一个重要目的"、"将《公司法》第九十四条②第一款对股份公司场合中其他发起人的连带出资义务也适用到有限责任公司场合，即有限责任公司股东如果未按章程规定缴纳出资的，发起人股东与该股东承担连带责任"。因此，公司股东未按照公司设立时确定的期限缴纳各期出资的，该股东应对债务不能清偿部分在其未出资本息范围内承担补充赔偿责任，而发起人股东均应与该股东承担连带责任。

申言之，如果股东在增资时瑕疵履行出资义务，发起人还需承担连带责任吗？司法裁判观点倾向于认为《公司法司法解释三》第十三条第三款限于公司设立时情形，对这一款的解释不能扩张解释适用于公司增资时。债权人依据该条款规定，要求公司发起人对未履行增资义务的股东对公司债务所应承担的补充赔偿责任承担连带责任的，法院不予支持。而对于股东公司增资时未履行或者未全面履行出资义务的情形，可以请求未尽勤勉尽责义务而使出资未缴足的董事、高级管理人员或者实际控制人承担连带责任。

另外，最高人民法院执行工作办公室《关于股东因公司设立后的增资瑕疵应否对公司债权人承担责任问题的复函》中进一步认为增资瑕疵股东仅对公司增资后的债权人承担责任：公司增加注册资金是扩张经营规模、增强责任能力的行为，原股东约定按照原出资比例承担增资责任，与公司设立时的初始出资是没有区别的。公司股东若有增资瑕疵，应承担与公司设立时的出资瑕疵相同的责任。但是，公司设立后增资与公司设立时出资的不同之处在于，股东履行交付资产的时间不同。正因这种时间上的差异，导致交易人（公司债权人）对于公司责任能力的预期是不同的。股东按照其承诺履行出资或增资的义务是相对于社会的一种法定的资本充实义务，股东出资或增资的责任应与公司债权人基于公司的注册资金对其责任能力产生的判断相对应。本案中，南通开发区富某物资公司（以下简称富某公司）与深圳龙某电影城实业有限公司（以下简称龙某电影城）的交易发生在龙某电影城变更注册资金之前，富某公司对于龙某电影城责任能力的判断应以其当时的注册资金500万元为依据，而龙某电影城能否偿还富某公司的债务与此后龙某电影城股东深圳长城（惠某）实业企业集团（以下简称惠某集团）增加注册资金是否到位并无直接

---

① （2014）渝高法民终字第00202号。
② 2013年12月28日修订后的第九十三条。

的因果关系。惠某集团的增资瑕疵行为仅对龙某电影城增资注册之后的交易人（公司债权人）承担相应的责任，富某公司在龙某电影城增资前与之交易所产生的债权，不能要求此后增资行为瑕疵的惠某集团承担责任。[1]

综上，股东在设立时未依法履行出资义务，原始股东即发起人需要对公司债务在其未缴出资本息范围内承担连带清偿责任，发起人承担责任后，可以向未出资股东追偿。而后续增资瑕疵一般不能再要求设立时的发起人承担连带责任，债权人可以据此向未尽义务的董事、高管主张承担相应责任。同理，增资瑕疵股东也仅对公司增资后的债权人承担责任，股东出资或增资的责任应与公司债权人基于公司的注册资金对其责任能力产生的判断相对应，这也可谓法不溯及既往理论的一个应用场景。

[引申法条]

《最高人民法院关于适用〈中华人民共和国公司法〉若干问题的规定（三）》

第十三条　股东未履行或者未全面履行出资义务，公司或者其他股东请求其向公司依法全面履行出资义务的，人民法院应予支持。

公司债权人请求未履行或者未全面履行出资义务的股东在未出资本息范围内对公司债务不能清偿的部分承担补充赔偿责任的，人民法院应予支持；未履行或者未全面履行出资义务的股东已经承担上述责任，其他债权人提出相同请求的，人民法院不予支持。

股东在公司设立时未履行或者未全面履行出资义务，依照本条第一款或者第二款提起诉讼的原告，请求公司的发起人与被告股东承担连带责任的，人民法院应予支持；公司的发起人承担责任后，可以向被告股东追偿。

股东在公司增资时未履行或者未全面履行出资义务，依照本条第一款或者第二款提起诉讼的原告，请求未尽公司法第一百四十七条第一款规定的义务而使出资未缴足的董事、高级管理人员承担相应责任的，人民法院应予支持；董事、高级管理人员承担责任后，可以向被告股东追偿。

《中华人民共和国公司法》

第九十三条　股份有限公司成立后，发起人未按照公司章程的规定缴足出资的，应当补缴；其他发起人承担连带责任。

股份有限公司成立后，发现作为设立公司出资的非货币财产的实际价额显著低于公司章程所定价额的，应当由交付该出资的发起人补足其差额；其他发起人承担连带责任。

---

[1] ［2003］执他字第33号。

第一百七十八条 有限责任公司增加注册资本时，股东认缴新增资本的出资，依照本法设立有限责任公司缴纳出资的有关规定执行。

股份有限公司为增加注册资本发行新股时，股东认购新股，依照本法设立股份有限公司缴纳股款的有关规定执行。

11 董事未履行向股东催缴出资义务是否承担责任？

公司股东应当按期足额缴纳认缴的出资额，逾期缴纳的股东，除应向公司补足出资外，还须向已按期足额缴纳出资的其他股东承担违约责任，并可以被限制行使相关股东权利。那么，股东逾期缴纳出资的，公司董事是否应该履行催缴义务？如果董事没有向股东催缴导致公司利益受损，董事是否承担连带赔偿责任呢？本篇将通过最高院再审改判案件进行分析，意在提示公司董事应尽忠实勤勉义务，避免产生承担赔偿责任的法律风险。

[典型案例]

斯某特微显示科技（深圳）有限公司（以下简称斯某特公司）的股东为一家外国法人独资的有限责任公司。因斯某特公司资不抵债，被债权人依法申请破产清算，在清算过程中管理人以该公司名义起诉了公司六名董事，要求六名董事对斯某特公司股东欠缴出资所造成斯某特公司的损失4912376.06美元承担连带责任。

一审深圳中院以六名董事消极未履行追缴股东欠缴出资的勤勉义务，与股东欠缴出资之间并不存在必然联系。斯某特公司未收到全部出资，系因斯某特公司股东未全面履行出资义务所致，并非六名董事消极不履行勤勉义务或者积极阻止股东履行出资义务所致，在董事消极未履行某种勤勉义务，且该等消极未履行与公司所受损失并无直接因果关系的情况下，董事不应当受到追责，故驳回诉讼请求。

斯某特公司不服，提起上诉，二审法院认为在股东未全面履行出资义务时，董事或因协助股东抽逃出资或因负有监督职责而未履行或因对增资未尽忠实勤勉义务等情形而承担相应责任，但不应将股东未全面履行出资义务的责任一概归因于公司董事。如果董事仅仅只是怠于向未全面履行出资义务的股东催缴出资，以消极不作为的方式未尽忠实勤勉义务，而该不作为与公司所受损失之间没有直接因果关系，那么要求董事对股东未履行全面出资义务承担责任，则缺乏事实和法律依据。斯某特公司股东未全面履行出资义务，斯某特公司可依法向其主张权利。六名董事在不同时期分别担任斯某特公司股东中方董事，在公司章程没有明确规定其负有监督股东履行出资义务、没有证据显示其消极未向股东催缴出资与公司所受损失存在因果关系情况下，斯某特公司请求上述六名中方董事对股东欠缴的出资承担连带赔偿责任，于法无据，不予支持。

斯某特公司不服二审判决，向最高院申请再审，最高院认为：根据《公司法》第一百四十七条第一款的规定董事、高管等对公司负有忠实义务和勤勉义务。上述规定并没有列举董事勤勉义务的具体情形，但是董事负有向未履行或未全面履行出资义务的股东催缴出资的义务，这是由董事的职能定位和公司资本的重要作用决定的。根据董事会的职能定位，董事会负责公司业务经营和事务管理，董事会由董事组成，董事是公司的业务执行者和事务管理者。股东全面履行出资是公司正常经营的基础，董事监督股东履行出资是保障公司正常经营的需要。《公司法司法解释三》第十三条第四款规定的目的是赋予董事、高管对股东增资的监管、督促义务，从而保证股东全面履行出资义务、保障公司资本充实。在公司注册资本认缴制下，公司设立时认缴出资的股东负有的出资义务与公司增资时是相同的，董事、高级管理人员负有的督促股东出资的义务也不应有所差别。本案斯某特公司是外商独资企业，实行注册资本认缴制。参照《公司法司法解释三》第十三条第四款的规定，在公司注册资本认缴制下，股东未履行或未全面履行出资义务，董事、高管负有向股东催缴出资的义务。根据《公司法》第一百四十九条的规定，董事、监事、高级管理人员执行公司职务时违反法律、行政法规或者公司章程的规定，给公司造成损失的，应当承担赔偿责任。①

综上，最高院认为涉案公司被债权人申请破产清算，其股东未缴清出资的行为实际损害了公司的利益，其董事消极不作为放任了实际损害的持续，股东欠缴的出资即为所在公司遭受的损失，股东欠缴出资的行为与董事消极不作为共同造成损害的发生和持续，董事未履行向股东催缴出资义务的行为与所在公司所受损失之间存在法律上的因果关系，公司董事对所在公司遭受的股东出资未到位的损失，应承担连带赔偿责任。

本篇案例最高院明确在公司注册资本认缴制下，公司设立时认缴出资的股东负有的出资义务与公司增资时是相同的，董事、高管负有的督促股东出资的义务也不应有所差别。故在现行的注册资本认缴制下，基于董事、高管对公司负有忠实勤勉的法定义务，公司高管应加强对股东出资的审核和监管义务，确保股东的出资真实有效，如果股东未按照公司章程约定履行实缴出资义务的，建议董事、高管应及时进行书面催缴，避免因消极不作为而承担赔偿责任的法律风险。

---

① （2018）最高法民再366号。

[引申法条]

《中华人民共和国公司法》

第一百四十七条 董事、监事、高级管理人员应当遵守法律、行政法规和公司章程,对公司负有忠实义务和勤勉义务。

董事、监事、高级管理人员不得利用职权收受贿赂或者其他非法收入,不得侵占公司的财产。

第一百四十九条 董事、监事、高级管理人员执行公司职务时违反法律、行政法规或者公司章程的规定,给公司造成损失的,应当承担赔偿责任。

《最高人民法院关于适用〈中华人民共和国公司法〉若干问题的规定(三)》

第十三条 股东未履行或者未全面履行出资义务,公司或者其他股东请求其向公司依法全面履行出资义务的,人民法院应予支持。

公司债权人请求未履行或者未全面履行出资义务的股东在未出资本息范围内对公司债务不能清偿的部分承担补充赔偿责任的,人民法院应予支持;未履行或者未全面履行出资义务的股东已经承担上述责任,其他债权人提出相同请求的,人民法院不予支持。

股东在公司设立时未履行或者未全面履行出资义务,依照本条第一款或者第二款提起诉讼的原告,请求公司的发起人与被告股东承担连带责任的,人民法院应予支持;公司的发起人承担责任后,可以向被告股东追偿。

股东在公司增资时未履行或者未全面履行出资义务,依照本条第一款或者第二款提起诉讼的原告,请求未尽公司法第一百四十七条第一款规定的义务而使出资未缴足的董事、高级管理人员承担相应责任的,人民法院应予支持;董事、高级管理人员承担责任后,可以向被告股东追偿。

12 瑕疵出资股东是否还具有股东资格?

实际出资是股东享有权利的基础,瑕疵出资或者抽逃出资的股东,公司可以根据章程或股东会决议限制其利润分配请求权、新股优先认购权、剩余财产分配请求权等自益权,但未实际出资股东是否还具有股东资格呢?我们来看下文的判例:

[典型案例]

倪某1、倪某2、倪某3系三兄弟。2009年11月前蓬某食品公司的股东为倪某

1、倪某2。2009年12月18日、23日，蓬某食品公司借入款项合计200万元，该款经过几次转账后转到倪某3账户上。2009年12月24日，倪某3向蓬某食品公司增资200万元并进行了验资，成为该公司股东。2009年12月25日，蓬某食品公司归还了200万元借款。

2009年12月28日，蓬某食品公司召开股东会，股东会决议载明：同意新增倪某3为公司新股东，并修改了公司章程。随后办理了工商登记。2014年2月28日蓬某食品公司形成股东会决议，载明参会人员为法定股东倪某1、倪某2、倪某3。2014年7月20日蓬某食品公司形成股东分红的决议，载明参会股东为倪某1、倪某2，具体红利分配金额倪某3为16万元。

蓬某食品公司以倪某3未实际出资为由提起诉讼，请求确认倪某3不是蓬某食品公司的股东。

法院一审判决确认倪某3不具备蓬某食品公司的股东身份。

二审法院推翻了一审判决，法院经审理认为：

首先，本案多处事实表明倪某3具备公司股东身份，且实际享有相关权利并履行了部分义务。蓬某食品公司的工商登记材料、公司章程、验资报告等均记载倪某3为股东，倪某3在公司增资过程中自愿提供身份证、在公司章程上署名、向公司转入增资款项等事实充分显示其具有成为股东的真意。公司章程是公司设立的最主要条件和最重要文件之一，是股东就公司重要事务经协商制定的规范性和长期性安排，属于股东之间的合同，倪某1、倪某2、倪某3三人共同署名，说明倪某1、倪某2亦同意倪某3通过增资扩股的形式成为蓬某食品公司股东。且在蓬某食品公司2009年增资后直到2014年3月前的数年间，倪某1、倪某2明知倪某3具备公司股东身份，并未对倪某3的股东身份和其他相关事实提出异议，倪某3也参与了公司经营管理，并分得了股份分红。

其次，依据现有证据不能认定本案存在公司或股东虚假增资情形。虚假增资是通过提交虚假证明文件等其他手段骗取验资报告，取得公司登记，但实际并未交付货币、实物或者未转移财产权的行为，将在一定程度上危害社会经济秩序和交易安全，为法律所禁止。本案没有充分证据显示存在虚假增资情形。

最后，根据《公司法司法解释三》第十三条第一款、第十八条第一款的规定，实际出资只是股东享有权利的基础，未实际出资说明其为瑕疵股东，但并不一定不具有股东资格。本案中，即使倪某3的增资有瑕疵，未实际履行增资义务，蓬某食品公司、倪某1、倪某2可以请求倪某3履行义务。若经过公司催缴后倪某3仍未缴纳的，公司可以股东会决议解除倪某3的股东资格，在未解除之前并不代表倪某

3 不具有公司股东资格。[①]

"瑕疵出资"一般包括三种情况：1. 未履行出资义务；2. 未全面履行出资义务；3. 抽逃出资，可以细分为抽逃全部出资、抽逃部分出资。未履行出资义务，即应该出的钱一分钱没给；抽逃全部出资，即给了钱却又把钱一分不差地拿走了，这两种情况非常恶劣，但有上述行为的股东并不是直接丧失股东资格，而是须经公司催缴后，在合理期限内仍未缴纳或返还出资，股东会才可以决议解除股东资格。由此可见，解除瑕疵出资股东资格是个要式行为，并需要满足一定的前提条件，并非只要存在出资瑕疵就丧失股东资格：解除股东资格首先要以股东未履行出资义务或者抽逃全部出资为前提，且经公司催告缴纳或者返还，在合理期限内均未完成，公司方可以股东会决议或按照公司章程规定解除该股东资格，同时除名后公司须及时办理法定减资程序或者由其他股东或第三人缴纳相应的出资。

[引申法条]

《最高人民法院关于适用〈中华人民共和国公司法〉若干问题的规定（三）》

第十六条 股东未履行或者未全面履行出资义务或者抽逃出资，公司根据公司章程或者股东会决议对其利润分配请求权、新股优先认购权、剩余财产分配请求权等股东权利作出相应的合理限制，该股东请求认定该限制无效的，人民法院不予支持。

第十七条 有限责任公司的股东未履行出资义务或者抽逃全部出资，经公司催告缴纳或者返还，其在合理期间内仍未缴纳或者返还出资，公司以股东会决议解除该股东的股东资格，该股东请求确认该解除行为无效的，人民法院不予支持。

在前款规定的情形下，人民法院在判决时应当释明，公司应当及时办理法定减资程序或者由其他股东或者第三人缴纳相应的出资。在办理法定减资程序或者其他股东或者第三人缴纳相应的出资之前，公司债权人依照本规定第十三条或者第十四条请求相关当事人承担相应责任的，人民法院应予支持。

---

① 参见《未实际出资不影响股东资格的确认》，载《人民司法·案例》2020年第17期。

第四章
股东资格确认

01 确认股东资格的标准是工商已经登记还是股东实际出资？

关于股东资格确认的标准，即非股东主张自己是公司股东的依据，实践中主要有以是否实际出资、股东名册是否进行记载、工商机关是否登记等几种标准来确认，也就是说，股东资格可以从实质要件和形式要件两个方面来考量，本篇先来看一个案例：

[典型案例]

甲公司成立时，王某向其账户汇入 200 万元。现甲公司面临拆迁，政府补偿约为 6000 万元。王某认为自己当初打入的 200 万元是出资款，应当按比例享有股权分享股东权益，遂起诉要求确认股东身份。但甲公司主张王某当初打入的是借款，而不是出资款，且公司有证据证明已经偿还了借款，坚决不同意确认王某的股东身份。

这里涉及的就是股东资格确认问题，也就是股东身份问题，没有股东身份这个前提，后续的各项股东权利投资收益也将无从谈起。

关于股东资格的确认标准，实务中，具备股东身份与否，首先考察的是形式要件，即是否工商登记为股东，是否签署公司章程，股东名册是否有记载等，如果欠缺这些外在要件，则要进一步考察是否实际出资，是否有公司出具的出资证明书，是否签署股东协议、实际享有股东权利、出席股东会议等实质要件。

而刚才的案例中，王某所持有的向甲公司汇入款收据中明确注明"借款"的字样，且王某对后续收到甲公司的 200 万元未作出合理解释，因此王某并不具备确认股东身份的实质要件，最终法院没有认定王某具有甲公司股东身份。

一般来说，最终依据实质要件还是外在要件来判断股东资格，会因争议当事人的不同而有所区别：对于公司与股东之间发生的股权纠纷，一般应以股东名册作为认定股东资格的依据；对于股东之间则侧重审查投资的事实；在第三人对公司股东的认定上，则应主要审查工商登记，因为工商登记对于善意第三人具有宣示股东资格的功能，第三人基于对工商登记的依赖而作出商业判断。[1]

又如，最高院审理的万某等诉丽江宏某水电开发有限公司（以下简称宏某公司）股东资格确认纠纷案，最高院认为股东身份的确认，应根据当事人的出资情况

---

[1] 可参见《陕西省高级人民法院民二庭关于公司纠纷、企业改制、不良资产处置及刑民交叉等民商事疑难问题的处理意见》（陕高法〔2007〕304 号）。

以及股东身份是否以一定的形式为公众所认知等因素进行综合判断。首先，万某已经向宏某公司实缴出资，万某打入宏某公司账户的 510 万元为出资款而非借款。2008 年 8 月 4 日，万某将所贷的 510 万元打入了宏某公司的账户，实缴了出资，履行了先前约定的出资义务，宏某公司的会计凭证也将该 510 万元记载为"实收资本"。其次，万某的股东身份已经记载于《宏某公司章程》，万某也以股东身份实际参与了宏某公司的经营管理。《宏某公司章程》中载明，万某于 2008 年 8 月 10 日认缴出资 510 万元，占宏某公司注册资本的 30%。最后，万某以宏某公司董事长的身份，出席了双河电站的复工典礼，并多次参加宏某公司的股东会，讨论公司经营管理事宜，实际行使了股东权利。根据本案查明的事实，本院认为万某已经取得了宏某公司的股东身份。

同时法院认为工商登记未变更仅是不能对抗第三人而非无效；经法定程序修改的章程，自股东达成修改章程的合意后即发生法律效力，工商登记并非章程的生效要件，这与公司设立时制定的初始章程应报经工商部门登记后才能生效有所不同。宏某公司章程的修改，涉及公司股东的变更，宏某公司应依法向工商机关办理变更登记，宏某公司未办理变更登记，应承担由此产生的民事及行政责任，但根据《公司法》（2005 年 10 月 27 日修订）第三十三条①的规定，公司股东变更未办理变更登记的，变更事项并非无效，而仅是不具有对抗第三人的法律效力。②

综上，实质要件和形式要件都是认定股东资格不可或缺的标准或条件，一般在公司内部法律关系中，更尊重公司的意思自治，而在涉及公司与外部第三人法律关系中，从商事外观主义的原则出发，更重点考量工商登记、股东名册等形式要件。所以如果投资人确实想成为公司股东，取得股东身份是第一步，须在工商进行登记，同时将出资款标注明确并汇入公司账户，亲自签署公司相关各项文件，尤其是公司章程要留痕，以确保自己股东身份名副其实。

[引申法条]

《中华人民共和国公司法》

第三十二条 有限责任公司应当置备股东名册，记载下列事项：

（一）股东的姓名或者名称及住所；

（二）股东的出资额；

（三）出资证明书编号。

记载于股东名册的股东，可以依股东名册主张行使股东权利。

---

① 现行《公司法》已调整至第三十二条。
② （2014）民提字第 00054 号。

公司应当将股东的姓名或者名称向公司登记机关登记；登记事项发生变更的，应当办理变更登记。未经登记或者变更登记的，不得对抗第三人。

第一百三十条 公司发行记名股票的，应当置备股东名册，记载下列事项：

（一）股东的姓名或者名称及住所；

（二）各股东所持股份数；

（三）各股东所持股票的编号；

（四）各股东取得股份的日期。

发行无记名股票的，公司应当记载其股票数量、编号及发行日期。

《最高人民法院关于适用〈中华人民共和国公司法〉若干问题的规定（三）》

第二十二条 当事人之间对股权归属发生争议，一方请求人民法院确认其享有股权的，应当证明以下事实之一：

（一）已经依法向公司出资或者认缴出资，且不违反法律法规强制性规定；

（二）已经受让或者以其他形式继受公司股权，且不违反法律法规强制性规定。

02 被冒名登记为股东就是真实的股东吗？

工商登记具有宣示和公示效力，那被冒名登记为股东就是真实的股东吗？先来看一个真实案例。

[典型案例]

某公司为符合税收优惠政策，利用业务往来将合作伙伴钱某的身份证留用，并伪造钱某签名，进行了工商登记，使得钱某被登记为公司股东，后某公司的债权人起诉要求偿还债权3000万元，同时请求包括钱某在内的股东在抽逃出资范围内对公司债务承担补充赔偿责任。一审法院支持了债权人的诉讼请求。钱某以被冒名股东为由上诉，二审法院认为，钱某未对公司有出资入股的意思表示，也没有证据证明钱某有出资、分红、管理公司的事实，故应当认定钱某系被冒名登记为公司股东，故二审未支持债权人让其补充承担赔偿责任的请求。

从这个案例最终结果来看钱某没有被冤枉，也让大家松了一口气。由此吸取的教训之一当然是要保管好身份证，原件复印件均不能轻易提供给他人使用，否则轻则背负巨债重则承担刑事责任。

不过，难道工商登记的股东还会有错吗？上述案例系江苏省高院审理的钱某与江阴市华某科技有限公司（以下简称华某公司）股东资格确认纠纷案，具体来看法院的说理分析：本院认为，冒名登记是指实际出资人自己行使股权，但虚构法律主体或者盗用他人名义并将该主体或他人作为股东在公司登记机关登记的行为。被冒名者因不知情，且从未作出过持有股权的意思表示、实际不出资、不参与公司管理，而不应被视为法律上的股东。判断冒名还是借名，最主要的法律特征是被冒名者对其名称被冒用是否知情。本案中，虽然工商登记将钱某记载为华某公司的股东，但从查明的事实分析，本院认定该登记为华某公司冒名操作具有高度的可能性，钱某不应被认定为华某公司股东。理由在于：一、华某公司工商登记材料中相关华某公司股东会决议、章程等材料中有"钱某"签名字迹（共28处）的，均非钱某本人所签。二、以股东"钱某"名义的两次增资行为分别为发生于2005年9月8日的900万元、2006年5月25日的1400万元，该两笔巨额出资款分别来自江阴市南闸某日杂用品店以及江阴市宝某金属材料有限公司，而该日杂店、宝某公司与钱某并无关联关系。三、从钱某经济状况来看，其只是飞某公司的一名普通员工，工资收入不高，家庭较为困难，不足以承担如此大的投资。四、钱某多年来其从未在华某公司参与管理，也未享受华某公司的分红，这与认定其为华某公司股东缺乏逻辑联系。五、钱某与华某公司的其他股东、实际控制人并无过深交情……且因"钱某"出资距本案诉讼已近十年，钱某又认为其并未对华某公司有出资入股的意思表示，故其在一审中对身份证被使用的两种可能性分析并非明显不合情理。综上所述，由于没有证据证明钱某有出资、分红、管理公司的事实，且认定钱某借名出资也缺乏客观性、合理性基础，故本院认定钱某系被冒名登记为华某公司股东，钱某要求确认其并非华某公司股东的上诉理由成立。[1]

综上，如果登记的股东是冒用或盗用他人名义，且被冒名者不知情，从未有设立公司或成为公司股东的意思表示，则被冒名者不具有股东资格，相应责任由冒名登记行为人承担责任。但实践中，法官判断冒名的标准是被冒名者是否知情，主观方面很难用统一的标准来判断，需要进一步凭借外在的证据进行判断，如通过他是否有成为股东的意愿、能力，是否作出持有股权的意思表示或者默认追认、是否实际出资、参与公司经营管理等证据来综合判定，若某股东仅主张被冒名，但是有证据证明该股东履行了出资义务或者实际以股东身份参与公司经营管理、行使股东权利等，冒名的主张是不会得到法院支持的。

[引申法条]

《最高人民法院关于适用〈中华人民共和国公司法〉若干问题的规定（三）》
第二十八条　冒用他人名义出资并将该他人作为股东在公司登记机关登记的，

---

[1] （2016）苏民终837号。

冒名登记行为人应当承担相应责任；公司、其他股东或者公司债权人以未履行出资义务为由，请求被冒名登记为股东的承担补足出资责任或者对公司债务不能清偿部分的赔偿责任的，人民法院不予支持。

03 继受取得股权情形下如何确认股东资格呢？

股权取得分为原始出资取得和通过股权转让、继承等继受取得，继受取得判定股东资格的标准又是什么呢？本篇从最高院审理的云南华某工贸有限公司等（以下简称华某公司）与云南江某房地产集团有限公司（以下简称江某公司）股东资格确认纠纷再审案具体来看。

[典型案例]

原告江某公司主张具有被告华某公司股东资格并持有华某公司18%的股权，股权来源是第三人某强公司、兴某公司、秦某公司各自股权转让6%，同时已支付被告华某公司493万元，其中包括转让的股权款和追加的投入款。而被告华某公司、第三人某强公司与第三人兴某公司认为，兴某公司没有盖章，其法定代表人李某的签字不能确认其真实性，要求鉴定。并且当时被告华某公司的公章被江某公司盗窃，所以不能认定江某公司持有了18%的股权。故各方诉至法院，要求确认股东资格，该案历经云南省高院二审、最高院再审。

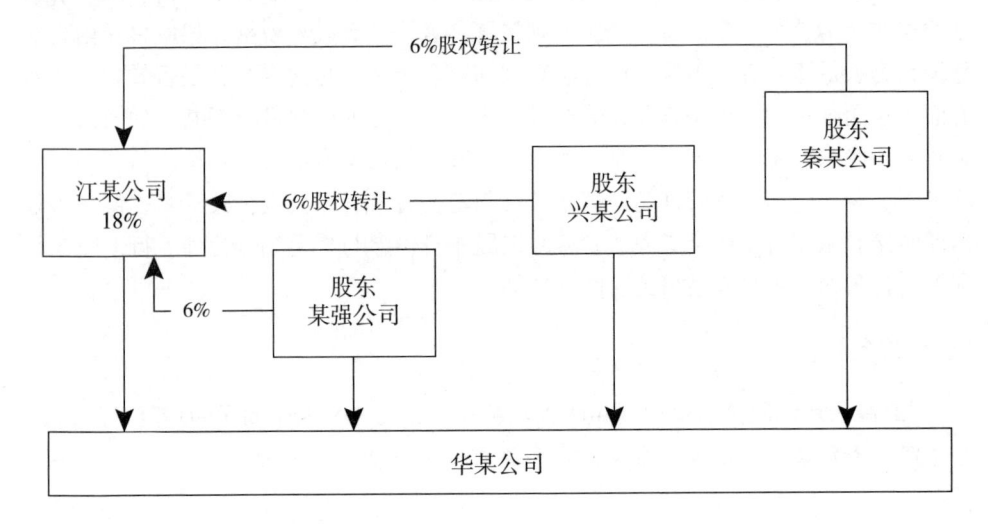

本案诉讼主体为江某公司要求确认其具有华某公司股东身份，并称股权来源于股权转让所得，故诉讼程序应以华某公司为被告，其他有利害关系的股权转让人为第三人，最高院对股东资格具体认定为根据《公司法司法解释三》第二十二条规定："当事人之间对股权归属发生争议，一方请求人民法院确认其享有股权的，应当证明以下事实之一：（一）已经依法向公司出资或者认缴出资，且不违反法律法规强制性规定；（二）已经受让或者以其他形式继受公司股权，且不违反法律法规强制性规定。"当事人主张股东资格和股东权利，必须满足两个要件，即实质要件和形式要件。实质要件是以出资为取得股东资格的必要条件，形式要件是对股东出资的记载和证明，是实质要件的外在表现。股权取得实质要件是向公司认购出资或者股份而取得股权，包括原始取得和继受取得。股权取得形式要件多见于股东完成出资后在公司章程上的记载、股东名册上的记载和工商机关的登记。本案中，根据华某公司第一届三次股东会决议、同日变更的公司章程，以及2004年4月9日华某公司出具给江某公司的《一期资本金到位凭单》《收据》，证明某强公司、兴某公司、秦某公司均认可原告江某公司系被告华某公司股东，取得华某公司18%的股权，并收到江某公司支付的18%股权的对价，第一届三次股东会决议得到了实际履行。故一、二审判决确认江某公司系华某公司股东，取得公司18%的股权并无不当。某强公司、兴某公司在二审时虽然主张华某公司第一届三次股东会决议上兴某公司法定代表人李某的签字是伪造的，但没有提供相应证据予以证明，二审判决基于李某已经身故，不具备鉴定条件，未支持其主张并无不当。[1]

综上，股东资格发生争议时，不论是原始取得还是继受取得，法院一般均会依据形式要件和实质要件综合作出认定，即结合外在要件如公司章程、股东名册、工商登记和实质要件如出资情况、是否实际行使股东权利等因素，充分考虑行为人实施民事行为的真实意思表示，综合考量对股东资格作出认定。

[引申法条]

《最高人民法院关于适用〈中华人民共和国公司法〉若干问题的规定（三）》

第二十二条 当事人之间对股权归属发生争议，一方请求人民法院确认其享有股权的，应当证明以下事实之一：

（一）已经依法向公司出资或者认缴出资，且不违反法律法规强制性规定；

（二）已经受让或者以其他形式继受公司股权，且不违反法律法规强制性规定。

---

[1] （2016）最高法民申2613号。

04 登记的是我的名，实际上是你的股？

被冒名成为股东，由于被冒名者与冒名者之间根本没有合作或借名的合意，所以从法律上来说，被冒名者也根本不是股东，但如果双方合意借名持股，也就是实践中常说的隐名股东和显名股东，此时股东身份又该如何认定呢？

《公司法司法解释三》第二十四条首次明确表明了我国法律对有限责任公司代持行为的认可，即有限责任公司的实际出资人与名义出资人订立合同，约定由实际出资人出资并享有投资权益，以名义出资人为名义股东，没有违反法律法规强制性规定的情形下，隐名股东和显名股东之间的协议是有效的。

实践中，也存在着大量不同背景下的代持行为，如有的是为了规避法律人数上限（公司法规定有限公司股东不超50人、股份公司股东最多200人），有的因为公务员、外资成分等特殊身份而不能或不便于持股的，或者有的是为了规避竞业限制等约定的，也有实际出资人不愿意公开自己的身份信息、财务状况而采用代持的，或者创业公司里为了维护公司利益而进行的大股东代持、员工期权代持等，但如果隐名股东和显名股东因身份问题发生争议，或者隐名股东想从幕后走到台前，也就是说确认股东资格需要怎么做呢？

根据《公司法司法解释三》第二十四条第三款的规定，"实际出资人未经公司其他股东半数以上同意，请求公司变更股东、签发出资证明书、记载于股东名册、记载于公司章程并办理公司登记机关登记的，人民法院不予支持。"，即隐名股东显名需要经公司其他股东过半数同意，而有学者专门对2011年来高院判决书进行了整理与研究，总结了法院对这类股东资格确认和股权确认纠纷形成的裁判"公式"，即"有效的股权代持协议/事实+实际出资+其他股东半数以上同意＝可以显名"[1]。

另外《九民纪要》第二十八条进一步明确了实际出资人显名的条件：实际出资人能够提供证据证明有限责任公司过半数的其他股东知道其实际出资的事实，且对其实际行使股东权利未曾提出异议的，对实际出资人提出的登记为公司股东的请求，人民法院依法予以支持。

综上，实际出资人有证据证明其他股东对代持股关系明知且无异议时可请求显名化，但若未经其他股东过半数同意则实际显名存在障碍，根据上述法律规定和司

---

[1] 参见李丽萍：《有限责任公司股权代持的司法实践考察——对2011年来高院判决书的整理与研究》，载《吉林金融研究》2017年第5期。

法实践，实际出资人想显名建议提前在以下几个方面准备充足：1. 实际出资人与名义股东之间的权利义务关系确定，并签订书面的代持协议，另外，争取让公司过半数其他股东签字背书更佳；2. 过半数的其他股东知道实际出资人出资的事实，隐名股东保留实际出资证据；3. 实际出资人实际行使了股东权利，如参与股东会、参与利润分配等；4. 过半数其他股东未表示异议。

[引申法条]

《最高人民法院关于适用〈中华人民共和国公司法〉若干问题的规定（三）》

第二十四条 有限责任公司的实际出资人与名义出资人订立合同，约定由实际出资人出资并享有投资权益，以名义出资人为名义股东，实际出资人与名义股东对该合同效力发生争议的，如无法律规定的无效情形，人民法院应当认定该合同有效。

前款规定的实际出资人与名义股东因投资权益的归属发生争议，实际出资人以其实际履行了出资义务为由向名义股东主张权利的，人民法院应予支持。名义股东以公司股东名册记载、公司登记机关登记为由否认实际出资人权利的，人民法院不予支持。

实际出资人未经公司其他股东半数以上同意，请求公司变更股东、签发出资证明书、记载于股东名册、记载于公司章程并办理公司登记机关登记的，人民法院不予支持。

《全国法院民商事审判工作会议纪要》（法〔2019〕254号）

28.【实际出资人显名的条件】实际出资人能够提供证据证明有限责任公司过半数的其他股东知道其实际出资的事实，且对其实际行使股东权利未曾提出异议的，对实际出资人提出的登记为公司股东的请求，人民法院依法予以支持。公司以实际出资人的请求不符合公司法司法解释（三）第24条的规定为由抗辩的，人民法院不予支持。

05 隐名股东和显名股东到底谁是股东，双方博弈又该如何胜出？

隐名股东和显名股东，到底谁是股东，隐名股东可以直接行使显名股东的各项权利吗？根据公开的判例可以看出，针对隐名股东是否享有知情权这一点，法院的观点基本上都是一致的，即隐名股东并非公司法意义上的股东，隐名股东不能直接行使股东知情权。换句话来说，从法律上看，隐名股东享有的也仅仅是能对抗显名股东的合同权利，而无法直接行使股东权利，如股东的表决权、分红权、知情权、控制权、增资优先认购权等。

而代持股协议往往也只是在隐名与显名股东之间内部签订，很多时候公司或者其他股东根本不知情。隐名股东是实际出资义务人，也是股权的实际所有者，但因采用代持这种形式，在工商公示显名的是名义股东，来自名义股东的各种违约则成了最常见的风险源，如名义股东滥用股东权利，拒不转交投资收益，怠于按照代持协议履行义务；或擅自处置股权包括转让、质押等，而第三人恰因善意取得股权；抑或名义股东因债务纠纷等被法院依法查封执行代持股权；名义股东是自然人的，因其离婚、继承而面临的股权分割；名义股东是法人的，被列入其清算破产财产而被处置等，面对上述不一而足的隐患，隐名股东可以直接站出来说不吗？根据《公司法司法解释三》第二十五条的规定，名义股东将登记于其名下的股权转让、质押或者以其他方式处分，如果符合善意取得规则的，对于名义股东处分股权造成实际出资人的损失，只能一对一请求名义股东承担赔偿责任，也就是说如果名义股东对股权作出上述一系列"神操作"对善意第三人来说都是有效的，隐名股东吃了亏只能去找显名股东说理去。

反过来显名股东也有替隐名股东"背锅"的时候，如要面对因未履行出资义务而被债权人诉至法院的风险，即根据《公司法司法解释三》第二十六条的规定，公司债权人可以直接请求显名于工商的名义股东对公司债务不能清偿的部分在未出资本息范围内承担补充赔偿责任，名义股东承担赔偿责任后，也只能去找实际出资人追偿。综上，代持股行为将隐名股东和显名股东利益紧紧捆绑在一起，所以代持行为建议慎重选择，如果要代持也要选择信任的自然人为好，若从税务负担及未来上市过会审核角度考虑，建议从近亲属中选择。

申言之，代持行为重中之重的是代持协议本身要拟定完备，须注意如下关键性条款：明确股东权利行使方式，如表决权、分红权、增资优先认购权等；显名股东需要履行不同的配合义务，如向隐名股东汇报公司运营情况、向隐名股东转交公司分红、股东会投票前征求隐名股东意见或取得隐名股东的书面授权等；同时需要确保不擅自处分代持股权、承诺在条件具备时向隐名股东过户股权；必要时约定保密义务等；另外必备显名股东违约责任条款，提高违约成本是解决问题的最后也是最关键的防线。

而作为不显山不露水的隐名股东务必留存好出资证据，能让其他股东、公司共同背书更佳，这样可以让公司和其他股东明确知道隐名股东的真实身份。如果因代持协议引起纠纷，法院最看重的证据之一就是出资证明，同时还应注意保留参与公司决策管理的书面文件，如股东会决议、公司登记资料、参与利润分配的凭证等，确保隐名股东证据链充足，得以防范名义股东各种严重违约行为，或者遇到法院查封保全、强制执行代持股权时，可以及时提起确权诉讼或者执行异议以维护自己的合法权益。

[引申法条]

《最高人民法院关于适用〈中华人民共和国公司法〉若干问题的规定（三）》

第二十五条 名义股东将登记于其名下的股权转让、质押或者以其他方式处分，实际出资人以其对于股权享有实际权利为由，请求认定处分股权行为无效的，人民法院可以参照民法典第三百一十一条的规定处理。

名义股东处分股权造成实际出资人损失，实际出资人请求名义股东承担赔偿责任的，人民法院应予支持。

第二十六条 公司债权人以登记于公司登记机关的股东未履行出资义务为由，请求其对公司债务不能清偿的部分在未出资本息范围内承担补充赔偿责任，股东以其仅为名义股东而非实际出资人为由进行抗辩的，人民法院不予支持。

名义股东根据前款规定承担赔偿责任后，向实际出资人追偿的，人民法院应予支持。

06 未签订股权代持协议时如何认定隐名股东资格？

股东资格的确认是股东行使权利、得以参与公司事务的基础，而隐名股东与显名股东之间的股东资格认定系公司的内部关系，不涉及公司债权人等外部关系，隐名股东如欲显名应当具备实质要件，一般如果隐名股东与显名股东之间存在合法有效的股权代持协议，且隐名股东实际行使了股东权利，公司及公司其他股东对此知悉，亦未提出异议，则隐名股东的股东资格应予以确认；而如果在隐名股东与显名股东之间不存在股权代持协议的情况下，又应当考量哪些因素呢？本期通过北京三中院发布二十个公司类纠纷典型案例之一：冯某1诉某乳业公司等股东资格确认纠纷案来探析。

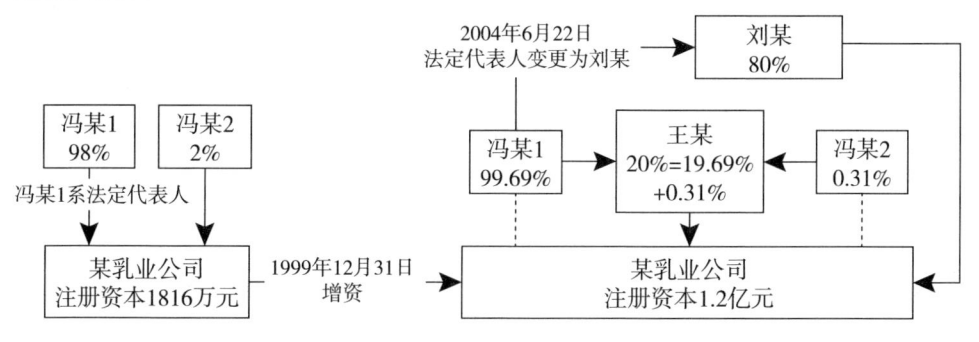

[典型案例]

　　1996年，冯某1与冯某2申请设立某乳业公司，注册资本为1816万元，冯某1出资1779.68万元，占注册资本的98%，冯某2出资36.32万元，占注册资本的2%，冯某1任法定代表人、董事长。1999年12月31日，某乳业公司将注册资本变更为1.2亿元，冯某1出资11963万元，持有99.69%的股权；冯某2出资36.32万元，持有0.31%的股权。2004年6月22日，冯某1与刘某签订《股权转让协议》，冯某1将其拥有的某乳业公司9600万股权，占总股本的80%，依法无偿转让给刘某。同日，冯某1将其持有的某乳业公司2362.8万股权，占总股本的19.69%，依法无偿转让给王某；冯某2将其持有的某乳业公司37.2万股权，占总股本的0.31%，依法无偿转让给王某。2004年6月23日，某乳业公司申请变更登记，将法定代表人由冯某1变更为刘某；将股东由冯某1、冯某2变更为刘某、王某；变更后刘某出资9600万元，占注册资本的80%，王某出资2400万元，占注册资本的20%。

　　另外，在2014年的另案中，某乳业公司向法院提交《民事答辩状》载明："某乳业公司股东、法定代表人虽然变更为刘某，但是公司经营、财产、财务仍然由原老板冯某1实际控制。刘某既没有向冯某1支付股权转让款，也没有取得某实业公司经营权、支配权及财产所有权，只是名义上的股东、董事长、法定代表人。"冯某1提出诉讼请求：判令刘某所持某乳业公司80%的股权归冯某1所有。

　　生效判决认为，股东资格是投资人取得和行使股东权利并承担股东义务的基础。确认股东资格，应当根据当事人具体实施民事行为的真实意思表示来予以认定。本案中，冯某1主张刘某代其持有某乳业公司股权，请求判令刘某所持某乳业公司80%的股权归其所有。首先，从股权取得方式来看，冯某1系某乳业公司设立时的股东，原持有公司99.69%的股权，冯某1系将其持有的某乳业公司80%的股权无偿转让给刘某。其次，从冯某1和刘某在某乳业公司的履职情况来看，冯某1与刘某在2004年6月签署《股权转让协议》前，冯某1系公司法定代表人、董事长，刘某系公司普通工作人员；上述《股权转让协议》签订后，冯某1仍负责某乳业公司的经营管理，并持有某乳业公司公章，刘某亦认可冯某1担任某乳业公司经理直到其2008年离开中国境内。刘某主张其受让某乳业公司股权后，行使了股东权利，召开了股东会，但未提供任何证据予以证明，故不予采信。再次，从某乳业公司在另案的答辩来看，刘某认可答辩状的真实性以及答辩状上某乳业公司的公章为其本人所盖，上述另案答辩内容系某乳业公司和刘某的真实意思表示，属于其对己方不利事实的承认，法院予以确认。最后，冯某1提交的证据能够证明其与刘某签订《股权转让协议》时存在股权代持的合意，且冯某1在股权转让后仍实际控制某乳业公司，冯某1系某乳业公司的实际股东，故冯某1请求判令刘某所持某乳业公司80%的股权归其所有，于法有据，应予支持。故法院判决：确认刘某名下的某乳业公司80%的股权（占注册资本9600万元）归冯某1所有。[①]

上述判例属于未签订股权代持协议情况下，综合在案证据认定隐名股东是否具有股东资格，需要全面考量隐名股东与显名股东之间是否存在股权代持的合意、隐名股东是否实际行使了股东权利、公司及公司的其他股东对此是否知情等因素，从而对隐名股东是否具备股东资格作出认定。

[引申法条]

《最高人民法院关于适用〈中华人民共和国公司法〉若干问题的规定（三）》

第二十四条　有限责任公司的实际出资人与名义出资人订立合同，约定由实际出资人出资并享有投资权益，以名义出资人为名义股东，实际出资人与名义股东对该合同效力发生争议的，如无法律规定的无效情形，人民法院应当认定该合同有效。

前款规定的实际出资人与名义股东因投资权益的归属发生争议，实际出资人以其实际履行了出资义务为由向名义股东主张权利的，人民法院应予支持。名义股东以公司股东名册记载、公司登记机关登记为由否认实际出资人权利的，人民法院不予支持。

实际出资人未经公司其他股东半数以上同意，请求公司变更股东、签发出资证明书、记载于股东名册、记载于公司章程并办理公司登记机关登记的，人民法院不予支持。

07　有限公司章程对股东资格继承作出排除性规定，股东资格还能继承吗？

《公司法》赋予了自然人股东资格可以被继承的权利，但是同时允许公司章程对死亡股东的股权处理方式另行作出安排。如公司章程对股东资格继承作出了排除性规定，应排除股东资格的继承，而标的股权具体如何处理属于公司治理事项，不应影响股东资格的判断，本篇我们将分析最高院审理的周某与启东市建某房地产开发有限公司（以下简称建某公司）股东资格确认纠纷案。

---

① 北京三中院发布二十个公司类纠纷典型案例之一：冯某1诉某乳业公司等股东资格确认纠纷案（发布日期2021年4月20日）。

[典型案例]

建某公司成立于1997年，后经股权改制和多次股权转让，至2014年12月20日，公司股东演变为31名自然人股东，其中股东周渭某出资额为2100万元，占注册资本的42%，其于2015年12月4日去世，死前立有遗嘱将其在建某公司全部股权由其女儿周某继承。工商登记显示，周渭某在1997年10月至2016年3月担任建某公司法定代表人，2016年3月后建某公司法定代表人变更为陈某。

2007年9月12日形成的建某公司章程规定了"自然人股东死亡后，其合法继承人可以继承股东资格"，而后几次在章程修改中删除了该条。自2009年改制以来至诉讼前先后四次修改章程。其中，2009年2月11日、2009年4月29日，2012年3月29日的章程在第四章第七条规定："股东之间经股东会批准，可以相互转让其全部或者部分股权。股东不得向股东以外的人转让股权。股东出资的股份在经营期内不保本、不保息。股本金实行动态持股管理办法。对免职、调离、终止合同、退休（退休后继续任职的除外）等人员及时办理股权转让手续，由公司其他股东按原出资额受让，转让股权的股东，除公司发生累计亏损外（经会计师事务所审计确认），其持股期间每年另按出资额的8%享受公司增值资产固定回报。"

2015年1月，建某公司经股东会决议第四次修改公司章程，在原章程第四章第七条中增加第三款规定"对正常到龄退休（返聘除外）、长病、长休、死亡的股东，应及时办理股权转让手续，股东退股时，公司累计有盈余的（经会计师事务所审计确认），持股期间按本人持股额每年享受20%以内回报"。

周渭某去世后，其女周某诉至江苏省高院要求确认其享有建某公司42%的股权（股权价值为3.2555亿元）并将其变更登记为公司股东。建某公司辩称其股权性质在历次章程中均为岗位股，章程中规定股权不得继承的做法受《公司法》保护，周某作为周渭某的继承人，可以继承股权财产权利，但不能继承股东资格。

一审支持周某诉请，确认其继承取得周渭某的股东资格，对建某公司享有2100万元出资额，出资比例为注册资本的42%，同时判令公司将周某载入股东名册，并向公司登记机关申请办理由周某继承取得的变更登记手续。

最高院二审审理认为：《公司法》第七十五条规定："自然人股东死亡后，其合法继承人可以继承股东资格；但是，公司章程另有规定的除外。"根据该条规定，《公司法》赋予了自然人股东的继承人继承股东资格的权利，但是同时亦允许公司章程对死亡股东的股权处理方式另行作出安排。因此，判断本案中周某是否有权继承其父周渭某的股东资格，关键在于解读建某公司章程有无对股东资格继承问题作出例外规定。

周渭某自2011年诊断患病，至2015年12月4日去世，公司历次章程的修订，其作为法定代表人均有参与,且签字确认。公司章程作为公司的自治规则,是公司组织与活动最基本与最重要的准则,对全体股东均具有约束力。正确理解章程条款,应在文义解释的基础上,综合考虑章程体系、制定背景以及实施情况等因素加以分析。首先,建某公司自2007年以来先后经历五次章程修订。自2009年起章程中删除了继承人可以继承股东资格的条款,且明确规定股东不得向股东以外的人转让股权,可以反映出建某公司具有高度的人合性和封闭性特征。其次,周渭某去世前,2015年1月10日的公司章程第七条第三款对死亡股东股权的处理已经作出了规定,虽然未明确死亡股东的股东资格不能继承,但结合该条所反映的建某公司高度人合性和封闭性的特征,以及死亡股东应及时办理股权转让手续的表述,可以认定排除股东资格继承是章程的真实意思表示。最后,周渭某去世之前,股东郁某、曹某在离职时均将股权进行了转让,不再是建某公司的在册股东,建某公司亦根据章程规定支付了持股期间的股权回报款。该事例亦进一步印证了股东离开公司后按照章程规定不再享有股东资格的实践情况。因此,纵观建某公司章程的演变,并结合建某公司对离职退股的实践处理方式,本案应当认定公司章程已经排除了股东资格的继承。

排除股东资格继承后,标的股权如何处理属于公司治理事项,不影响本案股东资格的判断。建某公司作为有限责任公司,具有独立的法人人格和治理结构,案涉股权排除继承后,究竟是由公司回购还是由其他股东受让,均可通过公司自治得以实现。这两种方式均有利于打破公司僵局,维持公司的人合性和封闭性,体现公司意志,保护股东权益。此外,周某虽无权继承股东资格,但其财产权利可以得到保障。根据2015年1月10日公司章程第七条的相关规定,其依然能取得退还的股本金和按照持股额每年计算一定比例的回报款。同时,建某公司目前离职的股东均采取这种收回股本金和领取一定比例回报款的方式获得补偿,遵照公司章程对股东权益平等予以保护,符合本案实际情况。遂最终二审撤销一审民事判决,驳回周某的诉讼请求。[①]

本篇案例公司章程中并未直接写明排除股东资格继承,同时也未明确该股份应由公司回购还是转让给公司其他股东,最高院认为对公司章程条款的解读,应在文义解释的基础上,综合考虑章程体系、制定背景以及实施情况等因素加以分析。公司章程排除股东资格继承后,标的股权如何处理属于公司治理事项,可以通过公司自治得以实现,同时股东继承人虽无权继承股东资格,但其财产权利应当得到保障。

综上,实践中如果不想让股东资格被继承,需要提前在公司章程中注明关于股

---

① (2018)最高法民终88号。

东资格不得继承的规定，并建议约定的具体详细。比如，明确约定不能继承股东资格，继承人只能取得股权中的财产权利；或者合法继承人须经过半数以上或代表三分之二表决权的其他股东同意才能取得股东资格，没有取得股东资格的继承人，不能继承被继承人所持有的股权，由公司以该股权所对应的最近一期审计的净资产价格回购。

[引申法条]

《中华人民共和国公司法》

第七十五条 自然人股东死亡后，其合法继承人可以继承股东资格；但是，公司章程另有规定的除外。

08 虚假增资稀释原股东股权份额的行为有效吗？

未经公司有效的股东会决议通过，他人虚假向公司增资以"稀释"公司原有股东股份，该行为损害原有股东的合法权益，即使该出资行为已被工商行政机关备案登记，仍应认定为无效，公司原有股东股权比例应保持不变，原股东据此要求确认虚假增资前后持股比例不变的主张应该得到法院支持吗？本期分析最高院公报案例：黄某诉陈某等股东资格确认案。

[典型案例]

原告称，2004年4月，原告黄某与被告陈某等共同设立了宏某公司，注册资本为400万元，其中黄某出资80万元，持股20%。嗣后，宏某公司全体股东委托陈某办理公司股权转让之事，受让方江苏恩某斯公司将相应的股权转让款转账至陈某的个人账户后，陈某却迟迟未将相应款项付给原告，故原告以委托合同纠纷为由诉至法院，在诉讼中陈某等才告知原告公司增资及股权比例调整之事，原告的股权比例已经被调整为5.33%。2011年5月24日，经查询宏某公司工商登记资料，原告发现所谓的增资情况。但此前原告对所谓增资事宜完全不知情，也从未在有关增资的股东会决议上签过字。并且新某公司所谓的向宏某公司投资的1100万元在验资后即转走，公司从未进行过实际增资。此外，受让方在收购宏某公司股权时，受让价格也没有考虑所有增资的部分。因此，宏某公司的增资行为是虚构和无效的。故请求确认黄某在2004年4月1日宏某公司设立之日起至2009年6月6日股权转让期间持有宏某公司20%的股权。

一审法院确认原告黄某自2004年4月21日起至2009年6月24日止持有宏某公司20%的股权。增资方新某公司不服一审判决，向上海市第二中级人民法院提出上诉。上海市第二中级人民法院二审认为：宏某公司系被上诉人黄某与一审被告陈某等五人共同出资设立，设立时原告依法持有宏某公司20%股权。在黄某没有对其股权作出处分的前提下，除非宏某公司进行了合法的增资，否则原告的持股比例不应当降低。宏某公司的章程明确约定公司增资应由股东会作出决议。现经过笔迹鉴定，宏某公司和新某公司的股东会决议上均非黄某本人签名，不能依据书面的股东会决议来认定黄某知道增资的情况。出资买地与公司增资之间不具有必然的关联性。因此，在没有证据证明黄某明知且在股东会上签名同意宏某公司增资至1500万元的情况下，对宏某公司设立时的股东内部而言，该增资行为无效，且对于黄某没有法律约束力，不应以工商变更登记后的1500万元注册资本金额来降低黄某在宏某公司的持股比例，而仍旧应当依照20%的股权比例在股东内部进行股权分配。原审适用法律正确，审判程序合法，判决黄某自设立后至股权转让前持有宏某公司20%的股权并无不当。[1]

故本篇公报案例揭示了现实中存在的股东通过虚假签名进行的增资行为，虽然已经工商变更，但因未经公司有效的股东会决议通过，该行为严重损害原有股东的合法权益，仍应认定为无效，公司原股东据此可以要求确认虚假增资前后持股比例不变。

[引申法条]

《中华人民共和国民法典》

第一百五十三条 违反法律、行政法规的强制性规定的民事法律行为无效。但是，该强制性规定不导致该民事法律行为无效的除外。

违背公序良俗的民事法律行为无效。

09 全体股东可以约定不按实际出资比例持有股权比例吗？

在公司注册资本符合法定要求的情况下，各股东的实际出资数额和持有股权比例应属于公司股东意思自治的范畴。一般股东持有股权的比例与其实际出资比例一致，但有限责任公司的全体股东内部也可以约定不按实际出资比例持有股权，这样

---

[1] 《最高人民法院公报》2015年第5期（总第223期）。

的约定并不影响公司资本对公司债权担保等对外基本功能实现。如该约定是各方当事人的真实意思表示，且未损害他人的利益，不违反法律和行政法规的规定，应属有效，股东按照约定持有的股权应当受到法律的保护，具体本篇通过最高院公报案例：深圳市启某信息技术有限公司（以下简称启某公司）与郑州国某投资有限公司（以下简称国某公司）、开封市豫某企业管理咨询有限公司（以下简称豫某公司）、珠海科某教育投资有限公司（以下简称科某公司）股权确认纠纷案来探析。

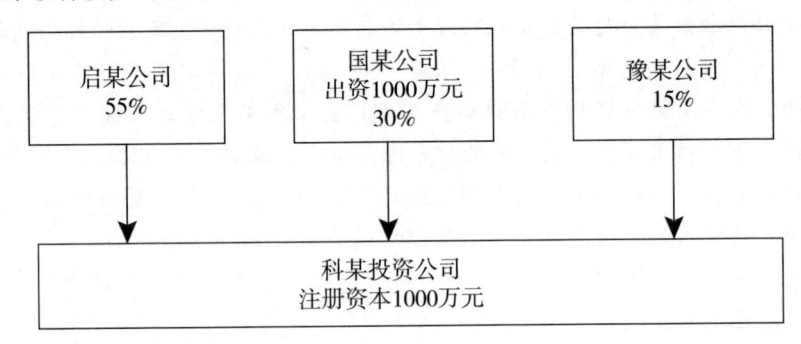

```
  启某公司          国某公司          豫某公司
    55%          出资1000万元          15%
                    30%

              ↓        ↓        ↓
              科某投资公司
              注册资本1000万元
```

最高院审理认为：本案当事人争议的焦点是，以启某公司名义对科某投资公司500万元出资形成的股权应属于国某公司还是启某公司。本案是启某公司、国某公司、豫某公司因履行《10.26协议》组建科某投资公司发生的纠纷。科某投资公司系由科某咨询公司变更而来：公司名称变更，股东由娄某、刘某、赵某变更为国某公司、启某公司和豫某公司，公司注册资金由50万元变更为1000万元。《10.26协议》约定该1000万元以货币出资，是各方当事人真实意思表示，符合《公司法》第二十七条关于股东可以用货币出资的规定，故该约定有效。

股东认缴的注册资本是构成公司资本的基础，但公司的有效经营有时还需要其他条件或资源。因此，在注册资本符合法定要求的情况下，我国法律并未禁止股东内部对各自的实际出资数额和占有股权比例作出约定，这样的约定并不影响公司资本对公司债权担保等对外基本功能的实现，并非规避法律的行为，应属于公司股东意思自治的范畴。《10.26协议》约定科某投资公司1000万元的注册资本全部由国某公司负责投入，而该协议和科某投资公司的章程均约定股权按照启某公司55%、国某公司30%、豫某公司15%的比例持有。《10.26协议》第十四条约定，国某公司资金收回完毕之前，公司利润按照启某公司16%，国某公司80%，豫某公司4%分配，国某公司资金收回完毕之后，公司利润按照启某公司55%，国某公司30%，豫某公司15%分配。根据上述内容，启某公司、国某公司、豫某公司约定对科某投资公司的全部注册资本由国某公司投入，而各股东分别占有科某投资公司约定份额的股权，对公司盈利分配也作出特别约定。这是各方对各自掌握的经营资源、投入成本及预期收入进行综合判断的结果，是各方当事人的真实意思表示，并未损害他人的利益，不违反法律和行政法规的规定，属有效约定，当事人应按照约定履行。该 1000 万元已经根据《10.26 协议》约定足额出资，依法进行了验资，且与其他变更事项一并经工商行政机关核准登记，故该 1000 万元系有效出资。以启某公司名义对科某投资公司的 500 万元出资最初是作为保证金打入科某咨询公司账户，并非注册资金，后转入启某公司账户，又作为投资进入科某投资公司账户完成增资，当时各股东均未提出任何异议，该 500 万元作为 1000 万元有效出资的组成部分，也属有效出资。按照《10.26 协议》的约定，该 500 万元出资形成的股权应属于启某公司。启某公司作为科某投资公司的股东按照《10.26 协议》和科某投资公司章程的约定持有的科某投资公司 55% 股权应当受到法律的保护。[1]

综上，上述判例中股东不按实际出资比例而自行约定持股比例的做法，实际上在创业公司股权设计中已经广为应用，即有限公司全体股东同意一方出钱，而各股东按约定份额占有股权，对公司盈利分配也另行作出特别约定，这是各方对各自掌握的经营资源、投入成本及预期收入进行综合判断的结果，是各方当事人的真实意思表示，并未损害他人的利益，不违反法律和行政法规的规定，属有效约定，但是需要注意的前提是有限公司的全体股东均须同意。

[引申法条]

《中华人民共和国公司法》

第三十四条 股东按照实缴的出资比例分取红利；公司新增资本时，股东有权优先按照实缴的出资比例认缴出资。但是，全体股东约定不按照出资比例分取红利或者不按照出资比例优先认缴出资的除外。

10 采用股权让与担保方式的股东能否确认股东资格？

本篇分析北京一中院发布公司类纠纷案件十四大典型案例之四：胡某与甲公司股东资格确认纠纷案，裁判规则为采用股权让与方式进行担保的，原股东有权依法确认其实际股东资格，该认定合法有效。

[典型案例]

甲公司为依法设立的有限责任公司，胡某为甲公司的股东。甲公司与乙信托公

---

[1] （2011）民提字第 6 号。

司之间存在3笔债权债务关系，涉及本金约3亿元。签署上述借款协议的同时，胡某与乙信托公司签订股权转让协议，约定胡某同意将其持有甲公司80%的股权（880万元货币出资）转让给乙信托公司，该协议对于股权转让的价格没有约定。同年，甲公司办理工商变更登记手续，乙信托公司被登记为甲公司股东。办理股权变更登记后，甲公司固定资产及人员仍由胡某进行日常管理。现胡某起诉请求确认胡某具有甲公司的股东资格。

法院经审理认为：本案系以股权转让为名的股权让与担保，让与担保本身并不存在违反法律、行政法规的强制性规定的情形，依法应当认定有效，故法院认定乙信托公司并非实际股东，胡某仍为甲公司的实际股东并行使相应的股东权利。①

《九民纪要》第七十一条第一款规定让与担保的效力："债务人或者第三人与债权人订立合同，约定将财产形式上转让至债权人名下，债务人到期清偿债务，债权人将该财产返还给债务人或第三人，债务人到期没有清偿债务，债权人可以对财产拍卖、变卖、折价偿还债权的，人民法院应当认定合同有效。合同如果约定债务人到期没有清偿债务，财产归债权人所有的，人民法院应当认定该部分约定无效，但不影响合同其他部分的效力。"即债务人通过将股权转让至债权人名下为债务提供担保的，成立股权让与担保法律关系，所签合同合法有效。

但由于股权权能的分离，在债权人与公司关系上，债权人仅享有财产性权利，不享有身份性股东权利；在债务人与公司关系上，债务人仍享有身份性股东权利，不再享有财产性权利；在双方与公司外第三方关系上，需要根据第三方的具体请求指向，在债权人和债务人之间进行权利义务合理分配。

[引申法条]

《全国法院民商事审判工作会议纪要》（法〔2019〕254号）

71.【让与担保】债务人或者第三人与债权人订立合同，约定将财产形式上转让至债权人名下，债务人到期清偿债务，债权人将该财产返还给债务人或第三人，债务人到期没有清偿债务，债权人可以对财产拍卖、变卖、折价偿还债权的，人民法院应当认定合同有效。合同如果约定债务人到期没有清偿债务，财产归债权人所有的，人民法院应当认定该部分约定无效，但不影响合同其他部分的效力。

当事人根据上述合同约定，已经完成财产权利变动的公示方式转让至债权人名下，债务人到期没有清偿债务，债权人请求确认财产归其所有的，人民法院不予支持，但债权人请求参照法律关于担保物权的规定对财产拍卖、变卖、折价优先偿还

---

① 北京一中院发布公司纠纷案件十四大典型案例之四：胡某与甲公司股东资格确认纠纷案（发布日期2020年10月12日）。

其债权的，人民法院依法予以支持。债务人因到期没有清偿债务，请求对该财产拍卖、变卖、折价偿还所欠债权人合同项下债务的，人民法院亦应依法予以支持。

89.【资产或者资产收益权转让及回购】信托公司在资金信托成立后，以募集的信托资金受让特定资产或者特定资产收益权，属于信托公司在资金依法募集后的资金运用行为，由此引发的纠纷不应当认定为营业信托纠纷。如果合同中约定由转让方或者其指定的第三方在一定期间后以交易本金加上溢价款等固定价款无条件回购的，无论转让方所转让的标的物是否真实存在、是否实际交付或者过户，只要合同不存在法定无效事由，对信托公司提出的由转让方或者其指定的第三方按约定承担责任的诉讼请求，人民法院依法予以支持。

当事人在相关合同中同时约定采用信托公司受让目标公司股权、向目标公司增资方式并以相应股权担保债权实现的，应当认定在当事人之间成立让与担保法律关系。当事人之间的具体权利义务，根据本纪要第71条的规定加以确定。

第五章
股东名册记载

01 依法改制后股东诉请变更公司股东名册能否获得法院支持？

股东名册是有限公司和发行记名股票的股份公司依法应当置备的，表明股东身份的法律文件。当股权发生变动或需要确认股东资格时，往往涉及股东名册的变更，如果公司拒不配合，则会产生股东名册记载纠纷，而且常与请求变更公司登记纠纷、股东资格确认纠纷、股权转让纠纷、公司增资纠纷等案由同时发生，下面具体从北京正某堂医药有限责任公司（以下简称正某公司）与北京国际生某制品研究所有限公司（以下简称生某研究所公司）股东名册变更纠纷上诉案来探析。

[典型案例]

2004年3月，北京国际生某制品研究所（以下简称生某研究所）与王某、范某等5人共同出资50万元成立了正某堂公司，生某研究所现金出资15万元，占注册资本的30%，正某堂公司向生某研究所出具了出资证明书。2006年10月，正某堂公司增资为100万元，将生某研究所股权稀释为15%。2005年11月，生某研究所依法改制为生某研究所公司。改制后，生某研究所公司多次要求正某堂公司办理股东变更登记手续，并要求行使股东权利，但正某堂公司始终阻止生某研究所公司依法行使股东权利，故生某研究所公司诉至法院，请求确认生某研究所公司股东资格，判令正某堂公司为生某研究所公司办理股东名称变更登记。

北京一中院经审理后认为：生某研究所公司是生某研究所经公司制改造后的产物，尽管前者在企业性质、注册资本、股东构成、法定代表人等方面较之后者均发生了变化，但生某研究所改制为公司只是内部机制发生转换，并非外部主体的变更，也不存在生某研究所将权利让渡给生某研究所公司后其主体人格消亡的问题，且生某研究所公司已在工商管理部门合法办理了变更手续。故一审法院认定生某研究所改制为生某研究所公司，主体并未发生变化并无不当。既然生某研究所公司与生某研究所属于同一主体，生某研究所公司当然享有生某研究所持有的正某堂公司的股权，无须通过股权转让的方式取得，一审法院据此认定生某研究所公司为正某堂公司股东，并判决正某堂公司为生某研究所公司办理工商变更登记的处理亦无不当。故最终支持了生某研究所变更股东名册的请求。①

除本篇案例中因公司怠于变更登记产生的纠纷外，转让方股东怠于履行变更登

---

① （2009）一中民终字第9966号。

记义务产生的纠纷在实践中也很多。股东名册由公司备有和保管，并由公司负责变更登记，公司之外的任何主体，如股东个人，不得擅自变更股东名册。而当股权变动时，一般股东名册变更登记须由转让方股东向公司提出申请，由公司进行变更登记，如果转让方股东懈怠或者因为过失未向公司申请变更登记，此时亦可能产生股东名册变更登记纠纷。拟变更股东即可利用本篇案例案由，请求法院保护股东依法记载于股东名册的权利。

[引申法条]

《中华人民共和国公司法》

第三十二条 有限责任公司应当置备股东名册，记载下列事项：

（一）股东的姓名或者名称及住所；

（二）股东的出资额；

（三）出资证明书编号。

记载于股东名册的股东，可以依股东名册主张行使股东权利。

公司应当将股东的姓名或者名称向公司登记机关登记；登记事项发生变更的，应当办理变更登记。未经登记或者变更登记的，不得对抗第三人。

第七十三条 依照本法第七十一条、第七十二条转让股权后，公司应当注销原股东的出资证明书，向新股东签发出资证明书，并相应修改公司章程和股东名册中有关股东及其出资额的记载。对公司章程的该项修改不需再由股东会表决。

第九十六条 股份有限公司应当将公司章程、股东名册、公司债券存根、股东大会会议记录、董事会会议记录、监事会会议记录、财务会计报告置备于本公司。

第一百三十条 公司发行记名股票的，应当置备股东名册，记载下列事项：

（一）股东的姓名或者名称及住所；

（二）各股东所持股份数；

（三）各股东所持股票的编号；

（四）各股东取得股份的日期。

发行无记名股票的，公司应当记载其股票数量、编号及发行日期。

第一百三十九条 记名股票，由股东以背书方式或者法律、行政法规规定的其他方式转让；转让后由公司将受让人的姓名或者名称及住所记载于股东名册。

股东大会召开前二十日内或者公司决定分配股利的基准日前五日内，不得进行前款规定的股东名册的变更登记。但是，法律对上市公司股东名册变更登记另有规定的，从其规定。

《最高人民法院关于适用〈中华人民共和国公司法〉若干问题的规定（三）》

第二十三条 当事人依法履行出资义务或者依法继受取得股权后,公司未根据公司法第三十一条、第三十二条的规定签发出资证明书、记载于股东名册并办理公司登记机关登记,当事人请求公司履行上述义务的,人民法院应予支持。

02 隐名股东在什么情况下可请求确认股东资格并变更股东名册?

在公司的实际经营中,股东隐名的现象比较普遍,在条件成熟后,隐名股东可能由幕后走向台前。然而,这种"走到台前"的方式并不简单,前提是需要其他股东过半数的同意。本篇杨某诉瑞金市长某房地产开发有限公司(以下简称长某房地产公司)等股东名册变更纠纷案,杨某这位隐名股东在显名前作的工作可谓充足,既有其他股东在代持协议上的签字背书,股东会决议和章程上也均列明隐名股东身份,故当其诉至法院要求确认股东资格并进行工商变更登记时,自然一切都十分顺畅。

关于杨某上诉提出要求隐名股东显名化的主张,江西省高院认为,2012年12月8日签订的《股权确认及代持协议》明确认可了杨某的股东身份地位,该协议书由公司股东阮某、张某、谢某签字确认并由长某房地产公司盖章。杨某二审提交的2014年9月24日长某房地产公司新老股东会决议以及公司章程约定杨某出资比例为10%,同意杨某成为公司股东。黄某、缪某均签字认可。在长某房地产公司申请工商登记机关变更登记的申请中,也明确杨某登记为新股东,黄某作为公司的法定代表人签字,也可以证明黄某同意杨某登记为公司股东。综合以上事实,长某房地产公司目前六名股东谢某、兰某、阮某、张某、黄某、缪某当中,有五人即谢某、阮某、张某、黄某、缪某同意杨某成为公司股东。依照《公司法司法解释三》第二十四条第三款的规定:"实际出资人未经公司其他股东过半数以上同意,请求公司变更股东、签发出资证明书、记载于股东名册、记载于公司章程并办理公司登记机关登记的,人民法院不予支持。"隐名出资人显名应当经过其他股东过半数同意,杨某请求登记为显名股东符合法律规定,应予支持。最终法院确认杨某享有长某房地产公司10%的股份;并支持阮某、长某房地产公司在判决生效后三十日内办理工商变更登记,将杨某登记为长某房地产公司股东,享有公司10%股份。[①]

在最高院公报案例张某诉杨某股权确认纠纷案中,法院的裁判要旨也同样为:

[①] (2016)赣民终378号。

有限责任公司的实际出资人与名义出资人订立合同,约定由实际出资人出资并享有投资权益,以名义出资人为名义股东,该合同如无《合同法》第五十二条(现《民法典》第一百五十三条)规定的情形,应当认定为有效。实际出资人有权依约主张确认投资权益归属。如实际出资人要求变更股东登记名册,须符合《公司法》第七十二条的有关规定(现《公司法》第七十一条)。人民法院在审理实际出资人与名义出资人之间的股权转让纠纷中,以在所涉公司办公场所张贴通知并向其他股东邮寄通知的方式,要求其他股东提供书面回复意见,公司其他股东过半数表示同意股权转让的,应当认定该股权转让符合《公司法》第七十二条的规定,名义出资人应依约为实际出资人办理相应的股权变更登记手续。①

综上,当隐名股东主张变更股东名册时,法院会依据实质审查的原则,即如果其他股东过半数同意转让,且名义股东和实际股东之间的协议无法定无效情形,则支持公司为其办理股东名册登记事宜。

[引申法条]

《中华人民共和国公司法》

第七十一条 有限责任公司的股东之间可以相互转让其全部或者部分股权。

股东向股东以外的人转让股权,应当经其他股东过半数同意。股东应就其股权转让事项书面通知其他股东征求同意,其他股东自接到书面通知之日起满三十日未答复的,视为同意转让。其他股东半数以上不同意转让的,不同意的股东应当购买该转让的股权;不购买的,视为同意转让。

经股东同意转让的股权,在同等条件下,其他股东有优先购买权。两个以上股东主张行使优先购买权的,协商确定各自的购买比例;协商不成的,按照转让时各自的出资比例行使优先购买权。

公司章程对股权转让另有规定的,从其规定。

《最高人民法院关于适用〈中华人民共和国公司法〉若干问题的规定(三)》

第二十四条 有限责任公司的实际出资人与名义出资人订立合同,约定由实际出资人出资并享有投资权益,以名义出资人为名义股东,实际出资人与名义股东对该合同效力发生争议的,如无法律规定的无效情形,人民法院应当认定该合同有效。

前款规定的实际出资人与名义股东因投资权益的归属发生争议,实际出资人以其实际履行了出资义务为由向名义股东主张权利的,人民法院应予支持。名义股东以公司股东名册记载、公司登记机关登记为由否认实际出资人权利的,人民法院不

---

① 《最高人民法院公报》2011年第5期(总第175期)

予支持。

实际出资人未经公司其他股东半数以上同意，请求公司变更股东、签发出资证明书、记载于股东名册、记载于公司章程并办理公司登记机关登记的，人民法院不予支持。

第六章

变更公司工商登记

01 法定代表人变更是否需经代表 2/3 以上表决权的股东通过？

公司法有条"红线":一些特定事项须经特别多数决,即 2/3 以上表决权的股东通过,也就是 67% 的通过率,这些法定事项包括:修改章程简称修宪,增减注册资本,公司大动作如合并、分立或解散的,或者变更公司形式的,这些都属于对公司经营造成特别重大影响的事项,故法律对上述事项有着更高的通过率要求,那变更法定代表人是否属于 2/3 以上表决事项?比如,实践中有的公司将法定代表人姓名明确列入章程,这样在有些地方工商变更时,就上升到了变更公司章程的高度,也要求达到 2/3 以上表决工商才予以变更。而针对该类事项到底是否需要特殊多数决呢?

本篇从最高院审理的新疆豪某贸易有限公司等诉乌鲁木齐市祥某实业有限公司决议撤销纠纷再审案来分析。在该案中最高院认为:我国公司法虽然规定股东会会议作出修改公司章程、增加或者减少注册资本的决议,以及公司合并、分立、解散或者变更公司形式的决议,必须经代表三分之二以上表决权的股东通过。但对于法定代表人变更事项的决议,并无明确规定,而房地产公司的章程对此也未作出特别约定。从立法本意来说,只有对公司经营造成特别重大影响的事项才需要经代表三分之二以上表决权的股东通过。公司法定代表人一项虽属公司章程中载明的事项,但对法定代表人名称的变更在章程中体现出的仅是一种记载方面的修改,形式多于实质,且变更法定代表人时是否需修改章程是工商管理机关基于行政管理目的决定的,而公司内部治理中由谁担任法定代表人应由股东会决定,只要不违背法律法规的禁止性规定就应认定有效。此外,从公司治理的效率原则出发,倘若对于公司章程制定时记载的诸多事项的修改、变更均需代表三分之二以上表决权的股东通过,则反而是大股东权利被小股东限制,若无特别约定,是有悖确立的资本多数决原则的。因此,公司股东会按照股东出资比例行使表决权所形成的决议,理应得到尊重。公司更换法定代表人,只要股东会的召集程序、表决方式不违反法律法规和公司章程的规定,即可多数决。[①]

本案例中最高院的意见清晰地表明虽然将法代名字写入章程,但只要章程无特别约定,变更法定代表人普通半数以上表决通过就可以。不过实践中该案例争议也比较大,为了避免不必要的麻烦,建议公司章程里只写明法定代表人由董事长或执行董事或经理来担任,而不要写明具体人名,这样涉及变更的时候,如果公司章程

---

① (2014) 新民再终字第 1 号。

无特殊规定，变更法定代表人的股东会决议经代表 1/2 以上表决权的股东通过即可，无须再行修改公司章程。

由此引申一点，法定代表人未经工商变更，只是公司内部经过股东会决议进行了任免，则应该以哪个为准呢？在最高院公报案例某环保科技集团（福建）有限公司与某环保科技集团有限公司股东出资纠纷案中，法院裁定依据《公司法》第十三条规定，公司法定代表人变更应当办理变更登记。对法定代表人变更事项进行登记，其意义就在于向社会公示公司意志代表权的基本状态。工商登记的法定代表人对外具有公示效力，如果涉及公司以外的第三人因公司代表权而产生的外部争议，应以工商登记为准。而对于公司与股东之间因法定代表人任免产生的内部争议，则应以有效的股东会任免决议为准，并在公司内部产生法定代表人变更的法律效果。上述体现的是典型的内外有别的原则，即未经工商变更，只在公司内部产生变更的效果，不得对抗善意第三人，而办理工商变更登记，才具有对外公示效力，一般而言工商变更具有宣示性而非设权，所以建议公司如果发生法定代表人变更应及时办理工商登记。①

[引申法条]

《中华人民共和国公司法》

第十三条　公司法定代表人依照公司章程的规定，由董事长、执行董事或者经理担任，并依法登记。公司法定代表人变更，应当办理变更登记。

第四十三条　股东会的议事方式和表决程序，除本法有规定的外，由公司章程规定。

股东会会议作出修改公司章程、增加或者减少注册资本的决议，以及公司合并、分立、解散或者变更公司形式的决议，必须经代表三分之二以上表决权的股东通过。

02　原法定代表人离职后可否起诉要求公司变更工商登记？

公司法定代表人辞职后，因公司拒不办理法定代表人变更登记，可以起诉要求公司履行股东决议办理变更公司法定代表人工商登记吗？本篇从最高院判例王某诉巴州赛某机械设备安装有限公司（以下简称赛某公司）、曹某请求变更公司登记案来看。

---

① （2014）民四终字第 20 号，《最高人民法院公报》2014 年第 8 期（总第 214 期）。

[典型案例]

2011年3月，赛某公司聘请王某担任法定代表人，并于2011年4月1日用王某身份证办理了公司法定代表人登记。后因赛某公司股东存在股权纠纷，王某未实际参与公司经营管理，并于2011年5月30日辞职。2011年11月15日，赛某公司作出股东决议，指定曹某担任法定代表人。此后王某与赛某公司再无任何关系及往来。经王某多次要求，赛某公司一直未办理变更法定代表人工商登记，故王某提起诉讼。一审期间，王某补充诉讼请求：判令赛某公司任何法律行为与其无关（王某此前曾以曹某为被告，于2016年向一审法院提起诉讼，其中一项诉讼请求是要求曹某立即办理注销其所担任的赛某公司法定代表人职务，一审法院驳回王某的诉讼请求）。一审裁定对王某的起诉不予受理。王某不服一审裁定，遂提起上诉。二审驳回上诉，维持原裁定。王某向最高院申请再审。

最高院认为，王某该项诉讼请求系基于其已离职之事实，请求终止其与赛某公司之间法定代表人的委任关系并办理法定代表人变更登记，该纠纷属平等主体之间的民事争议。根据王某所称其自2011年5月30日即已从赛某公司离职，至今已近9年，足见赛某公司并无自行办理法定代表人变更登记的意愿。因王某并非赛某公司股东，其亦无法通过召集股东会等公司自治途径，就法定代表人的变更事项进行协商后作出决议。若人民法院不予受理王某的起诉，则王某因此所承受的法律风险将持续存在，而无任何救济途径。故王某对赛某公司办理法定代表人变更登记的诉讼请求具有诉的利益，该纠纷系平等主体之间的民事争议，属于人民法院受理民事诉讼的范围。需要明确的是，王某该项诉讼请求是否具有事实和法律依据，是否应予支持，应通过实体审理予以判断。故最终裁定撤销一审和二审法院裁定，并指令二审法院重新审理本案。①

上述判例具有很好的实务意义，法定代表人可谓是"行走的公章"，与公司一荣俱荣一损俱损，所以当法定代表人不再担任公司董事长（执行董事）、经理或从公司离职时，一定要及时变更法定代表人身份，以免因挂名法定代表人而被限高列入黑名单，或因公司经营行为而被追究行政甚至刑事法律责任等。

[引申法条]

《中华人民共和国公司法》

第十三条 公司法定代表人依照公司章程的规定，由董事长、执行董事或者经理担任，并依法登记。公司法定代表人变更，应当办理变更登记。

---

① （2020）最高法民再88号。

《中华人民共和国企业法人登记管理条例施行细则》

第二十九条 企业法人有下列情形之一的，登记主管机关可以根据情况分别给予警告、罚款、没收非法所得、停业整顿、扣缴、吊销《企业法人营业执照》的处罚：

（一）登记中隐瞒真实情况、弄虚作假或者未经核准登记注册擅自开业的；

（二）擅自改变主要登记事项或者超出核准登记的经营范围从事经营活动的；

（三）不按照规定办理注销登记的；

（四）伪造、涂改、出租、出借、转让或者出卖《企业法人营业执照》、《企业法人营业执照》副本的；

（五）抽逃、转移资金，隐匿财产逃避债务的；

（六）从事非法经营活动的。

对企业法人按照上述规定进行处罚时，应当根据违法行为的情节，追究法定代表人的行政责任、经济责任；触犯刑律的，由司法机关依法追究刑事责任。

03 新法定代表人如何通过工商变更登记之诉成功夺权？

法定代表人对外代表公司，所以当股东之间产生纠纷时，这个职位成了必争之地，本篇通过孙某与深圳市麦某投资有限公司（以下简称麦某公司）公司登记纠纷上诉案来看新法定代表人如何借助变更公司登记之诉维权。

[典型案例]

2014年1月17日，麦某公司成立，股东为于某和孙某两人，出资比例分别为于某51%、孙某49%，认缴注册资本总额为人民币100万元，工商登记执行董事、总经理、法定代表人为孙某，监事为于某。后二股东发生纠纷，2015年6月11日，大股东于某通过EMS快递向孙某邮寄了《深圳市麦某投资有限公司2015年第二次临时股东会会议通知》该通知写明：经于某提议，定于2015年7月3日上午10时在深圳市某会议室召开深圳市麦某投资有限公司2015年第二次临时股东会会议，审议事项为：要求孙某立即向公司返还公司公章、财务章、营业执照、税务登记证及组织机构代码证正副本，同时确认公司法定代表人及执行董事已变更为于某，要求孙某配合公司办理公司法定代表人的商事登记变更手续。

2015年7月3日，麦某公司按上述通知所述召开了股东会会议。于某参加了会议，孙某未参加会议。于某对上述审议事项均表态同意，并形成了相关股东会决议。后孙某拒绝配合上述事项，故于某代表麦某公司诉至法院，要求孙某返还相关证照印章等物，并请求孙某协助办理工商变更登记手续。①

一审法院支持了新法定代表人于某代表的麦某公司诉请，原法定代表人孙某不服提起上诉，认为代表十分之一以上表决权的股东于某径行召开临时股东会所作出的决议无效，新法定代表人于某无权代表公司提起诉讼，麦某公司答辩时引用最高院在某环保科技集团（福建）有限公司与某环保科技集团有限公司股东出资纠纷案一案裁定书的审判意见：法律规定对法定代表人变更事项进行登记，其意义就在于向社会公示公司意志代表权的基本状态。工商登记的法定代表人对外具有公示效力，如果涉及公司以外的第三人因公司代表权而产生的外部争议，应以工商登记为准。而对于公司与股东之间因法定代表人任免产生的内部争议，则应以有效的股东会任免决议为准，并在公司内部产生法定代表人变更的法律效果。麦某公司认为公司已经作出了有效的股东会决议，并选举了新的法定代表人，原法人有义务配合进行工商变更。

最终深圳中院维持原判，认为代表麦某公司十分之一以上表决权的股东于某于2015年7月3日召集和主持的股东会会议形成的股东会决议，并无证据和相关事实显示其存在违法或违反公司章程的情形，孙某作为麦某公司的另一股东也未起诉请求人民法院确认其无效或撤销该股东会决议，本院据此视为该股东会决议合法有效。根据该股东会决议，于某已成为麦某公司的法定代表人和执行董事，故于某依法有权代表麦某公司提起本案诉讼和行使法定代表人和执行董事权利，其代表麦某公司请求孙某返还相关证照印章等物，以及请求孙某协助办理相关工商变更登记手续，符合股东会决议，原审法院予以支持是正确的。②

这是股东通过法律武器争夺控制权打得比较漂亮的一案，同时也提示如果原法定代表法人认为相关股东会决议无效，应该及时在法律规定的时限内提起确认决议无效或撤销之诉，而不只是口头抗议。

[引申法条]

《中华人民共和国公司法》

第二十二条 公司股东会或者股东大会、董事会的决议内容违反法律、行政法规的无效。

股东会或者股东大会、董事会的会议召集程序、表决方式违反法律、行政法规或者公司章程，或者决议内容违反公司章程的，股东可以自决议作出之日起六十日

---

① （2016）粤03民终12398号。
② （2014）民四终字第20号。

内，请求人民法院撤销。

股东依照前款规定提起诉讼的，人民法院可以应公司的请求，要求股东提供相应担保。

公司根据股东会或者股东大会、董事会决议已办理变更登记的，人民法院宣告该决议无效或者撤销该决议后，公司应当向公司登记机关申请撤销变更登记。

04 股权转让人去世，受让人可否直接请求其继承人配合变更股权登记？

一般来说，股权转让后，如果转让人或公司不配合变更工商手续，受让人可以诉至法院请求对方配合办理变更，那么如果转让人去世，受让人是否可以直接起诉其法定继承人配合变更呢？本篇来分析北京东方某公司（以下简称东方某公司）与陈某公司登记纠纷案例。

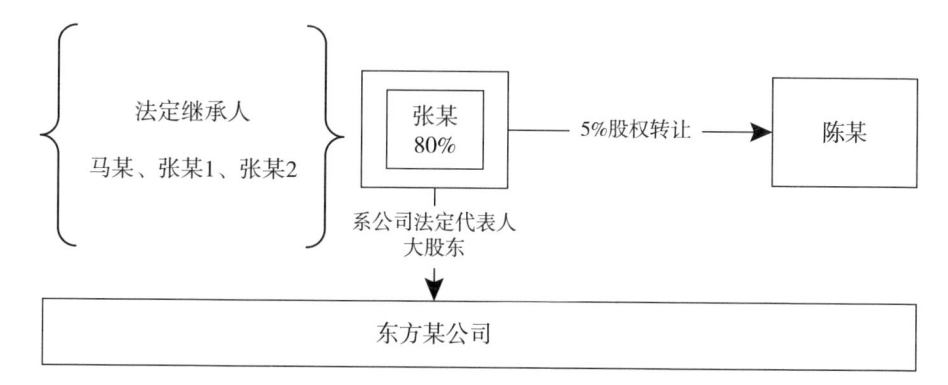

```
法定继承人            张某
马某、张某1、张某2    80%    ——5%股权转让——>    陈某
                 系公司法定代表人
                     大股东

              东方某公司
```

[典型案例]

张某系东方某公司大股东、法定代表人，于2012年4月8日与陈某签订了《协议书》，约定：经友好协商，以自愿为原则，达成一致的意见，张某愿将自己所占东方某公司80%的原股份中拿出原股份的5%赠与陈某，作为聘金和对自己帮助的酬谢。2013年11月2日，张某因病医治无效死亡。后陈某为实现其股东权益直接起诉张某的法定继承人马某、张某1、张某2，请求判令三法定继承人协助将张某名下5%的东方某公司的股权变更到陈某名下。2015年7月31日，北京市海淀区人民法院认为，张某生前与陈某签订4月8日协议，将东方某公司名下5%股份赠给陈某作为对其工作的酬谢，该协议性质实为股权转让协议，亦不违反法律法规的效力性强制性规定，合法有效。协议签订后，陈某即成为东方某公司的股东。张

去世后80%的东方某公司股份尚登记在其名下，马某、张某1、张某2作为继承人，与公司章程记载及工商登记的股份持有人不一致，目前情况下三继承人在协助办理股权变更登记上存在障碍，故法院对陈某的诉讼请求不予支持。后各方均不服上诉于北京市第一中级人民法院，二审驳回上诉，维持原判。①

陈某后续再次起诉要求判令东方某公司协助将张某名下5%的东方某公司股权变更登记至其名下，经过一审，法院支持陈某诉请，后东方某公司不服遂提起上诉，最终北京二中院认为：张某与陈某签订的4月8日协议系双方当事人的真实意思表示，未违反国家法律、法规的强制性规定，应属有效，并认定该协议性质为股权转让协议，鉴于《公司法司法解释三》第二十三条规定：当事人依法履行出资义务或者依法继受取得股权后，公司未根据《公司法》第三十一条、第三十二条的规定签发出资证明书、记载于股东名册并办理公司登记机关登记，当事人请求公司履行上述义务的，人民法院应予支持。根据东方某公司工商登记信息显示，张某在2012年4月8日时持有东方某公司80%的股份，其对所持股份的上述处分行为，于法有据。虽张某已于2013年11月2日死亡，但上述处分行为仍具有法律约束力，东方某公司及张某的法定继承人均有义务配合陈某办理上述股权的变更登记。最终支持了陈某要求东方某公司协助将张某名下5%股权变更至陈某名下的请求。②

本案陈某作为股权受让人，最初将尚未经工商变更的法定继承人诉至法院，被法院以变更登记存在障碍为由驳回，后续重新以公司为被告起诉，再次历经一、二审，最终赢得诉讼，如果一开始就直接以公司为被告，以法定继承人为共同被告或第三人，则不用经历前面无效的程序拖延，而直接取得法院的支持，所以本篇案例给予的启示为诉讼开始前，确定好诉讼整体战略更为重要。

[引申法条]

《最高人民法院关于适用〈中华人民共和国公司法〉若干问题的规定（三）》

第二十三条　当事人依法履行出资义务或者依法继受取得股权后，公司未根据公司法第三十一条、第三十二条的规定签发出资证明书、记载于股东名册并办理公司登记机关登记，当事人请求公司履行上述义务的，人民法院应予支持。

《中华人民共和国公司法》

第七十五条　自然人股东死亡后，其合法继承人可以继承股东资格；但是，公司章程另有规定的除外。

---

① (2014) 一中民（商）终字第7767号。
② (2016) 京02民终7467号。

第七章
股权转让

01 有限公司股东间转让股权，其他股东可以行使优先购买权吗？

就有限公司而言，股权可以在股东内部和外部转让，内部股东之间转让并无法律限制性条件，而外部转让需要经过其他过半数的股东同意，同时经股东同意转让的股权，在同等条件下，其他股东有优先购买权。那股东内部转让股权，其他股东可以行使优先购买权吗？本篇通过最高院审理的林某1等与林某2股权转让合同纠纷上诉案来分析。

[典型案例]

2014年1月17日，鑫某公司股东林某2与股东林某1签订《股份转让协议书》，约定：林某2将所持有鑫某公司的股份共计人民币10400万元（其中960万元由股东陈某负责转让过户给林某1，实股为9440万元以2.5倍即人民币23600万元作价转让，林某1同意按此转让价格购买接受。从2014年1月17日至2014年7月16日股权转让双方当事人就同一股权的转让陆续签订了四份协议书，其中三份《股份转让协议书》作为履行和结算的根据，2014年2月21日签订的《某鑫海冶金有限公司股权转让协议》仅作为工商登记使用。合同订立后，出让人林某2将股权过户给了受让人林某1，并办理了工商变更登记。受让人林某1共支付了股权转让价款7556万元给林某2。后林某1无继续支付价款的能力，被原告林某2诉至法院。林某1在上诉中声称2014年1月17日签订的《股份转让协议书》及2月13日、7月16日签订的两份补充协议，在签订时并没有征求其他股东的意见，其他股东也没有表示放弃优先购买权，鑫某公司也没有形成股东会决议，剥夺了鑫某公司其他股东的优先购买权，故应当认定无效。

最高院经审理认为：根据《公司法》第七十一条第一款"有限责任公司的股东之间可以相互转让其全部或者部分股权"的规定，股东之间转让股权，无须经过股东会决议程序，不涉及其他股东的优先购买权问题。因案涉股权转让合同签订时，林某2及林某1均为鑫某公司的股东，系股东之间转让股权，而非对外转让股权，故林某1、鑫某公司以案涉股权转让因侵害其他股东优先购买权而无效的主张，无法律依据，本院不予支持。①

综上，公司的股东之间无论是转让全部股权，还是转让部分股权，只会引起股东之间的出资比例发生变化，不会有新股东的产生，股东之间的伙伴关系不会受到

---

① （2015）民二终字第176号。

影响，一般情况下没有必要对这种转让进行限制。实践中，如果个别公司认为有必要对股东间转让股权进行限制的，可以在章程中或股东协议里规定限制的具体情况，如可以规定一定合理期限内不能对外转让，反之，如无特殊约定，公司内部股权转让不涉及其他股东优先购买权问题，无须通过股东会决议程序，股东间是可以完全自由转让股权的。

[引申法条]

《中华人民共和国公司法》

第七十一条 有限责任公司的股东之间可以相互转让其全部或者部分股权。

股东向股东以外的人转让股权，应当经其他股东过半数同意。股东应就其股权转让事项书面通知其他股东征求同意，其他股东自接到书面通知之日起满三十日未答复的，视为同意转让。其他股东半数以上不同意转让的，不同意的股东应当购买该转让的股权；不购买的，视为同意转让。

经股东同意转让的股权，在同等条件下，其他股东有优先购买权。两个以上股东主张行使优先购买权的，协商确定各自的购买比例；协商不成的，按照转让时各自的出资比例行使优先购买权。

公司章程对股权转让另有规定的，从其规定。

02 有限公司向股东以外的人转让股权，应当如何履行通知程序？

股东向股东以外的人转让股权，为了保障有限公司的人合性，《公司法》专门规定了转让股权的两个阶段：通知其他股东征求是否同意阶段，通知同等条件下优先购买权行使阶段。

具体通知程序应该如何履行，本篇来看钟某与杨某等股权转让纠纷再审案中四川高院的观点：首先，本院赞同二审法院的以下观点，即为保护有限责任公司股东在同等条件下的优先购买权，拟对外转让股权的股东不仅需要向其他股东告知自己欲对外转让股权，还应当告知受让人、转让数量、转让价格、支付方式、履行期限等主要内容。根据《公司法司法解释四》第十七条第一款、第二款"有限责任公司的股东向股东以外的人转让股权，应就其股权转让事项以书面或者其他能够确认收悉的合理方式通知其他股东征求同意。其他股东半数以上不同意转让，不同意的股东不购买的，人民法院应当认定视为同意转让。经股东同意转让的股权，其他股东主张转让股东应当向其以书面或者其他能够确认收悉的合理方式通知转让股权的同等条件的，人民法院应当予以支持"的规定，转让股东可以一次告知前述全部内容，也可以分几次告知。

[典型案例]

本案中，钟某于2017年1月18日、1月20日通过短信和邮件通知杨某，其拟对外转让22%的股权，要求限期回复是否愿意购买。该通知载明的转让股权数量与实际转让数量不符，且其中"逾期回复视为不同意购买"只是钟某的单方意思表示，不符合同某公司章程第十四条第二款"股东应就其股权转让事宜书面通知其他股东征求意见，其他股东自接到书面通知之日起满三十日未答复的，视为同意转让"的规定，对杨某没有约束力。即使杨某收到通知后未回复，也只能视为同意转让，而非不同意转让。在杨某同意转让股权的情况下，其享有的优先购买权并不丧失，钟某仍须就转让股权的同等条件再次通知杨某。但此后钟某在未通知杨某的情况下，于2017年2月27日与朱某签订《同某公司股权转让协议》，又于2017年3月13日与朱某、佳某教育公司等签订《股权转让补充协议》，同日收取了朱某支付的股权转让价款。虽然钟某于2017年4月14日向杨某邮寄了《同某公司股权转让协议》《股权转让补充协议》，但同时还邮寄了《关于限期办理工商变更登记的通知》，要求杨某和同某公司在接到通知后15日内依法办理股权转让工商登记。

显然，钟某向杨某邮寄《同某公司股权转让协议》《股权转让补充协议》的目的并非告知杨某股权转让的同等条件，并征求其是否行使优先购买权，而是告知杨某股权已经转让的事实，并要求其协助办理股权变更登记手续。此外，钟某一方面主张已经向杨某告知股权转让相关事项，另一方面又主张第一份《股权转让补充协议》约定的价格并非真实的转让价格，显然自相矛盾。因此，二审法院认定钟某转让股权时未依法履行通知义务，并无不当。[①]

上述四川高院案例清晰指明，股东对外转让股权，不仅需要向其他股东告知自己欲对外转让股权的事实，还应当告知受让人、转让数量、转让价格、支付方式、履行期限等转让条件。而具体告知形式灵活，即转让股东可以一次性告知前述全部内容，也可以分几次告知。由此股权转让交易中须关注如下几点：

一、对于转让方来讲，转让通知内容要具体明确，包括转让股权的数量、价款、支付方式、履行期限等，同等条件需已确定，若发生实质性变更的，需要另行通知其他股东。通知要以书面或者其他能够确认收悉的合理方式送达公司其他股东，可以采取公证、邮寄快递等方式。

---

① （2019）川民再418号。

二、对于受让方而言，转让方是否已经征求过其他股东的同意、其他股东是否已放弃优先购买权是关注的重点，建议取得相关书面声明后，再受让标的股权。如果因其他股东行使优先购买权而不能实现合同目的，可以依法请求转让股东承担相应民事违约责任。

三、对于其他股东而言，须在合理期限内及时行使优先购买权。股东主张优先购买权的，应当在收到通知后，在公司章程规定的行使期间内提出购买请求。公司章程没有规定或者规定不明确的，以通知确定的期间为准，通知确定的期间短于三十日或者未明确行使期间的，行使期间为三十日。

[引申法条]

《中华人民共和国公司法》

第七十一条　有限责任公司的股东之间可以相互转让其全部或者部分股权。

股东向股东以外的人转让股权，应当经其他股东过半数同意。股东应就其股权转让事项书面通知其他股东征求同意，其他股东自接到书面通知之日起满三十日未答复的，视为同意转让。其他股东半数以上不同意转让的，不同意的股东应当购买该转让的股权；不购买的，视为同意转让。

经股东同意转让的股权，在同等条件下，其他股东有优先购买权。两个以上股东主张行使优先购买权的，协商确定各自的购买比例；协商不成的，按照转让时各自的出资比例行使优先购买权。

公司章程对股权转让另有规定的，从其规定。

《最高人民法院关于适用〈中华人民共和国公司法〉若干问题的规定（四）》

第十七条　有限责任公司的股东向股东以外的人转让股权，应就其股权转让事项以书面或者其他能够确认收悉的合理方式通知其他股东征求同意。其他股东半数以上不同意转让，不同意的股东不购买的，人民法院应当认定视为同意转让。

经股东同意转让的股权，其他股东主张转让股东应当向其以书面或者其他能够确认收悉的合理方式通知转让股权的同等条件的，人民法院应当予以支持。

经股东同意转让的股权，在同等条件下，转让股东以外的其他股东主张优先购买的，人民法院应当予以支持，但转让股东依据本规定第二十条放弃转让的除外。

第十九条　有限责任公司的股东主张优先购买转让股权的，应当在收到通知后，在公司章程规定的行使期间内提出购买请求。公司章程没有规定行使期间或者规定不明确的，以通知确定的期间为准，通知确定的期间短于三十日或者未明确行使期间的，行使期间为三十日。

03 有限公司转让股权，原股东在什么条件下可以行使优先购买权？

依据《公司法》第七十一条的规定，有限责任公司的股东行使优先购买权需先具备三个要件：1. 股东对外转让股权；2. 过半数股东同意转让；3. 同等条件，具体何为同等条件，本篇从下面的典型案例来分析。

[典型案例]

甲公司和陈某等8名自然人股东系A公司的股东，其中甲公司持有A公司44%的股权，陈某持有A公司1.5%的股权，另外7名自然人股东持有A公司54.5%的股权。陈某等8名自然人股东就其各自持有的股权合并整体定价拟转让51%的股权给乙公司，并函告甲公司，甲公司回复要求行使优先购买权，按同等条件受让陈某持有的1.5% A公司股权。陈某回复甲公司，认为一次性受让51%股权是构成本次交易的价格、交割等其他要素的核心条件，无法分割出售。A公司召开股东会，8名自然人股东一致意见将持有51%的股权整体转让给乙公司，甲公司表示不同意，股东会以多数意见形成决议。8名自然人股东与乙公司签订股权转让协议将51%的股权转让给乙公司。甲公司遂向法院起诉，要求对陈某持有的1.5%股权行使优先购买权。

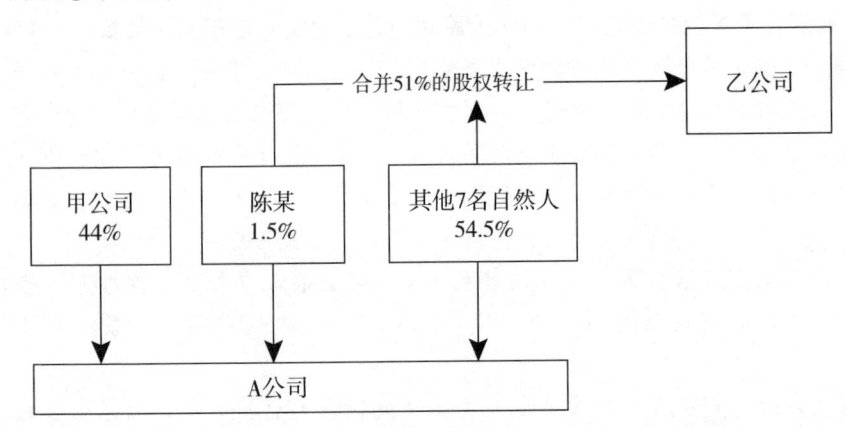

```
                        合并51%的股权转让 ────────→  ┌────────┐
                                                      │  乙公司  │
                                                      └────────┘
                                        ↑
              ┌────────┐  ┌────────┐  ┌────────────┐
              │  甲公司  │  │  陈某  │  │ 其他7名自然人 │
              │   44%   │  │  1.5%  │  │    54.5%    │
              └────────┘  └────────┘  └────────────┘
                    │          │            │
                    ↓          ↓            ↓
              ┌──────────────────────────────────┐
              │              A公司                │
              └──────────────────────────────────┘
```

本案的主要争议焦点为：在8名自然人股东就其各自持有的股权合并整体定价转让给股东以外的乙公司情况下，原股东甲公司能否仅就其中部分股权行使优先购买权？

根据《公司法司法解释四》第十八条规定："人民法院在判断是否符合公司法第七十一条第三款及本规定所称的'同等条件'时，应当考虑转让股权的数量、价格、支付方式及期限等因素。"上述四要素是衡量其他股东与第三方提出的购买股权条件是否属于同等条件的关键因素。股权的数量、价格、支付方式及期限相互影响，任一因素的变化，都可能导致其他因素相应变化。而基于有限责任公司的股权没有公开交易市场参考，股权流动性较弱，公司的人合性较强，股东想退出并不容易，其他股东如果仅行使部分优先购买权，将致第三方欲购买的股权数量减少，而交易股权的数量往往影响交易价款，并可能影响股权交易目的能否实现和交易能否成功，这也是基本的商业常识。如果允许其他股东未经出让方、受让方同意，部分行使优先购买权，就意味着其他股东的意志凌驾于转让股东的意志之上，损害转让股东及第三方的利益，导致法律在保护各方利益协调上失衡，不符合立法本意。因此，应当在出让方和受让方均同意的情况下，方可允许优先购买权的部分行使。[1]

故本篇案例中，甲公司主张仅优先购买陈某持有的 1.5%股权，而第三方乙公司欲受让股权为 51%，双方提出的股权购买方案中数量明显不同，甲公司对股权每股的单价并无异议，且包括陈某在内的 8 名自然人股东已将第三方拟购买的股权方案通知甲公司，受让人乙公司为绝对控股 A 公司而大幅溢价购买 A 公司 51%的股权，符合一般商事考量，系正常的商业行为，不存在股权出让方与第三方存在恶意串通，虚抬股权价格，以阻止甲公司行使优先购买权的可能。因此，甲公司提出的购买股权方案明显劣于第三方提出的购买股权方案，不属于《公司法》意义上的同等条件，甲公司不能以此主张优先购买陈某持有的股权。[2]

[引申法条]

《最高人民法院关于适用〈中华人民共和国公司法〉若干问题的规定（四）》
第十八条　人民法院在判断是否符合公司法第七十一条第三款及本规定所称的"同等条件"时，应当考虑转让股权的数量、价格、支付方式及期限等因素。

04　侵犯其他股东优先购买权的股权转让合同有效吗？

有限责任公司的股东向股东以外的人转让股权，如果未就其股权转让事项征求其他股东意见，或者以欺诈、恶意串通等手段，损害其他股东优先购买权，那股权转让合同还有效吗？本篇先看第一种情况，即未履行通知程序情况下的合同效力如何：

---

[1] 赵旭东主编：《公司法学》（第四版），高等教育出版社 2015 年版，第 258-259 页。
[2] 江显和：《股权转让纠纷的审理思路》，载《人民司法》2020 年第 35 期。

[典型案例]

刘某与季某于 2012 年 12 月 17 日签订一份股权转让协议，协议约定季某将持有的源某公司 30% 的股权转让给刘某，转让价款为 350 万元，并约定如违约按照转让价款的 20% 支付违约金。协议签订后，源某公司其他股东主张季某未按《公司法》规定履行通知等程序，侵犯了股东的优先购买权，截至刘某起诉前，季某仍未履行股权转让协议。故刘某诉至法院请求判令季某继续履行股权转让协议，赔付违约金 70 万元。

江苏高院对上述刘某、季某签订的股权转让协议效力问题审理后认为首先，该条（《中华人民共和国公司法》第七十一条第二款、第三款）规定赋予其他股东相关权利的目的是要维系有限责任公司的人合性，以免未经其他股东同意的新股东加入后破坏股东之间的信任与合作。而要实现这一目的，只要阻止股东以外的股权受让人成为新股东即为已足，亦即只要股权权利不予变动，而无须否定股东与股东以外的人之间的股权转让合同的效力。其次，该条规定并未规定如转让股东违反上述规定则股权转让合同无效。再次，如果因转让股东违反上述规定即股权转让未经上述程序而认定股权转让合同无效，那么在其他股东放弃优先购买权后，转让股东需与受让人重新订立股权转让合同，否则任何一方均可不受已订立的股权转让合同的约束，显然不合理。最后，股东未经上述程序向股东以外的人转让股权与股权转让协议的效力无涉。本案中，刘某与季某签订的协议系双方的真实意思表示，不违反法律、行政法规的强制性规定，合法有效。①

对此，《公司法司法解释四》第二十一条第三款规定"股东以外的股权受让人，因股东行使优先购买权而不能实现合同目的的，可以依法请求转让股东承担相应民事责任"。同时《九民纪要》进一步明确"一方面，其他股东依法享有优先购买权，在其主张按照股权转让合同约定的同等条件购买股权的情况下，应当支持其诉讼请求，除非出现该条第一款（《公司法司法解释四》第二十一条）规定的情形。另一方面，为保护股东以外的股权受让人的合法权益，股权转让合同如无其他影响合同效力的事由，应当认定有效。其他股东行使优先购买权的，虽然股东以外的股权受让人关于继续履行股权转让合同的请求不能得到支持，但不影响其依约请求转让股东承担相应的违约责任"。故有限责任公司的股东向股东以外的人转让股权，如果未就其股权转让事项征求其他股东意见的，股权转让协议效力并不受影响，受让人可以据此要求转让方承担违约责任。

---

① （2015）苏商再提字第 00042 号。

[引申法条]

《最高人民法院关于适用〈中华人民共和国公司法〉若干问题的规定（四）》

第二十一条　有限责任公司的股东向股东以外的人转让股权，未就其股权转让事项征求其他股东意见，或者以欺诈、恶意串通等手段，损害其他股东优先购买权，其他股东主张按照同等条件购买该转让股权的，人民法院应当予以支持，但其他股东自知道或者应当知道行使优先购买权的同等条件之日起三十日内没有主张，或者自股权变更登记之日起超过一年的除外。

前款规定的其他股东仅提出确认股权转让合同及股权变动效力等请求，未同时主张按照同等条件购买转让股权的，人民法院不予支持，但其他股东非因自身原因导致无法行使优先购买权，请求损害赔偿的除外。

股东以外的股权受让人，因股东行使优先购买权而不能实现合同目的的，可以依法请求转让股东承担相应民事责任。

《全国法院民商事审判工作会议纪要》（法〔2019〕254号）

9.【侵犯优先购买权的股权转让合同的效力】审判实践中，部分人民法院对公司法司法解释（四）第21条规定的理解存在偏差，往往以保护其他股东的优先购买权为由认定股权转让合同无效。准确理解该条规定，既要注意保护其他股东的优先购买权，也要注意保护股东以外的股权受让人的合法权益，正确认定有限责任公司的股东与股东以外的股权受让人订立的股权转让合同的效力。一方面，其他股东依法享有优先购买权，在其主张按照股权转让合同约定的同等条件购买股权的情况下，应当支持其诉讼请求，除非出现该条第1款规定的情形。另一方面，为保护股东以外的股权受让人的合法权益，股权转让合同如无其他影响合同效力的事由，应当认定为有效。其他股东行使优先购买权的，虽然股东以外的股权受让人关于继续履行股权转让合同的请求不能得到支持，但不影响其依约请求转让股东承担相应的违约责任。

05　转让股东与第三人恶意串通的股权转让合同是否有效？

转让股东为躲避债务、避免其他股东收购股权或其他不正当目的而与第三人恶意串通，该等情形下所签订的股权转让合同是否有效，本篇从下述最高院案例来剖析。

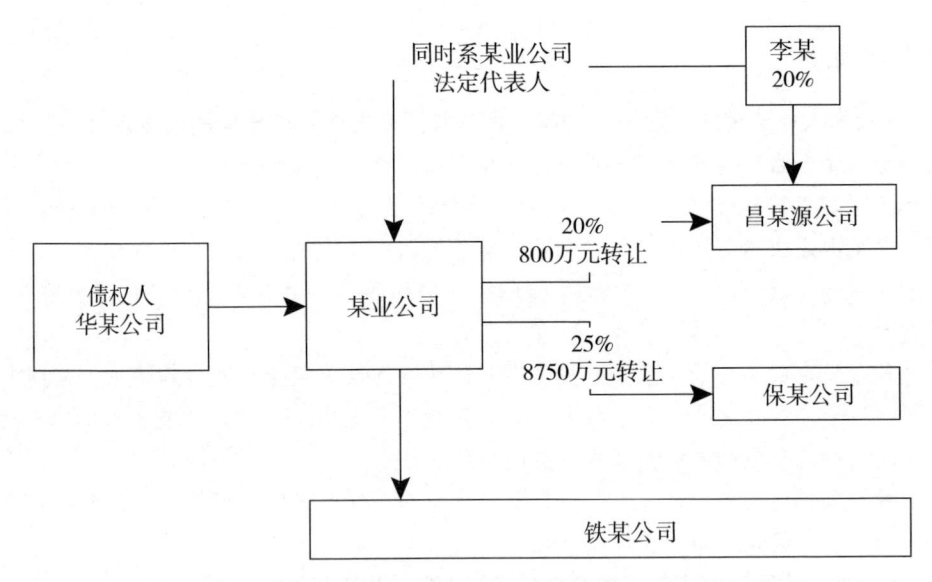

```
                          李某
   同时系某业公司          20%
   法定代表人
      │                    │
      │                    ▼
      │           20%    昌某源公司
      │         800万元转让
      ▼          ────→
 债权人     某业公司
 华某公司 ──→           25%
                    8750万元转让   保某公司
                     ────→
                        │
                        ▼
                      铁某公司
```

最高院审理的徐州华某投资有限公司（以下简称华某公司）诉灵石县泉洲某业发展有限责任公司（以下简称某业公司）等股权转让纠纷案，其对某业公司与昌某源公司签订的《股权转让协议》的效力问题认定如下："《股权转让余款支付协议》约定的某业公司付款日期 2006 年 8 月 30 日、2007 年 8 月 30 日届至后，某业公司在未向华某公司支付相应款项的情况下，于 2007 年 9 月 28 日与昌某源公司签订《股权转让协议》，将其持有的铁某公司 20%股权以 800 万元转让给昌某源公司。因该笔股权转让价款明显低于同日某业公司向保某公司转让其所持铁某公司另外 25%股权的价款 8750 万元，也没有证据证明上述 800 万元的股权转让款被某业公司实际收取或用于抵销相应债务。而且，股权转让当年某业公司所有者权益从年初 9573029.88 元变为年末-9630342.71 元也可表明低价转让股权后该公司清偿能力受到影响。所以，上述股权转让行为明显损害某业公司债权人之利益。昌某源公司及其法定代表人邢某在 2007 年 9 月 28 日铁某公司就上述两笔股权转让的股东会决议上盖章、签字的行为，表明昌某源公司知道其从某业公司受让铁某公司 20%股权之价格属明显低价。而且某业公司在与昌某源公司签订《股权转让协议》时的法定代表人李某同时系在昌某源公司持股 20%的股东。所以，在某业公司未提供证据证明其与昌某源公司间股权转让行为正当、合理的情况下，对华某公司提出的某业公司与昌某源公司间《股权转让协议》属恶意串通损害其利益进而应无效之主张，应予支持。本院对某业公司与昌某源公司之间签订的《股权转让协议》无效予以认定。[①]

---

① （2014）民提字第 22 号。

除上述情形合同会被认定为无效外，如果转让方与受让方共谋，故意抬高股权转让价格，其他股东因为价格过高而放弃行使优先购买权的，如果事后有证据表明转让方与受让方存在恶意串通，并签署股权转让的"阴阳合同"，即受让方实际支付的价款显著低于合同表面价款的，其他股东可以根据《民法典》第一百五十四条、《公司法司法解释四》第二十一条的规定向人民法院提起确认股权转让合同无效，同时主张行使优先购买权之诉。如果基于此合同已经完成股权变更的，受到侵害的股东依据人民法院支持其优先购买权的判决书，可以要求工商登记机关撤销上述股权变更登记。

[引申法条]

《最高人民法院关于适用〈中华人民共和国公司法〉若干问题的规定（四）》

第二十一条　有限责任公司的股东向股东以外的人转让股权，未就其股权转让事项征求其他股东意见，或者以欺诈、恶意串通等手段，损害其他股东优先购买权，其他股东主张按照同等条件购买该转让股权的，人民法院应当予以支持，但其他股东自知道或者应当知道行使优先购买权的同等条件之日起三十日内没有主张，或者自股权变更登记之日起超过一年的除外。

前款规定的其他股东仅提出确认股权转让合同及股权变动效力等请求，未同时主张按照同等条件购买转让股权的，人民法院不予支持，但其他股东非因自身原因导致无法行使优先购买权，请求损害赔偿的除外。

股东以外的股权受让人，因股东行使优先购买权而不能实现合同目的的，可以依法请求转让股东承担相应民事责任。

《中华人民共和国民法典》

第一百五十四条　行为人与相对人恶意串通，损害他人合法权益的民事法律行为无效。

06　股东可否无限期地行使优先购买权？

[典型案例]

2015年3月31日，A公司股东柳某向包括杜某在内的其他三人股东发送《关于股权转让通知书》，表示如果杜某有意购买其股份，可以以400万元的出让价，之前协议归柳某的项目成本利润折价600万元一次性支付，今后公司一切和柳某无关；否则柳某找第三方购买，或者A公司按现在净资产权益值回购杜某全部股份。

2015年5月25日，柳某向杜某发送《股权转让通知书》，告知其按《公司法》和公司章程将40%股权以400万元，项目以718万元合计1118万元转让给第三方；如果杜某不同意第三方收购，应以同等价格收购上述股权和项目，若杜某在收到通知书之日起三十日内未予书面答复，视为同意转让。同年6月1日，杜某回复重申柳某、盛某公司股权转让行为无效。

2015年7月1日，柳某、盛某公司签订《股权转让协议》，约定柳某将其拥有的A公司40%的股权转让给盛某公司，股权转让价为400万元，2012年10月16日前柳某承接项目的前期成本和后续应收款折合718万元。前述款项合计1118万元，由盛某公司支付给柳某。同日，A公司在工商进行备案，其中章程修正案显示股东由杜某与柳某变更为杜某与盛某公司，后者的出资时间为2015年6月26日。

杜某主张柳某、盛某公司之间转让A公司的股权系以合法形式掩盖非法避债的目的，并且系恶意串通，损害其股东优先购买权，遂诉至法院要求确认系争《股权转让协议》无效。

上海一中院审理认为：根据《公司法司法解释四》第二十一条的规定，有限责任公司的股东向股东以外的人转让股权，以欺诈、恶意串通等手段，损害其他股东优先购买权，其他股东主张按照同等条件购买该转让股权的，人民法院应当予以支持，但其他股东自知道或者应当知道行使优先购买权的同等条件之日起三十日内没有主张，或者自股权变更登记之日起超过一年的除外。前款规定的其他股东仅提出确认股权转让合同及股权变动效力等请求，未同时主张按照同等条件购买转让股权的，人民法院不予支持。一、对杜某在本案中的主张予以分析，杜某的原审诉请仅为确认系争《股权转让协议》效力，显然并不包括按照同等条件购买转让股权的主张，因此对于杜某单独所提出的确认合同效力之诉依法不应获得支持；二、在案事实表明，杜某提出本案诉讼日期系在柳某就系争股权转让事宜通知杜某以及办理系争股权变更登记一年之后，已经远超过了前述《公司法司法解释四》所规定的日期。鉴于此，本院对杜某的上诉主张不予支持。[①]

综上，股东的优先购买权需要在合理期内（自知道或者应当知道行使优先购买权的同等条件之日起三十日内，或者自股权变更登记之日起一年内）行使，否则过期将无法得到法院支持。

[引申法条]

《最高人民法院关于适用〈中华人民共和国公司法〉若干问题的规定（四）》

第二十一条 有限责任公司的股东向股东以外的人转让股权，未就其股权转让

---

① （2017）沪01民终9107号。

事项征求其他股东意见，或者以欺诈、恶意串通等手段，损害其他股东优先购买权，其他股东主张按照同等条件购买该转让股权的，人民法院应当予以支持，但其他股东自知道或者应当知道行使优先购买权的同等条件之日起三十日内没有主张，或者自股权变更登记之日起超过一年的除外。

前款规定的其他股东仅提出确认股权转让合同及股权变动效力等请求，未同时主张按照同等条件购买转让股权的，人民法院不予支持，但其他股东非因自身原因导致无法行使优先购买权，请求损害赔偿的除外。

股东以外的股权受让人，因股东行使优先购买权而不能实现合同目的的，可以依法请求转让股东承担相应民事责任。

07　未经夫妻一方同意转让婚后所得股权是否有效？

有限公司股权转让须征得过半数股东同意，是否还须进一步征得转让股东配偶同意呢？本篇从《人民司法·案例》2017年第35期的这件经典案例来剖析。

最高院审理的艾某、张某与刘某等5人股权转让纠纷案中，对"股东张某转让股权是否应当经其妻艾某同意，未经其同意，股权转让协议是否无效"的审判观点为：股权作为一项特殊的财产权，除其具有的财产权益内容外，还具有与股东个人的社会属性及其特质、品格密不可分的人格权、身份权等内容。如无特别约定，对于自然人股东而言，股权仍属于商法规范内的私权范畴，其各项具体权能应由股东本人独立行使，不受他人干涉。在股权流转方面，我国《公司法》确认的合法转让主体也是股东本人，而不是其所在的家庭。本案中，张某因转让其持有的工贸公司的股权事宜，与刘某签订了股权转让协议，双方从事该项民事交易活动，其民事主体适格，意思表示真实、明确，协议内容不违反我国《合同法》《公司法》的强制性规定，该股权转让协议应认定有效。[①]

多数法院观点为夫妻关系存续期间，登记在配偶一方名下的股权，另一方仅享有该股权的分红、转让价款等财产性收益的共有权，而转让股权由股东本人行使，配偶一方与受让人签订的股权转让协议，并不因未经另一方同意而无效。但是，为避免日后出让方配偶主张合同效力瑕疵，在受让自然人股权时，应当关注标的股权共有状况及转让方婚姻状态，建议事先征询配偶一方的意见并取得其书面同意。同时转让价款一定要合理，否则可能被认定存在恶意串通、转移夫妻共有财产的嫌

---

① （2014）民二终字第48号。

疑，而致股权转让协议无效。

与之类似的实务问题还有如果股东将股权质押，但是该质押未经配偶同意，是否有效？最高院典型案例王某、陈某再审审查与审判监督民事裁定［（2017）最高法民申 3807 号］中对此有着明确观点：根据《公司法》第三十二条第三款关于"公司应当将股东的姓名或者名称向公司登记机关登记；登记事项发生变更的，应当办理变更登记。未经登记或者变更登记的，不得对抗第三人"的规定，债权人有权根据股权外观公示主张权利。如果配偶一方不是出质股权对外公示的所有权人，则不能对抗善意质权人的质押权利。配偶关于股东一方未经其同意设定股权质押无效的主张，缺乏法律依据。

[引申法条]

《中华人民共和国公司法》

第三十二条　有限责任公司应当置备股东名册，记载下列事项：

（一）股东的姓名或者名称及住所；

（二）股东的出资额；

（三）出资证明书编号。

记载于股东名册的股东，可以依股东名册主张行使股东权利。

公司应当将股东的姓名或者名称向公司登记机关登记；登记事项发生变更的，应当办理变更登记。未经登记或者变更登记的，不得对抗第三人。

08 离婚时，不是股东一方可否直接要求分割公司股权？

根据《最高人民法院适用〈中华人民共和国民法典〉婚姻家庭编的解释（一）》第七十三条（原《最高人民法院关于适用〈中华人民共和国婚姻法〉若干问题的解释（二）》第十六条）之规定，离婚分割股权需要内外协商一致，即内部夫妻协商一致，外部还要经过其他股东过半数同意，充分体现对有限公司人合性和当事人意思自治的尊重。如果离婚时夫妻未能就股权分割达成一致，对另一方直接请求分割股权的请求法院能支持吗？

最高院在审理的典型案例刘某与王某离婚后财产纠纷中认为：卓某公司成立于 2004 年，是在刘某、王某夫妻关系存续期间由王某出资设立的有限责任公司，应认定是夫妻共同财产。因二人离婚时签订的《离婚协议书》中未就该公司股权分割问题进行处理，二审判决认定该公司股权属于离婚时未处理的夫妻共同财产，并无不当。根据《最高人民法院关于适用〈中华人民共和国婚姻法〉若干问题的解释（二）》第十六条的规定，人民法院审理离婚案件时，涉及分割夫妻共同财产中以一方名义在有限责任公司的出资额，另一方不是该公司股东的，若夫妻双方不能就股权分割问题达成一致意见，为了保证公司的人合性，应对另一方请求分割的股份折价补偿。因在本案二审审理过程中，刘某坚持要求分割股权，不同意折价补偿，也不同意评估股权价值，二审判决对刘某要求分割股权的诉讼请求不予支持，并无不当。①

根据上述案例，离婚时若夫妻双方不能就股权分割达成一致，为保证有限公司的人合性，法院会对另一方请求分割的股权折价予以补偿。若一方坚持要求分割股权，不同意折价补偿，也不同意评估股权价值的，法院可以不支持其分割股权的请求。

进言之，如果夫妻内部就股权分割已达成一致，如股东在离婚协议中约定，将部分或全部股权分割给其配偶的，该协议合法有效；但是，配偶若想将该部分股权过户到自己名下成为股东，尚需要提供经过公司过半数股东同意及其他股东明确表示放弃优先购买权的证明材料，否则法院不予支持，如果其他股东过半数不同意且行使了优先购买权，配偶则只能就转让出资所得财产进行分割。

其实在公司创业之初，为避免由于股东离婚而引起股权结构动荡，股东可以未雨绸缪，提前签署股东协议并要求各股东及其配偶出具书面声明：各股东所持有的股权均属于该股东个人所有，不属于夫妻共同财产。另一方仅就标的股权获得收益包括但不限于分红、处分等财产性收益享有共有权。

[引申法条]

《最高人民法院适用〈中华人民共和国民法典〉婚姻家庭编的解释（一）》

第七十三条 人民法院审理离婚案件，涉及分割夫妻共同财产中以一方名义在有限责任公司的出资额，另一方不是该公司股东的，按以下情形分别处理：

（一）夫妻双方协商一致将出资额部分或者全部转让给该股东的配偶，其他股东过半数同意，并且其他股东均明确表示放弃优先购买权的，该股东的配偶可以成为该公司股东；

（二）夫妻双方就出资额转让份额和转让价格等事项协商一致后，其他股东半数以上不同意转让，但愿意以同等条件购买该出资额的，人民法院可以对转让出资所得财产进行分割。其他股东半数以上不同意转让，也不愿意以同等条件购买该出资额的，视为其同意转让，该股东的配偶可以成为该公司股东。

---

① （2018）最高法民申796号。

用于证明前款规定的股东同意的证据，可以是股东会议材料，也可以是当事人通过其他合法途径取得的股东的书面声明材料。

09 如发生股权继承、赠与、强制执行时，如何保护其他股东优先购买权？

股权作为典型的财产权是法院强制执行的对象之一，在法院以拍卖方式等强制转让股权时，应当如何保护其他股东优先购买权呢？

根据《公司法》第七十二条的规定，法院应提前以书面或其他能够确认收悉的方式，通知其他股东及时行使优先购买权。而股权强制转让前一般应当委托评估机构对企业现有财产、债权、债务、经营状况进行全面清查，得出股权的实际价值，作为股权转让的依据。虽然最高院《关于人民法院执行工作若干问题的规定（试行）》第三十九条第二款、第三款规定可协议或拍卖转让股权，但执行实务中为避免将股权高价低卖或低价高卖，损害债权人利益，一般强调拍卖优先原则。按照《最高人民法院关于人民法院网络司法拍卖若干问题的规定》相关内容，在拍卖公告发布三日前以书面或者其他能够确认收悉的合理方式，通知已知其他股东。其他股东书面明确放弃权利的，可以不通知。无法通知的，应当在网络司法拍卖平台公示并说明无法通知的理由，公示满五日视为已经通知。其他股东经通知未参与竞买的，视为放弃优先购买权。其他股东经人民法院确认后，取得优先竞买资格以及优先竞买代码、参拍密码，并以优先竞买代码参与竞买；未经确认的，不得以优先购买权人身份参与竞买。其他股东参与竞买的，可以与其他竞买人以相同的价格出价，没有更高出价的，拍卖财产由优先购买权人竞得。优先权顺序相同的股东以相同价格出价的，拍卖财产由出价在先的股东竞得。

对于另一特殊情形如发生继承情况下，根据《公司法》第七十五条的规定股东资格原则上是自动继承，除非公司章程对股东继承有限制性的约定，即公司章程对股东资格继承可以约定其他股东拥有优先购买权。同时为了在法律层面明确自然人股东死亡后股东资格的继承问题，《公司法司法解释四》第十六条对此作了进一步明确的规定，即有限责任公司的自然人股东死亡后，其合法继承人继承股东资格时，如果公司章程没有另行规定或者全体股东没有另行约定，其他股东不得对该股权主张优先购买权。

关于股权赠与，实务中大多认为其并不像继承股权那样天然具有排除其他股东优先购买权的基因，最高人民法院民二庭编著的《公司法司法解释四理解与适用》一书中，认为赠与不能排除其他股东的优先购买权，在此种情况下，其他股东的收购价格应当按照公允价格确定。例如，在宁国市大某发展有限公司等与徐某等股东名册记载纠纷上诉案中法院认为：在同等条件下，张某、黄某享有优先购买权。然案涉转让系无偿转让，缺乏判断"同等条件"的基础。徐某要求以审计结果作为与张某、黄某交易对价，较为适宜。张某、黄某虽对徐某312万元的估价基本认可，但仅愿以40万元购买，可视为张某、黄某无意购买案涉股权。[①]

综上，如果出现股东继承、赠与等特殊情形，从维护公司现有股东人合性，保护股东优先购买权的角度，建议提前在章程中进行明确约定，如约定股东去世后，其继承人不得继承其股权，公司对其持有的股份，按公司章程中所规定的其股份原值/按上年度末每股账面净资产值/按股东死亡时公司股份评估价格等进行回购；或者约定股东去世后，其继承人在经公司其他股东过半数以上或三分之二以上股东同意后，方可成为公司股东。

[引申法条]

《中华人民共和国公司法》

第七十二条 人民法院依照法律规定的强制执行程序转让股东的股权时，应当通知公司及全体股东，其他股东在同等条件下有优先购买权。其他股东自人民法院通知之日起满二十日不行使优先购买权的，视为放弃优先购买权。

第七十五条 自然人股东死亡后，其合法继承人可以继承股东资格；但是公司章程另有规定的除外。

《最高人民法院关于适用〈中华人民共和国公司法〉若干问题的规定（四）》

第十六条 有限责任公司的自然人股东因继承发生变化时，其他股东主张依据公司法第七十一条第三款规定行使优先购买权的，人民法院不予支持，但公司章程另有规定或者全体股东另有约定的除外。

《最高人民法院关于人民法院执行工作若干问题的规定（试行）》

39. 被执行人在其独资开办的法人企业中拥有的投资权益被冻结后，人民法院可以直接裁定予以转让，以转让所得清偿其对申请执行人的债务。

对被执行人在有限责任公司中被冻结的投资权益或股权，人民法院可以依据《中华人民共和国公司法》第七十一条、第七十二条、第七十三条的规定，征得全体股东过半数同意后，予以拍卖、变卖或以其他方式转让。不同意转让的股东，应当购买该转让的投资权益或股权，不购买的，视为同意转让，不影响执行。

人民法院也可允许并监督被执行人自行转让其投资权益或股权，将转让所得收益用于清偿对申请执行人的债务。

---

① （2017）皖18民终492号。

《最高人民法院关于人民法院网络司法拍卖若干问题的规定》

第十六条 网络司法拍卖的事项应当在拍卖公告发布三日前以书面或者其他能够确认收悉的合理方式,通知当事人、已知优先购买权人。权利人书面明确放弃权利的,可以不通知。无法通知的,应当在网络司法拍卖平台公示并说明无法通知的理由,公示满五日视为已经通知。

优先购买权人经通知未参与竞买的,视为放弃优先购买权。

第十九条 优先购买权人经人民法院确认后,取得优先竞买资格以及优先竞买代码、参拍密码,并以优先竞买代码参与竞买;未经确认的,不得以优先购买权人身份参与竞买。

顺序不同的优先购买权人申请参与竞买的,人民法院应当确认其顺序,赋予不同顺序的优先竞买代码。

第二十一条 优先购买权人参与竞买的,可以与其他竞买人以相同的价格出价,没有更高出价的,拍卖财产由优先购买权人竞得。

顺序不同的优先购买权人以相同价格出价的,拍卖财产由顺序在先的优先购买权人竞得。

顺序相同的优先购买权人以相同价格出价的,拍卖财产由出价在先的优先购买权人竞得。

10 如何确定股权转让合同中股权价格?

一般来说,只要当事人不违反法律的强制性规定,不损害国家和第三人的合法权益,法律允许股东自由确定股权转让价格。《公司法》及相关法律除对国有股权的转让估价作了限制性规定外,对于普通股权转让价格的确定并未作具体的规定。参照《股权转让所得个人所得税管理办法(试行)》(国税〔2014〕67号)第十四条的规定,在实践中,普通股权的转让价格通常由以下几种方式确定:(1)当事人自由协商确定,即股权转让时,股权转让价款由转让方与受让方自由协商确定,可称为"协商价法";(2)以公司工商注册登记的股东出资额为股权转让价格可称为"出资额法";(3)以公司净资产额为标准确定股权转让价格,可称为"净资产价法";(4)以审计、评估的价格作为依据计算股权转让价格,可称为"评估价法";(5)以拍卖价、变卖价为股权转让价格等。

本篇通过下文案例,来看股权价格和出资额、审计报告、净资产等的关系:在北京一中院审理的北京恒某高科技发展有限公司与薛某股权转让纠纷上诉案中,主审法官指出股权转让价格的确定是股权转让的重要内容之一，而股权的价值与有形财产不同，其价值由多种因素构成。[1] 在当事人提供的证据无法证明双方就股权转让价格达成一致时，人民法院不应依据股东出资额、审计报告、公司净资产额以及《合同法》第六十一条、第六十二条的规定确定股权转让价格。并进一步指出，因公司的生产经营活动受市场因素影响较大，公司的资产状况并非处于固定状态，而是不断变化，故股东出资额与股权的价值并非处于等值状态，若以股东出资额作为股权转让价格，无疑混淆了股权与出资的概念。而审计报告虽然能够反映公司的财产状况，也能对公司运作的情况进行大致估算，但却不能体现公司发展前景等对股权价值产生重要影响的因素，因此审计结论可以作为股权转让价格的参考，但不能作为股权转让价格的确定依据。同样公司净资产额虽然在一定程度上反映了公司的财务状况，但由于其不能体现公司资金的流转等公司运作的重要指数，因而也不能反映公司经营的实际情况，用公司净资产额除以股份数额所得价值与股权转让价格亦非等值。而《合同法》第六十一条、第六十二条规定了当事人就价款没有约定或者约定不明的，可以协议补充，不能达成补充协议的，按照合同有关条款或交易习惯确定，仍不能确定的，按照订立合同时履行地的市场价格履行。而公司股份的价值是由多种因素构成，包括固定资产、流动资金、知识产权或专有技术、产品竞争能力以及人员素质等多方面因素，故股权作为《公司法》规定的一种具有独立内涵的包括财产权等多种权利在内的综合性的新型权利形态，具有不同于普通商品的性质。因此，在双方当事人对股权转让价格存在争议的情况下，公司股份的价值不能按照交易习惯和订立合同时履行地的市场价格来确定。

一般来说，如果公司发展状况良好，其股权转让价格会高于股权对应的出资额，如果公司连年亏损，则有可能低于出资额。哪些属于股权转让价格可以低于出资额的合理理由呢？根据《股权转让所得个人所得税管理办法（试行）》第十三条的规定，继承或将股权转让给具有法律效力身份关系证明的配偶、父母、子女等近亲属的属于符合规定的股权转让价格明显偏低的正当事由。这也是如需股权代持情形的，建议由自然人近亲属代持的原因之一。综上，在不违反法律的强制性规定，不损害国家和第三人的合法权益的前提下，股东可以自由确定股权转让价格。

[引申法条]

《股权转让所得个人所得税管理办法（试行）》（国家税务总局 2018.6.15 修订）

第十三条 符合下列条件之一的股权转让收入明显偏低，视为有正当理由：

（一）能出具有效文件，证明被投资企业因国家政策调整，生产经营受到重大

---

[1] （2007）一中民终字第 7430 号，《人民司法·案例》2008 年第 20 期。

影响，导致低价转让股权；

（二）继承或将股权转让给其能提供具有法律效力身份关系证明的配偶、父母、子女、祖父母、外祖父母、孙子女、外孙子女、兄弟姐妹以及对转让人承担直接抚养或者赡养义务的抚养人或者赡养人；

（三）相关法律、政府文件或企业章程规定，并有相关资料充分证明转让价格合理且真实的本企业员工持有的不能对外转让股权的内部转让；

（四）股权转让双方能够提供有效证据证明其合理性的其他合理情形。

第十四条 主管税务机关应依次按照下列方法核定股权转让收入：

（一）净资产核定法

股权转让收入按照每股净资产或股权对应的净资产份额核定。

被投资企业的土地使用权、房屋、房地产企业未销售房产、知识产权、探矿权、采矿权、股权等资产占企业总资产比例超过20%的，主管税务机关可参照纳税人提供的具有法定资质的中介机构出具的资产评估报告核定股权转让收入。

6个月内再次发生股权转让且被投资企业净资产未发生重大变化的，主管税务机关可参照上次股权转让时被投资企业的资产评估报告核定此次股权转让收入。

（二）类比法

1. 参照相同或类似条件下同一企业同一股东或其他股东股权转让收入核定；

2. 参照相同或类似条件下同类行业企业股权转让收入核定。

（三）其他合理方法

主管税务机关采用以上方法核定股权转让收入存在困难的，可以采取其他合理方法核定。

11 阴阳股权转让合同的法律效力如何？

股权转让交易中，有的为了规避税收降低交易成本，或为掩饰真实交易主体，抑或规避法律禁止等目的，存在阴阳合同现象，即除内部签订一份真实意思表示并实际履行的阴合同外，对外再签订一份用于出示给工商税务等政府部门的阳合同，在这种情形下签订的股权转让合同是否有效呢？

（一）"阳合同"系双方通谋实施的虚伪意思表示，为无效合同

最高院在朱某、高某股权转让纠纷一案中认为：当事人就案涉某公司的股权转让事宜，先后签订了2011年11月8日的《股权转让合同》《股权转让补充合同》和两份用于工商备案的《股权转让协议》，以及2011年12月16日的《股权转让补

充说明》等系列文件。就前述协议文本之间的相互关系来看,首先,在朱某与高某、唐某分别签订的用于工商登记机关备案登记的《股权转让协议》中,将股权转让价款约定为66万元和33万元,掩盖了双方股权交易价格实际为2800万元的真实情况,《股权转让协议》与《股权转让补充合同》构成"阴阳合同"的关系,依法应当认定该《股权转让协议》系双方通谋实施的虚伪意思表示,视为无效合同。①

(二) 合同有效或者合同其他条款有效的观点

最高院在三亚某投资有限公司与闫某股权转让纠纷一案中,认为合同是否存在恶意串通、逃避税费的问题,应由税务部门进行认定;在没有充分证据证明合同违反法律、行政法规的强制性规定的情形下,应认定合同有效。② 昆明安宁某经贸集团有限公司与香格里拉县某有限责任公司、林某、程某、云南某矿业有限公司企业出售合同纠纷一案中,法院认为:税收问题,属于行政处罚调整的范围,并不必然导致合同无效。③

而最高院于四川某建设集团有限公司与简阳某旅游快速通道投资有限公司等及成都某置业顾问有限公司等股权转让纠纷一案中认为:以损害国家税收利益为目的的条款,应为无效条款,《股权转让协议》及其《补充协议》的其他条款不违反法律、行政法规的强制性规定,合法有效,对当事人具有法律约束力。④

一般实践中,若仅因规避税收征收而签署的阴阳合同,通常不会被认定为整体无效合同。虽然合同有效,但阴阳合同本身仍存在其他的法律风险。另外《民法典》第一百四十六条有关"虚假意思表示实施的行为无效"的规定,也将使"阴阳合同"中"阳合同"被认定为无效的风险增加,因此建议股转让过程中交易双方应在充分考虑股东实际出资情况、当前估值以及预期收益等情形下公允确定股权价值,避免签订"阴阳合同",否则不但可能面临无效的法律风险,亦有可能被税务机关行政处罚甚至严重者将被追究刑事责任。

[引申法条]

《中华人民共和国民法典》
第一百四十六条 行为人与相对人以虚假的意思表示实施的民事法律行为无效。

以虚假的意思表示隐藏的民事法律行为的效力,依照有关法律规定处理。

---

① (2016) 最高法民终字7号。
② (2017) 最高法民终414号。
③ (2012) 民一终字第98号。
④ (2013) 民二终字第54号。

12　转让股东瑕疵出资是否影响股权转让合同效力？

[典型案例]

富某公司于 2004 年 4 月 28 日在新疆维吾尔自治区某地设立，注册资本为 50 万元，由邓某、梁某共同投资。后富某公司股东变更为石某、梁某。2009 年，富某公司股本增加为 10000 万元，由石某占 99.995% 股份（折合人民币 9999.5 万元）、梁某占 0.005% 股份（折合人民币 0.5 万元）。2010 年 12 月 10 日，石某与信某公司签订《股权转让协议书》，石某将其占公司 90% 的股份以 9000 万元转让给信某公司，双方就债权债务处理签订一系列补充协议。后债务经催告未获清偿，石某遂于 2012 年 8 月 20 日向新疆维吾尔自治区高级人民法院提起诉讼，请求判令信某公司、富某公司支付欠款及违约金合计 30268750 元；原审诉讼中，信某公司于 2012 年 11 月 20 日提起反诉，请求确认双方签订的《股权转让协议书》及《补充协议》无效，判令石某立即返还已经收取信某公司的股权转让款 11100 万元，并赔偿损失 2000 万元（占用资金的利息）。

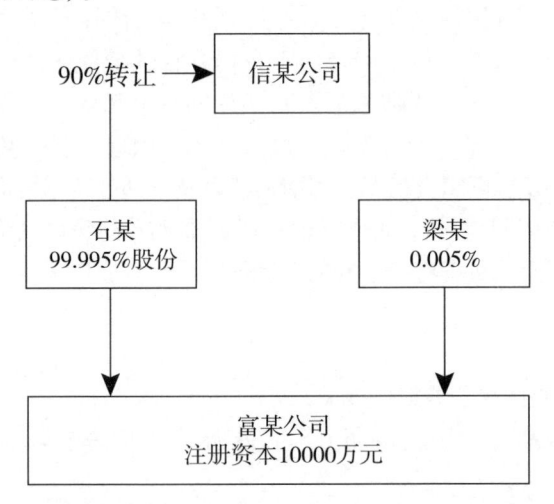

```
                              信某公司
        90%转让 ──────────────→ ┌────────┐
                              └────────┘
                                  ↑
        ┌──────────────┐    ┌──────────────┐
        │    石某      │    │    梁某      │
        │ 99.995%股份  │    │   0.005%    │
        └──────────────┘    └──────────────┘
                │                  │
                ↓                  ↓
              ┌────────────────────────┐
              │       富某公司         │
              │  注册资本10000万元     │
              └────────────────────────┘
```

原审过程中，信某公司提交中止审理申请书，认为：工商部门作为企业登记主管部门，其对石某涉嫌虚假出资（虚报注册资本）案、海某会计师事务所涉嫌出具虚假验资报告案的处理结果，直接涉及本案中股权交易的基础（股权交易标的为注册资金 1 亿元的富某公司 90% 股权所对应股本金 9000 万元）是否客观存在。一旦工商部门撤销对石某增资 9600 万元的工商登记，《股权转让协议书》的交易标的将不存在，故工商部门的处理结果将直接影响本案基本事实的认定和处理，故申请本案中止审理。

原审法院就信某公司以石某转让的占注册资本90%的富某公司股权为虚报注册资本、违反了《公司法》规定股东出资必须真实的强制性规定，进而主张《股权转让协议书》无效的反诉请求不予支持，理由如下：首先，股东出资纠纷与本案股权转让纠纷并非同一法律关系，原审法院不予审查；其次，即使石某存在瑕疵出资的行为，亦并不影响石某取得富某公司股东的资格，石某有权转让其所持有的股权，不能因此而认定股权转让合同无效。另外，信某公司在股权转让前已对富某公司的资产状况进行了充分了解，并经富某公司另一股东同意后双方达成《股权转让协议书》、重新订立了《富某公司章程》，公司章程规定富某公司90%的股权为信某公司持有，从而确立了信某公司作为富某公司绝对控股股东地位。且信某公司于2010年12月18日付清了《股权转让协议书》约定的合同价款9000万元。基于以上事实，可以认定信某公司明知其所受让股权的真实情况。

最高院经审理认为：本案系石某因与信某公司就富某公司股权转让过程中对《补充协议》的履行问题出现纠纷而提起的股权转让纠纷之诉，信某公司主张的石某虚假出资问题属于股东出资纠纷，与本案并非同一法律关系，不属于本案的审理范围。即便信某公司主张的石某虚假出资的事实属实，也不必然导致双方签订的《股权转让协议书》无效。股东股权的取得具有相对独立性，只要被载入公司章程、股东名册或者经过工商注册登记的股东，非经合法的除权程序，即具有股东资格并享有股东权利，因而亦有权处分股权。根据原审法院查明的事实，《股权转让协议书》系双方当事人的真实意思表示，其内容未损害国家利益及他人利益，亦未违反法律、行政法规的强制性规定，原审法院认定为有效合同，并无不当，本院予以维持。①

综上，一般来说瑕疵出资包括未履行出资义务（全部未履行），未全面履行出资义务，抽逃出资等几种情况，但即使是危及股东资格的全部未履行出资义务、抽逃全部出资两种情况下，也不当然丧失股东资格。故股东的股权被载入公司章程、股东名册或者经过工商注册登记，非经合法的除权程序，即具有股东资格并享有股东权利，处分股权行为有效，所签署的股权转让合同亦有效。

[引申法条]

《最高人民法院关于适用〈中华人民共和国公司法〉若干问题的规定（三）》

第十七条　有限责任公司的股东未履行出资义务或者抽逃全部出资，经公司催告缴纳或者返还，其在合理期间内仍未缴纳或者返还出资，公司以股东会决议解除

---

① （2014）民二终字第121号。

该股东的股东资格，该股东请求确认该解除行为无效的，人民法院不予支持。

在前款规定的情形下，人民法院在判决时应当释明，公司应当及时办理法定减资程序或者由其他股东或者第三人缴纳相应的出资。在办理法定减资程序或者其他股东或者第三人缴纳相应的出资之前，公司债权人依照本规定第十三条或者第十四条请求相关当事人承担相应责任的，人民法院应予支持。

13 股东未履行出资义务便转让股权，受让人在什么情形下连带承担补足出资义务？

出资期限届满情形下，股东未（全面）履行出资义务（瑕疵履行出资义务）即转让股权，补足出资义务由谁来承担，《公司法司法解释三》第十八条给出了规定：

一、转让股东未履行出资义务便转让股权，无法免除其在认缴范围内的出资义务。

1. 公司或者其他股东有权请求未履行出资义务的股东向公司依法全面履行出资义务；

2. 公司债权人有权请求未履行出资义务的股东在未出资本息范围内对公司债务不能清偿的部分承担补充赔偿责任。

二、受让股东知道或应知转让股东瑕疵履行出资义务的，应对上述两项义务承担连带责任，但承担后可向转让股东追偿。

针对上述补足出资义务，如何判定受让人明知是认定其是否承担连带责任的关键，本文从一篇最高院案例开始分析。

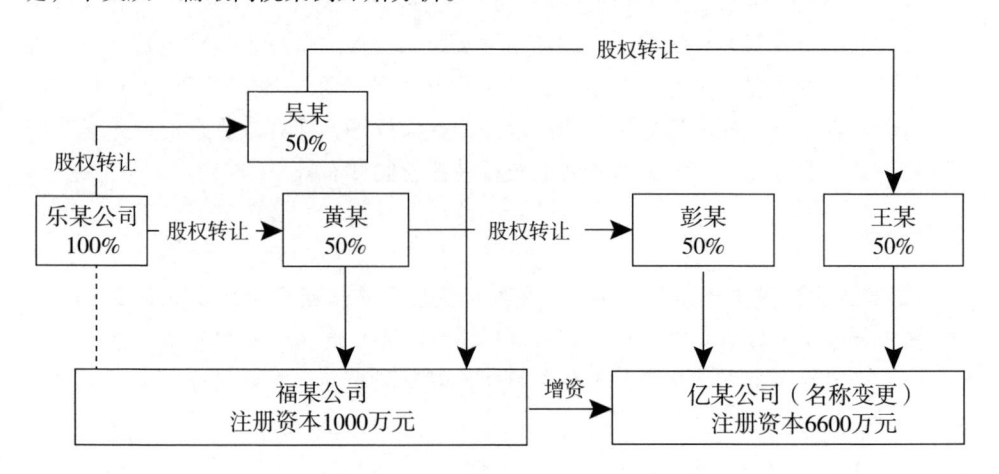

```
                              股权转让
              ┌─────────────────────────────────────┐
              │                                     ↓
         ┌─────────┐                              
         │  吴某   │─────────┐                    
         │  50%    │         │                    
         └─────────┘         │                    
              ↑              │                    
       股权转让              ↓                    
   ┌──────────┐  股权转让 ┌─────────┐  股权转让 ┌─────────┐    ┌─────────┐
   │ 乐某公司 │─────────→│  黄某   │─────────→│  彭某   │    │  王某   │
   │  100%    │          │  50%    │          │  50%    │    │  50%    │
   └──────────┘          └─────────┘          └─────────┘    └─────────┘
        ┆                     │                    │              │
        ┆                     ↓                    ↓              ↓
        ┆              ┌──────────────┐   增资  ┌──────────────────────┐
        └┄┄┄┄┄┄┄┄┄┄┄┄→│  福某公司    │───────→│ 亿某公司（名称变更） │
                       │注册资本1000万元│        │ 注册资本6600万元     │
                       └──────────────┘        └──────────────────────┘
```

[典型案例]

福某公司于2009年1月12日登记成立，股东为乐某公司，认缴出资额为1000万元，持有100%股权。2010年12月16日，乐某公司分别与黄某、吴某（二人系夫妻关系）签订股权转让协议，将其持有的福某公司100%股权分别转让给黄某50%、吴某50%，转让价格均为500万元，后黄某、吴某陆续将股权再次转让给彭某和王某，福某公司名称变更为亿某公司，注册资本增加至6600万元。亿某公司的验资报告载明：乐某公司缴纳1000万元，已于2008年12月31日存入银行，贵公司临时账号为××××0119。后因认为股东违反出资义务，亿某公司向一审法院起诉请求，除要求乐某公司向亿某公司履行1000万元的出资义务外，还要求黄某、吴某对乐某公司上述出资义务承担连带责任。

一审法院审理中依照当事人申请出具调查令，银行向法院出具的情况说明载明：该行不存在账号为××××0119（福某公司设立时验资报告中记载的验资临时账户）的临时账户。二审法院审理时再次向该行查询，该行出具的情况说明载明：福某公司从未在我行开立××××0119账户。

最高院再审审理认为：首先，乐某公司分别与黄某、吴某签订股权转让协议，约定黄某、吴某需在协议签订后3日内各向原乐某公司支付股权转让款500万元。此后，黄某、吴某自述其仅支付了三四十万元现金。因此，原审法院认定黄某、吴某获取股权时未支付合理对价，有事实根据。其次，受让人在受让股权时具有查证该股权所对应的出资义务是否实际履行的注意义务。黄某与吴某系夫妻关系，黄某受让亿某公司股权后又系亿某公司法定代表人，二人有充分条件获知公司实际资产状况。黄某、吴某在应当知道公司实际资产状况与公司注册资本不符的情况下，并未在受让股权后的合理期间内提出异议。结合前述黄某、吴某获取股权未支付合理对价的事实，一、二审法院认定受让股东黄某、吴某应当知道转让股东存在出资瑕疵，有证据证明。基于上述事实，一、二审法院适用《公司法司法解释三》第十八条第一款"有限责任公司的股东未履行或者未全面履行出资义务即转让股权，受让人对此知道或者应当知道，公司请求该股东履行出资义务、受让人对此承担连带责任的，人民法院应予支持"之规定，判决黄某、吴某对原乐某公司向亿某公司补缴的出资额各承担500万元范围内的连带责任，并无明显不当。①

虽然股权交易双方一般会在转让合同中约定转让方的出资瑕疵担保责任，即如果转让的出资存在瑕疵，应由转让方承担减免股权转让款、承担违约责任等，但该等约定只是转让双方的内部约定，不能对抗公司或债权人。另外，从合同层面看，

---

① （2020）最高法民申3426号。

瑕疵股权转让后，在受让人明知的情况下，除非合同特别约定出让方继续负责承担补足瑕疵责任，否则受让人不仅对内无权要求转让方承担任何责任，自己还将面临公司或外部债权人要求对出资义务承担连带责任的风险。因此，股权受让人在股权交易中务必要尽到注意义务，全面核查受让股权的出资缴付情况，同时也要注意股东权利是否因未履行出资义务而被进行了权利限制。

[引申法条]

《最高人民法院关于适用〈中华人民共和国公司法〉若干问题的规定（三）》

第十三条　股东未履行或者未全面履行出资义务，公司或者其他股东请求其向公司依法全面履行出资义务的，人民法院应予支持。

公司债权人请求未履行或者未全面履行出资义务的股东在未出资本息范围内对公司债务不能清偿的部分承担补充赔偿责任的，人民法院应予支持；未履行或者未全面履行出资义务的股东已经承担上述责任，其他债权人提出相同请求的，人民法院不予支持。

股东在公司设立时未履行或者未全面履行出资义务，依照本条第一款或者第二款提起诉讼的原告，请求公司的发起人与被告股东承担连带责任的，人民法院应予支持；公司的发起人承担责任后，可以向被告股东追偿。

股东在公司增资时未履行或者未全面履行出资义务，依照本条第一款或者第二款提起诉讼的原告，请求未尽公司法第一百四十七条第一款规定的义务而使出资未缴足的董事、高级管理人员承担相应责任的，人民法院应予支持；董事、高级管理人员承担责任后，可以向被告股东追偿。

第十六条　股东未履行或者未全面履行出资义务或者抽逃出资，公司根据公司章程或者股东会决议对其利润分配请求权、新股优先认购权、剩余财产分配请求权等股东权利作出相应的合理限制，该股东请求认定该限制无效的，人民法院不予支持。

第十八条　有限责任公司的股东未履行或者未全面履行出资义务即转让股权，受让人对此知道或者应当知道，公司请求该股东履行出资义务、受让人对此承担连带责任的，人民法院应予支持；公司债权人依照本规定第十三条第二款向该股东提起诉讼，同时请求前述受让人对此承担连带责任的，人民法院应予支持。

受让人根据前款规定承担责任后，向该未履行或者未全面履行出资义务的股东追偿的，人民法院应予支持。但是，当事人另有约定的除外。

14 | 股东可否将对公司的债权转为股权出资？

[典型案例]

2016年5月，保某公司与颐某达公司签订《销售合同确认书》，约定颐某达公司向保某公司订购钢材，2016年7月，双方通过对账单确认销售金额共计363000元，颐某达公司尚欠货款193000元，经保某公司查询颐某达公司2014、2016、2017、2018年度报告，在工商登记处的企业年报显示其股东陈某、王某增资部分的实缴出资为零，遂诉至法院要求颐某达公司支付货款及违约金，同时要求两股东对其上述债务承担连带清偿责任。

一审法院查明，颐某达公司于2014年1月20日成立。2017年5月2日，颐某达公司经股东会决定，修改公司章程为注册资本人民币600万元；陈某以货币方式出资，出资额300万元，出资时间为2017年5月2日；王某以货币方式出资，出资额200万元，出资时间2017年5月2日。同时作出股东会决议同意增加注册资本500万元，以货币形式出资，出资时间为2017年5月2日之前，由股东陈某新增认缴300万元，股东王某新增认缴200万元，增加后的注册资金为600万元。

2017年5月22日，昆山市市场监督管理局公司出具准予变更登记通知书，颐某达公司变更为注册资本人民币600万元，现股东姓名（名称）陈某、王某。同时，公司章程已经备案。

2017年5月25日，陈某、王某分别与颐某达公司签订债转股协议书，主要内容是："为了公司的业务发展需要，按照公司股东会的决议要求，经双方协商达成以下协议：陈某于2014年12月至2017年4月期间累计借给公司390万元'在公司其他应付款挂账'。其中300万元经本人同意转增公司股本。王某于2014年5月至2016年12月期间累计借给公司210万元'在公司其他应付款中挂账'。其中200万元经本人同意转增本公司股本。"

上海一中院二审认为：本案焦点是被上诉人陈某、王某是否履行出资义务？陈某为证明其已履行出资义务，一审时提供了债转股协议书以及颐某达公司财务账册，用以证明陈某、王某将出借于公司的款项转增公司股本，因此已完成了出资义务。保某公司对此不予认可，但未能提供证据证明陈某所提供的财务账册系事后伪造。尽管保某公司提供的企业年报显示颐某达公司增资的实缴金额为零，该证据有一定证明力，但并不能完全绝对证明是因为实际未出资而导致的实缴金额为零，可能因其他原因造成工商登记实缴金额为零。因此，本案仍旧需要就上诉人与被上诉人提供证据的证明力进行综合评判，由于被上诉人就其股东向公司的借款以及债转股的情况提供了企业的财务账册原件予以证明，相较上诉人仅有的工商年报，更具高度盖然性。故，陈某、王某就其已履行出资义务完成了举证责任。[①]

一审承办人在《真实的债转股可认定为出资》对上述案例进一步剖析，被告陈某、王某作为公司股东是否需要承担补充清偿责任的前提是判断被告陈某、王某是否履行了股东出资义务，股东与公司之间长期存在资金拆借等金钱债权债务往来实属正常，且公司账簿中的付款凭证及客户明细账表格均记载了债务往来经过。作为增资型债转股，公司增加注册资本、修改公司章程已经通过合法的股东会决议通过，且在工商部门进行备案。债转股协议本身也并未违背合同法关于合同效力的规定，因此债转股可以作为股东履行出资义务的标准。[②]

此处需要提示的是，在最高院再审审理的李某斌与新疆晶某玻璃有限公司民间借贷纠纷一案中，最高院的不同意见为：最高院认为对公司享有借贷债权的股东未按照股东会决议足额缴纳出资的，公司或已按期足额缴纳出资的股东可以要求其足额缴纳出资，并按照相关约定承担违约责任，而非直接抵销借款。[③]

基于股权转让款应由股东支付，而不是目标公司承担，建议股东按约定全面履行出资义务，切实维护公司的资本充实原则。若拟以对公司的债权或者公司财产支付股权转让款的，应提请全体股东和公司，并以书面形式确认同意，但是公司股东之间相互转让股权，约定公司为受让方的股权转让款支付义务提供担保或者承担连带责任的，可能导致股东以股权转让的方式从公司抽回出资的后果，构成实质意义上的抽逃出资，因此实践中有被法院认定为该约定无效的风险。

[引申法条]

《最高人民法院关于适用〈中华人民共和国公司法〉若干问题的规定（三）》

第十二条 公司成立后，公司、股东或者公司债权人以相关股东的行为符合下列情形之一且损害公司权益为由，请求认定该股东抽逃出资的，人民法院应予支持：

（一）制作虚假财务会计报表虚增利润进行分配；

（二）通过虚构债权债务关系将其出资转出；

（三）利用关联交易将出资转出；

（四）其他未经法定程序将出资抽回的行为。

第十三条第一款 股东未履行或者未全面履行出资义务，公司或者其他股东请求其向公司依法全面履行出资义务的，人民法院应予支持。

---

① （2020）沪01民终2064号。
② 案例刊登于《人民司法》2021年第2期。
③ （2015）最高法民提字第4号。

15 伪造股东签名的股权转让协议是否有效？

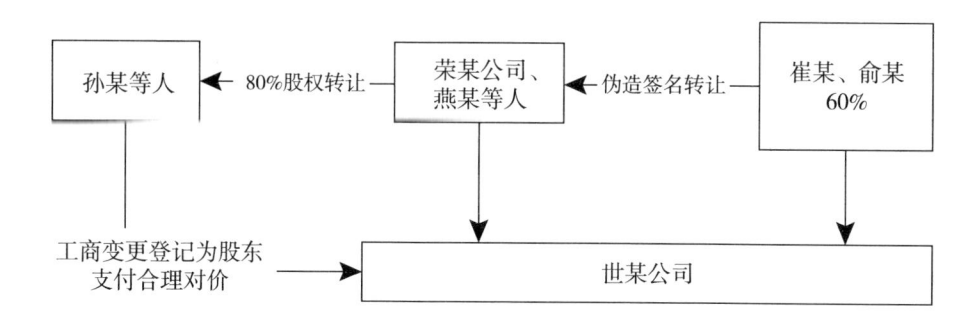

```
孙某等人 ←—80%股权转让—— 荣某公司、  ←—伪造签名转让—— 崔某、俞某
                          燕某等人                            60%
    ↓                         ↓                                ↓
工商变更登记为股东              
支付合理对价    ——————→      世某公司
```

[典型案例]

世某公司股东荣某公司、燕某等人伪造股东崔某、俞某的签名，制作虚假的《股东会决议》《股权转让协议》，并到工商行政管理机关办理了股权变更登记手续，将崔某、俞某在世某公司60%的股权，变更到荣某公司、燕某等四人名下。随后，荣某公司、燕某等人通过与孙某等人签订《股权转让协议》，将已经在工商行政管理机关登记其名下的世某公司80%的股权再次转让给孙某等人。孙某等人在签订股权转让协议前，到工商管理部门对案涉股权的归属情况进行了核实。并在协议签订后，支付了股权转让价款，办理了工商变更登记。

被伪造签名的崔某、俞某获悉此事后遂请求判令上述股权转让协议无效、确认二人在世某公司中拥有股权。本案历经江苏省高院一审、最高法院二审，最高院认为荣某公司、燕某等人伪造签名制作的《股东会决议》《股权转让协议》载明的股权转让法律关系应不成立，荣某公司、燕某等人通过伪造股东签名、制作虚假股东会决议、签订虚假股权转让协议等方式将股东所持有的公司股权转让至其名下并办理工商变更登记，后将前述股权另行转让给受让人，属于无权处分。但次受让人孙某等人在与荣某公司、燕某等人进行股权受让行为时，尽到了充分的注意义务，并依据协议支付了部分股权转让款，股权变更登记已经过多年，最终判令孙某等人已基于善意取得受让世某公司的股份，崔某、俞某丧失股权和股东身份，可向荣某公司、燕某等无权处分人主张承担民事责任。①

上述案例系伪造股东签名转让股权的无权处分行为，若受让人尽到审慎审查义

---

① （2006）最高法民二终字第1号。

务、转让的股权价格合理且已经支付对价、并在工商变更登记,受让人可以适用善意取得制度依法取得股权;但如若受让方应当知道该类决议和协议上的签字属于伪造的,将不构成善意的第三人,该种股权转让行为违反自愿原则,转让股权并非股东的真实意思表示,如未经其追认,依法会被认定为协议无效或协议不成立。

对于被伪造签名的转让人来说,如何维权呢?股东签名被伪造,导致股权被转让,丧失股东资格的,被侵权股东可以依法提起确认股东资格之诉,并要求法院恢复其股权比例。但需要注意的是,主张股权转让协议无效的,应当以股权转让协议中受让人为被告,确认股权转让协议的效力;主张股东会将其股权据以转让的决议无效的,应当以公司为被告,确认股东会决议的效力。但是当第三人已经善意受让股权的情况下,向法院起诉确认股权归其所有,难以获得支持,此时可向无权处分人主张承担相应的侵权责任。

对于受让人而言,在进行股权转让的交易过程中,应当尽到谨慎审查的义务,如查询工商登记中股权的情况等。如果受让股权时为善意,且支付了合理价款、完成工商变更登记,则可以适用善意取得制度合法取得案涉股权。

[引申法条]

《中华人民共和国民法典》

第三百一十一条 无处分权人将不动产或者动产转让给受让人的,所有权人有权追回;除法律另有规定外,符合下列情形的,受让人取得该不动产或者动产的所有权:

(一)受让人受让该不动产或者动产时是善意;

(二)以合理的价格转让;

(三)转让的不动产或者动产依照法律规定应当登记的已经登记,不需要登记的已经交付给受让人。

受让人依据前款规定取得不动产或者动产的所有权的,原所有权人有权向无处分权人请求损害赔偿。

当事人善意取得其他物权的,参照适用前两款规定。

16 股份公司章程可否对股权转让进行限制,违反章程规定的股权转让协议又是否有效?

公司法里有关"公司章程另有规定的除外"的内容给了有限公司大量可以自行约定的空间,股东的优先购买权也是基于有限公司人合性基础而特意为其设计的股权转让规则，而基于股份公司的资合性本质，其章程可否对股权转让进行限制？违反章程规定的转让协议是否有效呢？

[典型案例]

晓某股份公司（以下简称晓某公司）于2000年11月经发起设立，注册资本为4110万元。发起人共5名，其中程某持股35%。至2009年6月，晓某公司股东增至包括周某在内的30人，第二大股东程某（占股38.32%）。公司注册资本于2010年12月由4110万元变更为5480万元。程某自2011年5月26日起任晓某公司法定代表人。2009年8月25日，甲方程某与乙方余某签订《股权转让协议》，约定："1. 双方同意乙方购买甲方名下持有的晓某公司的股票100万股。2. 乙方将购买后的股票挂于甲方名下。3. 并在相关法律、法规允许的情况下变现。"2010年11月12日，晓某公司在深圳证券交易所创业板上市。此后，经多次资本公积金转增配股，《股权转让协议》约定的100万股已增至500万股。后双方因股权转让发生纠纷，余某诉至法院请求确认程某持有的晓某公司股票中的500万股归余某所有，并判令晓某公司协助办理上述股票登记的相关手续。

另外，晓某公司《2009年章程》第二十三条规定，发起人持有的本公司股份，自公司成立之日起三年内不得转让。第二十九条规定，股东有权优先购买其他股东转让的出资。第三十三条规定，股东大会的职权包括对股东向股东以外的人转让股权作出决议。

（1）首先看晓某公司《2009年章程》中第二十九条、第三十三条关于股东享有优先购买其他股东转让的出资的权利及股东大会有职权对股东对外转让股权作出决议的规定的法律效力。法院经审理认为：首先，《公司法》未禁止非上市股份公司通过章程对股份转让进行一定程度的约束。

其次，非上市股份公司章程对股份转让的约束应限于合理、合法的范围内，《公司法》第一百四十一条对股份有限公司的发起人与董事、监事、高级管理人员转让股份进行了一定程度的约束，且规定"公司章程可以对公司董事、监事、高级管理人员转让其所持有的本公司股份作出其他限制性规定"，章程对股权转让作出一定的约束属公司内部自治的范畴，但该约束的程度应限于不得禁止或变相禁止股权或股份流通的范围内，不得剥夺股东通过股权或股份转让而退出公司的权利。

再次，应区别对待不同类型的非上市股份有限公司。《公司法》虽在总体上采取对有限责任公司与股份有限公司区别对待的态度，但股份有限公司本身又可分为多种不同的类型，根据证券法、《国务院关于全国中小企业股份转让系统有关问题的决定》及《非上市公众公司监督管理办法》等规范性文件，可将股份有限公司分为主板上市公司，创业板上市公司，全国中小企业股份转让系统挂牌的非上市公众公司以及非上市非公众公司四大类型。上述不同类型的股份公司在组织架构、运营及规制模式上均存在较大差别，而非上市非公众公司大量存在，该类公司股东人数较少，其设立及运营的重要基础是股东之间的相互信任且股东往往亲自参与并主导经营，公司具有较强的人合性特点，在治理架构与运营模式上与有限责任公司并无原则性区别。

最后，晓某公司《2009 年章程》第二十九条、第三十三条作出的对股东向股东以外的人转让股份的限制性规定是股东之间协商一致的结果，是各股东的真实意思表示，也体现出股东维持相互之间信赖关系的意愿与努力。并且在涉案《股权转让协议》签署之前，章程的上述规定均被实际执行。

总之，涉案章程规定未剥夺股东通过转让股份而退出公司或减持股份的权利，未对股东权中的人身权与财产权构成实质侵害，未违反公平原则及法律、法规的效力性强制性规定，应属有效。①

（2）涉案《股权转让协议》系余某与程某秘密签署，未事先通知其他股东行使优先购买权，也未经股东大会决议，违背了章程的规定。那么，《股权转让协议》对章程条款的违反是否影响其法律效力？另外，《股权转让协议》违反信息披露义务对其法律效力有何影响？

法院认为，首先，影响合同效力的规范性文件的法律位阶须是法律与行政法规，且须是效力性强制性规定，对其他管理性强制性规定的违反均不导致合同无效，故公司章程并非《股权转让协议》效力判断的法定依据，违反章程并不必然导致合同无效。

其次，公司章程的效力范围仅限于公司、全体股东及董、监、高人员，不具有对外效力。而与股东从事股权交易的外部人员不受公司章程的拘束，也无关注并执行公司章程的法定义务。故《股权转让协议》虽违反晓某公司章程关于股权转让的相关规定，但不应影响合同效力。

2009 年 7 月 31 日，证监会受理晓某公司的首次公开发行股票（A，B 股）申请。2009 年 8 月 25 日，程某作为晓某公司的董事及第二大股东与余某签订《股权转让协议》，向余某转让 100 万股股份并在协议中约定保密，该行为一直延续至晓某公司于 2010 年 11 月 12 日在深圳证券交易所上市。上述转让行为导致晓某公司向证监会及社会公众披露的股权信息未达"真实、准确、完整"的要求，存在虚假记载，违反信息披露义务，相关责任主体应承担相应的法律责任。但规定信息披露义务的规范并非法律、行政法规的效力性强制性规定，不影响《股权转让协议》的效力。

---

① （2018）京 01 民终 792 号。

根据上述判例启示，非上市非公众公司章程对股份作出的合理性限制并非一律无效，而公司章程不属于法律、行政法规的"强制性规定"，股权转让协议不因违反公司章程规定而无效。但违反章程可能对合同履行有影响，根据《公司法》第七十一条第四款规定："公司章程对股权转让另有规定的，从其规定。"违反公司章程规定的股权转让协议对公司并无约束力，公司有权拒绝履行股东名册变更记载义务和股权工商变更登记义务，从而可能导致股权转让合同实际无法履行，最终当事人只能请求法院解除股权转让合同。

[引申法条]

《中华人民共和国公司法》

第七十一条 有限责任公司的股东之间可以相互转让其全部或者部分股权。

股东向股东以外的人转让股权，应当经其他股东过半数同意。股东应就其股权转让事项书面通知其他股东征求同意，其他股东自接到书面通知之日起满三十日未答复的，视为同意转让。其他股东半数以上不同意转让的，不同意的股东应当购买该转让的股权；不购买的，视为同意转让。

经股东同意转让的股权，在同等条件下，其他股东有优先购买权。两个以上股东主张行使优先购买权的，协商确定各自的购买比例；协商不成的，按照转让时各自的出资比例行使优先购买权。

公司章程对股权转让另有规定的，从其规定。

第一百四十一条 发起人持有的本公司股份，自公司成立之日起一年内不得转让。公司公开发行股份前已发行的股份，自公司股票在证券交易所上市交易之日起一年内不得转让。

公司董事、监事、高级管理人员应当向公司申报所持有的本公司的股份及其变动情况，在任职期间每年转让的股份不得超过其所持有本公司股份总数的百分之二十五；所持本公司股份自公司股票上市交易之日起一年内不得转让。上述人员离职后半年内，不得转让其所持有的本公司股份。公司章程可以对公司董事、监事、高级管理人员转让其所持有的本公司股份作出其他限制性规定。

17 名义股东擅自转让股权是否有效？

出于某种利益安排，实践中存在着大量的股权代持行为，即名义股东并非实际持股人，实际出资人并非登记持股人，在这种拧巴的股权代理关系下，危机四伏，其中名义股东擅自转让股权，而受让人又恰恰符合善意取得的情况下，风险首当其冲。

[典型案例]

王某系某贸易公司的登记股东（名义股东），持有该公司24%的股权。宋某与王某签订的出资协议载明，王某所持该公司24%的股权实际为宋某（隐名股东）出资。2012年6月，王某未经宋某同意，与李某签订股权转让协议，将该24%的股权转让给李某，该公司的其他股东亦不持异议，后办理了工商变更登记。2013年2月，宋某以其为该24%股权的实际出资人为由，向法院起诉，主张王某与李某之间的股权转让协议无效。

一审法院经审理后判决驳回宋某的诉讼请求。宣判后，宋某不服，遂提起上诉。上海市第二中级人民法院作出民事判决：驳回上诉，维持原判。

生效裁判认为，隐名股东在依法显名之前，其股东身份和权益并不被外人所知。在此情况下，显名股东擅自以转让、设定质押或者以其他方式处分股权时，当受让的第三人无从知晓显名股东与隐名股东之间的股权代持关系时，按照善意取得原理，善意第三人可以获得受让的股权（或行使质权）。尽管隐名股东可以依据代持股协议要求代持人赔偿损失，但如果代持人没有偿债能力，风险只能由该隐名股东自己行承担。上述案例中，因宋某未能提供证据证明李某（第三人）在受让股权时系明知转让人王某为名义股东，实际出资人为宋某，故宋某的诉请无法支持。宋某仅能依据其与王某的约定，另行请求王某赔偿因股权转让而遭受的损失。据此，法院判决驳回宋某请求确认股权转让协议无效的诉讼请求。①

该案例也充分体现了《公司法司法解释三》第二十五条的主旨，名义股东擅自转让或质押股权，受让人符合善意取得条件的则股权转让或质押合同有效，善意第三人可以受让股权或行使质权，而这也是股权代持中隐名股东面临的最大风险，根据商事外观主义，登记对抗效力，隐名股东无法对抗善意受让人，只能依据代持协议向显名股东主张违约或赔偿责任。

[引申法条]

《最高人民法院关于适用〈中华人民共和国公司法〉若干问题的规定（三）》

第二十五条 名义股东将登记于其名下的股权转让、质押或者以其他方式处分，实际出资人以其对于股权享有实际权利为由，请求认定处分股权行为无效的，

---

① 上海二中院股权代持纠纷典型案例之二：宋某诉王某、李某请求确认股权转让合同无效纠纷案。

人民法院可以参照民法典第三百一十一条的规定处理。

名义股东处分股权造成实际出资人损失，实际出资人请求名义股东承担赔偿责任的，人民法院应予支持。

《中华人民共和国民法典》

第三百一十一条 无处分权人将不动产或者动产转让给受让人的，所有权人有权追回；除法律另有规定外，符合下列情形的，受让人取得该不动产或者动产的所有权：

（一）受让人受让该不动产或者动产时是善意；

（二）以合理的价格转让；

（三）转让的不动产或者动产依照法律规定应当登记的已经登记，不需要登记的已经交付给受让人。

受让人依据前款规定取得不动产或者动产的所有权的，原所有权人有权向无处分权人请求损害赔偿。

当事人善意取得其他物权的，参照适用前两款规定。

18 股权转让后未办理工商登记又二卖，原受让人如何维护合法权益？

"一股二卖"是"一物二卖"在股权转让领域的体现，即原股东将所持有的全部或部分股权转让给他人后，在办理变更登记之前，将已经转让的股份再次转让给第二个受让人，实践中，由于利益驱动，股东一股二卖甚至多卖的现象普遍存在。这种行为在法律上如何定性？未能实际取得股权所有权的受让人又该如何维护自身合法权益？

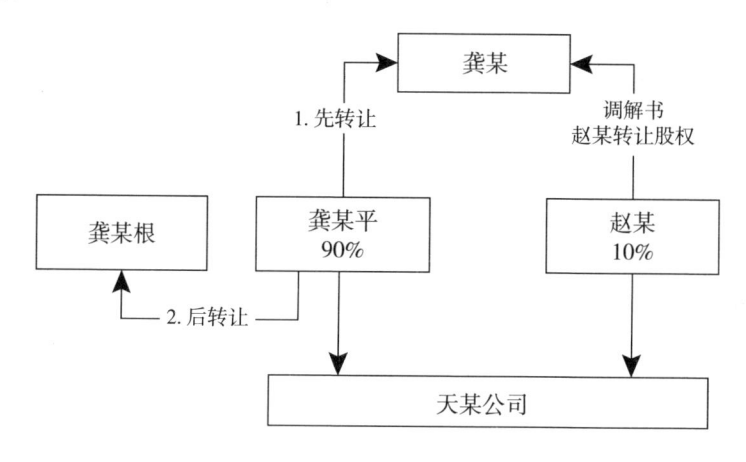

[**典型案例**]

本篇从浙江省高院的案例来看：龚某平与其妻赵某均系天某公司股东，其中龚某平持股90%，其妻持有10%，龚某根与龚某平系兄弟关系，龚某根与龚某系父子关系。龚某平与龚某分别于2011年2月25日、2011年5月30日签订了《股权转让意向书》和《宁波天某有限公司股权转让补充协议》，约定龚某平将其名下的天某公司股权转让给龚某等事宜。慈溪市人民法院作出（2013）甬慈商初字第165号民事调解书，载明天某公司的另一股东赵某应将其名下的天某公司股权办理变更至龚某名下。

之后，龚某平又与其兄弟龚某根于2013年12月29日签订《还款协议书》，约定上述意向书和补充协议中龚某的所有债权利转移给龚某根，天某公司的股权全部归龚某根，龚某与龚某平的转让手续全部解除等内容。

法院认为：龚某根与龚某虽系父子关系，但二者均为独立民事主体，在事先未征得龚某同意，事后亦未取得龚某追认的情况下，《还款协议书》对龚某没有法律约束力。《公司法司法解释三》第二十七条规定"原股东将仍登记于其名下的股权转让、质押或者以其他方式处分，受让股东以其对于股权享有实际权利为由，请求认定处分股权行为无效的，人民法院可以参照民法典第三百一十一条规定处理"。龚某平已经将其名下天某公司的股权转让给龚某，事后又意将该股权转让给龚某根，属于"一股二卖"行为。对于"一股二卖"中的两份股权转让合同的效力以及两位股权受让人谁能请求转让人履行合同并取得股权问题，须根据《公司法》《合同法》和《物权法》的相关规定予以综合评判。由于具有股权转让内容的本案《还款协议书》系龚某平与龚某根的真实意思表示，内容不违反法律行政法规的强制性规定，其不能仅因"一股二卖"而确认无效。根据《合同法》第五十二条的规定，本案《还款协议书》应认定为合法有效，原判确认《还款协议书》无效，系适用法律错误，本院予以纠正。鉴于天某公司的股权至今登记于龚某平、赵某名下，尚未变更登记于龚某根或其指定的人名下，且龚某根对于天某公司的股权已经转让给龚某的情况也知悉，所以龚某根的受让行为不构成善意取得，龚某根不能取得股权，其只能请求股权转让人承担违约责任。考虑到龚某根不能依据《还款协议书》取得股权，龚某平请求龚某根支付股权转让款并办理股权过户手续缺乏事实和法律依据，一审驳回龚某平要求龚某根继续履行的诉请结果得当，本院予以维持。[①]

故当出现一股二卖的情况时，如果在后的受让人符合善意取得原则，则原受让人只能依据股权转让协议和《公司法司法解释三》第二十七条第二款之规定追究

[①] （2017）浙民终232号。

转让股东和相应过错人员的责任，而本篇判例，法院未认定在后的受让人构成善意取得，则后受让人也只能要求转让股东承担违约责任。实践中，当股东向两个甚至多个人签订股权转让协议并经其他股东同意时，如果没有恶意串通行为，一般这些股权转让协议都是有效的，但是股权的归属却只有一个，一般属于办理了变更登记、实际享有股东权利的股权受让者，此受让者可以依据公示对抗效力，来对抗其他未办理变更登记的受让者，其他受让者则可以要求转让股东承担违约责任。

[引申法条]

《最高人民法院关于适用〈中华人民共和国公司法〉若干问题的规定（三）》

第二十七条 股权转让后尚未向公司登记机关办理变更登记，原股东将仍登记于其名下的股权转让、质押或者以其他方式处分，受让股东以其对于股权享有实际权利为由，请求认定处分股权行为无效的，人民法院可以参照民法典第三百一十一条的规定处理。

原股东处分股权造成受让股东损失，受让股东请求原股东承担赔偿责任、对于未及时办理变更登记有过错的董事、高级管理人员或者实际控制人承担相应责任的，人民法院应予支持；受让股东对于未及时办理变更登记也有过错的，可以适当减轻上述董事、高级管理人员或者实际控制人的责任。

19 转让人可以股权受让人未支付剩余股权转让款为由解除合同吗？

股权转让合同仅约定受让方未按约支付股权转让款时应支付违约金，未约定守约方可在上述情形下解除合同，且受让方有履约意愿与履约能力并实际提供担保作为履约保障，即股权转让合同未约定在未按约付款情形下守约方享有解除权，若股权受让人未支付剩余股权转让款的，转让人可以此为由要求解除股权转让合同吗？本篇从下面几个当事人围绕股权转让系列纠纷来分析。

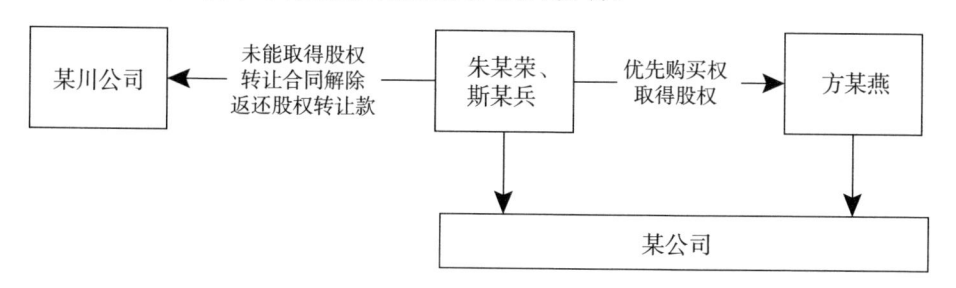

```
┌─────────┐  未能取得股权    ┌─────────┐  优先购买权    ┌─────────┐
│ 某川公司 │ ← 转让合同解除 ─ │ 朱某荣、 │ ── 取得股权 → │ 方某燕  │
│         │   返还股权转让款 │ 斯某兵  │                │         │
└─────────┘                  └─────────┘                └─────────┘
                                  │                           │
                                  └──────────┬────────────────┘
                                             ↓
                                       ┌─────────┐
                                       │ 某公司  │
                                       └─────────┘
```

[**典型案例**]

朱某荣、斯某兵与某川公司签订股权转让合同，但同时侵犯了公司其他股东方某燕的优先购买权，后方某燕经过诉讼得到法院支持行使优先购买权，而在支付转让款时未按约支付剩余款项，朱某荣、斯某兵将其诉至法院要求解除合同。法院审理认为，方某燕存在一定的违约行为，但尚不足以据此解除案涉股权转让法律关系。朱某荣、斯某兵与某川公司签订的股权转让合同及补充协议约定的某川公司付款时间均在 2015 年，对应付且未付款的利息及违约金均约定从 2015 年起计算。而支持方某燕优先购买权的（2017）黔 01 民初 242 号民事判决于 2017 年 7 月 20 日始生效。此时，方某燕支付股权转让价款的时间及支付余款数额确实存有不明确之处，双方因此产生了一定争议。但相关协议约定的股权转让价款非常清楚，约定的支付时间节点早已届满，争议仅在于应否支付违约金，在方某燕主张优先购买权获得支持且股权已被强制执行过户至其名下时，其至少应支付无争议的剩余股权转让价款但却未支付，其行为应认定为已构成违约。然而股权转让合同及补充协议仅约定受让方未按约支付股权转让价款时应支付违约金，并未约定朱某荣、斯某兵可据此解除协议，故方某燕未支付剩余股权转让价款时，朱某荣、斯某兵不享有约定解除权。朱某荣、斯某兵举示的最高人民法院失信人信息公示，显示方某静作为失信被执行人行为具体情形是"有履行能力而拒不履行生效法律文书确定义务"，不足以证明方某燕、方某静无履行能力，且方某燕名下股权已质押用于保障股权价款的支付，而方某燕、方某静也一直表示愿意继续履行股权转让的付款义务。股权已经过户，协议未履行部分只是剩余股权价款的支付，方某燕、方某静有履约意愿、用股权质押提供了履约保障，且协议履行存在一定争议的情况下，方某燕未及时支付剩余价款的违约行为尚不足以构成根本违约和据此解除股权转让关系。故对朱某荣、斯某兵要求解除与方某燕的股权转让法律关系的请求不予支持。①

而此案关联案件也很有意义，因方某燕股东行使优先购买权致使上述朱某荣、斯某兵与某川公司签订的股权转让合同无法履行，最终导致股权转让合同解除的法律后果：

最高院在朱某荣、斯某兵股权转让纠纷一案的裁判理由中认为：根据另案生效判决，目标公司其他股东对股权转让合同项下股权享有股东优先购买权，其已依据该生效判决支付部分股权转让款；股权转让合同客观上已无法履行，转让双方亦均认可解除该合同。根据《合同法》② 第九十七条（《民法典》第五百六十六条）

---

① 最高法（2019）民终 1833 号。
② 该法已失效。

"合同解除后，尚未履行的，终止履行；已经履行的，根据履行情况和合同性质，当事人可以请求恢复原状或者采取其他补救措施，并有权请求赔偿损失"之规定，转让股东应当返还相应的股权转让款。①

综上，如果股权转让合同未约定受让人未支付股权转让款情形下的解除权，若受让方有履约意愿与履约能力并实际提供担保作为履约保障，股权受让人未支付剩余股权转让款的，转让人要求解除股权转让合同的诉请一般并不能得到法院的支持。

[引申法条]

《中华人民共和国民法典》

第五百六十三条　有下列情形之一的，当事人可以解除合同：

（一）因不可抗力致使不能实现合同目的；

（二）在履行期限届满前，当事人一方明确表示或者以自己的行为表明不履行主要债务；

（三）当事人一方迟延履行主要债务，经催告后在合理期限内仍未履行；

（四）当事人一方迟延履行债务或者有其他违约行为致使不能实现合同目的；

（五）法律规定的其他情形。

以持续履行的债务为内容的不定期合同，当事人可以随时解除合同，但是应当在合理期限之前通知对方。

第五百六十六条　合同解除后，尚未履行的，终止履行；已经履行的，根据履行情况和合同性质，当事人可以请求恢复原状或者采取其他补救措施，并有权请求赔偿损失。

合同因违约解除的，解除权人可以请求违约方承担违约责任，但是当事人另有约定的除外。

主合同解除后，担保人对债务人应当承担的民事责任仍应当承担担保责任，但是担保合同另有约定的除外。

---

① （2019）最高法民再309号。

20 分期支付股权转让款可否以未付款项达五分之一为由解除合同吗?

[典型案例]

汤某与周某于 2013 年 4 月 3 日签订《股权转让协议》及《股权转让资金分期付款协议》。双方约定：周某将其持有的青岛变压器集团成都双某电器有限公司 6.35% 的股权转让给汤某。股权合计 710 万元，分四期付清，即 2013 年 4 月 3 日付 150 万元；2013 年 8 月 2 日付 150 万元；2013 年 12 月 2 日付 200 万元；2014 年 4 月 2 日付 210 万元。此协议双方签字生效，永不反悔。协议签订后，汤某于 2013 年 4 月 3 日依约向周某支付第一期股权转让款 150 万元。因汤某逾期未支付约定的第二期股权转让款，周某于同年 10 月 11 日，以公证方式向汤某送达了《关于解除协议的通知》，以汤某根本违约为由，提出解除双方签订的《股权转让资金分期付款协议》。次日，汤某即向周某转账支付了第二期 150 万元股权转让款，并按照约定的时间和数额履行了后续第三、四期股权转让款的支付义务。周某以其已经解除合同为由，如数退回汤某支付的 4 笔股权转让款。此外，2013 年 11 月 7 日，青岛变压器集团成都双某电器有限公司的变更（备案）登记中，周某所持有的 6.35% 股权已经变更登记至汤某名下。汤某遂向人民法院提起诉讼，要求确认周某发出的解除协议通知无效，并责令其继续履行合同。[①] 该案一波三折，一审驳回原告汤某的诉讼请求，二审支持其诉讼请求，确认周某要求解除双方签订的《股权转让资金分期付款协议》行为无效。周某不服，遂向最高院申请再审。最高院最终驳回周某的再审申请。[②]

法院生效判决认为：有限责任公司的股权分期支付转让款中发生股权受让人延迟或者拒付等违约情形，股权转让人要求解除双方签订的股权转让合同的，因股权与以消费为目的的一般买卖不同，故不适用《合同法》第一百六十七条（《民法典》第六百三十四条）关于分期付款买卖中出卖人在买受人未支付到期价款的金额达到合同全部价款的五分之一时即可解除合同的规定。

同时本案中，双方订立《股权转让资金分期付款协议》的合同目的能够实现。双方目的是转让周某所持股权给汤某，根据汤某履行股权转让款的情况，除第 2 笔

---

① 可参见《最高人民法院关于发布第 14 批指导性案例的通知》（法〔2016〕311 号）指导案例 67 号。

② （2015）民申字第 2532 号。

股权转让款150万元逾期支付两个月，其余3笔股权转让款均按约支付，且在本案一、二审审理过程中，汤某明确表示愿意履行付款义务。因此，本案并不存在合同目的不能实现的情况。而且2013年11月7日，青岛变压器集团成都双某电器有限公司的变更（备案）登记中，周某所持有的6.35%股权已经变更登记至汤某名下。

另外，最高院亦从诚实信用的角度考虑，鉴于双方在股权转让合同上明确约定"此协议一式两份，双方签字生效，永不反悔"，因此周某即使依据《合同法》第一百六十七条的规定，也应当首先选择要求汤某支付全部价款，而不是解除合同；从维护交易安全的角度，一项有限责任公司的股权交易，关涉诸多方面，如其他股东对受让人汤某的接受和信任（过半数同意股权转让），记载到股东名册和在工商部门登记股权，社会成本和影响已经倾注其中。本案中，汤某受让股权后已实际参与公司经营管理、股权也已过户登记到其名下，如果不是汤某有根本违约行为，动辄撤销合同可能对公司经营管理的稳定产生不利影响。

基于实践中复杂的商业环境及股权转让背景和条件时常变动，一方提出的合同解除主张能否被法院支持往往成为诉讼的核心争点。一般来说，根据原《合同法》第九十四条第四款（《民法典》第五百六十三条）的规定，当事人一方有违约行为致使不能实现合同目的的，当事人可以解除合同。如一方对前期合同根本违约，对方有权解除前期合同和以其为前提的股权转让合同，但如果是具有相对独立性的补充协议被解除，则解除补充协议并不影响主股权转让协议的效力及履行。

反之如不构成合同目的不能实现之根本违约条件下，解除合同的请求一般不会得到支持，如股权转让合同大部分内容得到履行，一方主张解除合同的，不予支持；受让方已经支付大部分股权转让款，余款未付也不构成根本违约；对法律法规规定需要履行报批或者登记手续的，负有申请报批或者登记义务的一方当事人仍然具备履行条件的，转让方要求解除协议一般也不予支持。

[引申法条]

《中华人民共和国民法典》

第五百六十三条 有下列情形之一的，当事人可以解除合同：

（一）因不可抗力致使不能实现合同目的；

（二）在履行期限届满前，当事人一方明确表示或者以自己的行为表明不履行主要债务；

（三）当事人一方迟延履行主要债务，经催告后在合理期限内仍未履行；

（四）当事人一方迟延履行债务或者有其他违约行为致使不能实现合同目的；

（五）法律规定的其他情形。

以持续履行的债务为内容的不定期合同,当事人可以随时解除合同,但是应当在合理期限之前通知对方。

第六百三十四条 分期付款的买受人未支付到期价款的数额达到全部价款的五分之一,经催告后在合理期限内仍未支付到期价款的,出卖人可以请求买受人支付全部价款或者解除合同。

出卖人解除合同的,可以向买受人请求支付该标的物的使用费。

21 转让人主张解除股权转让合同超过行使解除权合理期间的法院还予支持吗?

"法律不保护权利之上的睡眠者"是著名的法谚之一,根据《民法典》的规定,如果法律规定或者当事人约定了解除权行使期限但届满当事人不行使的,则该权利消灭,如果没有规定或者约定,自解除权人知道或者应当知道解除事由之日起一年内不行使,或者经对方催告后在合理期限内不行使的,该权利消灭。同理,如果转让人主张解除股权转让合同超过行使解除权合理期间的法院还予支持吗?

[典型案例]

最高院在深圳市兆某旺实业发展有限公司(以下简称兆某旺公司)与某市石油化工集团公司(以下简称某化公司)、某市人民政府国有资产监督管理委员会(以下简称某市国资委)股权转让纠纷案中认为:2011年12月27日,某化公司进入破产清算程序,兆某旺公司向某化公司的破产管理人申报了债权。兆某旺公司对某化公司未办理股权过户手续、企业改制、资产置换等事实是明知的。但在此期间,兆某旺公司既未要求某化公司履行办理股权过户手续等义务,亦未以此主张解除《股权转让协议》及《补充协议》,至2015年5月5日才以其受让的某化公司的股权未办理过户手续,某化公司、某市国资委严重违约为由,请求解除《股权转让协议》及《补充协议》。原《合同法》第九十五条(《民法典》第五百六十四条)规定:"法律规定或者当事人约定解除权行使期限,期限届满当事人不行使的,该权利消灭。法律没有规定或者当事人没有约定解除权行使期限……经对方催告后在合理期限内不行使的,该权利消灭。"自2001年5月双方当事人签订《股权转让协议》,至某化公司进入破产清算,合同履行十多年后,兆某旺公司于2015年5月提出解除《股权转让协议》及《补充协议》,已超过行使合同解除权的合理期间,也与其在一审法院(2006)湘高法民二初字第12号民事案件中的辩称相悖。最终法院对原告要求解除股权转让合同的主张未予以支持。①

与之类似的判例为杜某与夏某股权转让合同纠纷上诉案：根据《合同法》第九十五条之规定精神，合同解除的权利属于形成权，虽然现行法律没有明确规定该项权利的行使期限，但为维护交易安全和稳定经济秩序，该权利应当在一定合理期间内行使，并且由于这一权利的行使属于典型的商事行为，对于合理期间的认定应当比通常的民事行为更加严格。本案双方当事人在合同中没有约定合同解除权期限，杜某从 2009 年 6 月 23 日股权转让变更登记手续办理后至 2013 年 5 月没有行使解除权，在近四年期间内未行使合同解除权，显然超过合理期限，不利于维护交易安全和稳定经济秩序。②

综上，转让人主张解除股权转让合同超过行使解除权合理期间的，法院将不予支持。《民法典》第五百六十四条对解除权行使期间进一步明确，即没有约定解除权行使期间的，"自解除权人知道或应当知道解除事由之日起一年内不行使"或者经对方催告后在合理期限内不行使的，解除权消灭。在此也建议如果符合解除条件的，权利人要及时行使权利，否则过期将无法受到法院支持。

[引申法条]

《中华人民共和国民法典》

第五百六十四条　法律规定或者当事人约定解除权行使期限，期限届满当事人不行使的，该权利消灭。

法律没有规定或者当事人没有约定解除权行使期限，自解除权人知道或者应当知道解除事由之日起一年内不行使，或者经对方催告后在合理期限内不行使的，该权利消灭。

22　有限公司可否通过章程对股权转让进行人走股留的限制？

[典型案例]

西安市某华餐饮有限责任公司（以下简称某华公司）成立于 1990 年 4 月 5 日。2004 年 5 月，某华公司由国有企业改制为有限责任公司，宋某系某华公司员工，出资 2 万元成为某华公司的自然人股东。某华公司章程第三章"注册资本和股份"第

---

① （2015）最高法民二终字第 225 号。
② 最高人民法院（2015）民四终字第 21 号。

十四条规定"公司股权不向公司以外的任何团体和个人出售、转让。公司改制一年后，经董事会批准后可在公司内部赠予、转让和继承。持股人死亡或退休经董事会批准后方可继承、转让或由企业收购，持股人若辞职、调离或被辞退、解除劳动合同的，人走股留，所持股份由企业收购……"第十三章"股东认为需要规定的其他事项"下第六十六条规定"本章程由全体股东共同认可，自公司设立之日起生效"。该公司章程经某华公司全体股东签名通过。

2006年6月3日，宋某向公司提出解除劳动合同，并申请退出其所持有的公司的2万元股份。2006年8月28日，经某华公司法定代表人赵某同意，宋某领到退出股金款2万元整。2007年1月8日，某华公司召开2006年度股东大会，大会应到股东107人，实到股东104人，代表股权占公司股份总数的93%，会议审议通过了宋某、王某、杭某三位股东退股的申请并决议"其股金暂由公司收购保管，不得参与红利分配"。后宋某以某华公司的回购行为违反法律规定，未履行法定程序且《公司法》规定股东不得抽逃出资等，请求依法确认其具有某华公司的股东资格。

法院生效裁判认为：首先，某华公司章程第十四条对人走股留进行了规定，有限公司章程系公司设立时全体股东一致同意并对公司及全体股东产生约束力的规则性文件，宋某在公司章程上签名的行为，该章程对某华公司及宋某均产生约束力。其次，基于有限责任公司封闭性和人合性的特点，由公司章程对公司股东转让股权作出某些限制性规定，系公司自治的体现。在本案中，某华公司进行企业改制时，宋某之所以成为某华公司的股东，其原因就在于宋某与某华公司具有劳动合同关系。同理，某华公司章程将是否与公司具有劳动合同关系作为取得股东身份的依据继而作出"人走股留"的规定，符合有限责任公司封闭性和人合性的特点，亦系公司自治原则的体现，不违反《公司法》的禁止性规定。最后，某华公司章程第十四条关于股权转让的规定，属于对股东转让股权的限制性规定而非禁止性规定，宋某依法转让股权的权利没有被公司章程所禁止，某华公司章程不存在侵害宋某股权转让权利的情形。

同时，《公司法》第七十四条所规定的异议股东回购请求权具有法定的行使条件，而本案属于某华公司是否有权基于公司章程的约定及与宋某的合意而回购宋某股权，对应的是某华公司是否具有回购宋某股权的权利，《公司法》第七十四条不能适用于本案。在本案中，宋某于2006年6月3日向某华公司提出解除劳动合同申请并于同日手书《退股申请》，提出"本人要求全额退股，年终盈利与亏损与我无关"，《退股申请》应视为其真实意思表示。某华公司于2006年8月28日退还其全额股金款2万元，并于2007年1月8日召开股东大会审议通过了宋某等三位股东的退股申请，某华公司基于宋某的退股申请，依照公司章程的规定回购宋某的股权，程序并无不当。另外，《公司法》所规定的抽逃出资专指公司股东抽逃其对于公司出资的行为，公司不能构成抽逃出资的主体，宋某的这一再审申请理由不能成立。故最终裁定驳回再审申请人宋某的再审申请。①

申言之，根据《公司法》第七十一条第四款的规定，章程可以对股权转让方式与程序作出个性化的规定，如对股东因故（包括但不限于辞职、辞退、退休、死亡等）离开公司而对其股权进行强制回购，只要不违反《公司法》等法律强制性规定，可认定为有效。有限责任公司按照章程约定，支付合理对价回购股东股权，且通过转让给其他股东等方式进行合理处置的，人民法院应予支持。而通说认为，股份公司"股东持有的股份可以依法转让"，一般不能通过章程或股东约定等形式限制股东自由转让股份，否则会对资合性造成破坏，侵害股东债权人等的相关权益。

[引申法条]

《中华人民共和国公司法》

第七十四条 有下列情形之一的，对股东会该项决议投反对票的股东可以请求公司按照合理的价格收购其股权：

（一）公司连续五年不向股东分配利润，而公司该五年连续盈利，并且符合本法规定的分配利润条件的；

（二）公司合并、分立、转让主要财产的；

（三）公司章程规定的营业期限届满或者章程规定的其他解散事由出现，股东会会议通过决议修改章程使公司存续的。

自股东会会议决议通过之日起六十日内，股东与公司不能达成股权收购协议的，股东可以自股东会会议决议通过之日起九十日内向人民法院提起诉讼。

23 上市公司高管因股权激励签订的股份锁定协议效力如何？

[典型案例]

许某原系上市公司湖北回某新材料股份有限公司（以下简称回某公司）董事及高管，2007年9月8日，许某与回某公司签订《协议书》，其中第二条约定：许某因（非年龄、身体原因）提前离职或辞职离开公司，则应将所持有的全部股份按提出辞职时公司每股净资产价格转让给在职执行董事。2010年11月25日其因个人原因辞去公司董事及营销总监职务，回某公司遂诉至法院要求确认双方所签《协议

---

① 最高人民法院审判委员会讨论通过，2018年6月20日发布指导案例96号。

书》合法有效，同时要求许某遵照履行限制转让的协议。

一、二审均支持了公司主张，许某不服，向最高院提起再审。许某申请再审主张因上市公司流通股仅能依据《中华人民共和国证券法》规定的交易方式进行转让，而不允许私定价格私下交易，且本案协议转让不属于《上市公司收购管理办法》《上市公司流通股协议转让业务办理暂行规则》规定的情形，因此上述第二条约定在回某公司上市后即为无效条款。

最高院认为，根据本案原审查明的事实以及相关法律之规定，许某的上述主张不能成立。首先，从《协议书》的签订背景来看，许某作为回某公司股东和股票定向增发条件人，有权决定是否购买回某公司定向增发的股票、是否与回某公司签订旨在股份锁定和限制转让的《协议书》，而在《协议书》签订之后本案纠纷发生之前，许某均未主张该协议系违背其真实意思而订立。因此，原审法院认定《协议书》是双方当事人的真实意思表示，并无不当。其次，《协议书》第二条约定并不违反我国法律、行政法规的强制性规定，亦不具有《合同法》规定的合同无效之其他情形。《公司法》第一百四十一条第二款明确规定，公司章程可以对公司董事、监事、高级管理人员转让其所持有的本公司股份作出其他限制性规定。本案虽属许某与回某公司通过签订《协议书》的方式对许某转让回某公司股票进行相应限制的情形，但可参照上述条款的规定。至于《上市公司收购管理办法》《上市公司流通股协议转让业务办理暂行规则》，性质上分别属于部门规章和行业规定，因此本案是否符合上述规定，并不对《协议书》的效力产生影响。因此，原审法院认定《协议书》合法有效，许某应当按约履行，亦无不当。许某申请再审所提《协议书》无效的主张，理据不足，不能成立。[①]

一般而言，上市公司授予限制性股票的目的是促进公司建立、健全长期激励与约束机制，有效调动公司经营管理人员、核心技术（业务）人员的积极性，吸引和稳定优秀人才。激励对象仅限于公司的董事（不含独立董事）、高级管理人员、中层管理人员、核心技术（业务）人员等，双方在平等自愿基础上签订《授予协议》《激励计划》等均合法有效，对双方都具有约束力，一方在离职时，需要遵循协议股份回购相关安排。

[引申法条]

《中华人民共和国公司法》

第一百四十一条　发起人持有的本公司股份，自公司成立之日起一年内不得转让。公司公开发行股份前已发行的股份，自公司股票在证券交易所上市交易之日起

---

① （2015）民申字第3426号。

一年内不得转让。

公司董事、监事、高级管理人员应当向公司申报所持有的本公司的股份及其变动情况，在任职期间每年转让的股份不得超过其所持有本公司股份总数的百分之二十五；所持本公司股份自公司股票上市交易之日起一年内不得转让。上述人员离职后半年内，不得转让其所持有的本公司股份。公司章程可以对公司董事、监事、高级管理人员转让其所持有的本公司股份作出其他限制性规定。

24 股份公司发起人约定禁售期满后转让股份是否有效？

[典型案例]

张某和王某系浦某公司的发起人，在浦某公司成立两年后，于2004年10月22日签订《股份转让协议》及《过渡期经营管理协议》，约定"过渡期"后王某将所持的标的股份转让于张某名下。后王某以上述协议违反《公司法》强制性规定和章程为由拒绝履行，张某遂诉至法院请求判令王某继续履行双方所签订的上述协议。

江苏省高级人民法院认为《股份转让协议》及《过渡期经营管理协议》约定并不违反《公司法》第一百四十七条关于"发起人持有的本公司股份，自公司成立之日起三年内不得转让。公司董事、监事、经理应当向公司申报所持有的本公司的股份，并在任职期间内不得转让"的规定，不违反《浦某公司章程》的相关规定，亦不违反社会公共利益，应认定为合法有效。

首先，股份有限公司发起人的主要职责在于设立公司，发起人需要对公司设立失败的后果负责，在公司设立过程中因发起人的过错造成公司损失的，发起人也需要承担相应的责任。公司成功设立后，发起人的身份就被股东的身份所替代，其对公司的权利义务与其他非发起人股东相同。考虑到有些不当发起行为的法律后果和法律责任的滞后性，如果发起人在后果实际发生前因转让股份退出了公司，就很难追究其责任，不利于保护他人或社会公众的合法权益。因此，需要在一定时期内禁止发起人转让其持有的公司股份。《公司法》第一百四十七条第一款的立法目的即在于防范发起人利用公司设立谋取不当利益，并通过转让股份逃避发起人可能承担的法律责任。

其次，《公司法》第一百四十七条所禁止的发起人转让股份的行为，是指发起人在自公司成立之日起三年内实际转让股份。法律并不禁止发起人为公司成立三年后转让股份而预先签订合同。只要不实际交付股份，就不会引起股东身份和股权关系的变更，即拟转让股份的发起人仍然是公司的股东，其作为发起人的法律责任并不会因签订转让股份的协议而免除。因此，发起人与他人订立合同约定在公司成立三年之后转让股权的，并不违反《公司法》第一百四十七条的禁止性规定，应认定为合法有效。本案中，根据双方当事人所签订的《股份转让协议》第五条、第六条关于过渡期的规定、第七条关于"办理股份变更手续"的规定、第十条关于"依照《公司法》的规定，合法有效地将甲方所持有的股份转让于乙方名下"和"如遇法律和国家政策变化，修改了股份有限公司发起人股份的转让条件和限制，将依照新的法律和政策的规定相应调整合同的生效时间"的规定等协议内容，可以确定双方对公司发起人转让股份的限制有着清醒地认识，故双方虽然在公司成立后三年内签订股份转让协议，但明确约定股份在"过渡期"届满即浦某公司成立三年之后再实际转让。同时，双方签订《股份转让协议》和《过渡期经营管理协议》后，本案被告、反诉原告王某即签署了向浦某公司董事会提出辞去该公司董事职务的申请，不再担任公司董事。综上，双方当事人的上述约定显然并不违反《公司法》第一百四十七条的规定，亦不违反《浦某公司章程》的相关规定，应认定为合法有效的合同。①

结合上述案例，就股份有限公司而言，股权转让主要有如下限制情形：

（1）上述案例审判时适用修订前的《公司法》，修订后的《公司法》第一百四十一条将限制发起人转让股份的期限缩短为一年：公司公开发行股份前已发行的股份，自公司股票在证券交易所上市交易之日起一年内不得转让。

（2）公司董事、监事、高级管理人员所持本公司股份自公司股票上市交易之日起一年内不得转让，任职期间每年转让的股份不得超过其所持有本公司股份总数的百分之二十五，离职后半年内不得转让其所持的本公司股份。

（3）公司章程可以对公司董监高转让其所持有的本公司股份作出其他合理限制性规定，但该约束的程度应限于不得禁止或变相禁止股权或股份流通的范围内，不得剥夺股东通过股权或股份转让而退出公司的权利。

[引申法条]

《中华人民共和国公司法》

第一百四十一条 发起人持有的本公司股份，自公司成立之日起一年内不得转让。公司公开发行股份前已发行的股份，自公司股票在证券交易所上市交易之日起一年内不得转让。

公司董事、监事、高级管理人员应当向公司申报所持有的本公司的股份及其变动情况，在任职期间每年转让的股份不得超过其所持有本公司股份总数的百分之二十五；所持本公司股份自公司股票上市交易之日起一年内不得转让。上述人员离职

---

① 张某诉王某股权转让合同纠纷案，《最高人民法院公报》2007年第5期（总第127期）。

后半年内，不得转让其所持有的本公司股份。公司章程可以对公司董事、监事、高级管理人员转让其所持有的本公司股份作出其他限制性规定。

25 能否通过股权转让实现土地使用权、矿业权等资产转让？

由于实践中土地使用权、矿业权等资产转让受到法律的严格限制，且手续烦琐，税负较重，能否通过股权转让实现土地使用权、矿业权等资产转让呢？本篇试着从下述判例中找寻一些解决思路。

[典型案例]

最高院在审理的某宗集团有限公司（以下简称某宗公司）、宗某与淮北圣某矿业有限公司（以下简称圣某矿公司）、淮北圣某房地产开发有限责任公司、涡阳圣某房地产开发有限公司股权转让纠纷案中认为：2013年3月24日，某宗公司、宗某与圣某矿业公司签订的《股权转让协议》，系双方真实意思表示，且不违反法律、行政法规的禁止性规定，一审判决认定该协议合法有效并无不当。双方在协议中约定，某宗公司、宗某将合法持有宿州某圣公司和淮北某圣公司各44%的股权全部转让给圣某矿业公司，圣某矿业公司支付转让款项。三处煤炭资源的探矿权许可证和采矿权许可证始终在两个目标公司名下，不存在变更、审批的问题。《股权转让协议》签订后，圣某矿业公司也实际控制了两个目标公司，实现了合同目的。因此，双方系股权转让的法律关系，圣某矿业公司主张本案系转让探矿权，因未经审批合同未生效，对该主张，本院不予支持。①

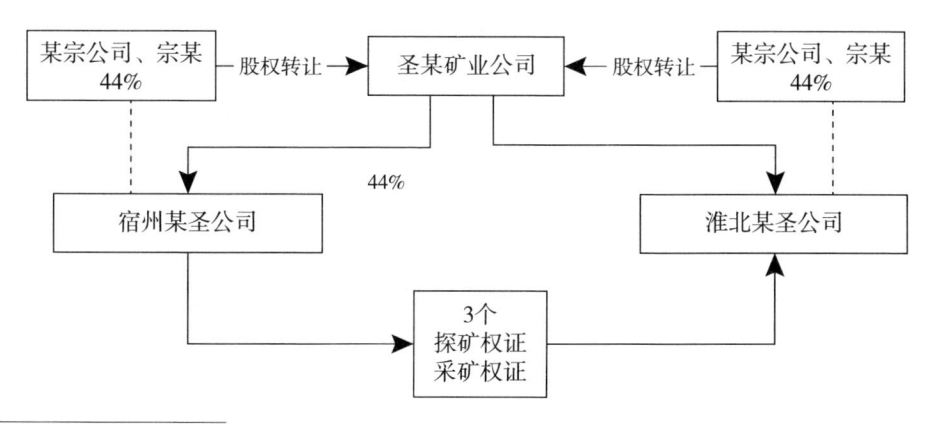

---

① （2015）民二终字第236号。

最高院在审理佳某集团有限公司（以下简称佳某公司）等与烟台中某橡胶有限公司（以下简称中某公司）股权转让合同纠纷上诉案中认为：根据本案当事方于2010年9月30日签订的《协议书》内容，佳某集团以股权转让款人民币3000万元分两次受让取得中某公司100%股权，并以人民币6000万元和4000平方米（或者人民币2000万元）公建房为对价取得中某公司名下土地后续独立开发运作权等相关权益，上述安排的目的是佳某集团通过受让股权并继而对控股公司持有的土地实现商业开发，并非直接转让土地使用权。《协议书》体现了当事人之间股权转让的真实意思，相关交易模式系房地产开发中的常见模式，不违反法律的强制性规定，不存在"以合法形式掩盖非法目的"的情形。宏某公司上诉称《协议书》和2010年10月15日签订的《股权转让协议》及《补充协议》，是以股权转让形式掩盖土地使用权转让目的，应认定为无效合同的上诉理由缺乏事实依据，本院不予支持。[1]

通过上述案例启示，股权转让与土地使用权、矿业权等资产转让是完全不同的法律制度。股权是股东享有的，并由《公司法》或公司章程所确定的多项具体权利的综合体。股权转让后，股东对公司的权利义务全部同时移转于受让人，受让人因此成为公司股东，取得股权得以行使股东权利。而依据《民法典》《矿产资源法》《城市房地产管理法》等，建设用地使用权、矿业权则是法人依法享有的财产权。当公司股权发生转让时，该公司的资产收益、参与重大决策和选择管理者等权利由转让方转移到受让方，而作为公司资产的建设用地使用权、矿业权等仍登记在该公司名下，公司法人财产性质并未发生改变。

当然，公司在转让股权时，该公司的资产状况，包括建设用地使用权、矿业权等的价值，均是决定股权转让价格的重要因素。但不等于说，公司在股权转让时只要涉及土地使用权、矿业权，该公司股权转让的性质就变成了土地使用权、矿业权转让，进而认为其行为是名为股权转让实为土地使用权、矿业权转让而无效。如果仅转让公司股权而不导致土地使用权、矿业权主体的变更，则不属于权属转让，转让合同无须相关主管部门审批，在不违反法律、行政法规强制性规定的情况下，会认定合同合法有效。不过在司法实践中，也有认为该行为系以合法形式掩盖非法目的，恶意规避国家相关法律（《城市房地产管理法》、《矿产资源法》、税法等）规定，属于规避法律的行为，应当认定无效。

综上，实践中资产转让要依据具体个案情况而定，由于土地使用权、矿业权等的转让受到法律的严格限制，且手续烦琐，税负较重，通过上述判例中股权转让的形式可以提供一些参考思路，如拟取得标的公司资产，可以通过收购目标公司股权

---

[1] （2014）民四终字第23号。

以间接实现土地使用权、矿业权等资产转让，而不再受限于相关政府部门的审批等限制。

[引申法条]

《中华人民共和国矿产资源法》

第六条　除按下列规定可以转让外，探矿权、采矿权不得转让：

（一）探矿权人有权在划定的勘查作业区内进行规定的勘查作业，有权优先取得勘查作业区内矿产资源的采矿权。探矿权人在完成规定的最低勘查投入后，经依法批准，可以将探矿权转让他人。

（二）已取得采矿权的矿山企业，因企业合并、分立，与他人合资、合作经营，或者因企业资产出售以及有其他变更企业资产产权的情形而需要变更采矿权主体的，经依法批准可以将采矿权转让他人采矿。

前款规定的具体办法和实施步骤由国务院规定。

禁止将探矿权、采矿权倒卖牟利。

第四十二条　买卖、出租或者以其他形式转让矿产资源的，没收违法所得，处以罚款。违反本法第六条的规定将探矿权、采矿权倒卖牟利的，吊销勘查许可证、采矿许可证，没收违法所得，处以罚款。

《中华人民共和国城镇国有土地使用权出让和转让暂行条例》

第二十五条　土地使用权和地上建筑物、其他附着物所有权转让，应当依照规定办理过户登记。

土地使用权和地上建筑物、其他附着物所有权分割转让的，应当经市、县人民政府土地管理部门和房产管理部门批准，并依照规定办理过户登记。

26　外国人可以委托中国人代持内资公司股份吗？

[典型案例]

杉浦某系日本国公民，龚某系中国公民，双方于2005年签订《股份认购与托管协议》，约定杉浦某以4.36元/股的价格向龚某购买甲公司股份88万股，并委托龚某管理，龚某根据杉浦某的指示处分股份，对外则以龚某自己名义行使股东权利，将收益及时全部交付给杉浦某。后甲公司于2017年在上海证券交易所首次公开发行股票并上市，在发行上市过程中，龚某作为股东曾多次出具系争股份清晰未有代持的承诺。2018年，甲公司向全体股东按每10股派发现金红利4元，用资本公积按每10股转增4股的比例转增股本。之后，龚某名下的股份数量增加至123.2万股。之后双方对《股份认购与托管协议》的效力和股份收益分配发生纠纷，杉浦某请求判令龚某交付涉案股份的收益，或者按照股份市值返还投资款并赔偿2018年红利损失。

上海金融法院经审理认为：外国人委托中国人代持内资公司股份的行为，并不必然导致实际出资人与名义持有人两者之外的其他法律关系的变更，不属于需要经外商投资审批机关批准才能生效的合同。根据2004年及之后多次修订的《外商投资产业指导目录》，标的公司所处行业不属于国家限制或禁止外商投资的产业领域，本案投资行为不违反我国关于外商投资准入的禁止性规定。

《民法总则》（现《民法典》）第一百五十三条第二款规定，"违背公序良俗的民事法律行为无效"。公序良俗的概念具有较大弹性，在具体案件中应审慎适用，避免过度克减民事主体的意思自治。公序良俗包括公共秩序和善良风俗。证券领域的公共秩序应先根据该领域的法律法规予以判断，在上位法律无明确规定的情况下，判断某一下位规则是否构成公共秩序时，应从实体正义和程序正当两个层面进行考察。证券发行人应当如实披露股份权属情况，禁止发行人股份存在隐名代持情形，系由《证券法》和《首次公开发行股票并上市管理办法》明确规定，关系到以信息披露为基础的证券市场整体法治秩序和广大投资者合法权益，在实体和程序两个层面均符合公共秩序的构成要件，因此属于证券市场中应当遵守、不得违反的公共秩序。而本案由于隐名代持证券发行人股权的协议因违反公共秩序而无效。

股权代持协议被认定无效后，投资收益不属于合同订立前的原有利益，不适用恢复原状的法律规定，应适用公平原则，根据对投资收益的贡献程度以及对投资风险的承受程度等情形，即"谁投资、谁收益"与"收益与风险相一致"进行合理分配。名义持有人与实际投资人一致表示以系争股票拍卖、变卖后所得向实际投资人返还投资款和支付股份增值收益，属于依法处分自身权利的行为，不违反法律法规的禁止性规定，可予支持。①

2019年3月15日颁布的《外商投资法》确立了对负面清单之外的外商投资给予国民待遇，同时保留了关于外商投资金融行业和金融市场的原有规定。上述案件事实涉及外国人委托中国人隐名代持内资上市公司的股权，既涉及外国人投资准入问题，又涉及上市公司在证券发行过程中股权的隐名代持效力问题。一般而言，为外国人代持境内公司股权，除非其属于法律法规所禁止的情形，不因其外国人身份而致合同必然无效。但是如果涉及代持上市公司股权，则因上市公司在证券发行过程中应当如实披露股份权属情况，禁止发行人的股权存在隐名代持情形，故隐名代

---

① 参见《上海法院涉外金融纠纷典型案例》，发布日期：2020年11月23日。

持证券发行人股权的协议因违反公共秩序而被认定为无效。本案判例思路是代持协议无效后，股权代持产生的投资收益应根据公平原则，考虑对投资收益的贡献程度以及对投资风险的承受程度等进行合理分配。故如果涉及为外国人代持股权，在不属于外资负面清单等法律禁止性规定范围情形下，效力不会因外国人身份而致合同无效。

[引申法条]

《中华人民共和国外商投资法》

第四条　国家对外商投资实行准入前国民待遇加负面清单管理制度。

前款所称准入前国民待遇，是指在投资准入阶段给予外国投资者及其投资不低于本国投资者及其投资的待遇；所称负面清单，是指国家规定在特定领域对外商投资实施的准入特别管理措施。国家对负面清单之外的外商投资，给予国民待遇。

负面清单由国务院发布或者批准发布。

中华人民共和国缔结或者参加的国际条约、协定对外国投资者准入待遇有更优惠规定的，可以按照相关规定执行。

《最高人民法院关于适用〈中华人民共和国公司法〉若干问题的规定（三）》

第二十四条　有限责任公司的实际出资人与名义出资人订立合同，约定由实际出资人出资并享有投资权益，以名义出资人为名义股东，实际出资人与名义股东对该合同效力发生争议的，如无法律规定的无效情形，人民法院应当认定该合同有效。

前款规定的实际出资人与名义股东因投资权益的归属发生争议，实际出资人以其实际履行了出资义务为由向名义股东主张权利的，人民法院应予支持。名义股东以公司股东名册记载、公司登记机关登记为由否认实际出资人权利的，人民法院不予支持。

实际出资人未经公司其他股东半数以上同意，请求公司变更股东、签发出资证明书、记载于股东名册、记载于公司章程并办理公司登记机关登记的，人民法院不予支持。

《中华人民共和国证券法》

第七十八条　发行人及法律、行政法规和国务院证券监督管理机构规定的其他信息披露义务人，应当及时依法履行信息披露义务。

信息披露义务人披露的信息，应当真实、准确、完整，简明清晰，通俗易懂，不得有虚假记载、误导性陈述或者重大遗漏。

证券同时在境内境外公开发行、交易的，其信息披露义务人在境外披露的信息，应当在境内同时披露。

《首次公开发行股票并上市管理办法》

第十三条 发行人的股权清晰，控股股东和受控股股东、实际控制人支配的股东持有的发行人股份不存在重大权属纠纷。

27 国有股权转让未经审批程序合同效力如何？

[典型案例]

某财政局与标某公司签订《股份转让合同书》，拟转让其持有某银行国有股权，其中转让合同第16条约定："本合同自甲乙双方法定代表人或授权委托人签字及盖章，并依照法律、行政法规规定获得有权审批机关批准后生效。"但涉案《股份转让合同书》未经政府部门审批，合同是无效还是有效，抑或属于成立未生效呢？

最高院在审理的上述深圳市标某投资发展有限公司（以下简称标某公司）与某市财政局（以下简称某财政局）股权转让纠纷案中认为：涉案《股份转让合同书》应认定为成立未生效合同。《中华人民共和国合同法》第四十四条规定，依法成立的合同，自成立时生效。法律、行政法规规定应当办理批准、登记等手续生效的，依照其规定。国务院办公厅国办发明电〔1994〕12号《关于加强国有企业产权交易管理的通知》第二条规定，地方管理的国有企业产权转让，要经地级市以上人民政府审批，其中有中央投资的，要事先征得国务院有关部门同意，属中央投资部分的产权收入归中央。中央管理的国有企业产权转让，由国务院有关部门报国务院审批。所有特大型、大型国有企业（包括地方管理的）的产权转让，报国务院审批。财政部《金融企业国有资产转让管理办法》第七条规定，金融企业国有资产转让按照统一政策、分级管理的原则，由财政部门负责监督管理。财政部门转让金融企业国有资产，应当报本级人民政府批准。政府授权投资主体转让金融企业国有资产，应当报本级财政部门批准。金融企业国有资产转让过程中，涉及政府社会公共管理和金融行业监督管理事项的，应当根据国家规定，报经政府有关部门批准。《中华人民共和国商业银行法》第二十八条规定，任何单位和个人购买商业银行股份总额百分之五以上的，应当事先经过国务院银行业监督管理机构批准。涉案《股份转让合同书》的转让标的为某财政局持有的某银行9.9986%，即22500万股股权，系金融企业国有资产，转让股份总额已经超过某银行股份总额的5%。依据上述规定，该合同应经有批准权的政府及金融行业监督管理部门批准后方产生法律效力。由此，本案的《股份转让合同书》虽已经成立，但因未经有权机关批准，应认定其效力为未生效。标某公司主张涉案合同已经某市人民政府批准，其所依据的是某市国有银行股权转让说明书，但该说明书仅是某市人民政府对涉案股权挂牌出让的批准，并非对涉案《股份转让合同书》的批准。标某公司关于涉案合同已生效的上诉理由，不符合法律规定，不能成立。①

在法律、行政法规规定批准生效的情况下，批准是该类行为的法定生效要件，属于效力强制性规定，而须经审批的国有股权转让协议如未经审批，属于生效条件未成就的合同，即国有股权转让必须依法进行审批，否则合同不发生效力。2019年，《九民纪要》第 37 条进一步明确，法律、行政法规规定某类合同应当办理批准手续生效的，依据《合同法》第四十四条第二款的规定（《民法典》第五百零二条），批准是合同的法定生效条件，未经批准的合同因欠缺法律规定的特别生效条件而未生效。但是需要注意的是，未生效不应当作无效处理，该份未生效的股权转让协议已具备合同的有效要件，对双方具有一定的拘束力，任何一方不得擅自撤回、解除、变更，但因转让人未履行报批义务，在该生效条件成就前，不能产生请求对方履行合同主要权利义务的法律效力。该司法政策的主要内容已被《民法典》第五百零二条所采纳和吸收，同时该条第二款将报批义务条款规定为独立生效条款，即未履行报批义务，受让人可以要求报批义务人承担违约责任。

考虑到国有股权转让审批面临不能获得批准的风险，建议提前设计好交易流程，确保转让方在完成审批之前不能取得全部股权转让款，促使转让股权的股东有动力协助并完成相关审批、过户等义务，另外建议特别约定办完审批的期限及相应的违约责任。同时需要格外注意，转让或者受让国有股权，必须严格遵守国有股权入市交易的审批、资产评估、审计、进场交易等法定程序要求，以免违背法律规定而致转让行为瑕疵乃至无效。

[引申法条]

《中华人民共和国民法典》

第五百零二条 依法成立的合同，自成立时生效，但是法律另有规定或者当事人另有约定的除外。

依照法律、行政法规的规定，合同应当办理批准等手续的，依照其规定。未办理批准等手续影响合同生效的，不影响合同中履行报批等义务条款以及相关条款的效力。应当办理申请批准等手续的当事人未履行义务的，对方可以请求其承担违反该义务的责任。

依照法律、行政法规的规定，合同的变更、转让、解除等情形应当办理批准等手续的，适用前款规定。

---

① （2016）最高法民终 802 号，《最高人民法院公报》2017 年第 12 期（总第 254 期）。

《中华人民共和国企业国有资产法》

第五十三条 国有资产转让由履行出资人职责的机构决定。履行出资人职责的机构决定转让全部国有资产的，或者转让部分国有资产致使国家对该企业不再具有控股地位的，应当报请本级人民政府批准。

第五十四条 国有资产转让应当遵循等价有偿和公开、公平、公正的原则。

除按照国家规定可以直接协议转让的以外，国有资产转让应当在依法设立的产权交易场所公开进行。转让方应当如实披露有关信息，征集受让方；征集产生的受让方为两个以上的，转让应当采用公开竞价的交易方式。

转让上市交易的股份依照《中华人民共和国证券法》的规定进行。

第五十五条 国有资产转让应当以依法评估的、经履行出资人职责的机构认可或者由履行出资人职责的机构报经本级人民政府核准的价格为依据，合理确定最低转让价格。

《企业国有资产监督管理暂行条例》

第二十三条 国有资产监督管理机构决定其所出资企业的国有股权转让。其中，转让全部国有股权或者转让部分国有股权致使国家不再拥有控股地位的，报本级人民政府批准。

第二十四条 所出资企业投资设立的重要子企业的重大事项，需由所出资企业报国有资产监督管理机构批准的，管理办法由国务院国有资产监督管理机构另行制定，报国务院批准。

《全国法院民商事审判工作会议纪要》（法〔2019〕254号）

37.【**未经批准合同的效力**】法律、行政法规规定某类合同应当办理批准手续生效，如商业银行法、证券法、保险法等法律规定购买商业银行、证券公司、保险公司5%以上股权须经相关主管部门批准，依据《合同法》第44条第2款的规定，批准是合同的法定生效条件，未经批准的合同因欠缺法律规定的特别生效条件而未生效。实践中的一个突出问题是，把未生效合同认定为无效合同，或者虽认定为未生效，却按无效合同处理。无效合同从本质上来说是欠缺合同的有效要件，或者具有合同无效的法定事由，自始不发生法律效力。而未生效合同已具备合同的有效要件，对双方具有一定的拘束力，任何一方不得擅自撤回、解除、变更，但因欠缺法律、行政法规规定或当事人约定的特别生效条件，在该生效条件成就前，不能产生请求对方履行合同主要权利义务的法律效力。

38.【**报批义务及相关违约条款独立生效**】须经行政机关批准生效的合同，对报批义务及未履行报批义务的违约责任等相关内容作出专门约定的，该约定独立生效。一方因另一方不履行报批义务，请求解除合同并请求其承担合同约定的相应违约责任的，人民法院依法予以支持。

39. 【报批义务的释明】须经行政机关批准生效的合同,一方请求另一方履行合同主要权利义务的,人民法院应当向其释明,将诉讼请求变更为请求履行报批义务。一方变更诉讼请求的,人民法院依法予以支持;经释明后当事人拒绝变更的,应当驳回其诉讼请求,但不影响其另行提起诉讼。

40. 【判决履行报批义务后的处理】人民法院判决一方履行报批义务后,该当事人拒绝履行,经人民法院强制执行仍未履行,对方请求其承担合同违约责任的,人民法院依法予以支持。一方依据判决履行报批义务,行政机关予以批准,合同发生完全的法律效力,其请求对方履行合同的,人民法院依法予以支持;行政机关没有批准,合同不具有法律上的可履行性,一方请求解除合同的,人民法院依法予以支持。

28 是否参与公司的经营决策及管理是区分"股权让与担保"与"股权转让"的标准吗?

[典型案例]

陆某与广州市泛某房地产开发有限公司(以下简称泛某公司)合同纠纷再审一案中,再审申请人陆某主张:案涉《协议书》约定的交易结构为"借贷+股权让与担保",原审法院否定上述交易结构导致适用法律错误,应予纠正。《协议书》约定泛某公司向银某公司提供3亿元融资款,其收取3亿元本金以及固定利润3亿元之后,不享有其他收益,据此应当认定双方构成借贷关系,债权人为泛某公司,债务人为银某公司,担保人为陆某,担保物为案涉股权。双方还约定,泛某公司的债权得以清偿后,应将案涉股权返还给陆某,该内容符合股权让与担保的目的要件。泛某公司受让案涉股权后,并不真正享有股东权利,而是受到诸多限制,该现象也符合股权让与担保的特征。

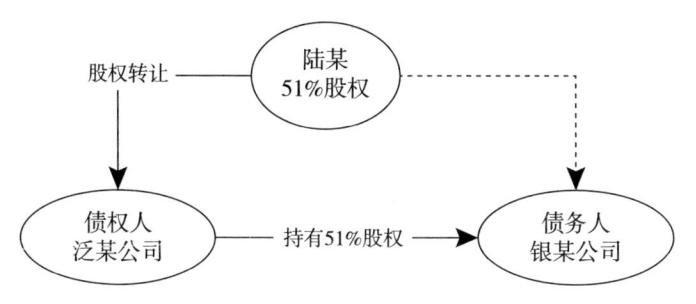

```
                    陆某
股权转让 ────→    51%股权
    │                 ┊
    ↓                 ↓
  债权人   ──持有51%股权──→  债务人
  泛某公司                    银某公司
```

最高院再审审理认为本案中,根据案涉《协议书》约定内容及结合履行情况,本院认为案涉双方交易不构成股权让与担保法律关系,具体理由如下:

首先，案涉的股权转让不符合让与担保中的"财产形式转让"的特征。让与担保是在实务中被多数人采用的担保方式，在法律所列举的担保类型范围之外，一般指债务人或第三人与债权人订立合同，约定将财产形式上转让至债权人名下，债务人到期清偿债务，债权人将该财产返还给债务人或第三人，债务人到期没有清偿债务，债权人可以请求人民法院对财产拍卖、变卖、折价偿还债权，是一种非典型担保。案涉目标公司银某公司已经进入破产重整程序，泛某公司作为重整投资方以受让股权及出借资金的方式加入。案涉《协议书》第六条第 3.2 款"董事会"以及第 3.3 款"经营管理机构"的相关内容中均明确泛某公司派员出任银某公司执行董事和总经理，说明泛某公司参与银某公司的经营决策及管理，是通过共同合作为银某公司创造利润的方式获取收益和保障利益，与让与担保关系中担保权人享有的权利及仅通过实现股权的交换价值保障利益的方式并不相同。且实际上泛某公司自 2007 年起至转让股权给博某祥公司前均在经营银某公司，综合以上因素，交易双方并非仅在形式上转移股权，泛某公司实质上亦已享有及行使股东权利。

其次，本案中，陆某向泛某公司出让的银某公司 51% 的股权，泛某公司已经支付 1.5 亿元股权价款。案涉《协议书》第七条第 5.1 款约定回购条件，结合《协议书》第七条第 4.3 款的内容，陆某若选择回购，则泛某公司可以获得回购款及其他债务的清偿；若不回购，则泛某公司所受股权处分的限制得以解除。换言之，泛某公司已支付的 1.5 亿元股款并非出借款项，陆某对此不负有还款义务。

另外，案涉双方并未在《协议书》中约定将所交易的股权作为担保物以保障泛某公司债权清偿，陆某亦没有提供证据证明双方就该内容形成其他约定。

结合本案实际情况，法院认为债权人参与公司的经营决策及管理，与让与担保关系中担保权人享有权利及仅通过实现股权的交换价值保障利益的方式并不相同，故原审法院认定案涉双方未构成让与担保关系，并无不当。[①]

一般来说，让与担保作为非典型担保方式是受法律保护的。最高院公报案例黑龙江闽某投资集团有限公司与西某钢铁集团有限公司、第三人刘某民间借贷纠纷案中明确：当事人以签订股权转让协议方式为民间借贷债权进行担保，此种非典型担保方式为让与担保。在不违反法律、行政法规效力性强制性规定的情况下，相关股权转让协议有效。在已将作为担保财产的股权变更登记到担保权人名下的股权让与担保中，担保权人形式上已经是作为担保标的物的股权的持有者，其就作为担保的股权所享有的优先受偿权利，更应受到保护，原则上享有对抗第三人的物权效力。[②]

[①] （2020）最高法民申 4636 号。

[②] （2019）最高法民终 133 号，《最高人民法院公报》2020 年第 1 期（总第 279 期）第 15—43 页。

同时《九民纪要》第七十一条亦规定了让与担保方式，即债务人通过将股权转让至债权人名下为债务提供担保的，成立股权让与担保法律关系，合法有效。根据本篇案例启示：由于股权权能的分离，在债权人、债务人与公司关系上，债权人仅享有财产性权利，债务人仅享有身份性权利。如果债权人受让股权后实际参与公司经营决策及管理，与让与担保关系中担保权人享有的权利及仅通过实现股权的交换价值保障利益的方式并不相同，故是否参与公司的经营决策及管理可以是区分"股权让与担保"与"股权转让"的标准。

[引申法条]

《全国法院民商事审判工作会议纪要》（法〔2019〕254号）

71.【让与担保】债务人或者第三人与债权人订立合同，约定将财产形式上转让至债权人名下，债务人到期清偿债务，债权人将该财产返还给债务人或第三人，债务人到期没有清偿债务，债权人可以对财产拍卖、变卖、折价偿还债权的，人民法院应当认定合同有效。合同如果约定债务人到期没有清偿债务，财产归债权人所有的，人民法院应当认定该部分约定无效，但不影响合同其他部分的效力。

当事人根据上述合同约定，已经完成财产权利变动的公示方式转让至债权人名下，债务人到期没有清偿债务，债权人请求确认财产归其所有的，人民法院不予支持，但债权人请求参照法律关于担保物权的规定对财产拍卖、变卖、折价优先偿还其债权的，人民法院依法予以支持。债务人因到期没有清偿债务，请求对该财产拍卖、变卖、折价偿还所欠债权人合同项下债务的，人民法院亦应依法予以支持。

第八章
公司增资

01 增资扩股的正确法律打开模式是什么？

增资扩股是企业发展融资常用的方法。除将公司未分配利润和资本公积金转为注册资本外，直接增资也是增加注册资本的良好途径，既可以内部股东自行增资，如按照原有比例增加出资额，也可以引入外部投资者，这往往会涉及增资后稀释原股东股权比例问题，在引进外来投资者的情况下，公司增资扩股一般需要经过以下流程：

（1）投资人与目标公司签署意向协议书

投资人与目标公司达成初步合作意向是增资扩股的第一步，经过沟通和谈判，双方愿意就目标公司的增资扩股、引进新的投资人等事项进行深入谈判。

（2）制订公司增资方案

一般由公司董事会制订具体的公司增资方案。

（3）股东会作出增资扩股决议

根据《公司法》第三十四条的规定原股东对新增资本享有优先认购权，如果目标公司原股东不参与增资的话，须书面承诺不行使优先认购权并放弃增资。

同时有限责任公司股东会对增资方案作出决议，必须经代表 2/3 以上有表决权的股东通过。股份有限公司必须经出席会议的股东所持表决权的 2/3 以上通过。

（4）投资人与目标公司签订正式的增资扩股协议

增资扩股协议中，明确目标公司的原有股东接受投资方作为新股东对公司以现金或其他方式增资扩股。协议须明确增资的股本总额、增资后的注册资本、股本结构、每股金额、各方权利义务等，这也是投资人保障自己权利的法律依据。

（5）修改公司章程，缴纳新增注册资本

修改公司章程，投资者按照修改后的公司章程缴纳投资款。

（6）向工商登记机关办理变更登记

采取增资扩股形式的，可能同时涉及注册资本和股东的变更，这就需要公司及时办理变更登记。而工商登记仅起到对外公示的作用，不影响增资行为的效力。

另外，如果股东在签订增资协议后，如果出现不按期缴纳或足额缴纳出资的情况，除要求其按照增资协议承担相应违约责任外，还可以按照股东未履行或未全面履行出资义务的情况处理：

（1）股东资格除名

在经公司催告股东缴纳出资后，股东在合理期限内仍全部未缴纳的（一般仅适用于全部未缴纳增资的股东），公司股东可以召开股东会解除未出资股东资格；

(2) 承担违约责任

公司可以要求不出资股东承担违约责任，并要求该股东履行出资义务，同时可以要求未尽勤勉尽责义务而使出资未缴足的董事、高级管理人员承担相应责任。

(3) 限制股东权利

通过股东会或公司章程对未出资股东利润分配请求权、新股优先认购权、剩余财产分配请求权等股东权利作出相应的合理限制。

[引申法条]

《中华人民共和国公司法》

第三十四条　股东按照实缴的出资比例分取红利；公司新增资本时，股东有权优先按照实缴的出资比例认缴出资。但是，全体股东约定不按照出资比例分取红利或者不按照出资比例优先认缴出资的除外。

第四十三条　股东会的议事方式和表决程序，除本法有规定的外，由公司章程规定。

股东会会议作出修改公司章程、增加或者减少注册资本的决议，以及公司合并、分立、解散或者变更公司形式的决议，必须经代表三分之二以上表决权的股东通过。

《最高人民法院关于适用〈中华人民共和国公司法〉若干问题的规定（三）》

第十三条　股东未履行或者未全面履行出资义务，公司或者其他股东请求其向公司依法全面履行出资义务的，人民法院应予支持。

公司债权人请求未履行或者未全面履行出资义务的股东在未出资本息范围内对公司债务不能清偿的部分承担补充赔偿责任的，人民法院应予支持；未履行或者未全面履行出资义务的股东已经承担上述责任，其他债权人提出相同请求的，人民法院不予支持。

股东在公司设立时未履行或者未全面履行出资义务，依照本条第一款或者第二款提起诉讼的原告，请求公司的发起人与被告股东承担连带责任的，人民法院应予支持；公司的发起人承担责任后，可以向被告股东追偿。

股东在公司增资时未履行或者未全面履行出资义务，依照本条第一款或者第二款提起诉讼的原告，请求未尽公司法第一百四十七条第一款规定的义务而使出资未缴足的董事、高级管理人员承担相应责任的，人民法院应予支持；董事、高级管理人员承担责任后，可以向被告股东追偿。

第十六条　股东未履行或者未全面履行出资义务或者抽逃出资，公司根据公司章程或者股东会决议对其利润分配请求权、新股优先认购权、剩余财产分配请求权等股东权利作出相应的合理限制，该股东请求认定该限制无效的，人民法院不予支持。

第十七条 有限责任公司的股东未履行出资义务或者抽逃全部出资，经公司催告缴纳或者返还，其在合理期间内仍未缴纳或者返还出资，公司以股东会决议解除该股东的股东资格，该股东请求确认该解除行为无效的，人民法院不予支持。

在前款规定的情形下，人民法院在判决时应当释明，公司应当及时办理法定减资程序或者由其他股东或者第三人缴纳相应的出资。在办理法定减资程序或者其他股东或者第三人缴纳相应的出资之前，公司债权人依照本规定第十三条或者第十四条请求相关当事人承担相应责任的，人民法院应予支持。

02 未经代表 2/3 以上表决权股东通过的增资决议是否有效？

一般来说，公司增加注册资本，需要董事会就增资金额、方式、股权比例等制定具体的增资方案，有限公司须经代表 2/3 以上表决权股东通过，股份公司须经出席会议的股东所持表决权的 2/3 以上通过，然后由增资股东与公司签订增资协议，公司据此变更章程并进行相应工商变更手续。如果增资行为未经代表 2/3 以上表决权股东通过，则增资决议无效，而最终导致增资行为无效，本篇从孙某等诉巴某客运有限责任公司（以下简称巴某客运公司）新增资本认购纠纷案中表而未决的会议导致增资决议无效的案例来分析。

黑龙江省高院经审理认为孙某等人举示的出庭证人张某在一审时出庭证实：2013 年 12 月 10 日，巴某客运公司召开股东大会，会议内容一是大会总结，二是客车需要更新短缺资金，是投 3000 扩 3 万……当时并没有表决是否通过需要扩股，说完就散了。孙某等人举示的出庭证人刘某证实：2013 年 12 月 10 日，召开股东大会，议题客车需要更新短缺资金……当时大会没有表决议程，说完就散了。巴某客运公司举示的股东大会会议记录载明：2013 年 12 月 10 日，召开全体股民大会，本次股东大会由于讨论扩股问题和扩股是否算原始股，全体参会人员争论不休，最后没有形成任何决议，不欢而散，记录人孙某。巴某客运公司举示的股东大会录像，载明会议只停留于提议阶段，未形成表决结果，孙某等人对该录像真实性无异议。上述证据均显示 2013 年 12 月 10 日股东会并未形成书面决议也没有表决程序。

《公司法》第四十四条第二款规定："股东会会议作出修改公司章程、增加或者减少注册资本的决议，以及公司合并、分立、解散或者变更公司形式的决议，必须经代表三分之二以上表决权的股东通过。"① 依据此规定，公司增资须经股东会决议，且必须经代表三分之二以上表决权的股东通过，巴某客运公司的《章程》也在第四章组织机构中第十三条（八）款中作出同样规定。如前所述，孙某等人举示的出庭证人均证实上述会议未就增资扩股事宜形成决议，巴某客运公司举示的股东大会会议记录、股东大会录像也佐证该次会议未就增资扩股事宜形成决议，故一、二审判决根据上述规定认定2013年12月10日扩股增资决议无效并无不当。②

而自2017年《公司法司法解释四》施行后，上述未表决的决议将被认定为决议不成立，不管是无效还是不成立，均会致使最终增资行为无效。综上，因增资系公司重大决策行为，直接关乎股东的重大权益，所以拟通过增资方式成为公司股东，事先若没有经过公司内部股东会特殊多数决通过增资决议，则缺乏股东意志体现，增资人很可能因为该程序瑕疵而无法取得股东身份，除非股东会在事后对增资行为进行追认。

[引申法条]

《中华人民共和国公司法》

第四十三条 股东会的议事方式和表决程序，除本法有规定的外，由公司章程规定。

股东会会议作出修改公司章程、增加或者减少注册资本的决议，以及公司合并、分立、解散或者变更公司形式的决议，必须经代表三分之二以上表决权的股东通过。

《最高人民法院关于适用〈中华人民共和国公司法〉若干问题的规定（四）》

第五条 股东会或者股东大会、董事会决议存在下列情形之一，当事人主张决议不成立的，人民法院应当予以支持：

（一）公司未召开会议的，但依据公司法第三十七条第二款或者公司章程规定可以不召开股东会或者股东大会而直接作出决定，并由全体股东在决定文件上签名、盖章的除外；

（二）会议未对决议事项进行表决的；

（三）出席会议的人数或者股东所持表决权不符合公司法或者公司章程规定的；

（四）会议的表决结果未达到公司法或者公司章程规定的通过比例的；

（五）导致决议不成立的其他情形。

---

① 修改后的现行有效的《公司法》第四十三条第二款。
② （2016）黑民申2204号。

03 未办理工商登记，增资行为是否无效？

增资股东依约增资后，若目标公司并未实际办理股东工商登记手续，是否影响其在公司内部股东身份的取得呢？对于已经完成出资的股东，未经法定减资程序是否可以直接要求返还投资款，未办理工商登记是否能作为解除增资协议要求返还投资款的理由呢？本篇从北京安某基石投资管理有限公司（以下简称安某基石公司）与上海智某金泉金融信息服务有限公司（以下简称智某金泉公司）等公司增资纠纷案来分析。

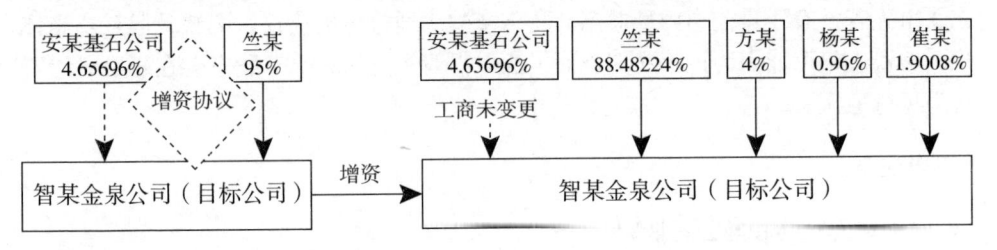

```
安某基石公司          竺某              安某基石公司    竺某         方某    杨某    崔某
4.65696%           95%              4.65696%    88.48224%    4%     0.96%  1.9008%
       增资协议                              工商未变更
                          增资
智某金泉公司（目标公司）        ———→     智某金泉公司（目标公司）
```

[典型案例]

2015年1月8日，安某基石公司与智某金泉公司（目标公司）、竺某签订《增资协议》，约定安某基石公司根据智某金泉公司估值6000万元增资，安某基石公司投资300万元后，其中105263元计入智某金泉注册资本，2894737元计入公司资本公积。增资完成后，安某基石公司持股5%，竺某持股95%。后新股东崔某、杨某、方某继续分别增资进入，经过三次增资后，智某金泉公司股权结构为：竺某88.48224%、安某基石公司4.65696%、崔某1.9008%、杨某0.96%、方某4%。但智某金泉公司（目标公司）一直未办理安某基石公司增资相关工商变更手续。

后安某基石公司法定代表人方某与智某金泉公司工作人员袁某通过微信沟通关于智某金泉公司运作情况，2016年6月1日，方某要求智某金泉公司尽快提供营业执照、董事会决议、公司章程等材料，袁某表示马上办理相关手续。2016年6月4日，袁某告知工商变更登记需要安某基石公司法定代表人的身份证等材料，方某表示不需办理了。后安某基石公司以未办理工商变更登记手续而未获得股东身份为由，将目标公司与竺某诉至法院要求解除增资协议并返还其全部投资款项。

上海市第二中级人民法院认为：根据已经查明的事实，安某基石公司已经完成了对智某金泉公司的增资款缴付，即已经完成了出资义务。而根据智某金泉公司的股东名册，安某基石公司已经取得了智某金泉公司的股东资格。且，在此后案外人崔某、杨某、方某的三次投资过程中，从相关投资协议所载的内容可知，智某金泉公司、竺某，包括案外人崔某、杨某、方某均认为安某基石公司系智某金泉公司的合法有效股东，而安某基石公司对此也并无异议，并在协议上盖章确认，可见智某金泉公司以及其他股东，包括安某基石公司自身，均认可安某基石公司已取得智某金泉公司的股东资格。综上，安某基石公司已经实际取得智某金泉公司的相应股权，只是没有办理相应的工商登记手续，但是诚如一审法院所言，工商登记仅系保障股东对外对抗效力的登记手段，未办理登记并不意味着不能取得股东资格和股东权利。而根据查明的事实以及一、二审中当事人的表态，安某基石公司完成出资后，并未就股东变更登记迟延提出异议，智某金泉公司并不排斥办理股东变更登记手续，反而是安某基石公司未予配合，且在诉讼中明确表态不愿意继续办理相关手续。故本院对安某基石公司所称的不能实现其股东权益和协议目的的说法，难以采信。又根据公司法相关规定以及资本维持原则，已经对公司完成出资的股东，非经法定程序，不得抽回其出资，故一审法院对安某基石公司要求智某金泉公司、竺某返还投资款的诉讼请求不予支持，并无不当。安某基石公司应另循法律规定的股东退出机制保障自身权益。[1]

综上，虽然安某基石公司增资款缴付后，目标公司并未实际办理股东工商登记手续，但不影响其在公司内部股东身份的取得，对于已经完成出资的股东，未经法定减资程序不得要求返还投资款，未办理工商登记更不能作为解除增资协议要求返还投资款的理由。

[引申法条]

《中华人民共和国公司法》

第一百七十八条 有限责任公司增加注册资本时，股东认缴新增资本的出资，依照本法设立有限责任公司缴纳出资的有关规定执行。

股份有限公司为增加注册资本发行新股时，股东认购新股，依照本法设立股份有限公司缴纳股款的有关规定执行。

04 增资后不得抽逃出资，上市公司可以例外？

股东出资或者增资后的资产属于公司所有，未经法定程序均不得抽回其出资，不论是有限公司抑或股份公司甚至上市公司都不能例外，本篇从银某烯碳新材料集

---

[1] （2017）沪02民终1073号。

团股份有限公司（以下简称银某公司）与连云港市丽某稀土实业有限公司（以下简称丽某公司）、李某沛、李某、狄某廷公司增资纠纷上诉案具体研析：

[典型案例]

银某公司是一家上市公司，丽某公司是一家普通民营企业。双方签订《增资合同》，丽某公司据此可以引入银某公司的资金扩大生产、促进公司业务的发展，银某公司则期望从丽某公司的业务发展中获得可观的利润分配。双方《增资合同》明确约定，上市公司银某公司向丽某公司增资2亿元，持有丽某公司40%的股权，其中2000万元进入丽某公司注册资本，1.8亿元进入资本公积金。这看上去本来是皆大欢喜的一件事，且双方都已经签订《增资合同》就相关权利义务进行了明确，但实际履行过程中上市公司出于种种原因考虑，并未将其应支付的1.5亿元资本公积金交由丽某公司实际控制利用，而是通过《资金往来框架协议》的方式将转给丽某公司的1.5亿元款项又回转至银某公司控制之下。

在本案中，法院透过现象看到本质，即上市公司和民营企业之间签订的《资金往来框架协议》约定目标公司丽某公司方转出1.5亿元不是为丽某公司商贸合作而为之，也不是为实现《增资合同》中丽某公司生产线技术改造或增加丽某公司流动资金等的需要而为之，而是按照银某公司的要求，为银某公司的利益而特别设定，且1.5亿元款项分别通过银某上市公司的孙、子公司转出后仍处于上市公司实际控制之下，1.5亿元资本公积金实际根本未用于丽某公司的生产发展，银某公司在无合法正当理由情形下取回已投入资本公积金行为属于公司法规定的抽逃出资行为。

最高院的说理部分：从公司法角度来讲，本案转出的资本公积金应予以返还。《公司法》第三条第一款规定："公司是企业法人，有独立的法人财产，享有法人财产权。公司以其全部财产对公司的债务承担责任。"第一百六十八条第一款规定："公司的公积金用于弥补公司的亏损、扩大公司生产经营或者转为增加公司资本。但是，资本公积金不得用于弥补公司的亏损。"资本公积金不仅是企业所有者权益的组成部分，亦是公司资产的重要构成，而公司资产在很大程度上代表着公司的资信能力、偿债能力、发展能力，在保障债权人利益、保证公司正常发展、维护交易安全方面起着重要作用。公司作为企业法人，具有独立人格和独立财产，而独立财产又是独立人格的物质基础。出资股东可以按照章程规定或协议约定主张所有者权益，但其无正当理由不得随意取回出资侵害公司财产权益。涉案1.5亿元资本公积金本应属于丽某公司资产，无正当理由转出后，理应予以返还，一审认定该行为属于抽逃出资行为并无不当。[①]

---

① （2018）最高法民终393号。

综上所述，上市公司银某公司本身是《增资合同》中的出资义务人，其无正当理由亦不得随意取回出资，资本公积金是企业所有者权益的组成部分，也是公司资产的重要构成，上市公司未经法定程序取回已投入资本公积金的行为属于抽逃出资行为，且严重侵害了公司财产权益，该行为当然不会受到法律的支持。

[引申法条]

《中华人民共和国公司法》

第三条　公司是企业法人，有独立的法人财产，享有法人财产权。公司以其全部财产对公司的债务承担责任。

有限责任公司的股东以其认缴的出资额为限对公司承担责任；股份有限公司的股东以其认购的股份为限对公司承担责任。

第一百六十八条　公司的公积金用于弥补公司的亏损、扩大公司生产经营或者转为增加公司资本。但是，资本公积金不得用于弥补公司的亏损。

法定公积金转为资本时，所留存的该项公积金不得少于转增前公司注册资本的百分之二十五。

05 被恶意增资的股东可否主张维持原股权比例？

未经公司有效的股东会决议通过，他人通过伪造签名恶意虚假向公司增资以"稀释"公司原有股东股份，该出资行为已被工商行政机关备案登记，该行为是否有效呢？本篇从公报案例黄某诉陈某等股东资格确认案来看如何认定：

[典型案例]

宏某公司系被上诉人黄某与一审被告陈某、张某等5人共同出资设立，设立时黄某依法持有宏某公司20%的股权。后宏某公司向工商局提交公司章程、股东会决议，将注册资本由原来的400万元，增至1500万元，由新某公司增加投资1100万元，则黄某的股份被稀释，登记成出资80万元，持股5.33%。工商变更验资完成后，宏某公司就以借款形式将增资1100万元还给新某公司。后黄某诉至法院，要求确认其持有宏某公司20%的股权。

上海二中院经审理认为，在黄某没有对其股权作出处分的前提下，除非宏某公司进行了合法的增资，否则原告的持股比例不应当降低。宏某公司的章程明确约定公司增资应由股东会作出决议。现经过笔迹鉴定，宏某公司和新某公司的股东会决议上均非黄某本人签名,不能依据书面的股东会决议来认定黄某知道增资的情况。因此,在没有证据证明黄某明知且在股东会上签名同意宏某公司增资至1500万元的情况下,对宏某公司设立时的股东内部而言,该增资行为无效,且对于黄某没有法律约束力,不应以工商变更登记后的1500万元注册资本金额来降低黄某在宏某公司的持股比例,而仍旧应当依照20%的股权比例在股东内部进行股权分配。最终判决支持黄某自设立后至股权转让前持有宏某公司20%的股权。①

上述通过伪造签名恶意增资行为损害了原有股东的合法权益,即使经过工商变更仍被法院认定为无效,公司原有股东股权比例应保持不变。当然对于被恶意增资的股东还有另外救济途径,如可以直接起诉确认增加注册资本的股东会决议无效,或者要求进行恶意增资行为的大股东承担赔偿责任,如以远低于净资产的注册资本进行平价增资,致使小股东股权价值蒙受重大损失等,对于此类滥用股东权利严重损害小股东权益的行为,小股东可以要求操纵增资的大股东对损失承担赔偿责任。

[引申法条]

《中华人民共和国公司法》

第二十条 公司股东应当遵守法律、行政法规和公司章程,依法行使股东权利,不得滥用股东权利损害公司或者其他股东的利益;不得滥用公司法人独立地位和股东有限责任损害公司债权人的利益。

公司股东滥用股东权利给公司或者其他股东造成损失的,应当依法承担赔偿责任。

公司股东滥用公司法人独立地位和股东有限责任,逃避债务,严重损害公司债权人利益的,应当对公司债务承担连带责任。

第二十二条 公司股东会或者股东大会、董事会的决议内容违反法律、行政法规的无效。

股东会或者股东大会、董事会的会议召集程序、表决方式违反法律、行政法规或者公司章程,或者决议内容违反公司章程的,股东可以自决议作出之日起六十日内,请求人民法院撤销。

股东依照前款规定提起诉讼的,人民法院可以应公司的请求,要求股东提供相应担保。

公司根据股东会或者股东大会、董事会决议已办理变更登记的,人民法院宣告该决议无效或者撤销该决议后,公司应当向公司登记机关申请撤销变更登记。

---

① 《最高人民法院公报》2015年第5期(总第223期)。

第九章
新增资本认购

01 增资侵犯其他股东优先认缴权部分是否有效？

公司法规定公司新增资本时，股东有权按照实缴的出资比例优先认缴出资，除非全体股东另有约定，如果增资时侵犯了其他股东的优先认缴权，该部分增资是否有效呢？本篇从最高院公报案例绵阳市红某实业有限公司（以下简称红某公司）与蒋某诉绵阳高新区科某实业有限公司（以下简称科某公司）股东会决议效力及公司增资纠纷案来分析。

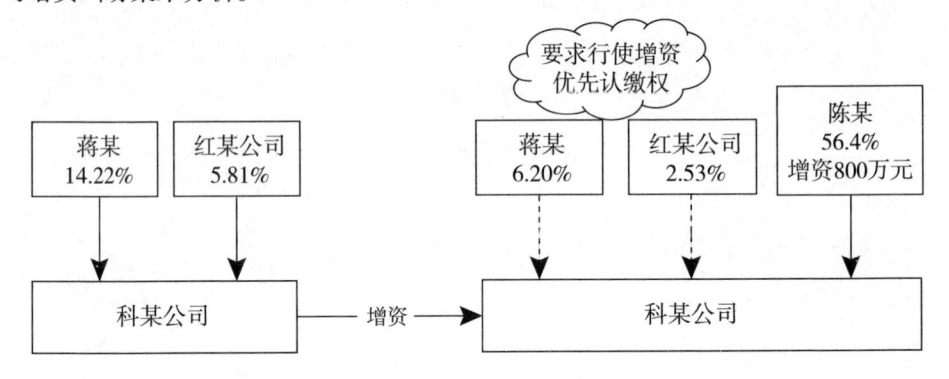

```
                               要求行使增资
                                优先认缴权

  ┌─────────┐   ┌─────────┐   ┌─────────┐   ┌─────────┐   ┌─────────┐
  │  蒋某   │   │红某公司 │   │  蒋某   │   │红某公司 │   │  陈某   │
  │ 14.22% │   │  5.81%  │   │  6.20%  │   │  2.53%  │   │  56.4%  │
  │         │   │         │   │         │   │         │   │增资800万元│
  └────┬────┘   └────┬────┘   └────┬────┘   └────┬────┘   └────┬────┘
       │             │             │             │             │
       ▼             ▼             ▼             ▼             ▼
  ┌─────────────────────┐  增资   ┌─────────────────────────────────┐
  │      科某公司       │───────▶│           科某公司              │
  └─────────────────────┘        └─────────────────────────────────┘
```

[典型案例]

科某公司于2001年7月成立。在2003年12月科某公司增资扩股前，公司的注册资金为475.37万元，其中最大股东蒋某出资额67.6万元，出资比例为14.22%；红某公司出资额为27.6万元，出资比例为5.81%。2003年12月16日科某公司股东会决议通过了吸纳陈某为新股东，但蒋某、红某公司和投弃权票的四名股东未在会议纪要上签名。

2003年12月18日，科某公司与陈某签订了《入股协议书》，陈某通过增资扩股方式成为公司新股东，即科某公司在原股本475.37万股的基础上，将总股本扩大至1090.75万股，陈某出资800万元人民币以每股1.3元认购615.38万股，占总股本1090.75万股的56.4%。

2003年12月22日，红某公司向科某公司递交了《关于要求作为科某公司增资扩股增资认缴人的报告》，主张蒋某和红某公司享有优先认缴出资的权利，愿意在增资扩股方案的同等条件下，由红某公司与蒋某共同或由其中一家向科某公司认缴新增资本800万元人民币的出资。

2003年12月25日，工商部门直接签发变更后的营业执照，即法定代表人陈某。科某公司变更后的章程记载：陈某出资额116.24万元，出资比例10.66%，蒋某出资额 67.6 万元，出资比例 6.20%，红某公司出资额 27.6 万元，出资比例占 2.53%。

2003 年 12 月 26 日，红某公司向绵阳高新区工商局递交了《请就绵阳高新区科某实业有限公司新增资本、增加新股东作不予变更登记的报告》。

2005 年 3 月 30 日，科某公司向工商部门申请办理公司变更登记，陈某将 614.38 万股股份转让给固生公司。

2005 年 12 月 12 日，蒋某和红某公司向一审法院提起诉讼，请求确认科某公司 2003 年 12 月 16 日股东会通过的吸纳陈某为新股东的决议无效，确认利某公司和陈某 2003 年 12 月 18 日签订的《入股协议书》无效，确认其对 800 万元新增资本优先认购，科某公司承担其相应损失。

本案历经四川绵阳中院一审、四川高院二审，最终由最高院提审。最高院认为：2003 年 12 月 16 日科某公司作出股东会决议时，现行公司法尚未实施，根据《最高人民法院关于适用〈中华人民共和国公司法〉若干问题的规定（一）》第二条的规定，当时的法律和司法解释没有明确规定的，可参照适用现行公司法的规定。《公司法》第三十三条规定："……公司新增资本时，股东可以优先认缴出资。"[①] 根据现行《公司法》第三十五条的规定，公司新增资本时，股东的优先认缴权应限于其实缴的出资比例。2003 年 12 月 16 日科某公司作出的股东会决议，在其股东红某公司、蒋某明确表示反对的情况下，未给予红某公司和蒋某优先认缴出资的选择权，迳行以股权多数决的方式通过了由股东以外的第三人陈某出资 800 万元认购科某公司全部新增股份 615.38 万股的决议内容，侵犯了红某公司和蒋某按照各自的出资比例优先认缴新增资本的权利，违反了上述法律规定。现行《公司法》第二十二条第一款规定："公司股东会或者股东大会、董事会的决议内容违反法律、行政法规的无效。"根据上述规定，科某公司于 2003 年 12 月 16 日股东会议通过的由陈某出资 800 万元认购科某公司新增 615.38 万股股份的决议内容中，涉及新增股份中 14.22% 和 5.81% 的部分因分别侵犯了蒋某和红某公司的优先认缴权而归于无效，涉及新增股份中 79.97% 的部分因其他股东以同意或弃权的方式放弃行使优先认缴权而发生法律效力。四川省绵阳市中级人民法院（2006）绵民初字第 2 号民事判决认定决议全部有效不妥，应予纠正。该股东会将吸纳陈某为新股东列为一项议题，但该议题中实际包含增资 800 万元和由陈某认缴新增出资两方面的内容，其中由陈某认缴新增出资的决议内容部分无效不影响增资决议的效力，科某公司认为上述两个方面的内容不可分割缺乏依据，本院不予支持。[②]

[①] 2005 年公司法修订时删除了此条。
[②] （2010）民提字第 48 号，《最高人民法院公报》2011 年第 3 期（总第 173 期）。

本篇公报案例揭示当增资侵犯股东优先认缴权时，该部分增资行为无效。此处实务中需要注意新的投资人以增资形式进入时，要确保其他股东放弃优先认缴权。在民商事法律关系中，公司作为行为主体实施法律行为的过程可以分为内外两个层次，一是公司内部的意思形成阶段，通常表现为股东会或董事会决议；二是公司对外作出意思表示的阶段，通常表现为公司对外签订的合同等。出于保护善意第三人和维护交易安全的考虑，在公司内部意思形成过程存在瑕疵的情况下，只要对外的表示行为不存在无效的情形，公司一般应受其表示行为的制约。故本案最高院认为增资决议部分无效不影响公司与第三人签订的《入股协议书》，该协议是科某公司与陈某作出的一致意思表示，陈某按照协议约定支付了相应对价，也不存在《合同法》第五十二条（现《民法典》第一百五十三条）所规定的合同无效的情形，应属有效。

[引申法条]

《中华人民共和国公司法》

第三十四条　股东按照实缴的出资比例分取红利；公司新增资本时，股东有权优先按照实缴的出资比例认缴出资。但是，全体股东约定不按照出资比例分取红利或者不按照出资比例优先认缴出资的除外。

《中华人民共和国民法典》

第一百五十三条　违反法律、行政法规的强制性规定的民事法律行为无效。但是，该强制性规定不导致该民事法律行为无效的除外。

违背公序良俗的民事法律行为无效。

02　主张优先认缴权的股东可否无限期行使优先权？

本篇对上篇案例从另一个角度继续分析，即最高院认定侵犯股东优先认缴权部分决议无效，那股东是否可以无限期行使优先权呢？

根据《公司法》第三十四条的规定，公司新增资本时，股东有权优先按照实缴的出资比例认缴出资。从权利性质上来看，股东对于新增资本的优先认缴权应属形成权。现行法律并未明确规定该项权利的行使期限，但从维护交易安全和稳定经济秩序的角度出发，结合商事行为的规则和特点，人民法院在处理相关案件时应限定该项权利行使的合理期间，对于超出合理期间行使优先认缴权的主张不予支持。

最高院认为：虽然科某公司2003年12月16日股东会决议因侵犯了红某公司

和蒋某按照各自的出资比例优先认缴新增资本的权利而部分无效，但红某公司和蒋某是否能够行使上述新增资本的优先认缴权还需要考虑其是否恰当地主张了权利。股东优先认缴公司新增资本的权利属形成权，虽然现行法律没有明确规定该项权利的行使期限，但为维护交易安全和稳定经济秩序，该权利应当在一定合理期间内行使，并且由于这一权利的行使属于典型的商事行为，对于合理期间的认定应当比通常的民事行为更加严格。本案红某公司和蒋某在科某公司2003年12月16日召开股东会时已经知道其优先认缴权受到侵害，且作出了要求行使优先认缴权的意思表示，但并未及时采取诉讼等方式积极主张权利。在此后科某公司召开股东会，决议通过陈某将部分股权赠与固生公司提案时，红某公司和蒋某参加了会议，且未表示反对。红某公司和蒋某在股权变动近两年后又提起诉讼，争议的股权价值已经发生了较大变化，此时允许其行使优先认缴出资的权利将导致已趋稳定的法律关系遭到破坏，并极易产生显失公平的后果，故四川省绵阳市中级人民法院（2006）绵民初字第2号民事判决认定红某公司和蒋某主张优先认缴权的合理期间已过并无不妥。故本院对红某公司和蒋某行使对科某公司新增资本优先认缴权的请求不予支持。

综上，其他股东欲行使优先认缴权须在合理期限内行使。《公司法司法解释四》第二十一条对股权转让其他股东优先购买权进行了期限限制，也可以作为优先认缴权行使期间的法律依据参考，即有限责任公司的股东向股东以外的人转让股权，未就其股权转让事项征求其他股东意见，损害其他股东优先购买权的，其他股东应自知道或者应当知道行使优先购买权的同等条件之日起三十日内，或者自股权变更登记之日起一年内主张，否则权利过期将无法得到法院的支持。

[引申法条]

《最高人民法院关于适用〈中华人民共和国公司法〉若干问题的规定（四）》

第二十一条 有限责任公司的股东向股东以外的人转让股权，未就其股权转让事项征求其他股东意见，或者以欺诈、恶意串通等手段，损害其他股东优先购买权，其他股东主张按照同等条件购买该转让股权的，人民法院应当予以支持，但其他股东自知道或者应当知道行使优先购买权的同等条件之日起三十日内没有主张，或者自股权变更登记之日起超过一年的除外。

前款规定的其他股东仅提出确认股权转让合同及股权变动效力等请求，未同时主张按照同等条件购买转让股权的，人民法院不予支持，但其他股东非因自身原因导致无法行使优先购买权，请求损害赔偿的除外。

股东以外的股权受让人，因股东行使优先购买权而不能实现合同目的的，可以依法请求转让股东承担相应民事责任。

03 股东对其他股东放弃的增资份额有优先认购权吗?

平等的股东之间是否可以对其他股东放弃的增资份额享有优先认购权呢?本篇从最高院审理的贵州捷某投资有限公司(以下简称捷某公司)与贵阳黔某生物制品有限责任公司(以下简称黔某公司)、重庆大某生物技术有限公司(以下简称大某公司)、贵州益某制药有限公司(以下简称益某公司)、深圳市亿某盛达科技有限公司股权确权及公司(以下简称亿某盛达公司)增资扩股出资份额优先认购权纠纷案[①]来分析。

[典型案例]

黔某公司股东分别为大某公司54%、益某公司19%、亿某盛达公司18%、捷某公司9%。2007年4月,黔某公司先后召开两次股东会,就黔某公司增资扩股、改制上市等相关事宜进行磋商,但均未能达成一致意见。2007年5月,黔某公司再次召开临时股东会,对拟引入战略投资者,按每股2.8元溢价私募资金2000万股,各股东按各自的股权比例减持股权,以确保公司顺利完成改制及上市的方案进行讨论。会议表决通过按股比减持股权,引进战略投资者。大某公司、益某公司、亿某盛达公司、捷某公司股东代表均在决议上签字,其中,捷某公司代表在签字时特别注明"同意增资扩股,但不同意引入战略投资者"。同日,捷某公司向黔某公司提交了《关于我公司在近期三次股东会议上的意见备忘录》,表明其除应按出资比例优先认缴出资外,还要求对其他股东放弃的认缴份额行使优先认购权。

随后捷某公司将其180万股的认缴资金缴纳到黔某公司账上,并再次致函黔某公司及各股东,要求对其他股东放弃的出资份额行使优先认购权,未获其他股东及黔某公司同意。为此,捷某公司以大某公司、益某公司、亿某盛达公司均放弃新股认购权总计1820万股后,在其已明确表示行使优先认购权的情况下,仍决定将该部分认购权让与公司股东以外的其他人,违反公司法的有关规定,侵犯其优先认购权为由,于2007年6月向法院提起诉讼。贵州省高院一审认为捷某公司应当按照黔某公司此次增资股东会有关决议内容执行,对其他股东放弃认缴的增资份额没有优先认购权。捷某公司不服遂向最高院提起上诉。

最高院认为我国《公司法》第三十五条规定,"公司新增资本时,股东有权优

---

① (2009)民二终字第3号。

先按照实缴的出资比例认缴出资",① 直接规定股东认缴权范围和方式，并没有直接规定股东对其他股东放弃的认缴出资比例增资份额有无优先认购权，也并非完全等同于该条但书或者除外条款即全体股东可以约定不按照出资比例优先认缴出资的除外所列情形，此款所列情形完全针对股东对新增资本的认缴权而言的，这与股东在行使认缴权之外对其他股东放弃认缴的增资份额有无优先认购权并非完全一致。对此，有限责任公司的股东会完全可以有权决定将此类事情及可能引起争议的决断方式交由公司章程规定，从而依据公司章程规定方式作出决议，当然也可以包括股东对其他股东放弃的认缴出资有无优先认购权问题，该决议不存在违反法律强行规范问题，决议是有效力的，股东必须遵循。只有股东会对此问题没有形成决议或者有歧义理解时，才有依据公司法规范适用的问题。即使在此情况下，由于公司增资扩股行为与股东对外转让股份行为确属不同性质的行为，意志决定主体不同，因此二者对有限责任公司人合性要求也不同。在已经充分保护股东认缴权的基础上，捷某公司在黔某公司此次增资中利益并没有受到损害。当股东个体更大利益与公司整体利益或者有限责任公司人合性与公司发展相冲突时，应当由全体股东按照公司章程规定方式进行决议，从而有个最终结论以便各股东遵循。至于黔某公司准备引进战略投资者具体细节是否已经真实披露于捷某公司，并不能改变事物性质和处理争议方法。综上所述，捷某公司上诉请求和理由不能成立，本院不予支持。捷某公司应当按照黔某公司此次增资股东会有关决议内容执行，对其他股东放弃认缴的增资份额没有优先认购权。

综上，现行公司法对股东行使增资优先认购权范围限于股东实缴部分，并未明确规定股东对其他股东放弃的认缴出资比例有优先认缴的权利。同时公司股权转让与增资扩股不同，股权转让往往是被动的股东更替，与公司的战略性发展并无实质联系，故须更加突出保护有限责任公司的人合性；而增资扩股，引入新的投资者，往往是为了公司的发展，故对其他股东放弃的认缴增资部分股东一般不具有优先认购权。如果章程对该问题作出专门约定，则可以由全体股东按照公司章程规定方式进行决议来行使。

[引申法条]

《中华人民共和国公司法》

第三十四条 股东按照实缴的出资比例分取红利；公司新增资本时，股东有权优先按照实缴的出资比例认缴出资。但是，全体股东约定不按照出资比例分取红利或者不按照出资比例优先认缴出资的除外。

---

① 参见现行《公司法》第三十四条。

04 股份有限公司股东可以行使增资优先认购权吗？

公司法关于优先认购权的规定规范的是有限公司，而股份公司股东是否可以行使增资优先认购权呢？本篇通过昆明中院审理的李某与云南某（集团）股份有限公司新增资本认购纠纷案来了解。

[典型案例]

云南某（集团）股份有限公司（以下简称云某集团）系原云南某厂经过1996年国企改制后，以发起方式设立的股份有限公司，其中云某职工持股会为发起人之一，何某系云南某厂职工，通过认购职工股并获得配股等方式，累计持有职工股6872股。2006年4月21日，原、被告解除了劳动合同关系。

2008年1月10日，云某职工持股会发布《云南某厂职工持股会关于内部职工股增资扩股的公告》，该公告确定的增资扩股范围包括在职在岗的持股会员、离退休的持股会员、办理了已故继承手续的持股会员；每位持股会员的增资扩股比例按本人持股总数的10%进行认购，每股价格按1.43元计收。何某欲按照《公司法》第三十四条规定行使增资扩股优先认购权，云某集团称何某系已辞职自谋职业的原持股会会员，不属于公司股东会决议本次增资扩股的范围，无权行使增资扩股认购权。何某遂以新增资本认购纠纷案由诉至法院要求行使增资扩股认购权。

昆明市中级法院认为，云某集团是原云南某厂通过国企改制，以发起方式设立的股份有限公司，云某职工持股会是发起人之一，作为股东进行了工商登记，何某作为云某职工持股会会员，其权利的行使必须按照持股会的章程来进行。公司进行增资扩股系公司内部治理的经营决策行为，由公司的决策机构作出决议并遵照执行。《公司法》第三十四条规定的股东增资优先认购权，是公司法基于保护有限责任公司人和性的经营特征，对有限责任公司增资扩股行为发生时所作的强制性规范，目的在于保护有限责任公司基于人和基础搭建起来的经营运行稳定性，该规定仅适用于有限责任公司。对于股份有限公司，基于其资合性的组织形式与管理运行模式，公司法并未对其增资扩股行为设定优先认购权的强制性规范，股份有限公司的增资扩股行为系其内部经营决策合意的结果，在不违反相关强制性法律法规的前提下，公司具体的增资方式、增资对象、增资数额、增资价款等均由其股东会决议并遵照执行。

云某集团2008年增资扩股系公司法人治理框架内的经营决策自治行为，其新股发行的种类、数额、价格、起止日期、范围等均应当由公司的股东会决议并执行，而云某集团于 2008 年 1 月 8 日作出《云南某（集团）股份有限公司 2007 年第二次临时股东大会决议》，其中决议第二项对公司本次增资的种类、对象、数额、时间等均作出了明确，故云某集团 2008 年的增资扩股行为应当按照该股东会决议履行。故法院最终认定何某不在云某集团 2008 年的增资扩股范围之内，无权要求行使增资扩股认购权。[①]

一般来说，公司法赋予有限公司股东优先认购权的目的在于保障股东股权结构及股东关系稳定，而股份有限公司是否享有优先认购权公司法中并没有明确规定，通说倾向于资合的股份公司没有优先认购权，但是如果股东会决议对向原有股东发行新股的种类、数额等作出明确的决议，实操中也可以实现股份公司股东的优先认购权。

[引申法条]

《中华人民共和国公司法》

第三十四条　股东按照实缴的出资比例分取红利；公司新增资本时，股东有权优先按照实缴的出资比例认缴出资。但是，全体股东约定不按照出资比例分取红利或者不按照出资比例优先认缴出资的除外。

第一百三十三条　公司发行新股，股东大会应当对下列事项作出决议：

（一）新股种类及数额；

（二）新股发行价格；

（三）新股发行的起止日期；

（四）向原有股东发行新股的种类及数额。

第一百三十七条　股东持有的股份可以依法转让。

---

① （2015）昆民五终字第 31 号。

第十章

公司减资

01 公司减资未通知已知债权人，减资股东要背负债务吗？

因公司经营过程中减资会影响债权人利益，故依法需遵循法定程序展开。如果未通知债权人就开始减资，减资的股东是否对公司债务承担责任呢？本篇从最高院公报案例上海德某西集团有限公司诉江苏博某高科有限公司、冯某、上海博某光电股份有限公司买卖合同纠纷案[1]来研析：

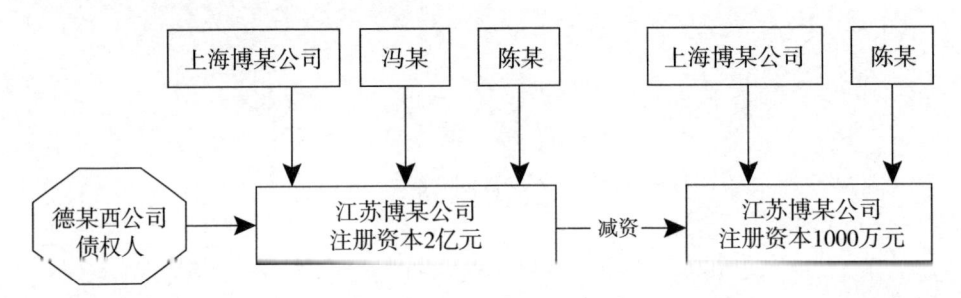

```
上海博某公司  冯某  陈某           上海博某公司  陈某
      ↓       ↓    ↓                   ↓         ↓
德某西公司 → 江苏博某公司    —减资→   江苏博某公司
债权人      注册资本2亿元              注册资本1000万元
```

[典型案例]

2011年3月29日，上海德某西集团有限公司（以下简称称德某西公司）与江苏博某高科有限公司（以下简称江苏博某公司）签订《电气电工产品买卖合同》，合同约定，江苏博某公司向德某西公司购买电气设备，合同总金额为111万元。合同签订后，德某西公司按合同约定交付了全部设备，江苏博某公司向德某西公司支付货款333000元，尚欠777000元未付。2012年8月10日，江苏博某公司召开股东会，通过减资决议，决定江苏博某公司减资19000万元，注册资本由2亿元减为1000万元。2012年8月13日，江苏博某公司在《江苏经济报》上发布了减资公告，后江苏博某公司办理了工商变更登记，但江苏博某公司在减资前未向德某西公司清偿前述债务，亦未就公司减资事宜通知德某西公司。另查明，减资前，江苏博某公司注册资本为2亿元，股东为上海博某光电股份有限公司（以下简称上海博某公司）、冯某、陈某；减资后，该公司注册资本为1000万元，股东为上海博某公司、陈某。债权人德某西公司诉诸于法院，请求1. 判令江苏博某公司向德某西公司支付货款777000元；2. 判令上海博某公司、冯某在19000万元减资范围内对江苏博某公司应向德某西公司支付的货款共同承担补充赔偿责任。

公司减资应直接通知和公告通知债权人，以避免因公司减资产生损及债权人债

---

[1] 《最高人民法院公报》2017年第11期（总第253期）。

权的结果。虽然江苏博某公司在《江苏经济报》上发布了减资公告，但并未就减资事项直接通知德某西公司，故该通知方式不符合减资的法定程序，也使得德某西公司丧失了在江苏博某公司减资前要求其清偿债务或提供担保的权利。

尽管公司法规定公司减资时的通知义务人是公司，但公司是否减资系股东会决议的结果，是否减资以及如何进行减资完全取决于股东的意志，股东对公司减资的法定程序及后果亦应明知，同时，公司办理减资手续需股东配合，对于公司通知义务的履行，股东亦应当尽到合理的注意义务。江苏博某公司的股东就公司减资事项先后在2012年8月10日和9月27日形成股东会决议，而此时德某西公司的债权早已形成，作为江苏博某公司的股东，上海博某公司和冯某应当明知。但在此情况下，上海博某公司和冯某仍然通过股东会决议同意冯某的减资请求，并且未直接通知德某西公司，既损害江苏博某公司的清偿能力，又侵害了德某西公司的债权，应当对江苏博某公司的债务承担相应的法律责任。

公司未对已知债权人进行减资通知时，该情形与股东违法抽逃出资的实质以及对债权人利益受损的影响，在本质上并无不同。因此，尽管我国法律未具体规定公司不履行减资法定程序导致债权人利益受损时股东的责任，但可比照公司法相关原则和规定来加以认定。由于江苏博某公司减资行为上存在瑕疵，致使减资前形成的公司债权在减资之后清偿不能的，上海博某公司和冯某作为江苏博某公司股东应在公司减资数额范围内对江苏博某公司债务不能清偿部分承担补充赔偿责任。

《公司法》第一百七十七条规定："公司需要减少注册资本时，必须编制资产负债表及财产清单。公司应当自作出减少注册资本决议之日起十日内通知债权人，并于三十日内在报纸上公告。债权人自接到通知书之日起三十日内，未接到通知书的自公告之日起四十五日内，有权要求公司清偿债务或者提供相应的担保。"可以看出，公司要减少注册资本就必须遵守严格的程序要求，首先，公司需要编制资产负债表及财产清单；其次，对已知或应知的债权人应履行通知义务，《公司法》规定了通知程序和公告程序两种方式，但需要注意的是，通知和公告是两个并列的程序，缺一不可，只公告未通知或只通知未公告都属于不当减资行为。本篇案例江苏博某公司明知拖欠德某西公司的货款，虽然在《江苏经济报》上发布了减资公告，但并未就减资事项直接通知德某西公司，不符合法定的减资程序，属于不当减资行为。不过，《公司法》及司法解释规定了公司减资时应履行通知义务，但并未明确规定公司未履行通知义务的法律后果，尤其是公司股东如何承担法律责任。实务中，法院审理这类案件，一般参照股东抽逃出资的相关规则，判令公司股东在减资数额范围内就公司债务承担补充赔偿责任。本案中，二审法院最终判令江苏博某公司的股东在减资数额范围内对德某西公司的债务承担补充赔偿责任。

综上，公司减资时务必注意如下几个方面：

一、公司减资时对已知或应知的债权人应履行通知义务，不能在未先行通知的情况下直接以登报公告形式代替通知义务。

二、公司减资时未依法履行通知已知或应知债权人的义务，若公司股东又无证据证明其在减资过程中怠于通知无过错的，当公司减资后不能偿付减资前的债务时，减资股东需要背负债务，即就该债务在减资数额范围内对债权人承担补充赔偿责任。

三、公司不当减资行为，工商变更后减资有效，但是不能对抗债权人，即债权人仍可要求公司在原注册资本范围内承担责任。

[引申法条]

《中华人民共和国公司法》

第一百七十七条　公司需要减少注册资本时，必须编制资产负债表及财产清单。

公司应当自作出减少注册资本决议之日起十日内通知债权人，并于三十日内在报纸上公告。债权人自接到通知书之日起三十日内，未接到通知书的自公告之日起四十五日内，有权要求公司清偿债务或者提供相应的担保。

02　减资过程中需要通知的债权人有哪些？

公司减资过程中需要通知哪些债权人，即债权人的身份应当如何认定，直接关系到减资公司通知义务的履行。司法审判实践中观点一般认为，在减资过程中对于已经提起诉讼的债权人，无论该诉讼是否已经审结，该债权人均应作为已知。除此之外，还有哪些情况下的债权人也需要对其履行通知义务呢？

在上海精某电器成套有限公司诉刘某、上海康某投资有限公司、第三人上海铁某建筑安装工程有限公司减资纠纷案中，法院认为：原告表示其对第三人的债权形成于2009年11月，第三人减资时对原告的债权是明知的。被告及第三人表示减资在前，原告对第三人的诉讼在后，第三人减资时不清楚对原告有确定的债务。对此，本院认为，债务人对债务是否明知，不以诉讼为前提。本案中，根据（2014）闵民二（商）初字第1188号生效民事判决书查明的事实，自2006年12月1日起，原告与第三人签订四份合同，约定由第三人向原告订购配电箱等产品。2009年5月12日，双方签订承诺书，第三人确认尚欠原告7853485元，并对欠款作了分期付款的承诺。虽然承诺书载明最后一笔支付款项2650766元为约数，需在核对清楚账目后付清，但从承诺书所记载的双方发生的合同总额、已支付款项及欠款金额情况，足以认定双方已就业务往来期间的账目作了大致的核算，且在 2009 年 11 月 30 日的书面材料中，第三人的经办人毛某明确确认未付款为 6638767 元。由此可见，截至 2009 年 11 月 30 日书面对账材料形成之日，铁某公司尚欠原告 6638767 元，但之后，第三人仅支付 540 万元。可见，截至 2012 年 9 月减资之日，第三人对原告的债务尚未全部履行。且从 2012 年 2 月 9 日起，原告已发函向第三人催要欠款，嗣后，上述债权也得到了生效法律文书的确认。显然第三人于 2012 年 9 月实施减资时，知道对原告尚有未履行的债务。[①]

根据上述案例可知，债务人是否明知债务及债权人的存在，并不以提起诉讼为前提，对于未提起诉讼的案件，若债权人能够举证证明其曾经向债务人提出过债权主张，或者采取确认债权数额、达成付款协议等方式确认过债权，则债务人在减资时仍应对其进行通知。当然，也有裁判观点认为，公司减资时债权债务处于诉讼中，且争议焦点为债权是否成立的，纠纷当事人不是确定的债权人。不过，从规避风险来讲，如果涉及确认的债权和涉诉的债权，建议债务人对相关债权人均履行通知义务。

[引申法条]

《中华人民共和国公司法》

第一百七十七条 公司需要减少注册资本时，必须编制资产负债表及财产清单。

公司应当自作出减少注册资本决议之日起十日内通知债权人，并于三十日内在报纸上公告。债权人自接到通知书之日起三十日内，未接到通知书的自公告之日起四十五日内，有权要求公司清偿债务或者提供相应的担保。

03 未完全履行出资义务的股东不当减资需要承担责任吗？

股东在认缴期已到但未履行出资义务的情况下，未通知债权人便进行减资，这种瑕疵减资行为需要对未能清偿的债权承担补充赔偿责任吗？下面的案例将进行说明：

[①] （2017）沪 0151 民初 10693 号。

[典型案例]

蓝某和黄某原系夫妻关系。2010年3月，蓝某和黄某共同成立了泸州万某服装有限公司（以下简称万某服装公司），注册资本为200万元，实收资本100万元。其中，蓝某持有公司20%的股份，认缴出资额共40万元，第一期实缴出资额20万元、出资方式为货币、出资时间为2010年3月12日，2011年8月30日前应缴出资12万元、2011年12月31日前应缴出资8万元。黄某持有公司80%的股份，认缴出资额共160万元，第一期实缴出资额80万元、出资方式为货币、出资时间为2010年3月12日，2011年8月30日前应缴出资48万元、2011年12月31日前应缴出资32万元。

2010年8月13日，耀某制衣公司与万某服装公司签订《合作协议书》，约定万某服装公司代耀某制衣公司加工服装，2011年6月，耀某制衣公司与万某服装公司就履行上述合作协议书中成衣加工事宜发生纠纷诉至法院，最终法院判决万某服装公司应当向耀某制衣公司支付745327.628元。

但在上述案件诉讼期间，蓝某和黄某于2011年10月28日在未通知耀某制衣公司的情况下，向泸县工商局申请对万某服装公司的注册资本减少100万元，2012年1月4日，泸县工商局核准了减资申请。耀某制衣公司认为，（2011）成民初字第565号民事判决生效后，万某服装公司没有被执行到任何财产，而蓝某和黄某作为万某服装公司的股东，在明知公司要承担债务情况下，恶意减少公司注册资本，致使万某服装公司不能清偿债务，损害了耀某制衣公司的合法权益，应当在不当减资的范围内承担补充赔偿责任。

成都中院认为：根据《公司法》第三条的规定，公司以其全部财产对公司的债务承担责任，有限责任公司的股东以其认缴的出资额为限对公司承担责任；第一百七十八条规定，公司需要减少注册资本时，必须编制资产负债表及财产清单，公司应当作出减少注册资本决议之日起十日内通知债权人，并于三十日内在报纸上公告，债权人自接到通知书之日起三十日内，未接到通知书的自公告之日起四十五日内，有权要求公司清偿债务或提供相应的担保。本案中，万某服装公司设立时注册资本200万元，实收资本100万元，公司股东为蓝某、黄某，持股比例分别为20%、80%，但蓝某、黄某在未缴纳第二、第三期出资款共计100万元的情况下，于2011年年底召开股东会决定将万某服装公司的注册资本减少到100万元，并办理了减资的工商变更登记。但现有证据无法表明在减资发生时，万某服装公司已依法通知已知债权人耀某制衣公司；且上述减资过程，正是耀某制衣公司与万某服装公司发生诉讼纠纷期间，由于万某服装公司迳行减资，导致耀某制衣公司丧失了及时向公司主张清偿责任或提供相应担保的权利，进而使生效判决无法得以执行。故上述减资行为因违反法律规定，对于已知债权人不发生对抗效力。

根据《公司法司法解释三》第十三条第二款中规定，公司债权人请求未履行或未全面履行出资义务的股东在未出资本息范围内对公司债务不能清偿的部分承担补充赔偿责任的，人民法院应予支持。鉴于万某服装公司已无力清偿债务，蓝某、黄某作为万某服装公司股东，在未履行全面出资义务的情形下，不当减资，导致公司不能清偿债务，则作为公司股东应当依法在未出资本息范围内对公司债务不能清偿部分承担补充赔偿责任。因此，对于耀某制衣公司起诉主张蓝某、黄某分别在20万元、80万元减资范围内对万某服装公司所欠债务承担补充赔偿责任，符合法律规定，本院予以支持。①

本案非常具有典型实务意义，案涉股东在认缴期已到但未履行出资义务情况下，未通知债权人便进行不当减资，以为工商变更完毕便万事大吉，可以高枕无忧，殊不知，这种瑕疵减资行为却切实给了债权人在债权未能得到清偿时追加股东补充赔偿责任的充足理由，故建议股东按期履行出资义务，按法定程序进行减资，否则看似工商注册资本降低，实则直接将债务背负至股东自己身上。不过也有裁判观点认为，公司在股东未完全履行出资义务的情况下减资，导致股东出资金额减少，出资义务完成，股东对债权人不承担责任。

另外，如果认缴期未到，以减少认缴出资的方式减资的，法院认为尽管没有实际资产流出，但实际上本应增加的公司资产无法增加，是消极意义上的资产减少，属于实质减资，仍应履行法定减资程序，否则也要承担补充赔偿责任。综上，为避免引火上身，不论认缴出资是否届满，建议减资均应按法定程序履行通知程序，以免被要求对公司债务承担补充赔偿责任。

[引申法条]

《最高人民法院关于适用〈中华人民共和国公司法〉若干问题的规定（三）》

第十三条 股东未履行或者未全面履行出资义务，公司或者其他股东请求其向公司依法全面履行出资义务的，人民法院应予支持。

公司债权人请求未履行或者未全面履行出资义务的股东在未出资本息范围内对公司债务不能清偿的部分承担补充赔偿责任的，人民法院应予支持；未履行或者未全面履行出资义务的股东已经承担上述责任，其他债权人提出相同请求的，人民法院不予支持。

股东在公司设立时未履行或者未全面履行出资义务，依照本条第一款或者第二款提起诉讼的原告，请求公司的发起人与被告股东承担连带责任的，人民法院应予

---

① （2015）成民初字第2124号。

支持；公司的发起人承担责任后，可以向被告股东追偿。

股东在公司增资时未履行或者未全面履行出资义务，依照本条第一款或者第二款提起诉讼的原告，请求未尽公司法第一百四十七条第一款规定的义务而使出资未缴足的董事、高级管理人员承担相应责任的，人民法院应予支持；董事、高级管理人员承担责任后，可以向被告股东追偿。

04 未减资股东与瑕疵减资股东承担连带责任吗？

一般来说，瑕疵减资股东仅在自己的减资范围内对公司债务承担补充赔偿责任，此种观点在司法实践中较为常见；但也有裁判观点认为全部瑕疵减资的股东共同以公司的减资范围承担债务，瑕疵减资的股东之间相互连带。还有一种观点认为，不仅减资股东应对公司债务承担补充赔偿责任，其他未减资的股东也参与并同意了公司减资，故应当同减资的股东承担连带责任。

上海市一中院在中国某物资供销总公司（以下简称某物资公司）诉上海天某重型机器有限公司（以下简称天某公司）减资纠纷案中认为尽管《公司法》规定公司减资时的通知义务人是公司，但公司减资系股东会决议的结果，是否减资以及如何进行减资完全取决于股东的意志。本案中，包括某物资公司在内的东某物产公司股东在明知公司对外所负巨额债务而未清偿的情形下仍旧通过股东会决议减少公司的注册资本并向工商登记部门出具虚假的情况说明，主观上存在过错，客观上损害了东某物产公司的偿债能力，故减资股东的行为构成第三人侵害债权。程序瑕疵的减资，对已知债权人不发生法律效力，则本质上造成同抽逃出资一样的后果，故在立法未明确规定的情形下原审法院比照抽逃出资的责任认定包括某物资公司在内的减资股东在各自减资范围内对东某物产公司的债务承担补充赔偿责任并无不当。某物资公司主张其不应承担责任以及即便承担责任也应在收到退资款的范围内承担的主张于法无据，本院不予支持。而其他未减资股东虽未减少出资额，但在明知公司负债的情形下仍同意减资股东的减资请求，导致公司现无法以自身的财产偿还所欠天某公司全部债务的结果，也应当对减资股东的责任承担连带责任。[①]

本篇判例启示是，法院除对瑕疵减资股东课以补充赔偿责任外，对于其他未减资股东，当有证据证明明知负债仍同意减资，在作出减资决议时存在恶意，或者协助减资股东减资，导致公司无法以自身财产偿还债务的，有被法院认定承担连带责

[①]（2013）沪一中民四（商）终字第1831号。

任的法律风险，所以还是建议不要试图通过减资形式逃避债务，最后很有可能不仅竹篮打水一场空，股东个人还要承担连带偿还责任。

05 股东会决议不同比例减资需要全体股东一致同意吗？

根据《公司法》规定，股东会会议作出减少注册资本的决议，必须经代表三分之二以上表决权的股东通过。实践中，减资存在同比例减资和不同比例减资两种情况，对于同比例减资，一般法院在裁判时认为符合法律规定的程序即为有效，但对于不同比例减资是否可以由大股东一人说了算，本篇通过江阴某实业有限公司（以下简称某公司）与陈某公司决议效力确认纠纷案来了解。

江苏省无锡市中级人民法院二审认为：本案中，某公司未通知陈某参加股东会，而直接作出关于减资的股东会决议，从形式上看仅仅是召集程序存在瑕疵，但从决议的内容来看，某公司股东会作出的关于减资的决议已经违反法律，陈某可以请求确认该股东会决议无效。理由如下：一、《公司法》规定，股东会会议作出减少注册资本的决议，必须经代表三分之二以上表决权的股东通过。该规定中减少注册资本仅指公司减少注册资本，而并非涵括减资在股东之间的分配。由于减资存在同比减资和不同比减资两种情况，不同比减资会直接突破公司设立时的股权分配情况，如果只要经三分之二以上表决权的股东通过就可以作出不同比减资的决议，实际上是以多数决的形式改变公司设立时经发起人一致决所形成的股权架构，故对于不同比减资，应由全体股东一致同意，除非全体股东另有约定。二、某公司对部分股东进行减资，而未对陈某进行减资的情况下，不同比减资导致陈某持有的某公司股权从3%增加至9.375%，而从某公司提供的资产负债表、损益表来看，某公司的经营显示为亏损状态，故陈某持股比例的增加在实质上增加了陈某作为股东所承担的风险，损害了陈某的股东利益。三、股东应当遵守法律、行政法规和公司章程，依法行使股东权利，不得滥用股东权利损害公司或者其他股东的利益。而某公司召开的4次股东会均未通知陈某参加，并且利用大股东的优势地位，以多数决的形式通过了不同比例减资决议，直接剥夺了陈某作为小股东的知情权、参与重大决策权等程序权利，也在一定程度上损害了陈某作为股东的实质利益。陈某主张诉争股东会决议内容无效具有事实和法律依据，法院依法予以支持。[①]

综上，资本多数决原则是保持公司高效运营的不二法则，但是在公司经营决策

---

① （2017）苏02民终1313号。

过程中应受到一定限制，不同比减资将改变公司设立时经发起人一致意思所形成的股权架构，导致部分股东的持股比例上升，增加该股东所承担的风险，损害其股东利益，故除非全体股东另有约定，不同比减资应适用全体一致决原则。

[引申法条]

《中华人民共和国公司法》

第四十三条 股东会的议事方式和表决程序，除本法有规定的外，由公司章程规定。

股东会会议作出修改公司章程、增加或者减少注册资本的决议，以及公司合并、分立、解散或者变更公司形式的决议，必须经代表三分之二以上表决权的股东通过。

06 股东定向减资也需要全体股东一致同意吗？

公司增减出资关乎股东之间的利益、公司未来的发展，更关乎与公司相关的债权人等的利益，故公司法对公司增减出资规定了特殊多数决的程序要求，如果以向股东返还出资款的形式进行定向减资是否也可经三分之二决就有效呢？本篇来看上海一中院、上海浦东法院联合发布自贸区司法保障十大典型案例之三：华某诉S公司公司决议纠纷案：

[典型案例]

S公司的股东会由A公司以及华某等6名股东组成，公司注册资本为6313131元。S公司于2018年3月1日召开股东会并作出决议：一、同意对A公司认缴注册资本中的210438元进行定向减资，公司总注册资本减少至6102693元。减资后A公司股权比例下降，从10%降至6.9%，其他股东持股比例均上升，其中，华某股权比例从24.47%上升至25.32%。二、同意S公司向A公司返还投资款500万元。三、同意修改章程，修改后的章程见附件一。四、授权S公司的执行董事夏某代表S公司履行一切为完成本次减资所必要的行为，包括但不限于办理债权申请登记、减少注册资本的工商变更手续等。决议的表决结果为除华某外其他股东均同意，同意股东持股比例占总股数75.5%。

华某认为，公司定向减资应当经全体股东一致同意，而非持有2/3以上表决权的股东同意，涉案决议第一、三、四项涉及公司股权结构的重新调整，未经全体股东一致同意，违背了《公司法》"同股同权"的基本原则，应属决议不成立。而且 S 公司将资本公积金返还给个别股东的做法实际是未经清算程序变相提前向个别股东分配公司资产，不仅侵害了公司财产权，也损害了其他股东的利益。同时，S 公司处于亏损状态，允许股东将资本公积金予以抽回将导致外部债权人利益无法得到保护。故诉至法院请求确认 A 公司涉案股东会决议第一、三、四项不成立，第二项无效。S 公司辩称，涉案股东会决议符合《公司法》第四十三条的规定，同时也未违反公司章程的约定，决议作出的程序也不存在任何瑕疵，故决议合法有效。

本案审理过程中，一审法院仅从减资形式上符合多数决进而认为，公司减资往往伴随股权结构的变动和股东利益的调整，《公司法》已就股东会作出减资决议的表决方式进行了特别规制，并未区分是否按照股东持股比例进行减资，涉案股东会决议内容为公司减资事项，符合公司章程以及《公司法》对于减资要求 2/3 以上表决权通过的规定。根据《公司法》的规定，股东会决议无效限定于决议内容违反法律、行政法规的情形。华某认为涉案股东会决议违反《公司法》第一百六十八条规定的"公司的公积金用于弥补公司的亏损、扩大公司生产经营或者转为增加公司资本"。但该规定针对的是法定公积金在公司内部经营管理中的用途和限制，并不排斥公司经合法决议程序将股东溢价投资所转成的资本公积金退还给原股东。故，判决驳回华某的全部诉请。华某不服一审判决，遂提起上诉。

上海一中院认为，《公司法》中规定的"减少注册资本"应当仅仅指公司注册资本的减少，而并非涵盖减资后股权在各股东之间的分配。股权是股东享受公司权益、承担义务的基础，定向减资会直接突破公司设立时的股权分配情况，如只需经三分之二以上表决权的股东通过即可作出不同比减资决议，实际上是以多数决形式改变公司设立时经发起人一致决所形成的股权架构。同时，经查明 S 公司已出现严重亏损状况。在定向减资后，华某持股比例的增加，在实质上增加了华某作为股东对外所承担的风险，在一定程度上损害了华某的股东利益。涉案股东会决议第一、三、四项符合《公司法司法解释四》第五条第（五）项"导致决议不成立的其他情形"。S 公司处于持续亏损状况，如果允许 S 公司向 A 公司返还 500 万元投资款，将导致公司的资产大规模减少，损害了公司的财产和信用基础，也损害了公司其他股东和公司债权人的利益。因此，华某主张涉案股东会决议的第二项无效具有事实和法律依据。故判决撤销一审判决，确认涉案股东会决议的第一、三、四项不成立，第二项无效。[①]

综上，本篇判例不同于公司股东同比例减资情形，涉及的是以向股东返还出资款的形式进行定向减资。尤其公司在出现亏损情况时，大股东进行此系列神操作，

---

① 来源：上海一中院、上海浦东法院联合发布自贸区司法保障十大典型案例。

明显滥用股东权利损害了其他股东利益，定向减资行为直接导致公司股权结构变化，造成公司净资产减少，其实质是使部分股东可以优先于债权人和其他股东收回所投入的资本，最终损害的是公司债权人以及其他股东的利益。上述判例裁判观点同样认为不能以股东多数决的方式改变公司设立之基础即经各方合意所形成的股权架构，且不能未经清算就通过减资变相向个别股东分配剩余资产，故不论是本篇定向减资还是上一篇不同比减资，其导致的后果均是股权架构的根本变化，须经全体股东一致同意方能生效。

第十一章

公司合并

01 公司合并需要经过的法定程序是什么？

公司合并是优化产业结构的重要手段，也是公司实现扩张、壮大发展的有效途径，根据《公司法》的相关规定，公司合并分为吸收合并（A+B=A 或者 B）和新设合并（A+B=C），而公司合并后原公司解散。由于合并、分立均属于公司经营中的重大事项，故有限公司需要经代表三分之二以上表决权股东通过，股份公司须经出席会议的股东所持表决权三分之二以上通过。同时，公司合并，应当由合并各方签订合并协议，并编制资产负债表及财产清单。对外需要通知债权人并发布公告。最后，依法申请变更登记。

上述程序是公司合并需要经过的法定程序，如果公司合并并未编制资产负债表和财产清单并办理变更登记手续的，有被认定为合并不成立的风险：在周口市川汇区法院审理的周口市豫某旧机动车交易市场有限公司诉周口市新某二手车交易有限公司公司合并纠纷案中，法院认为：本案中的企业重组，在法律上应界定为公司合并，根据《公司法》的相关规定，公司合并不但应由合并方签订合并协议，设立新公司的，还应当依法办理变更登记，并编制资产负债表及财产清单，原公司合并，合并各方的公司应当解散。而从本案查明的事实来看，原、被告未办理合并后新企业的变更登记手续，也没有编制资产负债表和财产清单，原告周口豫某公司和被告周口新某公司实际上也未解散，双方并没有真正实现公司合并，新企业并未依法实际成立，被告提出的企业重组后即开始经营的主张依法纪不能成立。[①]

另外，公司合并后，债权债务由合并后的公司承继，同时相关资产须转移到合并后的公司名下，我们来看某服装品牌报某鸟的合并判例：

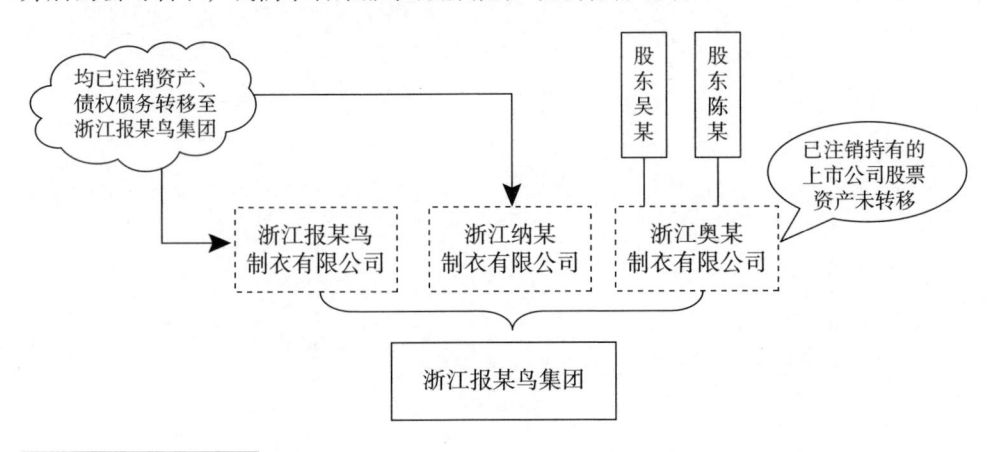

```
   均已注销资产、                      股    股
   债权债务转移至                      东    东
   浙江报某鸟集团                      吴    陈
                                      某    某      已注销持有的
                                                    上市公司股票
                                                    资产未转移
    ┌─────────┐  ┌─────────┐  ┌─────────┐
    │ 浙江报某鸟 │  │ 浙江纳某  │  │ 浙江奥某  │
    │ 制衣有限公司│  │ 制衣有限公司│  │ 制衣有限公司│
    └─────────┘  └─────────┘  └─────────┘
                  ┌─────────┐
                  │ 浙江报某鸟集团 │
                  └─────────┘
```

---

① （2014）川民初字第 01547 号。

[典型案例]

　　1996年元月，浙江报某鸟制衣有限公司、浙江纳某制衣有限公司、浙江奥某制衣有限公司签订《关于组建浙江报某鸟集团的协议书》（以下简称《协议书》），上述公司的所有股东通过了《关于组建浙江报某鸟集团有限公司的决议》（以下简称《决议》）。《协议书》和《决议》的内容为：浙江报某鸟集团以浙江报某鸟制衣有限公司、浙江纳某制衣有限公司、浙江奥某制衣有限公司合并整体改组后为核心层，集团组建后，各公司原有的债权、债务由新设的集团公司承继。1996年3月21日，温州市人民政府下发温政机［1996］15号文件，同意组建浙江报某鸟服饰集团有限公司。2000年2月13日，公司名称变更为报某鸟集团有限公司。上述三公司整体改组后，浙江报某鸟制衣有限公司、浙江纳某制衣有限公司已经按照《协议书》和《决议》的规定，将企业的所有资产及债权、债务转移到原告名下并办理了注销手续。浙江奥某制衣有限公司亦已经注销，但该公司未将其所持有的上海某股份有限公司在A股市场上公开发行的股票43092股交付给原告。原浙江奥某制衣有限公司股东为被告吴某、陈某。

　　故报某鸟集团有限公司提起诉讼，请求法院判令两被告将原浙江奥某制衣有限公司所持有的上海某股份有限公司在A股市场上公开发行的股票43092股交付原告。

　　法院经审理认为：两被告承认原告在本案中主张的事实。对原告主张的事实本院予以确认。浙江报某鸟制衣有限公司、浙江纳某制衣有限公司、浙江奥某制衣有限公司经相关部门审批已合并为浙江报某鸟服饰集团有限公司（现已变更为报某鸟集团有限公司），各公司的债权债务应当由原告承继，并应将相关的资产转移到原告名下。浙江奥某制衣有限公司已经注销登记，被告吴某、陈某作为该公司的股东，有义务将这些股票交付给原告，故原告提起的诉讼请求符合法律规定，本院予以支持。①

　　综上，公司合并需要履行系列的法定程序，此外，如果涉及国资合并等法律规定需要取得批准的，还需要先行取得批准。

[引申法条]

《中华人民共和国公司法》

　　第四十三条　股东会的议事方式和表决程序，除本法有规定的外，由公司章程规定。

---

①　（2011）温永商初字第28号。

股东会会议作出修改公司章程、增加或者减少注册资本的决议,以及公司合并、分立、解散或者变更公司形式的决议,必须经代表三分之二以上表决权的股东通过。

第一百七十二条 公司合并可以采取吸收合并或者新设合并。

一个公司吸收其他公司为吸收合并,被吸收的公司解散。两个以上公司合并设立一个新的公司为新设合并,合并各方解散。

第一百七十三条 公司合并,应当由合并各方签订合并协议,并编制资产负债表及财产清单。公司应当自作出合并决议之日起十日内通知债权人,并于三十日内在报纸上公告。债权人自接到通知书之日起三十日内,未接到通知书的自公告之日起四十五日内,可以要求公司清偿债务或者提供相应的担保。

第一百七十四条 公司合并时,合并各方的债权、债务,应当由合并后存续的公司或者新设的公司承继。

第一百七十九条 公司合并或者分立,登记事项发生变更的,应当依法向公司登记机关办理变更登记;公司解散的,应当依法办理公司注销登记;设立新公司的,应当依法办理公司设立登记。

公司增加或者减少注册资本,应当依法向公司登记机关办理变更登记。

第一百八十条 公司因下列原因解散:

(一)公司章程规定的营业期限届满或者公司章程规定的其他解散事由出现;

(二)股东会或者股东大会决议解散;

(三)因公司合并或者分立需要解散;

(四)依法被吊销营业执照、责令关闭或者被撤销;

(五)人民法院依照本法第一百八十二条的规定予以解散。

《企业国有资产监督管理暂行条例》

第二十一条 国有资产监督管理机构依照法定程序决定其所出资企业中的国有独资企业、国有独资公司的分立、合并、破产、解散、增减资本、发行公司债券等重大事项。其中,重要的国有独资企业、国有独资公司分立、合并、破产、解散的,应当由国有资产监督管理机构审核后,报本级人民政府批准。

《最高人民法院关于审理与企业改制相关的民事纠纷案件若干问题的规定》

第三十条 企业兼并协议自当事人签字盖章之日起生效。需经政府主管部门批准的,兼并协议自批准之日起生效;未经批准的,企业兼并协议不生效。但当事人在一审法庭辩论终结前补办报批手续的,人民法院应当确认该兼并协议有效。

《中华人民共和国民法典》

第六十七条 法人合并的,其权利和义务由合并后的法人享有和承担。

法人分立的,其权利和义务由分立后的法人享有连带债权,承担连带债务,但是债权人和债务人另有约定的除外。

02 合并协议解除的条件是什么?

合并协议是公司合并过程中必不可缺的重要文件，一般来说，如果合并协议一方未能按照约定履行义务导致合并目的无法实现的，另一方有权解除合并协议：

在杭州顺某客运有限公司（以下简称顺某公司）与浙江铁某客运有限公司（以下简称铁某公司）公司合并纠纷上诉案中，杭州市中院认为：顺某公司名下的部分营运客车登记在江某公司名下，且处于银行按揭贷款未清偿而无法过户至顺某公司名下的事实清楚，双方当事人对此均予以确认。因此，顺某公司在短时间内不能与铁某公司合并，无法满足铁某公司营运客车数量达到 50 辆以上的客运班线投标条件，致使铁某公司签订合同参加本次竞标的目的不能实现的事实能够确认。本院注意到，铁某公司以顺某公司在签订协议时故意隐瞒了其公司存在妨碍协议履行重大问题为由，要求解除合同退还 50 万元首付款。而顺某公司在本案一、二审期间，始终未能提交其在签订协议时已经向铁某公司披露了"部分营运客车登记在江某公司名下，且处于银行按揭贷款而未清偿"的相关证据材料。根据《中华人民共和国合同法》第九十四条第（四）项关于"当事人一方迟延履行债务或者有其他违约行为致使不能实现合同目的"的规定，铁某公司以前述理由要求解除双方当事人之间的合同关系，要求顺某公司退还 50 万元首付款，既符合法定解除条件，也符合《中华人民共和国合同法》第九十六条关于"当事人一方依据本法第九十三条第二款、第九十四条的规定，主张解除合同的，应当通知对方。合同自通知到达对方时解除"、[1] 第九十七条关于"合同解除后，尚未履行的，终止履行；已经履行的，根据履行情况和合同性质，当事人可以要求恢复原状、采取其他补救措施、并有权要求赔偿损失"[2] 的规定。据此，原审法院关于"顺某公司收到铁某公司支付的首付款后，未能依照合同约定的期限消除负担，致使铁某公司参加道路客运班线投标时客车数量 50 辆以上的条件不能满足，明显影响铁某公司投标的考核分值，致使铁某公司签订合同时所要求在投标时具有客运车辆 50 辆以上的目的不能实现，顺某公司已构成根本性违约，铁某公司依法行使合同解除权并无不当。合同解除后，顺某公司应将收取的款项返还铁某公司"的分析认定正确，本院亦予以认同。[3]

而在下述判例中，法院更加细化地分析了合并协议解除条件：

---

[1] 合同法已废止，现参见《民法典》第五百六十五条。
[2] 合同法已废止，现参见《民法典》第五百六十六条。
[3] （2013）浙杭商终字第 1248 号。

2016年11月29日，华某公司（甲方）、实某公司（乙方）、泊某公司（丙方）签订《企业吸收合并合作协议》，约定甲、乙、丙三方以企业吸收合并方式进行重组，保留甲方原有品牌，甲方对乙方、丙方进行吸收合并，实现甲、乙、丙三家公司资产、业务资源的真正合并。各方按照协议约定推进公司合并事宜，后实某公司对合并前期的评估结果产生质疑，2017年7月27日，华某公司以实某公司未按协议约定将其业务及资产等移交给华某公司，致使合并事项无法完成为由提起诉讼，要求解除其与实某公司、泊某公司之间的合作协议，实某公司以华某公司财务造假为由，提出反诉。

一审法院对合并协议是否具备解除条件，分析如下：

（一）协议是否履行完毕

依据《公司法》第一百七十二条第二款之规定，公司吸收合并指公司接纳其他公司加入本公司，接纳方继续存在，被吸收方解散。另根据三方协议安排，案涉企业吸收合并按完成时间节点顺序共包括以下步骤：1. 新设公司（2016年12月12日前完成）；2. 股权转让（2016年12月27日前完成）；3. 合同转移（2017年2月28日前完成）；4. 资产合并（2017年6月30日前完成）；5. 公司注销（2017年6月30日前完成）；6. 新设公司股权转让（2017年7月31日前完成）。因此，无论从公司法规定抑或三方协议约定来看，企业吸收合并应以加入方解散、注销为必要要件。经查，实某公司、泊某公司均未完成企业解散且相关股东均未完成对新设企业的股权转让，故案涉协议并未履行完毕。

（二）协议是否具备继续履行条件

1. 三方是否有履行的主观意愿。经法庭询问，华某公司、泊某公司认为各方已经不具有推进案涉协议继续履行的主观意愿，并要求解除合同。实某公司虽当庭同意继续履行，但（2017）京0107民初20264号民事案件中，其作为原告主张因华某公司存在欺诈行为，导致其作出错误意思表示，并据此要求撤销案涉协议。同时，三方股东目前已无法正常召开股东会。综合以上情节，三方就协议继续履行存在重大分歧，已不具备继续履行的主观意愿。

2. 案涉协议是否具备继续履行的客观条件。如前所述，根据三方协议约定，案涉企业吸收合并共6个环节，目前仅股权转让和新设公司已经履行完毕，合同转移、资产合并、公司注销、新设公司股权转让尚未最终完成。对于剩余合同约定事项地履行一节，根据本案双方诉辩意见及三方董事会会议记录显示，实某公司要求以二次审计评估并重新确认各自股权比例为前提，对此三方在案涉协议中的具体约定内容为"三方在合并后业务主体公司的股权比例可进行相应调整，具体调整比例由三方共同协议确定"。故根据案涉协议约定，股权比例调整须以三方合意为基础条件，但并未考虑三方发生矛盾时的解决方案。如前所述，三方现就此已产生重大分歧，且三方已无法正常召开股东会，故客观上不具备协商一致的条件。而通过司法手段干预当事人的意思自治缺乏法律依据，亦不符合案涉协议约定。

同时，如继续推进协议履行，在股东会、董事会等公司内部权力、执行机构无法正常运行的情况下，华某公司将面临陷入公司僵局乃至解散，如此与继续履行协议的目的显然不符，亦不利于保护各方股东及公司法人权益。

综合以上因素，该院认为案涉协议客观上不具备继续履行的条件，故应予解除。实某公司不服上诉至北京一中院，法院维持一审判决。首先，应当明确，本案各方签订的系公司合并合同，考虑《企业吸收合并合作协议》解除问题时，除涉及合同法角度，还应从公司人合性层面进行考量。其次，结合合同三方的履约过程和目前的意思表示，《企业吸收合并合作协议》不具备继续履行的可能性，应当予以解除。本案纠纷发生的根源在于实某公司对于华某公司最初确定的公司占股比例提出异议，认为华某公司存在评估不实的问题。但根据《企业吸收合并合作协议》的约定，股权比例可根据三方的实际经营数据进行调整，但具体的调整比例须由"三方共同协商确定"。显然，在三方均同意不进行先行审计，直接采用收益法进行资产评估的情况下，三方对评估数据的不完全可靠性应有一定预期，在此情况下才进行了后续调整的约定，但上述约定的履行，需要三方共同合作推进，包括重新评估及重新协商股权调整比例。从实际履行情况来看，三方已经无法达成重新评估的一致意思表示，对于股权调整亦无法重新协商确定，在此情况下，《企业吸收合并合作协议》显然已经无法继续履行，三方合作共赢的合同目的已然无法实现，《企业吸收合并合作协议》应当予以解除。最后，合同无法实际履行还体现在实某公司及泊某公司对公司注销的态度上，合作三方均是业界具有一定品牌优势的企业，三方约定实某公司与泊某公司注销，合并入华某公司。实某公司未按约定注销公司，可体现其并不具备继续履行《企业吸收合并合作协议》的真实需求。综上，对一审判决解除《企业吸收合并合作协议》的处理结果，予以维持。①

综上，如果合并协议一方未能按照约定履行义务导致合并目的无法实现的，其他方有权解除合并协议，此外，合并协议解除后，应当返还移交的财产，如果一方对协议解除存在过错的，还需赔偿另一方的损失，但损失一般基于直接损失为限。

[引申法条]

《中华人民共和国公司法》

第一百七十二条　公司合并可以采取吸收合并或者新设合并。

---

① （2019）京01民终6946号。

一个公司吸收其他公司为吸收合并，被吸收的公司解散。两个以上公司合并设立一个新的公司为新设合并，合并各方解散。

《中华人民共和国民法典》

第五百六十三条 有下列情形之一的，当事人可以解除合同：

（一）因不可抗力致使不能实现合同目的；

（二）在履行期限届满前，当事人一方明确表示或者以自己的行为表明不履行主要债务；

（三）当事人一方迟延履行主要债务，经催告后在合理期限内仍未履行；

（四）当事人一方迟延履行债务或者有其他违约行为致使不能实现合同目的；

（五）法律规定的其他情形。

以持续履行的债务为内容的不定期合同，当事人可以随时解除合同，但是应当在合理期限之前通知对方。

第五百六十六条 合同解除后，尚未履行的，终止履行；已经履行的，根据履行情况和合同性质，当事人可以请求恢复原状或者采取其他补救措施，并有权请求赔偿损失。

合同因违约解除的，解除权人可以请求违约方承担违约责任，但是当事人另有约定的除外。

主合同解除后，担保人对债务人应当承担的民事责任仍应当承担担保责任，但是担保合同另有约定的除外。

第十二章

公司分立

01 公司分立需要经过的法定程序是什么？

公司经营规模发展到一定阶段时，常常会为了公司经营进一步专业化发展，将公司的经营结构及公司规模进行调整，通过完成公司的分立，进而提高专业化经营水平，降低公司内部管理成本，提高经营管理效率，提高公司整体的竞争力。根据《公司法》的相关规定，公司分立分为存续分立（A＝A+B）和解散分立（A＝B+C）。由于合并、分立均属于公司经营中的重大事项，故有限公司需要经代表三分之二以上表决权股东通过，股份公司须经出席会议的股东所持表决权三分之二以上通过。同时，公司分立须经法定程序，应当编制资产负债表及财产清单并履行作出分立决议、通知债权人、分立公告等程序，最后进行相应某登记。

上述程序是公司分立须经的法定程序，如果没有履行则有被法院认定分立不成立的风险：河南省高院在审理的洛阳明某资产评估事务所有限公司诉洛阳明某会计师事务所有限公司公司分立纠纷案中，认为：根据《公司法》第一百七十六条的规定，公司分立应当编制资产负债表及财产清单并履行作出分立决议、通知债权人、分立公告等程序。依据本案查明的事实，明某会计师事务所没有按照法律规定的事项履行相应的程序，不具备公司分立的实质要件和形式要件，二审法院认定双方是资产评估资格的分离，判决驳回明某评估事务所的诉讼请求并无不当。[①]

不过，最高院在吉林市恒某实业有限责任公司（以下简称恒某公司）、沈某龙与沈某嘉、沈某林损害公司权益纠纷案中认为：本案中，沈某龙等人实施的分割公司财产的行为，虽未依照《公司法》的规定履行股东会决议、通知债权人及公告等法定程序，但不宜以此为由否定财产分割协议的法律效力。一方面，就公司股东意思的形成来看，恒某公司本身系沈某龙、沈某嘉、沈某林三人协议共同持有控制股权的家族企业，除沈某龙之妻李某的其他股东所持有的股权均系源自沈某龙之赠与，且该等其他股东当时均在恒某公司任职，应当知道沈某龙等三人之间签订了财产分割协议，且其他股东在分割协议签订之后，并未主动提出异议。故不能仅以该协议在签订之时未经股东会议决议的程序瑕疵为由，否认该协议在股东之前的效力。另一方面，《公司法》就公司分立所规定的通知债权人和公告等程序，系为保护债权人利益而设，违反上述规定的法律后果是公司不能以其分立行为对抗债权人，而非否定分立协议在公司股东之间的法律效力。故原审判决在考量了沈某龙等三人的持股比例和其他股东分别选择到分立后的公司工作等实际情况的基础上，认

[①]（2013）豫法立二民申字第02282号。

定财产分割协议有效是正确的，本院予以确认。申请人恒某公司、沈某龙关于财产分割协议违反法定程序无效的申请理由，无事实和法律依据，本院不予支持。该案最高院裁判理由为：违反公司分立通知公告程序规定的法律后果是公司不能以其分立对抗债权人，而分立协议的效力对内仍然有效。

另外，对于分立时就债务承担有约定并经债权人认可的，从约定处理，没有约定或约定无效的，由分立后的公司承担连带责任。如果债务承担约定未取得债权人同意，则对债权人不生效，接受分立财产的企业应当在接受财产价值范围内对分立前公司的债务承担连带责任：最高院在中国某银行、广州市某橡胶轮胎有限公司、中国某银行广东省分行营业部与广州市万某冰箱有限公司、广州万某冰箱电器有限公司借款担保与委托代理纠纷案中，认为：在万某电器公司的改制中，该公司的部分财产随同部分债务从该公司剥离出来，并入万某冰箱公司。当公司部分财产和债务直接从公司分离设立成为新公司，将构成公司简单分立，如无债权人之同意，分立的公司对分立前公司的债务应当承担连带责任；如果该部分财产和债务分离后与其他已经存在的企业合并，则构成合并分立，如无债权人之同意，接受分立财产的企业应当在接受财产价值范围内对分立前公司的债务承担连带责任。[①] 从本案实际情况来看，万某电器公司与万某冰箱公司的改制即构成合并分立，万某电器公司与万某冰箱公司等各方当事人在《转让协议》中所作的债务划分安排，因未取得债权人某银行的同意，所以该协议中有关债务划分的内容对某银行不生效，万某冰箱公司应当在接受万某电器公司财产价值范围内对万某电器公司的债务承担连带责任。因此，上诉人某银行所提出的万某冰箱公司应当承担万某电器公司所欠债务的上诉请求成立，本院予以支持。[②]

综上，公司分立需要履行系列的法定程序，尤其是对债权人的通知义务，对于分立时就债务承担有约定并经债权人认可的，从约定处理，没有约定或约定无效的，由分立后的公司承担连带责任。如果债务承担约定未取得债权人同意，则对债权人不生效，接受分立财产的企业应当在接受财产价值范围内对分立前公司的债务承担连带责任。此外，如果涉及国资等法律规定需要取得批准的，还需要先行取得批准。

[引申法条]

《中华人民共和国公司法》

第四十三条 股东会的议事方式和表决程序，除本法有规定的外，由公司章程规定。

[①] （2001）民二终字第166号。
[②] （2014）民申字第905号。

股东会会议作出修改公司章程、增加或者减少注册资本的决议，以及公司合并、分立、解散或者变更公司形式的决议，必须经代表三分之二以上表决权的股东通过。

第一百七十五条 公司分立，其财产作相应的分割。公司分立，应当编制资产负债表及财产清单。公司应当自作出分立决议之日起十日内通知债权人，并于三十日内在报纸上公告。

第一百七十六条 公司分立前的债务由分立后的公司承担连带责任。但是，公司在分立前与债权人就债务清偿达成的书面协议另有约定的除外。

第一百七十九条 公司合并或者分立，登记事项发生变更的，应当依法向公司登记机关办理变更登记；公司解散的，应当依法办理公司注销登记；设立新公司的，应当依法办理公司设立登记。

公司增加或者减少注册资本，应当依法向公司登记机关办理变更登记。

第一百八十条 公司因下列原因解散：

（一）公司章程规定的营业期限届满或者公司章程规定的其他解散事由出现；

（二）股东会或者股东大会决议解散；

（三）因公司合并或者分立需要解散；

（四）依法被吊销营业执照、责令关闭或者被撤销；

（五）人民法院依照本法第一百八十二条的规定予以解散。

《企业国有资产监督管理暂行条例》

第二十一条 国有资产监督管理机构依照法定程序决定其所出资企业中的国有独资企业、国有独资公司的分立、合并、破产、解散、增减资本、发行公司债券等重大事项。其中，重要的国有独资企业、国有独资公司分立、合并、破产、解散的，应当由国有资产监督管理机构审核后，报本级人民政府批准。

国有资产监督管理机构依照法定程序审核、决定国防科技工业领域其所出资企业中的国有独资企业、国有独资公司的有关重大事项时，按照国家有关法律、规定执行。

《最高人民法院关于审理与企业改制相关的民事纠纷案件若干问题的规定》

第十二条 债权人向分立后的企业主张债权，企业分立时对原企业的债务承担有约定，并经债权人认可的，按照当事人的约定处理；企业分立时对原企业债务承担没有约定或者约定不明，或者虽然有约定但债权人不予认可的，分立后的企业应当承担连带责任。

第十三条 分立的企业在承担连带责任后，各分立的企业间对原企业债务承担有约定的，按照约定处理；没有约定或者约定不明的，根据企业分立时的资产比例分担。

《中华人民共和国民法典》
第六十七条 法人合并的,其权利和义务由合并后的法人享有和承担。

法人分立的,其权利和义务由分立后的法人享有连带债权,承担连带债务,但是债权人和债务人另有约定的除外。

02 公司分立时财产应当如何分配?

一般来说,公司分立财产须作相应的分割,如果财产分配协议系真实意思表示的,分配协议有效应遵循:

山东省高院在山东高青华某商贸有限公司(以下简称华某商贸公司)等诉高青华某商场有限公司等公司分立纠纷案中,对如何确定涉案资产分配协议的效力阐述如下:第一,华某商贸公司系闫氏家庭共同出资设立、共同经营管理。华某商贸公司虽于1999年4月设立时登记在闫某良、张某名下,于2008年3月变更登记在闫某良、闫某东名下,但涉案事实表明闫某良、张某等人仅为名义出资人,注册登记的股权份额也仅为名义上的股权安排,华某商贸公司实际上系闫氏家庭共同出资设立、共同经营管理。闫某良提出的其在华某商贸公司占74%的股权,闫某东占26%的上诉主张,与事实不符。第二,涉案资产分配协议具有法律约定力。闫某良与闫某东于2009年至2010年前后签订多份协议,有的协议有其母亲签字确认,有的协议还经分家小组见证,上述协议既是对华某商贸公司资产的分配,又是闫氏家庭的分家析产行为,系各方当事人的真实意思表示,内容不违反法律、行政法规的禁止性规定,具有法律约束力。闫某良虽然主张,涉案资产分配协议属于被胁迫所签,但没有提供充分证据证明,也没有在法定期限内请求予以撤销。闫某良以此为由主张上述协议无效,不能成立。[①]

有效的财产分配协议是公司分立时的依据,应当按照约定分配:

广州市中级人民法院在黄某甲等与广州市皓某清洁设备科技有限公司等公司分立纠纷一案中,认为:根据三方签订的《〈分产协议书〉之货币资金确认及分配方案》约定:从原超某公司账的货币资金中提1200万元平其他应付款个人名下的部分挂账后转入共管账户作为分产保证金,专项用于停产日前发生的,或有税务风险。分产保证金共管方式为三方共同签字同意后方可动用;分产保证金共管期一年半,自保证金足额到位之日起满一年,分配余额之一半,满一年半后全部分配,三

[①] (2015)鲁商终字第360号。

方按分产比例对该分产保证金进行分配；停产日前原超某公司的税务风险如超过分产保证金余额的，仍需由三方按分产比例承担。依照上述约定，邝某名下的三方共管账户内资金的性质为分产保证金，其用途为专项用于停产日前发生的或有税务风险，其分配期限为资金全部到位起（2012年10月26日起）一年半。就该款项应否分配问题，本院认为，上述《〈分产协议书〉之货币资金确认及分配方案》已经对该款项的用途及分配的时间条件作出了清晰明确的约定，现分配条件已经成就，应依照约定对该款项进行分配。黄某丁、超某公司提出分配条件不成就的上诉意见理据不足，本院不予采纳。①

公司分立时未分割的财产由分立后的公司共有：

黑龙江省阿城市人民法院审理的阿城市某市场蔬菜商店清算组（以下简称某市场商店）诉阿城市某综合商店（以下简称某综合商店）公司分立纠纷案，法院认为：在某市场商店、某综合商店分立时，未就当时房产的所有权划分，其房产应为某市场商店和被告共有，老房被动迁后，所得到的新房即阿城市胜利街祥某小区某公司楼3号1—2层，仍为某市场商店、被告共同所有。当时作为某市场商店和被告的主管上级单位阿城市商业某公司，对某市场商店和被告的房产纠纷的处理决定，确认的事实清楚，处理意见公平合理，应予采纳。鉴于被告在应分得的房产中所分面积较大，故该房产归被告所有，被告按原告所得面积给付房屋折价款，对因房屋出租产生的孳息，原告应按所占房产比例得到分享。②

另外，需要强调的是，《公司法》第一百七十五条规定的财产分割，是指公司分立成不同的公司后，就公司财产在不同的公司之间进行分割，而不是指股东对公司的财产进行分割。

贵州捷某达贸易有限责任公司（以下简称捷某达公司）、贵州中某投资有限公司、姚某金与姚某宜股权转让纠纷案中，贵州省高院在裁判时认为根据《公司法》第三条与第一百八十六条的规定，公司成立后，公司对股东投入的资产或公司购入的资产享有所有权，股东对投入的资产享有股权，股东要收回投入的资产，可以转让股权，或通过解散公司，对公司资产进行清算后，按照自己的出资额或股权比例分配公司的剩余财产来实现。《公司法》第一百七十五条规定的财产分割，是指公司的分立成不同的公司后，就公司的财产在不同的公司之间进行分割，而不是指股东对公司的财产进行分割。股东要对公司的财产进行分割，如前所述，只能按照《公司法》第一百八十六条的规定，对公司进行清算后进行。因此，在该案中，上诉人姚某宜、姚某金提出捷某达公司要履行财产分割义务，返还上诉人在被上诉人

---

① （2016）粤01民终5479号。

② （2003）阿民初字第421号。

捷某达公司投资款 843.32 万元，这是作为股东的上诉人与作为公司的被上诉人之间的对公司财产进行的分割，这一理由并不符合上述《公司法》的规定，也不符合《捷某达公司的分立协议》中的约定，贵州省高级人民法院对此不予支持。[①]

除上述裁判要点之外，如果主张一公司系由另一公司分立而来，需要提供证据证明该公司的财产全部或部分来源于另一公司，此外根据《最高人民法院关于民事执行中变更、追加当事人若干问题的规定》第十二条规定的追加分立后公司的不限于在执行后分立的公司，执行前分立的公司也可作为被追加的对象。

[引申法条]

《中华人民共和国公司法》

第一百七十五条 公司分立，其财产作相应的分割。公司分立，应当编制资产负债表及财产清单。公司应当自作出分立决议之日起十日内通知债权人，并于三十日内在报纸上公告。

《最高人民法院关于民事执行中变更、追加当事人若干问题的规定》

第十一条 作为被执行人的法人或非法人组织因合并而终止，申请执行人申请变更合并后存续或新设的法人、非法人组织为被执行人的，人民法院应予支持。

第十二条 作为被执行人的法人或非法人组织分立，申请执行人申请变更、追加分立后新设的法人或非法人组织为被执行人，对生效法律文书确定的债务承担连带责任的，人民法院应予支持。但被执行人在分立前与申请执行人就债务清偿达成的书面协议另有约定的除外。

[①] （2016）黔民终 7 号。

第十三章
公司决议

01 公司决议类诉讼的原被告如何确立?

公司资本制度和公司治理制度是公司法的基石制度,公司决议是实现公司治理的有效手段之一,公司纠纷中关于决议的各种争议,其实质背后是参与公司治理的各方力量角逐与博弈,而对决议无效、可撤销和不成立最终均将通过诉讼来解决,这里便首先需要明晰决议类诉讼的原被告。

公司股东会、董事会均是公司的机构,所以由其作出的决议从逻辑法理上应视为公司作出的决议,故对决议各种不服,被告理应是公司,而原告各有不同。《公司法司法解释四》明确指出,确认决议无效或者不成立之诉的原告,包括股东、董事、监事等;决议撤销之诉的原告仅限在起诉时具有股东资格。具体说来,因为程序的严重瑕疵,或者决议内容的违法性,导致决议不成立或无效,其原告范围是比较宽泛的,在最高院审理的公报案例许某诉泉州南某置业有限公司、林某与公司有关的纠纷案中,裁判要旨为:人民法院应当根据公司法、公司法司法解释四以及民事诉讼法的规定审查提起确认公司决议无效之诉的当事人是否为适格原告。对于在起诉时已经不具有公司股东资格和董事、监事职务的当事人提起的确认公司决议无效之诉,人民法院应当依据《民事诉讼法》第一百二十二条的规定审查其是否符合与案件有直接利害关系等起诉条件。[①]

《公司法司法解释四》第一条将确认公司决议无效或不成立之诉的原告明确列举为公司股东、董事、监事等,同时要求"人民法院应当依法予以受理"。根据《民事诉讼法》第一百一十九条第(一)项和《民事诉讼法司法解释》第二百零八条第三款之规定,提起诉讼的原告须"是与本案有直接利害关系的公民、法人和其他组织",人民法院在立案后发现原告的起诉不符合起诉条件的,应当裁定驳回起诉。据此,对于公司股东、董事、监事等提起的公司决议无效或不成立之诉,上述指导案例指出法院既要适用公司法及其司法解释的规定,亦应依据民事诉讼法及其司法解释审查原告是否"与本案有直接利害关系"。

而关于决议撤销之诉,仍严格限定为起诉时须具有股东资格,在某传媒集团有限公司与张某公司决议撤销纠纷上诉案中,可以清晰地看到法院处理此类纠纷的思路。《公司法司法解释四》第二条规定:"依据公司法第二十二条第二款请求撤销

[①] (2017)最高法民终18号,《最高人民法院公报》2019年第7期(总第273期)第37-44页。

股东会或者股东大会、董事会决议的原告,应当在起诉时具有公司股东资格。"①虽然张某与案外人徐某之间的《出资转让协议书》已经生效法律文书确认为无效,但现在包括张某主张的股权在内的案外人徐某名下的某集团公司股权已被其他法院冻结,且张某已就其股权被侵害的事由另案提起了损害股东利益责任纠纷的诉讼,故张某作为某集团公司股东的身份是否能够恢复,尚处于不确定状态。据此,张某是否能作为原告提起本案诉讼的主体资格亦尚不能确定。一审法院应对上述事实进一步查明,确定张某的诉讼主体资格是否适格,进而作出裁判。②

综上,确认原被告是否适格是公司决议之诉的第一步,确认决议无效或不成立之诉,原告身份更为广泛,除股东、董事、监事外,与案件有直接利害关系的亦可以成为原告,而撤销决议的原告则限定较为严苛,在起诉时须具有股东资格。

[引申法条]

《最高人民法院关于适用〈中华人民共和国公司法〉若干问题的规定(四)》

第一条 公司股东、董事、监事等请求确认股东会或者股东大会、董事会决议无效或者不成立的,人民法院应当依法予以受理。

第二条 依据民法典第八十五条、公司法第二十二条第二款请求撤销股东会或者股东大会、董事会决议的原告,应当在起诉时具有公司股东资格。

第三条 原告请求确认股东会或者股东大会、董事会决议不成立、无效或者撤销决议的案件,应当列公司为被告。对决议涉及的其他利害关系人,可以依法列为第三人。

一审法庭辩论终结前,其他有原告资格的人以相同的诉讼请求申请参加前款规定诉讼的,可以列为共同原告。

02 侵犯股东权利的公司决议是否有效?

公司股东会或董事会作出的决议如果不注重遵循法律法规,则无法保障决议的有效性,根据《公司法》第二十二条的规定,决议内容违反法律、行政法规的无效。司法实践中,侵犯股东各项权利的决议是否有效呢?

---

① 该条款现已改为"依据民法典第八十五条、公司法第二十二条第二款请求撤销股东会或者股东大会、董事会决议的原告,应当在起诉时具有公司股东资格"。

② (2017)京02民终11665号。

首先看侵犯股东优先认缴权的判例：最高院审理的夏某与贵州省某交通运输联合有限公司（以下简称某交通公司）公司决议效力确认纠纷再审申请案中，最高院认为侵犯股东优先认缴权的决议无效：夏某向代某出具的授权委托书并不包括代其参加股东会并对决议内容发表意见的内容，故 2010 年 3 月 30 日、6 月 20 日、6 月 24 日、6 月 29 日某交通公司召开的股东会所作出的关于增加注册资本以及修改公司章程的股东会决议内容，没有经过当时仍持有公司 93.33% 股权的夏某的同意，也没有证据证明夏某就公司的该次增资已知悉并明确放弃了优先认缴权，故上述决议内容违反了《中华人民共和国公司法》（2005 年修订版）第三十五条关于"股东有权优先按照实缴的出资比例认缴出资"的规定，侵犯了夏某认缴增资的合法权益，依据《中华人民共和国公司法》（2005 年修订版）第二十二条第一款规定，应认定无效。①

涉及违法解除股东资格的股东会决议亦无效：在上海凯某建设工程有限公司（以下简称凯某公司）与赵某及原审第三人王成公司决议效力确认纠纷案中，上海一中院认为凯某公司 2014 年 6 月 12 日作出股东会决议决定对赵某除名并罢免监事职务、修改公司章程，本案赵某要求确认该股东会决议无效。根据相关法律规定，有限责任公司的股东未履行出资义务或者抽逃全部出资，经公司催告，在合理期间内仍未缴纳或者返还出资，公司可以股东会决议解除该股东的股东资格。凯某公司称其对赵某除名的理由是赵某抽逃全部出资，但现有证据并不足以证明其主张，更不能证明另一股东王成已履行出资义务。鉴此，一审基于查明事实，并结合凯某公司股东情况及实际经营状况等各种因素，在未有法院生效判决确认赵某存在未履行出资义务或者抽逃全部出资的情况下，认定凯某公司作出的股东会决议中"对股东赵某除名"及修改相关公司章程的决议内容无效，于法有据。②

另外，若被认定为滥用资本多数决则作出的决议无效：上诉人湖南某湘钢钢管有限公司与被上诉人湖南盛某高新材料有限公司公司决议纠纷案中，湘潭市中院审理认为：资本多数决是公司运作的重要原则，但多数股东行使表决权时，不得违反禁止权利滥用和诚实信用原则，形成侵害小股东利益的决议。滥用资本多数决原则作出的决议无效。《公司法》第二十二条第一款规定，公司股东会或者股东大会、董事会的决议内容违反法律、行政法规的无效。本案中，上诉人湖南某公司修改公司章程的决议，经出席会议的股东所持表决权的三分之二以上通过，程序上符合法律规定。但公司决议是否有效，不仅要求程序合法，还要求内容合法。本案中，对于被上诉人而言，其通过安排的副总经理和董事各一人，对公司的经营状况进行了

---

① （2016）最高法民申 334 号。
② （2016）沪 01 民终 10409 号。

解并参加公司经营管理,行使股东权利。上诉人的两名大股东通过公司决议的方式随意剥夺被上诉人提名副总经理和董事各一人的权利,是一种滥用股东权利损害其他股东利益的行为。涉案公司决议系滥用资本多数决作出,因此,该决议内容因违反法律、行政法规而无效。原审法院并没有否认资本多数决原则,原审判决涉案公司决议无效正确。①

除此之外,侵犯股东优先购买权的股东会决议当属无效,如股东会没有通知股东股权转让事宜,致使其不能行使优先购买权,此情形损害并剥夺了同等条件下其他股东的优先购买权,违反了法律规定,该股东会决议应为无效。实践中还有侵犯股东分红权或非法变更股东出资额和持股比例等,如要求某类股东撤回部分出资,减少其持股比例;或者擅自增资,损害小股东的利益;或者违反同股同权原则等,这些行为因实质违反禁止权利滥用和诚实信用原则,属于违反强行法规定的行为,应认定决议无效。②

上述这些决议貌似程序合规或者形式合法,但均因本质内容违反法律、法规,侵犯了股东合法权益,或者控股股东滥用股东权利而被法院予以了否定评价。决议无效注重的是决议实质内容的考量,即从实质上来看,决议内容须违反法律、行政法规,这也是决议无效与决议可撤销、决议不成立之间"质"的区别。后两者更注重的则是程序上的违法,即"量"的区别。

[引申法条]

《中华人民共和国公司法》

第二十二条 公司股东会或者股东大会、董事会的决议内容违反法律、行政法规的无效。

股东会或者股东大会、董事会的会议召集程序、表决方式违反法律、行政法规或者公司章程,或者决议内容违反公司章程的,股东可以自决议作出之日起六十日内,请求人民法院撤销。

股东依照前款规定提起诉讼的,人民法院可以应公司的请求,要求股东提供相应担保。

公司根据股东会或者股东大会、董事会决议已办理变更登记的,人民法院宣告该决议无效或者撤销该决议后,公司应当向公司登记机关申请撤销变更登记。

---

① (2015)潭中民三终字第475号。
② 参考:《人民司法》2015年第22期。

03 公司决议无效主要有哪些情形呢？

上篇讨论的是侵犯股东权利的决议一般会被予以否定评价，而实践中各种凝聚大股东侵犯小股东权益"智慧"的决议数不胜数，如现实生活中存在公司以福利补助、高薪或发放实物等多种形式，通过股东会决议程序，将公司财产利润私分给大股东的情形，这种变相分配公司利益的行为，使得公司资产不正当流失，违反了公司法的强制性规定，应为无效。具体我们来看下文判例中凸显的大股东侵犯小股东利益的种种表现：

滥用股东权利作出的决议无效：部分股东作出决议将公司资产私分，法院认定股东决议无效。在杜某、熊某诉北京恒某投资有限公司（以下简称恒某公司）公司决议效力确认案中，北京一中院认为，恒某公司 2016 年 6 月 4 日股东会决议第一项内容约定，将恒某公司账面资金 300 万元分给徐某等 10 名股东。因恒某公司系企业法人，有独立的法人财产，上述资产属于恒某公司资金，其在未经全体股东同意的情况下，部分股东决议将公司资产分给部分股东，损害了恒某公司及其他股东的合法权益，违反《公司法》第二十条第一款关于"公司股东应当遵守法律、行政法规和公司章程，依法行使股东权利，不得滥用股东权利损害公司或者其他股东的利益；不得滥用公司法人独立地位和股东有限责任损害公司债权人的利益"的规定，当属无效。[1]

利用关联关系，大股东套取利润的决议无效：河北某机械工业有限公司等诉 E*T 有限公司等决议纠纷案中，河北省高院审理认为：关于《泰某中国技术中心自 2014 年起向合资公司收费决议》是否有效的问题。根据石家庄泰某公司 2012 年、2013 年度审计报告的内容，2012 年总销售额 24407 万元，净利润 1311 万元，如果按照总销售额的 6% 收取研发费用为 1464.42 万元，高于当年度的净利润。2013 年总销售额 27699 万元，净利润 1428 万元，如果按照总销售额的 6% 收取研发费用为 1661.94 万元，亦高于当年度的利润。且收取费用的泰某中国技术中心与交付费用的石家庄泰某公司的控股股东某香港公司均为泰某集团的全资子公司。根据我国《公司法》第二十一条"公司的控股股东、实际控制人、董事、监事、高级管理人员不得利用其关联关系损害公司利益"的规定，该决议所确定的向合资公司按年度总销售额的 6% 收取费用的内容损害了公司利益。因此，该决议无效。石家

---

[1] （2016）京 01 民终 6676 号。

庄泰某公司关于"该决议并不违反法律行政法规的规定,原审判决该决议无效是错误的"的上诉理由不能成立。[①] 本案为典型的控股股东滥用资本多数决,利用关联关系,通过表面程序合法的董事会,作出直接损害公司利益,进而损害小股东利益的董事会决议无效。

除上述控股股东滥用股东权利作出决议无效外,无权处分股权的股东会决议通常无效,如股东会作出转让股权的决议,但持有该转让股权的股东本人未出席股东会,也未表示同意转让股权,股东签名为伪造的情况下,股东会决议应为无效,属于违反法律规定的侵害股东权益行为。另外,违法修改章程条款的股东会决议,如修改公司章程限制股东会选举权等股东权利;或者超越股东会职权所作的股东会决议,如未经财务核算分配公司资产或者免除控股股东对公司的债务等;或者其他侵犯公司利益、债权人利益的决议;或者决议内容依据的基础合同不存在、选举的董、监、高不具有任职资格、违反禁售期的规定作出转让股权的决议等,均因实质的违反法律、法规而大多被法院评判为无效决议。故,公司在作出决议时,首先要明确决议内容应合法,不得违反法律法规,必要时可以聘请律师事先对决议内容是否合法合规进行核查。

[引申法条]

《中华人民共和国民法典》

第一百三十四条 民事法律行为可以基于双方或者多方的意思表示一致成立,也可以基于单方的意思表示成立。

法人、非法人组织依照法律或者章程规定的议事方式和表决程序作出决议的,该决议行为成立。

04 控股股东以多数决通过的修改股东出资期限决议有效吗?

股东出资期限系经股东合意而确定,规定在有限责任公司章程或股东出资协议里。如果公司股东滥用控股地位,以多数决方式通过修改出资期限决议,损害其他股东期限权益,其他股东可否请求确认该项决议无效呢?下文我们将探究最高院公报案例姚某与鸿某(上海)投资管理有限公司(以下简称鸿某公司)、章某等公司决议纠纷案。

[①] (2015)冀民三终字第2号。

本篇判例系大股东利用控股地位，将股东出资期限未经全体股东一致通过而直接以资本多数决作出了缩短期限的决议，我们来看上海二中院的说理论述：本案修改股东出资期限是否适用资本多数决规则：根据《公司法》相关规定，修改公司章程须经代表全体股东三分之二以上表决权的股东通过。本案临时股东会决议第二项系通过修改公司章程将股东出资时间从2037年7月1日修改为2018年12月1日，其实质系将公司股东的出资期限提前。而修改股东出资期限，涉及公司各股东的出资期限利益，并非一般的修改公司章程事项，不能适用资本多数决规则。理由如下：

首先，我国实行公司资本认缴制，除法律另有规定外，《公司法》第二十八条规定，"股东应当按期足额缴纳公司章程中规定的各自所认缴的出资额"，即法律赋予公司股东出资期限利益，允许公司各股东按照章程规定的出资期限缴纳出资。股东的出资期限利益，是公司资本认缴制的核心要义，系公司各股东的法定权利，如允许公司股东会以多数决的方式决议修改出资期限，则占资本多数的股东可随时随意修改出资期限，从而剥夺其他中小股东的合法权益。

其次，修改股东出资期限直接影响各股东的根本权利，其性质不同于公司增资、减资、解散等事项。后者决议事项一般与公司直接相关，但并不直接影响公司股东之固有权利。如在增资过程中，不同意增资的股东，其已认缴或已实缴部分的权益并未改变，仅可能因增资而被稀释股份比例。而修改股东出资期限直接关系到公司各股东的切身利益。如允许适用资本多数决，不同意提前出资的股东将可能因未提前出资而被剥夺或限制股东权益，直接影响股东根本利益。因此，修改股东出资期限不能简单等同于公司增资、减资、解散等事项，亦不能简单地适用资本多数决规则。

最后，股东出资期限系公司设立或股东加入公司成为股东时，公司各股东之间形成的一致合意，股东按期出资虽系各股东对公司的义务，但本质上属于各股东之间的一致约定，而非公司经营管理事项。法律允许公司自治，但需以不侵犯他人合法权益为前提。在公司经营过程中，如有法律规定的情形需要各股东提前出资或加速到期，系源于法律规定，而不能以资本多数决的方式，以多数股东意志变更各股东之间形成的一致意思表示。故此，本案修改股东出资期限不应适用资本多数决规则。

关于鸿某公司是否存在亟须股东提前出资的正当理由。一般债权具有平等性，但司法实践中，具有优先性质的公司债权在一定条件下可以要求公司股东提前出资或加速到期。如公司拖欠员工工资而形成的劳动债权，在公司无资产可供执行的情况下，可以要求公司股东提前出资或加速到期以承担相应的法律责任。而本案并不属于该种情形。本案当事人对上诉人鸿某公司是否继续经营持不同意见，且双方均确认《合作协议书》的合作目的已无法实现，目前也并无证据证明存在需要公司股东提前出资的必要性及正当理由，因此一审判决认定本案要求股东提前出资不具有合理性且不符合常理，并无不当。章某等股东形成的临时股东会决议，剥夺了被上诉人姚某作为公司股东的出资期限利益，限制了姚某的合法权益。一审判决确认该项决议无效，于法有据，予以认可。①

本篇判例系典型的大股东滥用股东权利，利用资本多数决侵犯小股东认缴出资期限权利，法院从股东的出资期限利益是公司资本认缴制的核心要义出发，将直接影响股东权利的决议归于无效。另外，本篇判例中法官认为除法律规定或存在其他合理性、紧迫性事由需要修改出资期限的情形外，股东会会议作出修改出资期限的决议应经全体股东一致通过，此处也建议大股东切莫随意利用控股优势，作出侵犯其他小股东权益的决议，否则即时作出也将面临被予以否定评价的法律风险。

05 公司决议任命的职工监事非公司职工是否有效呢？

根据《公司法》第五十一条的规定，有限责任公司监事会中的职工代表监事应当具有该公司职工的身份，产生方式应符合职工民主选举产生的程序，并符合规定的代表比例。公司股东会作出任命职工代表监事的决议，如果该被任命监事并非本公司职工，或该被任命监事的产生程序、代表比例违反《公司法》第五十一条规定的，该部分决议内容是否有效呢？本篇探究另一篇最高院公报案例上海保某冷藏有限公司（以下简称保某公司）诉上海长某冷藏物流有限公司（以下简称长某公司）公司决议效力确认纠纷案。

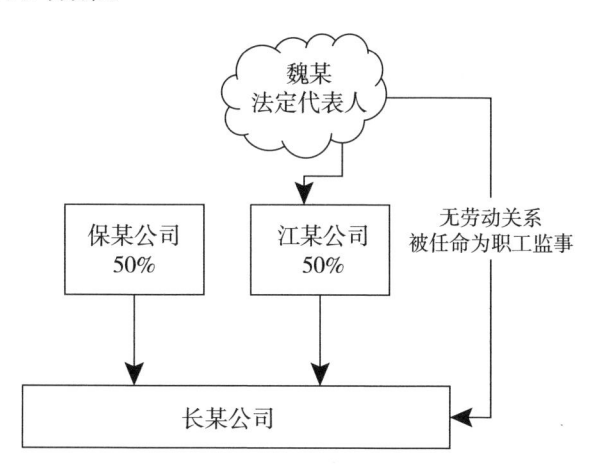

---

① 《最高人民法院公报》2021年第3期（总第293期）第42-48页。

[典型案例]

2014年1月，保某公司通过向第三人江某公司受让部分股权，成为长某公司的股东，保某公司、江某公司各持长某公司50%股权。2014年4月，长某公司召开临时股东会议并形成系争股东会决议，决议第二项决定设立监事会，任命徐某、孔某为股东代表监事，任命魏某为职工代表监事，免去魏满某的监事职务。而魏某生于1948年，2008年已届退休年龄，其担任被告长某公司法定代表人至2013年卸任，涉讼时其仍是第三人江某公司的法定代表人，但在诉讼过程中卸任。另无证据证明魏某在2014年4月以来与长某公司之间存在劳动关系。

保某公司认为，系争股东会决议中关于监事任免的内容以及表决程序均违反了公司法关于职工代表监事的相关规定，魏某不能担任长某公司的职工代表监事，故诉请判令：确认被告长某公司于2014年4月通过的股东会决议关于公司监事会组成的决议条款无效。

本案一审法院支持原告诉请，江某公司、魏某不服一审判决，向上海市第二中级人民法院提起上诉称：系争股东会决议程序合法，内容真实有效，已经各股东确认并办理工商登记，请求二审改判驳回被上诉人保某公司的诉讼请求。

上海二中院经审理认为：与公司签订劳动合同或者存在事实劳动关系是成为职工代表监事的必要条件，上诉人魏某并不具备担任原审被告长某公司职工代表监事的资格，理由如下：第一，职工代表大会是协调劳动关系的重要制度，职工代表须与公司存在劳动关系。参考国资委、中华全国总工会等部门制定的《企业民主管理规定》第二十三条的规定："与企业签订劳动合同建立劳动关系以及与企业存在事实劳动关系的职工，有选举和被选举为职工代表大会代表的权利。依法终止或者解除劳动关系的职工代表，其代表资格自行终止。"本案中，魏某于系争股东会决议作出时已不在长某公司任职，其未在长某公司领取薪水，即与长某公司不存在劳动关系，故魏某不具备作为职工代表的资格。第二，职工代表监事应通过职工代表大会、职工大会等形式，从职工代表中民主选举产生。《公司法》第五十一条第二款规定了监事会应包括公司职工代表，说明职工代表资格是成为职工代表监事的前提。本案中，魏某并非职工代表，因此不具备担任长某公司职工代表监事的资格。另，《公司法》第五十一条第二款亦规定监事会中职工代表的比例不得低于三分之一，该比例系公司法上效力性强制性规定，本案中魏某不具备职工代表资格，另外两名监事系股东代表，职工代表比例为零，违反前款规定。故一审法院认定系争股东会决议中任命魏某为长某公司职工代表监事的条款无效，并无不当，二审予以支持。至于两上诉人认为选举职工代表监事程序合法、签字职工均有表决资格的主张，因魏某不具备职工代表资格，无论签字职工是否具有表决资格，均无法改变监事会中无职工代表的事实，亦无法补正系争股东会决议相关条款的效力，故对于上诉人的该项主张，二审法院亦不予采纳。①

综上，有限公司如果成立监事会的情况下，则需要有职工代表监事，且比例不得低于三分之一，职工代表监事首先要与公司签订劳动合同或者存在事实劳动关系，另外职工代表监事还应通过职工代表大会、职工大会等形式，从职工代表中民主选举产生，否则将不具备职工资格的列为监事，即使已经过工商登记，仍然因不符合法律规定而将被否定决议效力。

[引申法条]

《中华人民共和国公司法》

第五十一条 有限责任公司设监事会，其成员不得少于三人。股东人数较少或者规模较小的有限责任公司，可以设一至二名监事，不设监事会。

监事会应当包括股东代表和适当比例的公司职工代表，其中职工代表的比例不得低于三分之一，具体比例由公司章程规定。监事会中的职工代表由公司职工通过职工代表大会、职工大会或者其他形式民主选举产生。

监事会设主席一人，由全体监事过半数选举产生。监事会主席召集和主持监事会会议；监事会主席不能履行职务或者不履行职务的，由半数以上监事共同推举一名监事召集和主持监事会会议。

董事、高级管理人员不得兼任监事。

06 股东会对股东进行罚款作出的决议是否有效？

根据《行政处罚法》的规定，对违法行为可以进行行政处罚，但是行政处罚所依据的规定必须已经公布，未经公布的不得作为行政处罚的依据。同理，公司章程关于股东会对股东处以罚款的规定，系公司全体股东所预设的对违反公司章程股东的一种制裁措施，符合公司的整体利益，体现了有限公司的人合性特征，不违反公司法的禁止性规定，应合法有效。但如果未明确罚款标准、幅度，股东会在没有明确标准、幅度的情况下处罚股东，此情形下决议是否有效呢？本篇从最高院公报案例南京安某财务顾问有限公司（以下简称安某公司）诉祝某股东会决议罚款纠纷案来探析。

---

① 《最高人民法院公报》2019年第11期（总第277期）第45-48页。

[典型案例]

安某公司成立于2002年11月18日，注册资本为180万元。2004年8月，被告祝某成为安某公司员工，后祝某成为公司股东并记载于公司章程。章程第三十六条载明：股东退出分为自愿退出和强制退出。任何股东有下列行为之一出现时，必须全部转让其在公司的股份，由股东会强制取消其股东身份：（一）主观故意侵占或损害公司利益者；（二）利用在公司的地位和职权为自己谋私利者……（六）违反公司同业禁止约定者……此种情况下转让股份的价值按当时公司账面净值折算后扣除给公司造成的损失及股东会决议的罚款后的余额计算。祝某作为股东在上述公司章程上进行了签名，但该章程中未明确记载罚款的标准及幅度。

2008年7月23日，被告祝某辞职，同月25日，安某公司决定自2008年7月25日起与祝某解除劳动合同。公司以祝某在职期间以个人名义为曾与公司存有业务关系的其他公司提供私下服务等，根据章程规定作出决议：1. 由公司强行回购祝某在公司的全部股份；2. 对祝某处以人民币50000元的罚款，但该决议被祝某拒绝，故公司诉至法院请求判令祝某立即给付安某公司罚款人民币50000元。

江苏省南京市鼓楼区人民法院审理认为：

一、有限公司的股东会无权对股东处以罚款，除非公司章程另有约定。

《公司法》第三十六条规定，有限责任公司股东会由全体股东组成，股东会是公司的权力机构，依照本法行使职权。第三十七条规定了股东会的十项职权，有限公司的股东会作为权力机构，其依法对公司事项所作出决议或决定是代表公司的行为，对公司具有法律约束力。股东履行出资义务后，其与公司之间是平等的民事主体，相互之间具有独立的人格，不存在管理与被管理的关系，公司的股东会原则上无权对股东施以任何处罚。这从《公司法》第三十八条第（一）项至第（十）项所规定的股东会职权中并不包含对股东处以罚款的内容中亦能得到体现。因此，在公司章程未作另行约定的情况下，有限公司的股东会并无对股东处以罚款的法定职权，如股东会据此对股东作出处以罚款的决议，则属超越法定职权，决议无效。①

《公司法》第十一条规定，设立公司必须依法制定公司章程。公司章程对公司、股东、董事、监事、高级管理人员具有约束力。第二十条规定，公司股东应当遵守法律、行政法规和公司章程，依法行使股东权利。由此可见，公司章程是公司自治的载体，既赋予股东权利，亦使股东承担义务，是股东在公司的行为准则，股东必须遵守公司章程的规定。本案中，原告安某公司章程第三十六条虽主要是关于取消股东身份的规定，但该条第二款明确记载有"股东会决议罚款"，根据章程本身所

---

① 本案所引用的为审判时有效的《公司法》。

使用的文义进行解释，能够得出在出现该条第一款所列八种情形下，安某公司的股东会可以对当事股东进行罚款。鉴于上述约定是安某公司的全体股东所预设的对违反公司章程股东的一种制裁措施，符合公司的整体利益，体现了有限公司的人合性特征，不违反公司法的禁止性规定，被告祝某亦在章程上签字予以认可，故包括祝某在内的所有股东都应当遵守。据此，安某公司的股东会依照《公司法》第三十七条第（十一）项之规定，享有对违反公司章程的股东处以罚款的职权。

二、有限公司的公司章程在赋予股东会对股东处以罚款职权的同时，应明确规定罚款的标准和幅度，股东会在没有明确标准和幅度的情况下处罚股东，属法定依据不足，相应决议无效。

被告祝某在原告安某公司和瑞某公司委托记账合同关系停止后，仍作为瑞某公司的经办人向税务部门申请取消一般纳税人资格业务，该行为属于《安某同业禁止规定》第一条及公司章程第三十六条第一款第（六）项的约定范畴，应认定祝某违反了公司章程，安某公司股东会可以对祝某处以罚款。安某公司章程第三十六条第二款所规定"罚款"是一种纯惩罚性的制裁措施，虽与行政法等公法意义上的罚款不能完全等同，但在罚款的预见性及防止权力滥用上具有可比性。而根据我国《行政处罚法》的规定，对违法行为给予行政处罚的规定必须公布；未经公布的，不得作为行政处罚的依据，否则该行政处罚无效。本案中，安某公司在修订公司章程时，虽规定了股东在出现第三十六条第一款的八种情形时，股东会有权对股东处以罚款，但却未在公司章程中明确记载罚款的标准及幅度，使得祝某对违反公司章程行为的后果无法作出事先预料，况且，安某公司实行"股东身份必须首先是员工身份"的原则，而《安某员工手册》的《奖惩条例》第七条所规定的五种处罚种类中，最高的罚款数额仅为2000元，而安某公司股东会对祝某处以5万元的罚款已明显超出了祝某的可预见范围。故安某公司临时股东会所作出对祝某罚款的决议明显属法定依据不足，应认定为无效。①

综上，股东会职权可以依据章程自行制定，自然可以包括类似罚款、违约金等对股东的惩戒措施，但注意应明确罚款的范围、标准、幅度等，否则将因罚款数额"无法可依"而导致决议无效。比如，可以约定股东会有权对下列行为进行罚款：侵占公司财产、挪用公司资金、收受贿赂、侵占公司商业机会、泄露公司商业秘密、通过关联交易谋取私利情形、因其他违法行为给公司造成损失超过10万元的；罚款的标准为违规违法股东给公司造成经济损失的2倍，最低标准不低于2万元人民币；罚款直接归入公司财产，违规违法股东每延迟一天需缴纳所处罚款金额万分之一的违约金，拒不缴纳的，公司有权在股东应得利润分配中直接扣划。

---

① 《最高人民法院公报》2012年第10期（总第192期）。

[引申法条]

《中华人民共和国公司法》

第三十六条 有限责任公司股东会由全体股东组成。股东会是公司的权力机构，依照本法行使职权。

第三十七条 股东会行使下列职权：

（一）决定公司的经营方针和投资计划；

（二）选举和更换非由职工代表担任的董事、监事，决定有关董事、监事的报酬事项；

（三）审议批准董事会的报告；

（四）审议批准监事会或者监事的报告；

（五）审议批准公司的年度财务预算方案、决算方案；

（六）审议批准公司的利润分配方案和弥补亏损方案；

（七）对公司增加或者减少注册资本作出决议；

（八）对发行公司债券作出决议；

（九）对公司合并、分立、解散、清算或者变更公司形式作出决议；

（十）修改公司章程；

（十一）公司章程规定的其他职权。

对前款所列事项股东以书面形式一致表示同意的，可以不召开股东会会议，直接作出决定，并由全体股东在决定文件上签名、盖章。

07 未按规定提前发送会议通知，决议是否可撤销？

《公司法》规定，有限公司召开股东会须于召开15日前通知全体股东，允许公司章程或全体股东另有约定；股份公司股东大会须在召开20日前通知各股东，临时股东大会应于召开15日前通知，均不允许章程另行约定。如果未按规定提前发送会议通知，决议是否可以撤销呢？

[典型案例]

北京一中院审理的北京华某源科贸有限公司（以下简称华某源公司）上诉张某公司决议撤销纠纷案，法院认为：根据《公司法》第四十一条的规定，召开股东会，应当于会议召开十五日前通知全体股东；但是，公司章程另有规定或者全体股东另有约定的除外。华某源公司的公司章程中约定，召开股东会会议，应当于会议召开十五日以前通知全体股东。

根据华某源公司的主张，就该公司2015年第三次临时股东会，对张某的通知方式为：一、2015年7月14日当天向张某送达通知，张某拒收；二、因张某拒收，万商公司于2015年7月14日下午2点55分将开会通知张贴于张某在华某源公司的办公室大门上；三、2015年7月14日当天向张某的手机发送开会通知。上述三种通知方式无论是否实际通知到张某，对于2015年7月14日召开的股东会，万商公司当天才向张某发出参会通知，张某最终未能实际参会，争议股东会的召集程序已明显违反了公司法规定及公司章程的约定，应予撤销。华某源公司上诉称其公司内部存在召开股东会不提前15天通知的惯例，但华某源公司未能提交证据证明全体股东一致约定召开公司股东会可以不提前15天通知，即本案中亦不存在公司法所规定的全体股东另行约定的情形，华某源公司主张的惯例无法对抗公司章程的明确约定。综上，张某申请撤销华某源公司于2015年第三次临时股东会决议的诉请，符合法律规定，应予支持。①

如果未提前发送会议通知，但股东、董事如期参会且未提异议的，则一般司法实践认为不得再请求撤销公司决议。

为避免公司决议被撤销，公司应当重视会议召开的程序，即会议召开前，按照公司法或者章程规定提前发送会议通知，当然公司可以自行制定章程适当缩减会议提前通知的时间，以增加公司日常决策的灵活性；同时公司章程可以事先约定会议通知的送达地点，避免日后股东拒绝接受通知而无法送达的窘境。

而基于有限公司和股份公司的会议具体要求不同，如果超出会议通知内容作出决议的，有限公司一般不受影响；若股份公司决议内容超出会议通知内容的，则会导致决议可撤销。故建议公司严格遵循公司法或章程规定的会议召开、召集、主持和表决程序，并作好会议记录，同时注意决议内容不得违背章程规定，以免被以撤销事由予以撤销。

另外，关于决议撤销之诉还要注意时限问题。股东诉请撤销公司决议，应当在决议作出之日起60日内行使，该期间不得中止、中断与延长。这里一定要注意"决议作出之日起六十日"的除斥期间是《公司法》的明文规定，不是知道或应当知道时起算，因为这会导致决议效力可能长期处于受挑战的状态，与商事迅捷原则不符。

不过，如果出现超过60天股东权利又该怎么保护呢？根据《最高人民法院公司法司法解释（四）理解与适用》释明，可以变通保护"至于此种情况下股东的权利如何保护，一般来说，股东不知道相关决议的存在，都是因为会议在召集、通

---

① （2016）京01民终5549号。

知时蓄意遗漏了股东。这种情况属于公司决议在程序上的重大瑕疵,可以通过决议不成立之诉的相关制度予以解决。如果公司的决议已经执行完毕,股东再提起决议撤销之诉已没有意义,在此情况下,公司股东可以根据《公司法》第二十条、第二十一条的规定提起诉讼,请求赔偿损失,没有必要再纠结于股东是'知道或者应当知道'决议什么时候作出了"。[①] 即股东可以通过决议不成立之诉予以解决,如果决议已经执行完毕,可以依据股东滥用股东权利、关联关系给其他股东、公司造成损失的,依法追究其相应的赔偿责任。

[引申法条]

《中华人民共和国公司法》

第二十条 公司股东应当遵守法律、行政法规和公司章程,依法行使股东权利,不得滥用股东权利损害公司或者其他股东的利益;不得滥用公司法人独立地位和股东有限责任损害公司债权人的利益。

公司股东滥用股东权利给公司或者其他股东造成损失的,应当依法承担赔偿责任。

公司股东滥用公司法人独立地位和股东有限责任,逃避债务,严重损害公司债权人利益的,应当对公司债务承担连带责任。

第二十一条 公司的控股股东、实际控制人、董事、监事、高级管理人员不得利用其关联关系损害公司利益。

违反前款规定,给公司造成损失的,应当承担赔偿责任。

第二十二条 公司股东会或者股东大会、董事会的决议内容违反法律、行政法规的无效。

股东会或者股东大会、董事会的会议召集程序、表决方式违反法律、行政法规或者公司章程,或者决议内容违反公司章程的,股东可以自决议作出之日起六十日内,请求人民法院撤销。

股东依照前款规定提起诉讼的,人民法院可以应公司的请求,要求股东提供相应担保。

公司根据股东会或者股东大会、董事会决议已办理变更登记的,人民法院宣告该决议无效或者撤销该决议后,公司应当向公司登记机关申请撤销变更登记。

第四十一条 召开股东会会议,应当于会议召开十五日前通知全体股东;但是,公司章程另有规定或者全体股东另有约定的除外。

股东会应当对所议事项的决定作成会议记录,出席会议的股东应当在会议记录

[①] 杜万华主编、最高法院民事审判第二庭编著:《最高人民法院公司法司法解释(四)理解与适用》,人民法院出版社2017年版,第120页。

上签名。

第四十八条 董事会的议事方式和表决程序，除本法有规定的外，由公司章程规定。

董事会应当对所议事项的决定作成会议记录，出席会议的董事应当在会议记录上签名。

董事会决议的表决，实行一人一票。

第一百零二条 召开股东大会会议，应当将会议召开的时间、地点和审议的事项于会议召开二十日前通知各股东；临时股东大会应当于会议召开十五日前通知各股东；发行无记名股票的，应当于会议召开三十日前公告会议召开的时间、地点和审议事项。

单独或者合计持有公司百分之三以上股份的股东，可以在股东大会召开十日前提出临时提案并书面提交董事会；董事会应当在收到提案后二日内通知其他股东，并将该临时提案提交股东大会审议。临时提案的内容应当属于股东大会职权范围，并有明确议题和具体决议事项。

股东大会不得对前两款通知中未列明的事项作出决议。

无记名股票持有人出席股东大会会议的，应当于会议召开五日前至股东大会闭会时将股票交存于公司。

第一百一十条 董事会每年度至少召开两次会议，每次会议应当于会议召开十日前通知全体董事和监事。

代表十分之一以上表决权的股东、三分之一以上董事或者监事会，可以提议召开董事会临时会议。董事长应当自接到提议后十日内，召集和主持董事会会议。

董事会召开临时会议，可以另定召集董事会的通知方式和通知时限。

08 召集程序违法的股东会决议是否可以撤销？

根据《公司法》第二十二条的规定，可撤销决议的主要特征是：第一，召集程序违反法律、行政法规或者公司章程；第二，表决方式违反法律、行政法规或者公司章程；第三，决议内容违反公司章程。撤销决议之诉是公司决议类诉讼中最为常见的一类诉讼，在《公司法司法解释四》实施以前，法院不乏将不具备成立要件的决议归至决议无效或可撤销的决议类，造成实践中司法裁判不统一现象。在2017年9月1日《公司法司法解释四》实施后，根据程序瑕疵等级及司法实践，如果是一般程序瑕疵更多的是决议成立但效力上将被撤销。那召集程序违法的股东会决议可否被撤销呢？本篇从金某公司与华某公司决议撤销纠纷上诉案来研析：

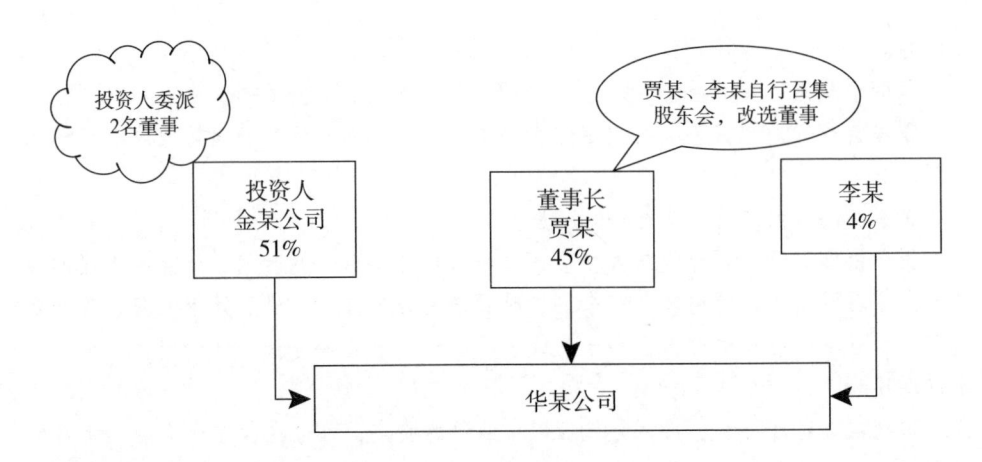

```
         投资人委派
          2名董事

   投资人                    贾某、李某自行召集
  金某公司                    股东会，改选董事
    51%
                董事长           李某
                 贾某            4%
                45%

              华某公司
```

[典型案例]

　　华某公司成立于2009年8月5日，注册资本800万元，工商登记股东为金某公司、贾某、李某，持股比例分别为51%、45%、4%，其中贾某为董事长，大股东金某公司为投资人，金某公司与华某公司在《关于华某公司之增资协议》3.9中约定：投资人（金某公司）成为标的公司（华某公司）股东后，标的公司的董事会设置董事3名，其中2名董事应由投资人提名并获委任。但在实际经营过程中，董事长贾某召集并主持了临时股东会议，于2017年7月13日召开华某公司临时股东会会议并形成《华某公司临时股东会决议》，改选了董事。金某公司委托代理人王某在华某公司临时股东会会议记录尾部注明：临时股东会会议召集程序不符合公司法及公司章程之约定，不同意该提案。

　　随即，金某公司向法院申请撤销该股东会决议，理由为华某公司临时股东会会议召开违反《华某公司章程》规定的前置程序，只有在董事会、监事不履行或不能履行职责的前提下，才能由其他股东召集和主持。同时，本次华某公司临时股东会会议的召开程序，已架空华某公司董事会，造成华某公司治理混乱，严重危害华某公司的正常管理，属于重大瑕疵。另外，金某公司投资华某公司人民币600万元后，华某公司法定代表人贾某利用控制华某公司的机会，涉嫌侵占华某公司资产。

　　该案一波三折，一审法院驳回诉请，认为贾某系华某公司董事长，系代表三分之一以上的董事，由其召集并主持华某公司临时股东会会议并无不妥。即使贾某作为华某公司董事长在通知其他董事的方式上存在瑕疵，也仅属于召集程序有轻微瑕疵的行为，对《华某公司临时股东会决议》未产生实质影响。

　　二审法院经过核实证据，最终作出了公允判决，这里需要厘清一个概念，即提议权和召集权的区别：代表十分之一以上表决权的股东，三分之一以上的董事，监事会或不设监事会的公司监事均有权提议召开临时股东会议，但是股东会不论是临时还是定期，其召集程序有着严格的法律规定，须由董事会召集和董事长主持；董事会不履行召集职责的，由监事会召集和主持；监事会不召集和主持的，代表十分之一以上表决权的股东才可以自行召集和主持。

故北京二中院审理认为在本案中因华某公司未能提供充足证据证明其存在2017年7月13日前华某公司董事会以及监事不能召集临时股东会会议的情况，在此情况下，华某公司临时股东会会议由股东贾某、李某通知召集与前述法律规定相悖。金某公司起诉要求撤销华某公司于2017年7月13日作出的《华某公司临时股东会决议》具有事实和法律依据，应予支持。一审法院以即使贾某作为华某公司董事长在通知其他董事的方式上存在瑕疵，也仅属于华某公司临时股东会会议召集程序有轻微瑕疵的行为，对《华某公司临时股东会决议》未产生实质影响予以驳回金某公司的诉讼请求显属不妥，本院予以改判。[1]

综上，代表十分之一以上表决权的股东有权召集股东会是有前提的，即首先董事会或执行董事不能履行或者不履行召集职责的；其次监事会或监事也不召集和主持。如果在未提交有效证据证明董事会或监事会未能履行召集职责情况下，代表十分之一以上股东径行召集股东会，违反公司法规定，股东会决议将面临被撤销风险。

[引申法条]

《中华人民共和国公司法》

第四十条 有限责任公司设立董事会的，股东会会议由董事会召集，董事长主持；董事长不能履行职务或者不履行职务的，由副董事长主持；副董事长不能履行职务或者不履行职务的，由半数以上董事共同推举一名董事主持。

有限责任公司不设董事会的，股东会会议由执行董事召集和主持。

董事会或者执行董事不能履行或者不履行召集股东会会议职责的，由监事会或者不设监事会的公司的监事召集和主持；监事会或者监事不召集和主持的，代表十分之一以上表决权的股东可以自行召集和主持。

09 解聘总经理职务的决议可以撤销吗？

人民法院在审理公司决议撤销纠纷案件中应当审查：会议召集程序、表决方式是否违反法律、行政法规或者公司章程，以及决议内容是否违反公司章程。在未违

---

[1] （2017）京02民终11932号。

反上述规定的前提下，解聘总经理职务的决议所依据的事实是否属实，理由是否成立，是否属于司法审查范围呢？

[典型案例]

李某系佳某力公司的股东，并担任总经理。佳某力公司股权结构为：葛某持股40%，李某持股46%，王某持股14%。三位股东共同组成董事会，由葛某担任董事长，另两人为董事。公司章程规定：董事会行使包括聘任或者解聘公司经理等职权；董事会须由三分之二以上的董事出席方才有效；董事会对所议事项作出的决定应由占全体股东三分之二以上的董事表决通过方才有效。2009年7月18日，佳某力公司董事长葛某召集并主持董事会，三位董事均出席，会议形成了"鉴于总经理李某不经董事会同意私自动用公司资金在二级市场炒股，造成巨大损失，现免去其总经理职务，即日生效"等内容的决议。该决议由葛某、王某及监事签名，李某未在该决议上签名。后李某诉至法院，认为佳某力公司免除其总经理职务的决议所依据的事实和理由不成立，且董事会的召集程序、表决方式及决议内容均违反了《公司法》的规定，请求法院依法撤销该董事会决议。

一审法院支持李某诉求，佳某力公司不服提出上诉。

二审法院认为：根据《公司法》第二十二条第二款的规定，董事会决议可撤销的事由包括：一、召集程序违反法律、行政法规或公司章程；二、表决方式违反法律、行政法规或公司章程；三、决议内容违反公司章程。从召集程序来看，佳某力公司于2009年7月18日召开的董事会由董事长葛某召集，三位董事均出席董事会，该次董事会的召集程序未违反法律、行政法规或公司章程的规定。从表决方式来看，根据佳某力公司章程规定，对所议事项作出的决定应由占全体股东三分之二以上的董事表决通过方才有效，上述董事会决议由三位股东（兼董事）中的两名表决通过，故在表决方式上未违反法律、行政法规或公司章程的规定。从决议内容来看，佳某力公司章程规定董事会有权解聘公司经理，董事会决议内容中"总经理李某不经董事会同意私自动用公司资金在二级市场炒股，造成巨大损失"的陈述，仅是董事会解聘李某总经理职务的原因，而解聘李某总经理职务的决议内容本身并不违反公司章程。

董事会决议解聘李某总经理职务的原因如果不存在，并不导致董事会决议撤销。首先，公司法尊重公司自治，公司内部法律关系原则上由公司自治机制调整，司法机关原则上不介入公司内部事务；其次，佳某力公司的章程中未对董事会解聘公司经理的职权作出限制，并未规定董事会解聘公司经理必须要有一定原因，该章程内容未违反公司法的强制性规定，应认定有效，因此佳某力公司董事会可以行使公司章程赋予的权力作出解聘公司经理的决定。故法院应当尊重公司自治，无须审查佳某力公司董事会解聘公司经理的原因是否存在，即无须审查决议所依据的事实是否属实，理由是否成立。综上，原告李某请求撤销董事会决议的诉讼请求不成立，解聘总经理职务的决议所依据的事实是否属实，理由是否成立，不属于司法审查范围，故依法予以驳回。[①]

类似这样的案例在司法实践中存在不少，如更换法定代表人所依据的事实是否属实、理由是否成立，所决议内容实质属于公司自治范畴，均非司法审查范围。对于此类属于公司内部的人事任免或经营管理等行为，一般只要决议不存在法定撤销、无效事由，均为有效的决议。

10　决议内容违反股东协议约定的是否可以撤销？

公司的全体股东在股东协议里约定董事长由一方股东委派，公司另行作出股东会决议违反股东间协议约定的，股东可否请求撤销该股东会决议呢？下文来看北京中某医药投资集团有限公司（以下简称中某公司）诉曹某等公司利益纠纷再审案。

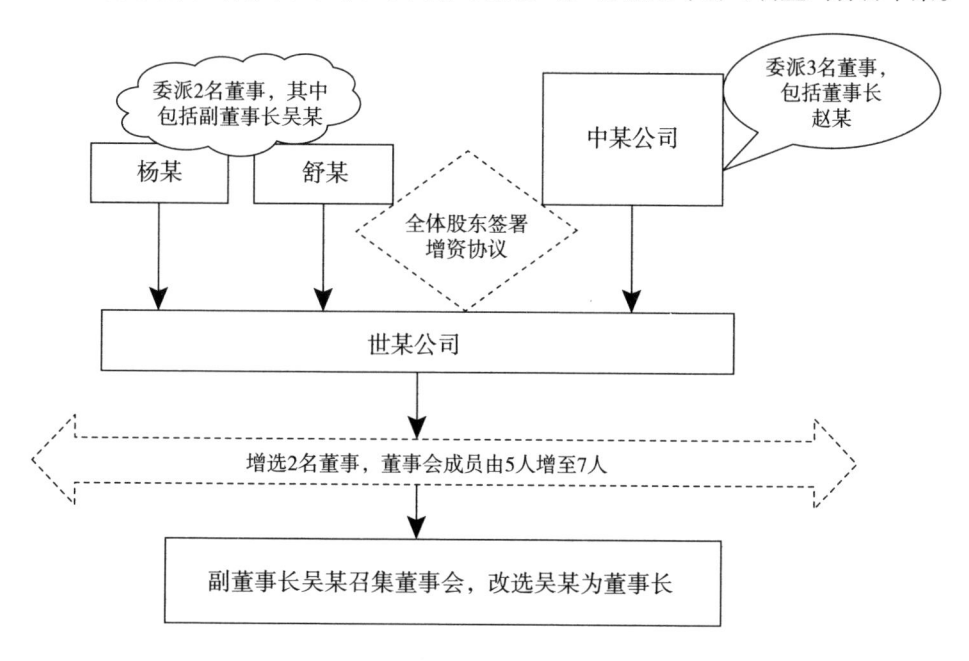

```
杨某　舒某　　　　　　中某公司
（委派2名董事，其中　　（委派3名董事，
包括副董事长吴某）　　　包括董事长赵某）
        ↓
  全体股东签署增资协议
        ↓
      世某公司
        ↓
增选2名董事，董事会成员由5人增至7人
        ↓
副董事长吴某召集董事会，改选吴某为董事长
```

---

① 《最高人民法院关于发布第三批指导性案例的通知》，案例编号：指导案例10号，（2010）沪二中民四（商）终字第436号。

[典型案例]

2009年9月28日，世某公司股东杨某、舒某作为甲方，中某公司作为乙方，世某公司作为丙方，签订了《增资扩股协议书》，约定乙方增资入股。中某公司增资完成后，世某公司董事会由甲方委派2人，乙方委派3人，董事长在乙方委派的董事中产生，副董事长在甲方委派的董事中产生。

2009年9月29日，增资扩股后的世某公司董事长依约变更为乙方委派的赵某，甲方委派的副董事长吴某，董事为舒某等三人。

2010年1月20日，世某公司内部股权比例调整，并增选王某、蔡某为董事，董事会成员共计7名。

2014年3月3日，公司曹某等五名董事以世某公司已两年多没有召开股东会和董事会，并鉴于赵某不能履行或不履行董事长职务，给公司生产经营造成了很大损害为由，推选和提议副董事长吴某尽快召开董事会。2014年3月4日，副董事长吴某签署了召开公司董事会会议通知，议题为研究决定公司重要人事调整和聘任问题，并向赵某、王某送达了会议通知。2014年3月20日，曹某、吴某等五人参加了320会议，赵某、王某未参加。320决议的主要内容是：免去赵某担任的董事长兼法定代表人职务，选举吴某为董事长兼法定代表人等。会后，董事会向赵某、王某送达了320决议，并要求中某公司在3日内将世某公司的所有生产经营证照和印鉴交还世某公司。

中某公司诉至法院要求撤销320董事会决议。本案一审、二审均驳回了其诉请，中某公司坚持再审至最高院，最终最高院改判撤销320决议。

最高院从三个方面对决议是否应予撤销进行考量：

一、曹某等三名董事在参加320会议时是否具备世某公司董事资格。首先公司和董事之间属于委任关系，在法律和公司章程没有相反规定的情况下，公司董事辞职一般应于董事辞职书送达公司董事会时发生法律效力。而曹某等董事在2011年年底已辞职不具备世某公司董事资格，依法不应享有2014年320会议的召集提议权和表决权。

二、320会议召开前赵某是否存在不能履行或不履行董事长职务的情形。

由于中某公司未能提交赵某自其于2012年2月7日主持召开董事会会议至2014年3月4日副董事长吴某召集320会议前，其在长达两年的时间内曾召集或者主持世某公司董事会会议的相关证据，而世某公司章程规定董事会会议应当每半年至少召开一次，因此320会议的召集符合《公司法》第四十七条规定的前提条件。

三、320决议内容是否违反公司章程规定。

2009年9月28日舒某、杨某、中某公司与世某公司共同签订的《增资扩股协议书》第四条第三款约定:"董事长在中某公司委派的董事中产生。"第九条第二款约定:"本协议作为解释新世某公司股东之间权利和义务的依据,长期有效,除非各方达成书面协议修改;本协议在不与新世某公司章程明文冲突的情况下,视为对新世某公司股东权利和义务的解释并具有最高法律效力。"该规定由全体股东一致同意,并经世某公司签署。因此,该文件虽名为协议,但在主体上包括公司和全体股东、内容上属于公司章程的法定记载事项、效力上具有仅次于章程的最高效力,其法律性质应属世某公司对公司章程相关内容的具体解释。违反该约定应为决议的可撤销事由。320决议选举非中某公司委派的吴某为董事长,故该决议内容违反了全体股东及公司对公司章程的解释,应视为违反了公司章程的规定。

综上,320会议召集和举行时,五名参会人员中曹某等三人已不具有董事资格,故320会议召集程序及表决方式均存在重大瑕疵,同时320决议内容亦违反公司及全体股东对公司章程的解释。依据《公司法》第二十二条第二款的规定,该决议应当予以撤销。[①]

本篇最高院的判例实务给我们的启示是:为保证股东间协议与公司章程具有同等效力,建议由全体股东及公司共同签署,同时可参考判例约定"本协议作为解释公司股东之间权利和义务的依据,长期有效,除非各方达成书面协议修改;本协议在不与章程明文冲突的情况下,视为对公司股东权利和义务的解释并具有最高法律效力"。还可以进一步明确约定"公司决议内容违反本协议约定的,公司股东有权请求法院撤销"。另外,在股权发生变化,新股东进入时,应及时更新签署股东协议。

11 未实际召开的会议作出的决议是否成立?

在公司治理过程中,当遇到重大决策时,往往需要通过召开股东会或董事会讨论形成决议而定,而一个有效的决议需要具备"意思自治+程序正义+民主决策",但是在得到一个成立且有效的决议前,常会因侵犯股东权利而导致成立的决议无效,或者因程序违法等导致成立的决议被撤销,除此之外,还有因缺乏成立要件而自始至终不成立的决议,本篇从北京奥某科技开发有限公司(以下简称奥某公司)等诉李某公司决议效力确认纠纷案来分析未实际召开会议作出的决议是否成立。

[①] (2017)最高法民再172号。

[典型案例]

奥某公司的股东为刘某与李某夫妻二人。后刘某为控制公司获得法定代表人身份，在既未通知李某参会也未召开股东会的情形下，于2007年3月22日自行制作奥某公司股东会决议，并在李某不知情的情况下，直接代李某在上述决议上签字，被李某知晓后诉至法院。

生效裁判支持原告诉请，判决决议不成立。刘某和奥某公司不服，申请再审。北京二中院再审认为：本案为公司决议效力确认纠纷，属确认之诉，不受诉讼时效的限制。根据《公司法司法解释四》第五条的规定，除依据《公司法》第三十七条第二款或者公司章程规定可以不召开股东会或者股东大会而直接作出决定，并由全体股东在决定文件上签名、盖章的情况外，公司未召开股东会，当事人主张股东会决议不成立的，人民法院予以支持。本案中，李某、奥某公司、刘某均认可2007年3月22日股东会决议上李某的签字非其本人签署。刘某虽称该签字系李某委托其代签，但未提交相应证据证明，故本院对该项主张不予采纳。2007年3月22日股东会决议作出时，奥某公司的股东为刘某与李某二人。刘某在未通知李某参会即未召开股东会的情形下，于2007年3月22日自行制作奥某公司股东会决议文件，并在李某未授权的情况下，代李某在上述决议上签字，该决议不具备成立的基本条件，故一审法院判决确认该决议不成立并无不当。奥某公司、刘某未提供足以推翻原判决的新证据。奥某公司、刘某申请再审理由不能成立。①

上述判例就是典型的未通知开会，更未实际开会，股东签名也是假的，由一个股东炮制的股东会决议最后被法院判定不成立。那是否是只要不召开股东会，决议就均不成立呢？

[典型案例]

北京兰某文化传播有限公司等诉南京某产权交易所有限公司公司决议效力确认纠纷案，在该案中，南京中院审理认为：《公司法》第三十七条规定：股东会行使下列职权：（一）决定公司的经营方针和投资计划……（十）修改公司章程；（十一）公司章程规定的其他职权。对前款所列事项股东以书面形式一致表示同意的，可以不召开股东会会议，直接作出决定，并由全体股东在决定文件上签名、盖章。本案中，南京某产权交易所有限公司2013年8月10日的股东会决议，虽非通过召开股东会会议形成，但系各股东经协商后在书面决定文件中加盖印章而

---

① （2018）京02民申46号。

制，上述决议方式并不违反相关法律规定。①

此判例符合《公司法》第三十七条第二款的规定，即只有在全体股东对股东会所议事项以书面形式一致表示同意的情形下，才可以不召开股东会，直接作出决定，并由全体股东在决议文件上签名、盖章。换言之，只要股东之间对股东会所议事项存在争议，就须依法召开股东会，否则不召开股东会就对应由股东会所议事项作出的决议将不成立。除此之外，根据《公司法司法解释四》第五条第（一）项里但书条款，公司章程也可以规定不召开股东会或者股东大会而直接作出决定，并由全体股东在决定文件上签名、盖章，作出的决议无违反法律规定的则亦是成立有效。

综上，一般来说公司未召开会议的，决议不成立，但是符合法律规定的不召开股东会作出的决议是成立的（仅限股东会或股东大会，不包括董事会），前提是须符合《公司法》第三十七条第二款的规定，或者章程事先约定，并且一定要形成书面股东会决议文件加全体股东签名盖章。而实践中很多民营企业，对于公司重大事项，股东之间往往不注意形成书面文件，这样很有可能在股东冲突或出现利害关系时，因缺乏有效的书面证据而陷于被动局面。

[引申法条]

《中华人民共和国公司法》

第三十七条 股东会行使下列职权：

（一）决定公司的经营方针和投资计划；

（二）选举和更换非由职工代表担任的董事、监事，决定有关董事、监事的报酬事项；

（三）审议批准董事会的报告；

（四）审议批准监事会或者监事的报告；

（五）审议批准公司的年度财务预算方案、决算方案；

（六）审议批准公司的利润分配方案和弥补亏损方案；

（七）对公司增加或者减少注册资本作出决议；

（八）对发行公司债券作出决议；

（九）对公司合并、分立、解散、清算或者变更公司形式作出决议；

（十）修改公司章程；

（十一）公司章程规定的其他职权。

对前款所列事项股东以书面形式一致表示同意的，可以不召开股东会会议，直

---

① （2016）苏01民终7142号。

接作出决定,并由全体股东在决定文件上签名、盖章。

《最高人民法院关于适用〈中华人民共和国公司法〉若干问题的规定(四)》

第五条 股东会或者股东大会、董事会决议存在下列情形之一,当事人主张决议不成立的,人民法院应当予以支持:

(一)公司未召开会议的,但依据公司法第三十七条第二款或者公司章程规定可以不召开股东会或者股东大会而直接作出决定,并由全体股东在决定文件上签名、盖章的除外;

(二)会议未对决议事项进行表决的;

(三)出席会议的人数或者股东所持表决权不符合公司法或者公司章程规定的;

(四)会议的表决结果未达到公司法或者公司章程规定的通过比例的;

(五)导致决议不成立的其他情形。

12 违反章程规定"董事会决议须全票通过"的决议是否成立?

公司股东通过共同合意制定的公司章程,只要不与法律强制性规定相冲突,不论该章程规定是否影响到商事活动的效率,基于尊重公司内部治理意思自治原则,均应作为认定公司内部决议效力的依据。这是本篇福州法院2018年度商事审判十大案例之一给出的裁判要旨,下文具体来分析。

[典型案例]

界某公司于1999年登记成立,股东为某电力公司、某勘察设计公司、某电公司,分别出资占公司注册资本的25%、15%和60%,公司工商登记的董事为5人。《界某公司章程》第二十九条规定:"公司董事会实行集体决策,表决实行一人一票和多数通过的原则。董事会决议须经全体董事通过,并形成会议记录,出席会议的董事应当在会议记录上签名。"

2016年9月9日,界某公司制作《关于召开界某公司董事会会议的通知》及《关于任命界某公司财务负责人的议案》,并通知了公司董事。2016年9月23日,5名公司董事均到会参加董事会会议。会议由董事长李某主持,以投票表决的方式对"关于解聘、聘任界某公司管理层的议案"进行表决。全体董事参与了投票,投票结果为:赞成3票,反对2票。董事会以多数通过的原则,形成了"聘任张某同志担任财务负责人,公司副总经理刘某应于董事会作出之日起7日内将负责保管的相关财务印鉴及支付工具移交给新任财务负责人张某"的相关决议,投赞成票的3名董事在决议上签字确认。同日，界某公司向刘某下发移交相关财务印鉴及支付工具的通知。股东某电力公司、某勘察设计公司认为该决议未达到公司章程规定的通过比例，故于 2016 年 11 月 16 日提起本案诉讼，请求确认界某公司于 2016 年 9 月 23 日作出的董事会决议不成立。

生效裁判确认董事会决议不成立，其理由为：随着公司决议瑕疵诉讼与日俱增，司法权对公司决议瑕疵的介入应以谦抑性为原则，以避免对公司内部事务的不当干涉。法院须对公司章程的合法性作必要审查，在公司章程并未违反法律强制性规定的情况下，公司的内部决策行为应当遵循公司章程规定。本案中，公司章程对于董事会决议的议事方式和表决程序作了具体性规定，且其中的"董事会决议须经全体董事通过"规定在实务操作中实现有较大难度，但我国公司法及其司法解释对此表决方式并未作限制性规定，据此可审查确认该项章程规定的合法性。因公司章程系全体股东通过共同合意制定，在公司内部具有最高效力，故以商事活动应注重效率为由否定公司章程规定之效力，实际上是司法越权的表现，有违公司法基本原则。本案争议的董事会决议未经某电力公司、某勘察设计公司指派的董事同意通过，未达到公司章程第二十九条规定的决议由全体董事通过之表决比例，符合《公司法司法解释四》第五条规定的董事会决议不能成立的情形，故二上诉人主张案涉董事会决议不能成立的诉讼请求，应予支持。①

本篇案例肯定了合法的公司章程规定在公司内部治理环节上的效力位阶，明确司法权应对合法范围内的公司意思自治予以充分的尊重和保护。虽然上述判例章程规定严重影响到商事活动的效率，但基于公司全体股东共同合意制定的公司章程，只要不与法律强制性规定相冲突，均应作为认定公司内部决议效力的依据。

[引申法条]

《最高人民法院关于适用〈中华人民共和国公司法〉若干问题的规定（四）》

第五条 股东会或者股东大会、董事会决议存在下列情形之一，当事人主张决议不成立的，人民法院应当予以支持：

（一）公司未召开会议的，但依据公司法第三十七条第二款或者公司章程规定可以不召开股东会或者股东大会而直接作出决定，并由全体股东在决定文件上签名、盖章的除外；

（二）会议未对决议事项进行表决的；

---

① 福州法院 2018 年度商事审判十大案例之八：某市电力工程有限责任公司、某市成功水利电力工程勘察设计有限公司诉永泰大樟溪界某水电有限公司公司决议效力确认纠纷案——公司章程规定系公司内部治理合法性的主要依据。

（三）出席会议的人数或者股东所持表决权不符合公司法或者公司章程规定的；

（四）会议的表决结果未达到公司法或者公司章程规定的通过比例的；

（五）导致决议不成立的其他情形。

13 未合理履行催告程序，且违反法定程序作出的除名决议是否成立？

强调人合性是有限公司的特质，对于完全未出资或抽逃全部出资的股东，因其严重违反股东出资义务，公司法以除名制度予以规制。而未合理履行催告程序，且违反法定程序作出的除名决议是否成立呢？本篇从某食品饮料公司诉某商贸公司公司决议效力确认纠纷案来探析：

[典型案例]

某商贸公司与某管理公司合资经营某食品饮料公司，双方在公司章程中约定了董事会的职权范围、议事方式及表决程序等事宜，其中包括"召开董事会会议的通知应包括会议时间和地点、议事日程等，且应当在会议召开的30日前以书面形式发给全体董事"。此后，某商贸公司以EMS形式通知某管理公司，要求其在15日内配合某食品饮料公司换领新版营业执照，并马上缴清成立该公司时的出资款。该邮件被拒收。三天后，某食品饮料公司以EMS形式向某管理公司寄送《关于召开某食品饮料公司股东会（董事会）的通知》，该通知内容为载明了董事会、股东会的会议时间及会议讨论内容：某管理公司配合某食品饮料公司换领营业执照。该邮件被签收。但通知人并未通知某管理公司委派的董事参会。后在该次董事会上，参会人员一致通过并形成的董事会决议，该决议载明：某管理公司股东代表、董事未到场参会，鉴于某管理公司多次收到某食品饮料公司催告函，要求其配合办理营业执照变更手续但置之不理，其历史上也多次不作为不配合，造成损失金额数百万元。鉴于其不作为，损害公司利益以及其至今未按照合资合同履行出资义务，多次催告缴纳出资时，其均拒收催告函，某食品饮料公司认为此系该股东以其实际行为表明其拒绝缴纳出资，属于其在催告后的合理期间内仍未缴纳出资的行为，根据有关规定，某食品饮料公司以董事会决议解除该股东的股东资格。参会董事均签字同意解除某管理公司股东资格。

生效判决认为：首先，某商贸公司在以EMS形式通知某管理公司在15日内配合某食品饮料公司换领新版营业执照并马上缴清成立某食品饮料公司时的出资款时，并未给予某管理公司缴纳出资款的方式、亦未约定合理期限，亦没有告知某管理公司若不在合理期限内缴纳出资或向公司明确说明、提出申辩，公司将启动除名程序。在邮件被拒收后，某商贸公司和某食品饮料公司未再以其他方式催告某管理公司缴纳出资。实际上，某食品饮料公司并未给予某管理公司缴足出资的合理期限即召开董事会并作出了决议，不符合前置程序的法律要求。其次，根据章程规定的董事会的议事方式和表决程序，通知人并未向被解除股东资格的公司全部董事发送通知，并未通知到全体应到与会人员。且涉诉董事会决议内容为解除某管理公司股东资格与通知的议题不符，案涉董事会决议存在严重程序问题，最终判决驳回了某食品饮料公司要求确认董事会决议有效的诉讼请求。[1] 综上所述，未合理履行催告程序，且违反法定程序作出的除名决议不成立。

除名制度以公司自治的方式及时剔除违约的合伙人，而司法介入是对公司自治的补充，公司不得随意处分股东的股权，为防止除名制度被滥用须遵循下述法院总结的股东除名实体、程序性要求：

《公司法司法解释三》第十七条规定了有限公司除名行为的三个适用条件和程序。第一，只适用于根本违反出资义务的情形，即完全未出资和抽逃全部出资，未履行部分出资义务不属于可除名的情形。但若公司章程或者在先的公司决议中一致约定或决议的其他除名事由，且已为相关股东所预见和认可，则属于公司自治的范畴，法院不宜一概轻易否定其效力。第二，公司履行了催告的前置程序，即使股东已经符合法定除名事由，但公司仍要通过催告给予股东弥补未履行的义务，通常包括严重违反出资义务的具体情况、在合理期限内补正出资义务、不消除除名事由的后果、股东向公司解释、申辩的权利等。股东的补正出资义务只需要达到消除除名的触发条件"未履行出资义务或者抽逃全部出资"即可。第三，通过合法程序召开股东会，形成股东会决议。现行公司法对股东除名决议并无特别规定，在公司章程没有特别约定时，决议应当经公司代表二分之一以上表决权的股东表决通过。但关于被除名股东是否享有表决权，可参考《公司法》对关联股东表决权限制的规定，除名决议与对外担保的决议相似，决议内容与被除名股东有直接利害关系，可以考虑限制被除名股东的表决权，但应注意不应排除被除名股东接受会议通知和参加会议的权利。虽然未出资股东对于其是否除名没有表决权，但是其有参加会议并对其未出资理由进行申辩的权利。公司不能以股东对会议审议事项有利害关系而不具有表决权为由，不通知其参加该会议的审议过程。

故股东除名决议的效力判断，应从上述股东是否严重违反出资义务、公司是否

---

[1] 北京三中院发布二十个公司类纠纷典型案例之八：某食品饮料公司诉某商贸公司公司决议效力确认纠纷案——未合理履行催告程序，且违反法定程序作出的除名决议不成立，发布日期：2021年4月20日。

履行催告程序、决议程序是否合法进行综合判断，司法实践中亦会严格把握相关除名要件因素，维护公司治理的平稳有序。

[引申法条]

《最高人民法院关于适用〈中华人民共和国公司法〉若干问题的规定（三）》

第十七条　有限责任公司的股东未履行出资义务或者抽逃全部出资，经公司催告缴纳或者返还，其在合理期间内仍未缴纳或者返还出资，公司以股东会决议解除该股东的股东资格，该股东请求确认该解除行为无效的，人民法院不予支持。

在前款规定的情形下，人民法院在判决时应当释明，公司应当及时办理法定减资程序或者由其他股东或者第三人缴纳相应的出资。在办理法定减资程序或者其他股东或者第三人缴纳相应的出资之前，公司债权人依照本规定第十三条或者第十四条请求相关当事人承担相应责任的，人民法院应予支持。

14　伪造签名的决议是否成立？

没有法定事由未开会、未进行表决、出席人数或股东所持表决权不合法、表决结果未达法定通过比例等，这些因决议主体不具备决议的能力或资格、决议缺少成立要件等导致决议归于不成立。而实践中存在诸多签名并非本人所签，如伪造签名情形，该等决议是否成立呢？首先看北京一中院发布的典型案例韩某与甲公司公司决议效力确认纠纷案。

[典型案例]

甲公司为有限责任公司，其章程规定，召开股东会会议，应当于会议召开十五日以前通知全体股东，股东会会议由股东按照出资比例行使表决权。甲公司原股东为朱某、韩某、魏某，现登记股东为朱某、王某、魏某，其中韩某与朱某系夫妻关系。

工商档案中，甲公司第四届第二次股东会决议显示：同意原股东韩某退出股东会，并将其持有的股份12万元转让给朱某，签字处分别有全体股东手写签名字样。韩某以股东会决议上其签字非其本人签署为由，主张该股东会决议不成立。

甲公司认可未实际召开股东会，且股东会决议非韩某本人签字，但主张决议签署得到韩某的同意和授权，应属合法有效。因甲公司未实际召开股东会，且韩某在事后不予认可，法院最终判决该股东会决议不成立。①

公司决议作为公司的意思表示，其本质是通过会议的形式根据多数决的规则作出。因此，只有公司决议的程序公正和内容合法才能发生法律效力，上述案例伪造签名事后也未得到权利人的追认，故被法院判定不成立。但是否只要是伪造的签名，决议就不成立或者效力存在瑕疵呢？

在北京三中院发布的薛某诉某文化发展公司公司决议效力确认纠纷案中，法院裁判观点进一步明确：决议签名虽系伪造，但经股东追认或系股东知晓且同意的股东会决议并不因此不成立。股东会决议本质上是公司权力机关股东会作出的代表公司的意思表示，是一种团体法律行为，其意思的作出往往通过股东在决议上签字以形成决议的意思表示为方式。而行为人伪造他人签名形成决议的书面文件，足以导致决议未能形成意思表示或不具备意思表示，欠缺成立要件。但是股东会决议不成立的理由应为股东会决议并非公司股东的真实意思表示，而非签名并非股东本人所签，即股东在决议上签名仅是形成决议意思表示的一种方式，伪造签字或未签字并非当然导致决议不成立。如果事后股东进行追认或者经股东知晓且同意的股东会决议，符合团体意思表示的作出，此时不能仅以签字系伪造或者未签字作为决议不能成立的抗辩理由。实践中，常见的情形包括，股东认可股东会决议、股东依据股东会决议履行了相应义务等。②

实践中，股东会决议非本人所签，多是由于股东会未通知该股东、未实际召开股东会或股东未参加会议等情形造成。裁判观点也分歧较大，有观点认为只要部分签名系伪造，且被伪造签名的股东或者董事不予认可，公司决议即为无效。也有观点认为，在去除伪造签名后通过比例不符合公司法或者章程规定时，决议才无效，否则有效。还有观点认为，签名被伪造系决议可撤销事由，并非无效事由。但在《公司法司法解释四》决议不成立概念确立后，笔者更加赞同上述北京三中院的裁判观点：即股东会决议非本人所签并不必然导致决议存在瑕疵，决议不成立或被撤销本是股东针对决议瑕疵选择救济的一种方式，如果事后股东对决议内容进行追认或者有证据表明股东对此知晓且同意，则应认定该股东会决议符合股东真实意思表示。此时股东仅以未签字或签字系伪造为由主张决议不成立，无论是从民事行为的成立要件、诚实信用原则还是从维护公司决议效力和公司内外部稳定角度来看，都

---

① 北京一中院发布公司类纠纷案件十四大典型案例之八：韩某与甲公司公司决议效力确认纠纷案——未按照法律或者公司章程规定的议事方式和表决程序作出的公司决议不成立，发布日期：2020年10月12日。

② 北京三中院发布二十个公司类纠纷典型案例之七：薛某诉某文化发展公司公司决议效力确认纠纷案——签名虽系伪造，但能证明系股东真实意思表示的决议并不因此不成立，发布日期：2021年4月20日。

不宜对其主张予以支持。

[引申法条]

《中华人民共和国民法典》

第一百三十四条 民事法律行为可以基于双方或者多方的意思表示一致成立，也可以基于单方的意思表示成立。

法人、非法人组织依照法律或者章程规定的议事方式和表决程序作出决议的，该决议行为成立。

第一百四十三条 具备下列条件的民事法律行为有效：
（一）行为人具有相应的民事行为能力；
（二）意思表示真实；
（三）不违反法律、行政法规的强制性规定，不违背公序良俗。

《最高人民法院关于适用〈中华人民共和国公司法〉若干问题的规定（四）》

第五条 股东会或者股东大会、董事会决议存在下列情形之一，当事人主张决议不成立的，人民法院应当予以支持：

（一）公司未召开会议的，但依据公司法第三十七条第二款或者公司章程规定可以不召开股东会或者股东大会而直接作出决定，并由全体股东在决定文件上签名、盖章的除外；
（二）会议未对决议事项进行表决的；
（三）出席会议的人数或者股东所持表决权不符合公司法或者公司章程规定的；
（四）会议的表决结果未达到公司法或者公司章程规定的通过比例的；
（五）导致决议不成立的其他情形。

15 轻微瑕疵情形下的决议如何处理？

可撤销的决议大多归咎于程序瑕疵，而根据程序瑕疵的等级，我们可以这样理解，即严重的程序瑕疵，将直接导致股东会决议不成立，如根本就未召开股东会，或者根本未对决议事项进行表决等，一般的程序瑕疵，将导致成立的股东会决议可撤销，比如召集违反法定程序、表决方式不合法或决议内容违反公司章程的，那如果轻微的程序瑕疵是否影响公司决议的效力呢？本篇从鑫某华公司诉上市公司中某控股公司决议撤销案进行分析：

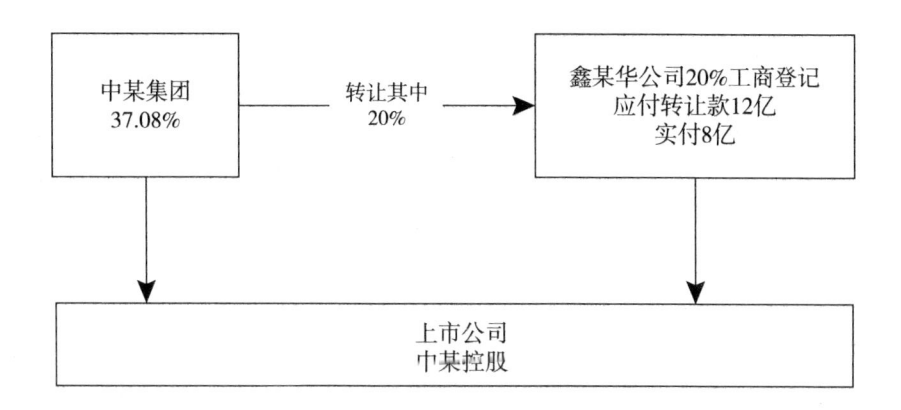

```
┌─────────────────┐   转让其中    ┌──────────────────────┐
│   中某集团       │─────20%─────▶│ 鑫某华公司20%工商登记  │
│   37.08%        │              │ 应付转让款12亿         │
└────────┬────────┘              │ 实付8亿                │
         │                       └───────────┬──────────┘
         │                                   │
         ▼                                   ▼
        ┌──────────────────────────────────────┐
        │           上市公司                    │
        │           中某控股                    │
        └──────────────────────────────────────┘
```

[**典型案例**]

　　中某集团原持有上市公司中某控股37.08%的股份。2017年9月，中某集团与鑫某华公司签订股份转让协议，约定分三批转让所有股份，转让款付至12亿元时，办理20%股份的过户登记手续，同时中某集团应将9%股份的表决权在交割之前不可撤销地委托给鑫某华公司行使，对剩余8.08%股份在交割之前按鑫某华公司的指示行使表决。后鑫某华公司仅支付转让款8亿元，但双方提前办理了20%股份的转让登记。2018年1月10日，鑫某华公司入驻上市公司中某控股，委派人员担任董事长、董事长秘书、董事等重要职务。此后，两大股东鑫某华公司与中某集团之间因公司控制权、股份转让款等问题的矛盾日趋尖锐，摩擦增多。

　　2018年9月，中某集团向上市公司中某控股提议改选董事，在提请董事会、监事会召开股东大会未果后，中某集团决定自行召集股东大会，并向董事会提交了通知。2018年9月28日，中某集团发布召开临时股东大会的公告，2018年10月15日，鑫某华公司向中某集团发送要求按其指示行使表决权的函，中某集团回函予以拒绝。

　　2018年10月17日，中某集团如期召开股东大会并通过决议，罢免了鑫某华公司委派的2名董事，选举了肖某、霍某平为董事。出席本次会议的股东代表有表决权的股份351993972股，罢免议案的同意股占出席会议所有股东所持股份的96.3847%；选举议案的有效选举票数占出席会议有表决权股份总数的95.2074%、95.2059%。其中，中某集团有效选举占出席会议有表决权股份总数的55.9765%。鑫某华公司认为该股东大会的召集程序错误、表决方式错误，请求法院撤销股东大会决议。

　　江苏省无锡市中级人民法院经审理认为：1. 关于召集程序方面。中某集团在股东大会通知发出前未办理股份锁定手续，违反《深圳证券交易所股票上市规则》的规定，确有瑕疵，但锁定股份的意义在于确保召集股东的持股比例从发出股东大会通知到公告股东大会决议期间始终保持在10%以上，始终符合股东行使召集权的法定条件。而中某集团的持股比例至股东大会决议公告前未发生任何变动，始终符合股东行使召集权的法定条件，该程序瑕疵没有产生实质性的不利后果。同时，股东大会通知公告中未完整披露候选董事的信息，违反公司章程规定，也有瑕疵，但候选人实际没有发生诸如受惩戒等足以使其他股东投反对票的情形，且从出席会议的表决权情况来看，假设出现候选人信息完整披露后除中某集团外的其他股东均投反对票的极端情形，选举议案仍能获得通过，该等瑕疵同样不足以对决议产生实质影响。2. 关于表决方式方面。根据股份转让协议约定，中某集团拟转让的9%股份的表决权委托行使和8.08%股份的表决权按指示行使，均应建立在鑫某华公司对已转让的20%股份的付款达到12亿元之基础上，而鑫某华公司仅支付了8亿元，尚不满足条件，故本次股东大会按照中某集团自主行使表决权所投同意票进行统计是正确的。故股东大会召集程序轻微瑕疵，未对决议产生实质性影响的，不予撤销，遂驳回鑫某华公司的诉讼请求。①

由此可见，公司法司法解释中的轻微瑕疵以该程序瑕疵是否会导致各股东无法公平地参与多数意思的形成以及获取对此所需的信息为判定标准，如公司章程要求股东会应提前15日通知全体股东，但召集人可能仅提前14日通知全体股东；或公司章程规定召集通知应当以书面形式发出，而实际情况是以电话或网络通信的形式发出；又或股东会的会议时间比预定计划延误了数小时，上述情况虽然属于程序瑕疵，但未妨碍股东公平参与多数意思的形成和获知对其作出意思表示所需的必要信息，应属轻微瑕疵。另外，如无表决权人参加表决，除去该表决之后不影响多数决的达成；股东会议召集未通知到某小股东，除去该表决之后不影响多数决的达成；股东会议的召集通知以公司名义而非董事会名义发出；出席会议的表决权人未在会议记录上签名等，一般通说认为这些轻微瑕疵也不会影响决议效力。但股东大会就召集通知中未载明的事项作出决议、公司未通知反对派小股东或董事参会、公司不合理提前并缩短参会注册时间并将无法注册的反对股东或董事拒之会议室门外、故意制造交通事故导致参会者无法参会、临时改变会议地点迫使参会者扑空、采取鼓掌通过等不精准的计票方式等违反了公司法或章程规定的决议规则，肆意践踏诚实信用、公开透明、民主开放的公司决议惯例，显然不能归属于轻微瑕疵。

综上，司法实践多是采用紧缩、审慎的司法裁判原则，更多地尊重公司的意思自治，所以公司在召开会议时，应遵守法律、行政法规和章程的有关规定，促成会议的顺利召开，对有关事项作出有效的决议，实现良性的公司治理。

---

① （2018）苏02民初577号。

[引申法条]

《中华人民共和国公司法》

第二十二条第一款、第二款 公司股东会或者股东大会、董事会的决议内容违反法律、行政法规的无效。

股东会或者股东大会、董事会的会议召集程序、表决方式违反法律、行政法规或者公司章程，或者决议内容违反公司章程的，股东可以自决议作出之日起六十日内，请求人民法院撤销。

第一百零一条 股东大会会议由董事会召集，董事长主持；董事长不能履行职务或者不履行职务的，由副董事长主持；副董事长不能履行职务或者不履行职务的，由半数以上董事共同推举一名董事主持。

董事会不能履行或者不履行召集股东大会会议职责的，监事会应当及时召集和主持；监事会不召集和主持的，连续九十日以上单独或者合计持有公司百分之十以上股份的股东可以自行召集和主持。

《最高人民法院关于适用〈中华人民共和国公司法〉若干问题的规定（四）》

第四条 股东请求撤销股东会或者股东大会、董事会决议，符合民法典第八十五条、公司法第二十二条第二款规定的，人民法院应当予以支持，但会议召集程序或者表决方式仅有轻微瑕疵，且对决议未产生实质影响的，人民法院不予支持。

16 决议被撤销或者无效后是否影响公司已对外签署的合同？

本篇讨论公司决议外部效力问题，《民法典》通过第六十一条、第八十五条等规定予以明确，基本确立了内外有别、保护善意相对人合法利益的原则。《公司法司法解释四》第六条亦明确规定，股东会或者股东大会、董事会决议被人民法院判决确认无效或者撤销的，公司依据该决议与善意相对人形成的民事法律关系不受影响。

具体来看永丰县人民法院审判的江西赣某皇食品有限公司与王某兰、王某损害公司利益责任纠纷案，法院认为，原告公司依据股东会议决议变更法定代表人为被告王某兰虽被法院确认为不成立，但根据《公司法司法解释四》第六条"股东会或者股东大会、董事会决议被人民法院判决确认无效或者撤销的，公司依据该决议与善意相对人形成的民事法律关系不受影响"之规定，虽然被告王某兰的法定代表人资格应当撤销，但对于撤销前其代表公司与善意相对人所形成的民事法律关系不因其法定代表人资格被撤销而无效。被告王某兰代表公司与被告金某签订《租赁合同》是在确认股东会决议不成立的判决作出之前，在签订《租赁合同》时工商登记部门登记的原告公司的法定代表人是被告王某兰，该登记对外具有公示公信效力，被告金某有理由相信被告王某兰有权代表公司签订合同。同理被告红某公司与原告公司签订《合作经营协议》也是在确认股东会决议不成立的判决作出之前，原告未提供充分证据证明被告红某公司明知被告王某兰不是合法的法定代表人而与被告王某、王某兰恶意串通，也即公司依据无效决议对外与善意相对人签订的协议效力并不受影响。①

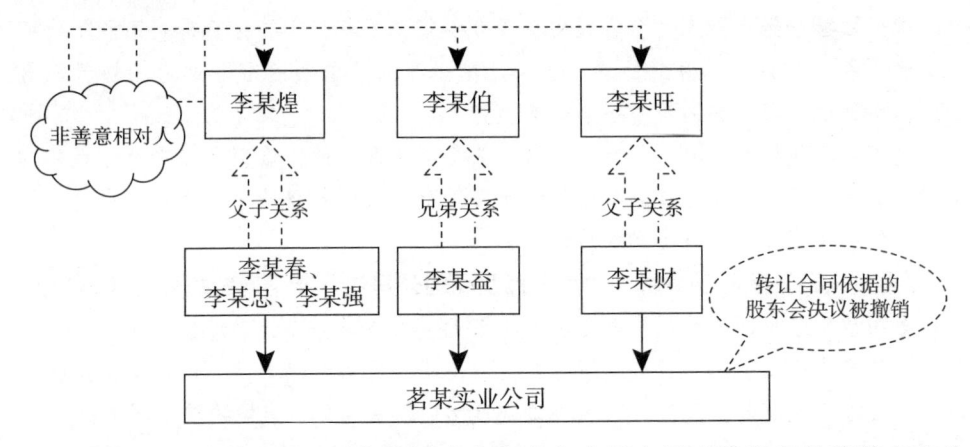

如果相对人非善意呢？再来看福建省龙岩市中级人民法院审理的茗某实业公司、李某煌与何某、李某辉、许某确认合同无效纠纷案，福建省龙岩市中级人民法院认为，2016 年 5 月 18 日，茗某实业公司股东会作出《福建茗某实业有限公司股东会议决议》，该决议书中第二、三项内容因违法被本院（2017）闽 08 民终 356 号民事判决撤销，并发生法律效力。2016 年 5 月 19 日，茗某实业公司与李某旺签订《福建茗某旅游发展有限公司股权转让协议》与李某煌、李某旺、李某伯签订《股权转让合同》，该涉案二份合同是依据 2016 年 5 月 18 日《股东会议决议》第二、三项内容所签订，因《股东会议决议》第二、三项被撤销，涉案二份合同转让的基础即不存在。转让合同中的受让人李某煌是茗某实业公司股东李某春、李某忠、李某强的父亲，受让人李某伯是茗某实业公司股东李某益的弟弟，受让人李某旺是茗某实业公司股东李某财的父亲，三受让人与茗某实业公司同意转让股权的股东均有身份上的利害关系，且三受让人对茗某实业公司股东的内部纠纷也是清楚的。因此，涉案股权转让亦不构成善意取得。茗某旅游公司 100% 的股权转让，对于原股东而言，属于公司解散或变更公司形式，根据《公司法》的规定，公司合并、分

---

① （2018）赣 0825 民初 92 号。

立、解散或者变更公司形式的决议，必须经代表三分之二以上表决权的股东通过。茗某实业公司于 2017 年 12 月 3 日作出《股东会决议》对涉案二份转让合同追认的决议，也违反法律规定。一审判决认定涉案二份协议为无效协议并无不当。① 该判例为股权转让所依据的基础公司决议被法院撤销后，涉及第三人的股权转让协议是否有效，法院认为第三人因与转让股东具有身份利害关系，非善意相对人，故最终协议认定为无效。

另外，最高院在崔某、俞某与无锡市荣某置业有限公司、燕某等四人以及孙某等五人股权转让纠纷案中，指出转让股权的股东会决议因未经股权所有人同意而不成立，由此产生的股权转让属无权处分行为。股权受让人在受让股权时尽了合理的注意义务，且支付了对价，属善意第三人，可通过善意取得制度获得转让股权。此处需要注意的是，如果涉及侵犯其他股东优先购买权的，应遵循《公司法司法解释四》第二十一条的要求，保护其他股东合法权益不受侵害并可以在一定时间内申请撤销工商登记。②

综上，在司法实践中，决议效力实际遵循内外有别的原则，即在公司内部当决议被确认不成立、无效或者被撤销后自始没有法律约束力，而在涉及公司外部关系时，基于商事外观主义及对第三人的信赖利益保护，一般对善意第三人并无溯及力，所涉协议效力不受影响，第三人非善意除外。而对于善意相对人的举证责任，在公报案例中某集团进出口公司诉北京大某经贸有限公司、北京天某投资有限公司、某盛世科技发展（北京）有限公司、江苏银某科技有限公司、四川宜宾俄某工程发展有限公司进出口代理合同纠纷案中，法院认为第三人的善意是由法律推定的，第三人无须举证自己善意。如果公司主张第三人恶意，应对此负举证责任。不过，作为善意相对人，为避免不必要损失，建议在与公司进行股权转让、并购等涉重大资产交易时先作尽职调查，了解公司概况，排除潜在重大风险，以确保后续交易安全。③

[引申法条]

《中华人民共和国民法典》

第六十一条 依照法律或者法人章程的规定，代表法人从事民事活动的负责人，为法人的法定代表人。

法定代表人以法人名义从事的民事活动，其法律后果由法人承受。

---

① （2018）闽 08 民终 1103 号。
② 《商事审判指导》2008 年第 2 辑（总第 14 辑）。
③ 《最高人民法院公报》2011 年第 2 期。

法人章程或者法人权力机构对法定代表人代表权的限制,不得对抗善意相对人。

第八十五条 营利法人的权力机构、执行机构作出决议的会议召集程序、表决方式违反法律、行政法规、法人章程,或者决议内容违反法人章程的,营利法人的出资人可以请求人民法院撤销该决议。但是,营利法人依据该决议与善意相对人形成的民事法律关系不受影响。

《最高人民法院关于适用〈中华人民共和国公司法〉若干问题的规定(四)》

第六条 股东会或者股东大会、董事会决议被人民法院判决确认无效或者撤销的,公司依据该决议与善意相对人形成的民事法律关系不受影响。

17 增资决议被否定,工商已变更登记将被撤销吗?

依据《公司法司法解释四》第六条的规定,股东会或者股东大会、董事会决议被确认无效或者撤销的,不影响公司依据该决议与善意相对人形成的民事法律关系,若增资依据的基础决议被否定,是否需要撤销工商增资登记呢?

先看2021年6月北京高院的案例,增资股东会决议因违反法定召集程序被撤销,善意第三人增资经工商登记为股东行为有效。

[典型案例]

北京高院审理的郑某等与北京煜某股权投资有限公司(以下简称煜某公司)公司决议撤销纠纷案认为:根据郑某的再审申请理由,本院主要审查煜某公司是否应当向公司登记机关申请撤销变更登记。由于2019年6月28日煜某公司股东会在召集程序上违反法律规定和公司章程,一、二审判决撤销煜某公司于2019年6月28日作出的两份《北京煜某股权投资有限公司股东会决议》。根据《公司法司法解释四》第六条的规定:"股东会或者股东大会、董事会决议被人民法院判决确认无效或者撤销的,公司依据该决议与善意相对人形成的民事法律关系不受影响。"公司股东会决议被撤销后,并不必然导致公司依据该股东会决议所完成的公司变更登记亦应当被撤销。本案中,煜某公司依据2019年6月28日《北京煜某股权投资有限公司股东会决议》办理了相关公司变更登记,谢某已经公司登记机关登记为煜某公司股东,在无证据证明谢某系非善意相对人的情形下,根据前述司法解释的规定,谢某与煜某公司所形成的投资关系不应受到2019年6月28日《北京煜某股权投资有限公司股东会决议》被撤销的影响。按照法律规定和公司章程组织召开股东会是公司应尽的义务，煜某公司股东会在召集程序上违反法律规定和公司章程，并不当然认为第三人谢某为非善意相对人。故郑某关于谢某不是善意第三人的主张，缺乏法律和事实依据。二审法院对于郑某要求煜某公司向公司登记机关申请撤销变更登记的诉讼请求不予支持，处理正确。①

不过，当增资决议效力被否定，据此与他人签订的增资合同是否有效，工商变更是否撤销，司法实践中存在不同观点。在胡某诉汉寿县光某纺织有限公司等公司决议效力确认纠纷案中，法院认为对公司增加注册资本作出决议系股东会的职权之一，未召开股东会而冒股东之名形成的增资决议，违反法律规定，应属无效；由此发生的登记行为应予变更。② 即当由原股东认缴增资时，不涉及外部认缴出资人的交易安全，当增资决议无效时，法院倾向于保护既有股东的合法权益不受侵害，又认定增资行为无效。当由第三人认缴增资时，因有限责任公司的人合性，亦应优先保护既有股东的合法权益。公司法就有限责任公司的增资及股权转让，特别赋予股东优先认购权及优先购买权，均旨在保护公司的人合性，避免陌生的第三人未经同意而加入公司，破坏既有信任，妨碍作出统一决策。同时参照《公司法司法解释四》第二十一条、《九民纪要》第九条，当股东与第三人之间的股权转让行为侵害其他股东的优先购买权时，即使第三人善意，不知情的股东亦有权在办理股权变更登记之日起一年内行使优先购买权。类比前述规定，当第三人依瑕疵决议认缴增资时，纵为善意，亦应允许权利受侵害的股东撤销变更登记。

但实践中就上市公众公司，当决议被否定时，应认定增资行为有效，理由如下：

首先在上市公司依瑕疵决议发行新股时，存在众多认购人，且该发行行为已经主管机关审核，赋予相对人更强的信赖，更应保护相对人的交易安全。而上市公司发行新股，必须发出公告，股东有机会阻止发行行为，若其怠于行使权利，应承担不利后果。其次上市公司的众多小股东并不关心持股比例，无保护其持股比例之需求。控股股东虽然关心持股比例，但瑕疵决议通常由其违法作出，认定行为有效并不违背其意思；且即使其认为持股比例受到侵害，因上市公司股份自由流通，其亦可通过在公开市场的交易而维持其持股比例。而若新股发行行为仅损害股东的经济利益，通过赔偿责任即可为其提供救济，也无须否定组织行为的效力。再次，上市公司股份极具流通性，可能已再次流转，应保护流通的交易安全；反之，强行认定新股发行等行为无效，亦难以恢复原状。最后，投资者亦可能基于增资行为使股价上涨而购入股票，责令公司恢复原状，可能重挫股价，损害众多投资者的利益。

---

① （2021）京民申2081号。
② （2016）湘0722民初2135号。

综上，当公司依瑕疵决议与相对人签订增资、合并等协议时，若法院在公司办理变更登记前判决确认决议不成立或撤销决议，一般应优先保护公司及股东的利益，终止增资协议的履行。若已办理变更登记，完成增资、合并等行为，则应区分公司类型而认定组织行为效力，一般就有限责任公司，应允许公司或利益受侵害的股东否定增资行为效力，而针对公众上市公司，则应认定为增资行为有效。

[引申法条]

《最高人民法院关于适用〈中华人民共和国公司法〉若干问题的规定（四）》

第二十一条　有限责任公司的股东向股东以外的人转让股权，未就其股权转让事项征求其他股东意见，或者以欺诈、恶意串通等手段，损害其他股东优先购买权，其他股东主张按照同等条件购买该转让股权的，人民法院应当予以支持，但其他股东自知道或者应当知道行使优先购买权的同等条件之日起三十日内没有主张，或者自股权变更登记之日起超过一年的除外。

前款规定的其他股东仅提出确认股权转让合同及股权变动效力等请求，未同时主张按照同等条件购买转让股权的，人民法院不予支持，但其他股东非因自身原因导致无法行使优先购买权，请求损害赔偿的除外。

股东以外的股权受让人，因股东行使优先购买权而不能实现合同目的的，可以依法请求转让股东承担相应民事责任。

《全国法院民商事审判工作会议纪要》（法〔2019〕254号）

9.【侵犯优先购买权的股权转让合同的效力】审判实践中，部分人民法院对公司法司法解释（四）第21条规定的理解存在偏差，往往以保护其他股东的优先购买权为由认定股权转让合同无效。准确理解该条规定，既要注意保护其他股东的优先购买权，也要注意保护股东以外的股权受让人的合法权益，正确认定有限责任公司的股东与股东以外的股权受让人订立的股权转让合同的效力。一方面，其他股东依法享有优先购买权，在其主张按照股权转让合同约定的同等条件购买股权的情况下，应当支持其诉讼请求，除非出现该条第1款规定的情形。另一方面，为保护股东以外的股权受让人的合法权益，股权转让合同如无其他影响合同效力的事由，应当认定有效。其他股东行使优先购买权的，虽然股东以外的股权受让人关于继续履行股权转让合同的请求不能得到支持，但不影响其依约请求转让股东承担相应的违约责任。

《上市公司信息披露管理办法》（2021年）

第二十七条　涉及上市公司的收购、合并、分立、发行股份、回购股份等行为导致上市公司股本总额、股东、实际控制人等发生重大变化的，信息披露义务人应当依法履行报告、公告义务，披露权益变动情况。

| 18 | 公司未经股东会决议或者决议存在瑕疵，公司对外签署的担保合同是否有效？ |

公司对外担保是公司经营发展中常常发生的经济行为，《公司法》第十六条规定了公司向股东或者非股东提供担保所应遵循的不同程序。历史沿革中，有的观点认为该条仅是公司内部管理型规范，不应约束对外担保合同的效力，公司盖章即承担完全责任；有观点则参照无权代理，认为效力不归属于公司，公司完全不承担责任；亦有观点认为根据债权人是否善意，决定公司是否承担责任。上述观点司法实践中均存在，各有道理，亦有不足。《九民纪要》则进一步对公司对外提供担保进行了详细的规定，统一了裁判尺度，下文将通过最高院公报案例某银行股份有限公司大连东港支行（以下简称某银行大连东港支行）与大连振某氟涂料股份有限公司、大连振某集团有限公司（以下简称振某集团）借款合同纠纷案来理解公司决议对公司担保行为效力的影响。

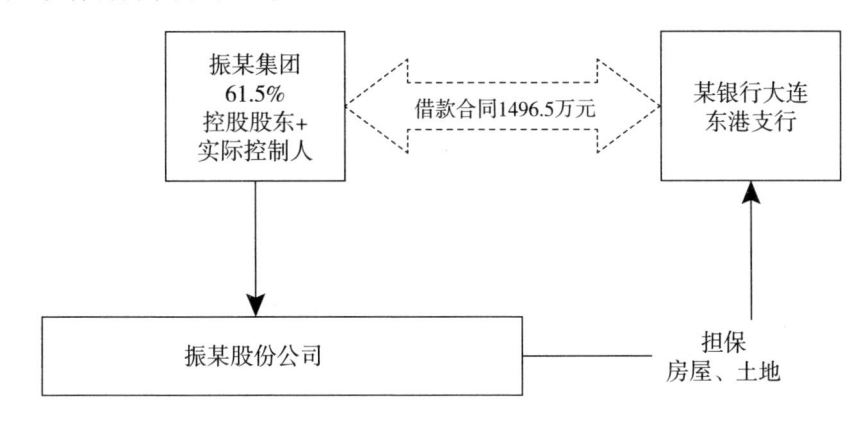

```
┌──────────┐                              ┌──────────┐
│ 振某集团  │                              │          │
│  61.5%   │◄----借款合同1496.5万元----►  │某银行大连 │
│控股股东+ │                              │ 东港支行 │
│实际控制人 │                              │          │
└────┬─────┘                              └──────────┘
     │                                          ▲
     ▼                                          │
┌──────────────────────────┐    担保            │
│     振某股份公司         ├───房屋、土地───────┘
└──────────────────────────┘
```

[**典型案例**]

振某股份公司股东为振某集团、环某公司、王某刚等 8 个股东，其中振某集团占总股本 61.5%，为振某股份公司的控股股东和实际控制人。某银行大连东港支行与振某集团签订借款合同，约定振某集团向某银行大连东港支行借款人民币 1496.5 万元，同时子公司振某股份公司以房屋和土地提供担保，并提供了《股东会担保决议》《担保合同》等担保材料，振某股份公司抵押担保登记完毕后，某银行大连东港支行如期发放了贷款。

后因振某集团未按约定还款，某银行大连东港支行诉至法院要求振某集团还款,同时要求振某股份公司承担担保责任。振某股份公司则以《股东会担保决议》无效为由,拒绝承担担保责任。

经法院查明,《股东会担保决议》未经过公司股东大会的同意,振某股份公司也未就此事召开过股东大会。该担保决议虽有8名股东的签章,但经鉴定为假,实际上系由振某股份公司单方制作。但是,振某股份公司提供给某银行大连东港支行的股东会决议上的签字及印章与其提供给某银行大连东港支行的签字及印章样本一致。

辽宁省高院终审判决认定,《股东会担保决议》事项并未经过股东大会的同意,缺乏真实性,担保合同无效,振某股份公司依法对不能清偿部分的债务承担二分之一的赔偿责任。

某银行大连东港支行不服终审判决,向最高院提起再审申请。最高院判决认定,某银行大连东港支行已尽善意审查义务,担保决议瑕疵并不导致担保合同无效,振某股份公司对全部债务承担担保责任:

具体最高院裁判理由为:在案事实和证据表明,案涉《股东会担保决议》确实存在部分股东印章虚假、使用变更前的公司印章等瑕疵,以及被担保股东振某集团出现在《股东会担保决议》中等违背公司法规定的情形。振某股份公司法定代表人周某超越权限订立抵押合同及不可撤销担保书,是否构成表见代表,某银行大连东港支行是否善意,亦是本案担保主体责任认定的关键。《合同法》第五十条规定:"法人或者其他组织的法定代表人、负责人超越权限订立的合同,除相对人知道或者应当知道超越权限的以外,该代表行为有效。"本案再审期间,某银行大连东港支行向本院提交的新证据表明,振某股份公司提供给某银行大连东港支行的股东会决议上的签字及印章与其为担保行为当时提供给某银行大连东港支行的签字及印章样本一致。而振某股份公司向某银行大连东港支行提供担保时使用的公司印章真实,亦有其法定代表人真实签名。且案涉抵押担保在经过行政机关审查后也已办理了登记。至此,某银行大连东港支行在接受担保人担保行为过程中的审查义务已经完成,其有理由相信作为担保公司法定代表人的周某本人代表行为的真实性。《股东会担保决议》中存在的相关瑕疵必须经过鉴定机关的鉴定方能识别、必须经过查询公司工商登记才能知晓、必须谙熟公司法相关规范才能避免因担保公司内部管理不善导致的风险,如若将此全部归属于担保债权人的审查义务范围,未免过于严苛,亦有违合同法、担保法等保护交易安全的立法初衷。担保债权人基于对担保人法定代表人身份、公司法人印章真实性的信赖,基于担保人提供的股东会担保决议盖有担保人公司真实印章的事实,完全有理由相信该《股东会担保决议》的真实性,无须也不可能进一步鉴别担保人提供的《股东会担保决议》的真伪。因此,某银行大连东港支行在接受作为非上市公司的振某股份公司为其股东提供担保过程中,已尽到合理的审查义务,主观上构成善意。本案周某的行为构成表见代表,振某股份公司对案涉保证合同应承担担保责任。[①]

王利明教授在人民法院报发布 2019 年度人民法院十大商事案件之二：彭某诉陈某、湖南嘉某房地产开发有限公司（以下简称嘉某公司）股权转让纠纷案——公司为股东之间股权转让款支付提供担保无效案中，点评指出：根据《公司法》第十六条的规定，公司法定代表人不能单独决定公司担保行为事项，该事项必须以公司股东（大）会、董事会等公司机关的决议作为授权的基础。公司法定代表人未经授权擅自为他人提供担保的，构成越权代表，在判断越权代表行为的效力时，人民法院应当根据《合同法》第五十条关于法定代表人越权代表的规定，区分订立合同时债权人是否善意分别认定合同效力：债权人为善意的，则合同应当有效；反之则应当认定合同无效。而债权人善意的标准就是债权人是否对决议进行了形式审查。本案中，彭某和陈某都是嘉某公司股东，同时该公司还有其他两位股东。彭某要求嘉某公司对陈某应支付其的股权转让款进行担保，属于公司为股东担保，必须经公司股东会同意，然而公司并没有召开股东会，这显然违反了《公司法》第十六条第二款的规定。由于彭某明知没有召开股东会，也明知陈某是越权对公司进行担保，在此种情形下，陈某虽然形式上是公司的法定代表人，但该越权代表行为不应当对公司发生效力，公司也不应当对该行为承担法律责任。[②]

简单来说，担保行为不是公司法定代表人单独能决定的事项，须有公司机关的决议作为授权。如果法定代表人未经授权擅自提供担保，担保合同的效力则取决于债权人是否善意，即是否对决议进行了形式审查，如果公司为股东或者实控人提供关联担保，则需要审查股东会决议；为股东或实控人以外的人提供非关联担保，则不限于对股东会决议进行形式审查。上述审查只要求尽到必要的注意义务即可，标准不宜太过严苛，公司以机关决议系法定代表人伪造或者变造、决议程序违法、签章（名）不实、担保金额超过法定限额等事由抗辩债权人非善意的，人民法院一般不予支持。但是，公司有证据证明债权人明知决议系伪造或者变造的除外。另外，从合规角度出发，建议债权人审查公司决议时可一并留存该决议，注意审查决议表决程序是否符合法律规定，签字人员是否符合公司章程规定等。

[引申法条]

《中华人民共和国公司法》

第十六条 公司向其他企业投资或者为他人提供担保，依照公司章程的规定，

---

① （2012）民提字第 156 号，《最高人民法院公报》2015 年第 2 期（总第 220 期）。
② 人民法院报发布 2019 年度人民法院十大商事案件，《人民法院报》2020 年 01 月 18 日第 04 版。

由董事会或者股东会、股东大会决议；公司章程对投资或者担保的总额及单项投资或者担保的数额有限额规定的，不得超过规定的限额。

公司为公司股东或者实际控制人提供担保的，必须经股东会或者股东大会决议。

前款规定的股东或者受前款规定的实际控制人支配的股东，不得参加前款规定事项的表决。该项表决由出席会议的其他股东所持表决权的过半数通过。

《最高人民法院关于适用〈中华人民共和国民法典〉有关担保制度的解释》

第七条 公司的法定代表人违反公司法关于公司对外担保决议程序的规定，超越权限代表公司与相对人订立担保合同，人民法院应当依照民法典第六十一条和第五百零四条等规定处理：

（一）相对人善意的，担保合同对公司发生效力；相对人请求公司承担担保责任的，人民法院应予支持。

（二）相对人非善意的，担保合同对公司不发生效力；相对人请求公司承担赔偿责任的，参照适用本解释第十七条的有关规定。

法定代表人超越权限提供担保造成公司损失，公司请求法定代表人承担赔偿责任的，人民法院应予支持。

第一款所称善意，是指相对人在订立担保合同时不知道且不应当知道法定代表人超越权限。相对人有证据证明已对公司决议进行了合理审查，人民法院应当认定其构成善意，但是公司有证据证明相对人知道或者应当知道决议系伪造、变造的除外。

第十七条 主合同有效而第三人提供的担保合同无效，人民法院应当区分不同情形确定担保人的赔偿责任：

（一）债权人与担保人均有过错的，担保人承担的赔偿责任不应超过债务人不能清偿部分的二分之一；

（二）担保人有过错而债权人无过错的，担保人对债务人不能清偿的部分承担赔偿责任；

（三）债权人有过错而担保人无过错的，担保人不承担赔偿责任。

主合同无效导致第三人提供的担保合同无效，担保人无过错的，不承担赔偿责任；担保人有过错的，其承担的赔偿责任不应超过债务人不能清偿部分的三分之一。

《全国法院民商事审判工作会议纪要》（法〔2019〕254号）

（六）关于公司为他人提供担保

关于公司为他人提供担保的合同效力问题，审判实践中裁判尺度不统一，严重影响了司法公信力，有必要予以规范。对此，应当把握以下几点：

17.【违反《公司法》第 16 条构成越权代表】为防止法定代表人随意代表公司为他人提供担保给公司造成损失，损害中小股东利益，《公司法》第 16 条对法定代表人的代表权进行了限制。根据该条规定，担保行为不是法定代表人所能单独决定的事项，而必须以公司股东（大）会、董事会等公司机关的决议作为授权的基础和来源。法定代表人未经授权擅自为他人提供担保的，构成越权代表，人民法院应当根据《合同法》第 50 条关于法定代表人越权代表的规定，区分订立合同时债权人是否善意分别认定合同效力：债权人善意的，合同有效；反之，合同无效。

18.【善意的认定】前条所称的善意，是指债权人不知道或者不应当知道法定代表人超越权限订立担保合同。《公司法》第 16 条对关联担保和非关联担保的决议机关作出了区别规定，相应地，在善意的判断标准上也应当有所区别。一种情形是，为公司股东或者实际控制人提供关联担保，《公司法》第 16 条明确规定必须由股东（大）会决议，未经股东（大）会决议，构成越权代表。在此情况下，债权人主张担保合同有效，应当提供证据证明其在订立合同时对股东（大）会决议进行了审查，决议的表决程序符合《公司法》第 16 条的规定，即在排除被担保股东表决权的情况下，该项表决由出席会议的其他股东所持表决权的过半数通过，签字人员也符合公司章程的规定。另一种情形是，公司为公司股东或者实际控制人以外的人提供非关联担保，根据《公司法》第 16 条的规定，此时由公司章程规定是由董事会决议还是股东（大）会决议。无论章程是否对决议机关作出规定，也无论章程规定决议机关为董事会还是股东（大）会，根据《民法总则》第 61 条第 3 款关于"法人章程或者法人权力机构对法定代表人代表权的限制，不得对抗善意相对人"的规定，只要债权人能够证明其在订立担保合同时对董事会决议或者股东（大）会决议进行了审查，同意决议的人数及签字人员符合公司章程的规定，就应当认定其构成善意，但公司能够证明债权人明知公司章程对决议机关有明确规定的除外。

债权人对公司机关决议内容的审查一般限于形式审查，只要求尽到必要的注意义务即可，标准不宜太过严苛。公司以机关决议系法定代表人伪造或者变造、决议程序违法、签章（名）不实、担保金额超过法定限额等事由抗辩债权人非善意的，人民法院一般不予支持。但是，公司有证据证明债权人明知决议系伪造或者变造的除外。

19.【无须机关决议的例外情况】存在下列情形的，即便债权人知道或者应当知道没有公司机关决议，也应当认定担保合同符合公司的真实意思表示，合同有效：

（1）公司是以为他人提供担保为主营业务的担保公司，或者是开展保函业务的银行或者非银行金融机构；

(2) 公司为其直接或者间接控制的公司开展经营活动向债权人提供担保；

(3) 公司与主债务人之间存在相互担保等商业合作关系；

(4) 担保合同系由单独或者共同持有公司三分之二以上有表决权的股东签字同意。

20.【越权担保的民事责任】依据前述3条规定，担保合同有效，债权人请求公司承担担保责任的，人民法院依法予以支持；担保合同无效，债权人请求公司承担担保责任的，人民法院不予支持，但可以按照担保法及有关司法解释关于担保无效的规定处理。公司举证证明债权人明知法定代表人超越权限或者机关决议系伪造或者变造，债权人请求公司承担合同无效后的民事责任的，人民法院不予支持。

21.【权利救济】法定代表人的越权担保行为给公司造成损失，公司请求法定代表人承担赔偿责任的，人民法院依法予以支持。公司没有提起诉讼，股东依据《公司法》第151条的规定请求法定代表人承担赔偿责任的，人民法院依法予以支持。

22.【上市公司为他人提供担保】债权人根据上市公司公开披露的关于担保事项已经董事会或者股东大会决议通过的信息订立的担保合同，人民法院应当认定有效。

23.【债务加入准用担保规则】法定代表人以公司名义与债务人约定加入债务并通知债权人或者向债权人表示愿意加入债务，该约定的效力问题，参照本纪要关于公司为他人提供担保的有关规则处理。

19 上市公司提供担保需要什么流程才合法合规？

根据《公司法》第十六条的规定，担保行为不是法定代表人所能单独决定的事项，必须以公司股东会或股东大会、董事会等公司机关的决议作为授权的基础和来源。而公司为股东、实际控制人提供关联担保的，法律对授权来源的要求更为严格，需要股东（大）会决议通过。上市公司为其实际控制人控制的公司提供担保，属于法律规定的关联担保情形吗？公司法定代表人未经公司股东大会决议通过，擅自签署《担保函》是否属于公司法定代表人超越权限订立合同的行为？债权人明知上述控制关系，未对上市公司内部有效决议做审慎审查，是否属于善意相对人？本篇通过上海金融法院的最新案例来研判。

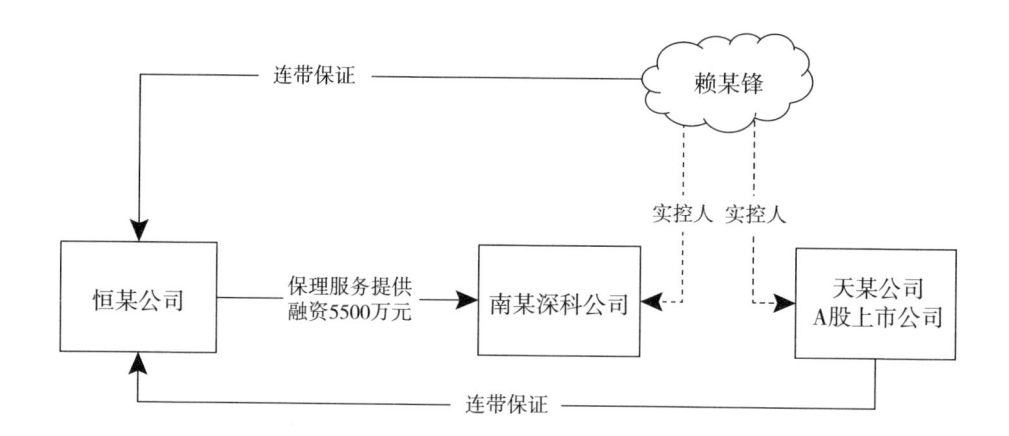

```
                              赖某锋
    连带保证      ┌─────────┐
  ┌──────────────→│         │←──────────┐
  │               └─────────┘           │
  │              实控人  实控人           │
  │                                     │
┌─────┐  保理服务提供   ┌─────────┐   ┌──────────┐
│恒某 │  融资5500万元   │南某深科 │   │天某公司  │
│公司 │───────────────→│公司     │   │A股上市公司│
└─────┘                └─────────┘   └──────────┘
  ↑                       连带保证         │
  └─────────────────────────────────────────┘
```

[典型案例]

2018年10月29日，恒某管理咨询（深圳）有限公司（以下简称恒某公司）与广州南某深科信息技术有限公司（以下简称南某深科公司）、湖南天某数字娱乐文化传媒股份有限公司（以下简称天某公司，系A股上市公司）、赖某锋签订《商业保理合同》，约定南某深科公司以应收账款债权转让方式向恒某公司申请融资，恒某公司为南某深科公司提供"有追索权循环额度隐蔽国内保理服务"，天某公司与赖某锋同意为南某深科公司的还款义务提供无限连带保证担保。嗣后，二者分别向恒某公司出具《担保函》。上述合同签订后，恒某公司向南某深科公司发放保理融资款5500万元。后因南某深科公司未归还保理融资款，恒某公司起诉请求判令南某深科公司归还本息5655万元并支付罚息及律师费用损失等，请求判令天某公司和赖某锋应对前述债务承担连带清偿责任。

对此，天某公司辩称，其为一家A股上市公司，《公司法》第十六条规定，公司为公司股东或者实际控制人提供担保的，必须经股东会或股东大会决议。赖某锋同为天某公司及南某深科公司的实际控制人，天某公司为实际控制人赖某锋控制的另一家公司提供担保，系属关联担保，未经股东大会同意，该担保行为为法定代表人越权行为。恒某公司作为专业的金融机构，明知上述事实却不审查股东会决议，也未注意到上市公司未就该担保事宜进行公告，恒某公司并非善意一方，因此担保无效。

恒某公司称，天某公司《担保函》由其法定代表人出面签订，公章真实。签约时天某公司曾向恒某公司提供《董事会决议》，该决议载明公司董事一致同意相关担保事宜，天某公司五名董事会成员签名确认。天某公司与南某深科公司之间不存在关联关系，不属于关联担保。恒某公司在接受担保时审核了《董事会决议》，已尽到相应注意义务，故本案担保合法有效。

一审法院判决南某深科公司应返还恒某公司融资本金5500万元并偿付资金占用费1542465.75元、逾期付款违约金、律师费及诉讼保全保险费45040元；天某公司、赖某锋对南某深科公司的上述付款义务承担连带保证责任。天某公司、赖某锋履行了保证责任后，有权向南某深科公司追偿。宣判后，天某公司提出上诉。上海金融法院改判天某公司对南某深科公司的上述付款义务不能清偿部分的二分之一承担赔偿责任，天某公司承担赔偿责任后，可以向南某深科公司追偿。

一审法院认为，根据现有公示的工商信息，天某公司与南某深科公司并不存在关联关系。根据《公司法》第十六条及公司章程的规定，天某公司对外担保事项经出席董事会会议的三分之二以上董事同意即可。恒某公司以该决议证明其在订立《商业保理合同》时已尽到了审查义务，天某公司应承担担保责任的主张，应予支持。故判决天某公司、赖某锋对南某深科公司的付款义务承担连带保证责任。

二审另查明：《商业保理合同》第五章担保事宜第十四条载明："……丙方（天某公司及赖某锋）系南某深科公司实际控制人。"根据天某公司2017年年度报告显示，天某公司的控股股东为广东恒润华创实业发展有限公司，持股比例为18.86%，天某公司的最终控制方是赖某锋。

法院生效裁判认为，根据上述查明事实，赖某锋为天某公司及南某深科公司的实际控制人，故案涉担保是天某公司为其实际控制人赖某锋所控制的另一家公司提供担保。根据《公司法》第十六条的立法目的和精神，应认定本案担保亦属法律规定的"公司为公司股东或实际控制人提供担保的，必须经公司股东会或股东大会决议"的关联担保之情形。天某公司法定代表人未经公司股东大会决议通过，擅自签署《担保函》，属于公司法定代表人超越权限订立合同的行为。恒某公司作为《商业保理合同》明知上述控制关系，未对天某公司内部有效决议做审慎审查，不属于善意相对人，案涉《担保函》无效。恒某公司审查不严对于案涉《担保函》无效存在过错，天某公司内部管理不规范，对于案涉《担保函》无效，亦有重大过错。依照《最高人民法院关于适用〈中华人民共和国担保法〉若干问题的解释》第七条的规定，综合考虑双方当事人过错和全案情况，二审改判天某公司应对南某深科公司不能清偿本案债务的二分之一向恒某公司承担赔偿责任。[①]

我国《公司法》第十六条第二款规定："公司为公司股东或者实际控制人提供担保的，必须经股东会或者股东大会决议。"第一百四十八条同时规定"董事、高级管理人员不得有下列行为：……（三）违反公司章程的规定，未经股东会、股东大会或者董事会同意，将公司资金借贷给他人或者以公司财产为他人提供担保……"本案上海金融法院根据立法精神和目的，对上述"关联担保"的情形作了适当扩大解释，

---

① (2020) 沪74民终289号，上海金融法院发布2020年度十大典型案例之六。

即公司为实际控制人所控制的另一家公司提供担保的，也须经股东大会决议。上市公司作为公众公司，其信息公开程度高，受监管规范严格，同时由于股权分散，控制股东滥用权力导致中小股东利益受损问题更突出，债权人在审查上市公司提供"关联担保"时，应负更高注意义务，未对股东大会决议进行审查的，极有可能被法院认定为无效担保。另外需要注意的是，债权人在接受上市公司提供担保时，应当按照上市公司公开的信息予以审查。上市公司对外提供担保，不仅需要经过决议机关批准，在实践中还存在法定禁止性事项。经披露的公司章程、《公司法》、证监会和证券交易所制定的有关上市公司的规范性文件和规则，均是判定公司担保行为是否成立的规范，所以债权人在接受担保时，建议结合所有相关规则，对担保事项是否合规进行全面核查。

[引申法条]

《中华人民共和国民法典》

第六百八十二条 保证合同是主债权债务合同的从合同。主债权债务合同无效的，保证合同无效，但是法律另有规定的除外。

保证合同被确认无效后，债务人、保证人、债权人有过错的，应当根据其过错各自承担相应的民事责任。

《中华人民共和国公司法》

第十六条 公司向其他企业投资或者为他人提供担保，依照公司章程的规定，由董事会或者股东会、股东大会决议；公司章程对投资或者担保的总额及单项投资或者担保的数额有限额规定的，不得超过规定的限额。

公司为公司股东或者实际控制人提供担保的，必须经股东会或者股东大会决议。

前款规定的股东或者受前款规定的实际控制人支配的股东，不得参加前款规定事项的表决。该项表决由出席会议的其他股东所持表决权的过半数通过。

第一百二十一条 上市公司在一年内购买、出售重大资产或者担保金额超过公司资产总额百分之三十的，应当由股东大会做出决议，并经出席会议的股东所持表决权的三分之二以上通过。

第一百四十八条 董事、高级管理人员不得有下列行为：

（一）挪用公司资金；

（二）将公司资金以其个人名义或者以其他个人名义开立账户存储；

（三）违反公司章程的规定，未经股东会、股东大会或者董事会同意，将公司资金借贷给他人或者以公司财产为他人提供担保；

（四）违反公司章程的规定或者未经股东会、股东大会同意，与本公司订立合同或者进行交易；

（五）未经股东会或者股东大会同意，利用职务便利为自己或者他人谋取属于公司的商业机会，自营或者为他人经营与所任职公司同类的业务；

（六）接受他人与公司交易的佣金归为己有；

（七）擅自披露公司秘密；

（八）违反对公司忠实义务的其他行为。

董事、高级管理人员违反前款规定所得的收入应当归公司所有。

《最高人民法院关于适用〈中华人民共和国担保法〉若干问题的解释》（现已失效）

第七条　主合同有效而担保合同无效，债权人无过错的，担保人与债务人对主合同债权人的经济损失，承担连带赔偿责任；债权人、担保人有过错的，担保人承担民事责任的部分，不应超过债务人不能清偿部分的二分之一。

《最高人民法院关于适用〈中华人民共和国民法典〉有关担保制度的解释》

第九条　相对人根据上市公司公开披露的关于担保事项已经董事会或者股东大会决议通过的信息，与上市公司订立担保合同，相对人主张担保合同对上市公司发生效力，并由上市公司承担担保责任的，人民法院应予支持。

相对人未根据上市公司公开披露的关于担保事项已经董事会或者股东大会决议通过的信息，与上市公司订立担保合同，上市公司主张担保合同对其不发生效力，且不承担担保责任或者赔偿责任的，人民法院应予支持。

相对人与上市公司已公开披露的控股子公司订立的担保合同，或者相对人与股票在国务院批准的其他全国性证券交易场所交易的公司订立的担保合同，适用前两款规定。

第十七条　主合同有效而第三人提供的担保合同无效，人民法院应当区分不同情形确定担保人的赔偿责任：

（一）债权人与担保人均有过错的，担保人承担的赔偿责任不应超过债务人不能清偿部分的二分之一；

（二）担保人有过错而债权人无过错的，担保人对债务人不能清偿的部分承担赔偿责任；

（三）债权人有过错而担保人无过错的，担保人不承担赔偿责任。

主合同无效导致第三人提供的担保合同无效，担保人无过错的，不承担赔偿责任；担保人有过错的，其承担的赔偿责任不应超过债务人不能清偿部分的三分之一。

《中国证券监督管理委员会、国务院国有资产监督管理委员会关于规范上市公司与关联方资金往来及上市公司对外担保若干问题的通知》（2017年修改）

二、严格控制上市公司的对外担保风险

上市公司全体董事应当审慎对待和严格控制对外担保产生的债务风险，并对违规或失当的对外担保产生的损失依法承担连带责任。控股股东及其他关联方不得强制上市公司为他人提供担保。

上市公司对外担保应当遵守以下规定：

（一）上市公司不得为控股股东及本公司持股百分之五十以下的其他关联方、任何非法人单位或个人提供担保。

（二）上市公司对外担保总额不得超过最近一个会计年度合并会计报表净资产的百分之五十。

（三）上市公司《章程》应当对对外担保的审批程序、被担保对象的资信标准作出规定。对外担保应当取得董事会全体成员三分之二以上签署同意，或者经股东大会批准；不得直接或间接为资产负债率超过百分之七十的被担保对象提供债务担保。

（四）上市公司对外担保必须要求对方提供反担保，且反担保的提供方应当具有实际承担能力。

（五）上市公司必须严格按照《上市规则》、《公司章程》的有关规定，认真履行对外担保情况的信息披露义务，必须按规定向注册会计师如实提供公司全部对外担保事项。

（六）上市公司独立董事应在年度报告中，对上市公司累计和当期对外担保情况、执行上述规定情况进行专项说明，并发表独立意见。

《中国证券监督管理委员会、中国银行业监督管理委员会关于规范上市公司对外担保行为的通知》（证监发〔2005〕120号）

一、规范上市公司对外担保行为，严格控制上市公司对外担保风险

（一）上市公司对外担保必须经董事会或股东大会审议。

（二）上市公司的《公司章程》应当明确股东大会、董事会审批对外担保的权限及违反审批权限、审议程序的责任追究制度。

（三）应由股东大会审批的对外担保，必须经董事会审议通过后，方可提交股东大会审批。须经股东大会审批的对外担保，包括但不限于下列情形：

1. 上市公司及其控股子公司的对外担保总额，超过最近一期经审计净资产50%以后提供的任何担保；

2. 为资产负债率超过70%的担保对象提供的担保；

3. 单笔担保额超过最近一期经审计净资产10%的担保；

4. 对股东、实际控制人及其关联方提供的担保。

股东大会在审议为股东、实际控制人及其关联方提供的担保议案时，该股东或受该实际控制人支配的股东，不得参与该项表决，该项表决由出席股东大会的其他股东所持表决权的半数以上通过。

（四）应由董事会审批的对外担保，必须经出席董事会的三分之二以上董事审议同意并作出决议。

（五）上市公司董事会或股东大会审议批准的对外担保，必须在中国证监会指定信息披露报刊上及时披露，披露的内容包括董事会或股东大会决议、截止信息披露日上市公司及其控股子公司对外担保总额、上市公司对控股子公司提供担保的总额。

（六）上市公司在办理贷款担保业务时，应向银行业金融机构提交《公司章程》、有关该担保事项董事会决议或股东大会决议原件、刊登该担保事项信息的指定报刊等材料。

（七）上市公司控股子公司的对外担保，比照上述规定执行。上市公司控股子公司应在其董事会或股东大会做出决议后及时通知上市公司履行有关信息披露义务。

第十四章
股东知情权

01　行使股东知情权的前提是享有股东资格吗？

股东知情权是指股东享有了解和掌握公司经营管理等重要信息的权利，是股东依法行使资产收益、参与重大决策和选择管理者等权利的重要基础。股东知情权是股东的基本权利之一，《公司法》第三十三条、第九十七条分别对有限公司和股份公司的知情权作了法律保障规定，那首先谁有权行使股东知情权呢？隐名股东、前股东、被解除股东资格的原股东等，是否有权行使股东知情权呢？

[典型案例]

江苏省高院审理的窦某等与盘某水泥集团有限公司（以下简称盘某公司）股东资格确认纠纷、股东知情权纠纷再审案中，认为隐名股东在确认股东资格前不能直接行使知情权。《公司法司法解释三》第二十四条第三款的规定："实际出资人未经公司其他股东半数以上同意，请求公司变更股东、签发出资证明书、记载于股东名册、记载于公司章程并办理公司登记机关登记的，人民法院不予支持。"本案中，窦某于1986年到常州市某水泥厂工作，谢某于1988年到常州市某水泥厂工作，1999年企业改制时，窦某、谢某虽实际参与出资，但其出资均归属于29名自然人股东中部分人的名下，未将其记载于公司股东名册，公司登记机关也一直未进行过登记。窦某、谢某提起本案诉讼，要求公司签发出资证明书，但该主张并未获得公司其他股东半数以上同意，故不能成立。鉴于股东知情权诉讼权利行使的主体必须是公司股东，但窦某、谢某股东资格尚未确认，故一、二审法院判决驳回窦某、谢某要求盘某公司向其签发出资证明书或股权证、盘某公司向其出示并复制公司章程、股东会议记录、董事会会议决议、监事会会议决议和财务会计报告的诉讼请求，并无不当。[1]

根据上述判例，由于隐名股东缺乏具有公示效力的股东身份证明，一般只能通过名义股东行使知情权。法院原则上应当驳回隐名股东关于知情权的诉请，但隐名股东已经或正在履行相应的显名手续，且公司和其他股东均认可其股东身份的，法院可允许其行使股东知情权[2]。另外，对于瑕疵出资股东并不直接导致其丧失股东资格，在被公司依法解除股东资格前，如果公司仅以股东存在瑕疵出资为由拒绝其

---

[1]（2016）苏民申4471号。
[2] 股东知情权纠纷案件的审理思路和裁判要点（类案系列），上海市第一中院，载于"浦江天平"公众号。

行使知情权，一般也不会得到法院支持。

根据《公司法司法解释四》第七条的规定，原则上起诉时具备股东资格才可以行使知情权，退出公司的前股东一般因丧失股东资格而不再享有。不过第七条也赋予了公司前股东有限诉权的救济途径，即考虑到保护公司前股东在持股期间的合法权益，允许其查阅或者复制持股期间公司的特定文件材料，但是退股股东须证明其在持股期间的合法权益受到损害，如公司真实经营状况被隐瞒导致公司原股东在转让股权时利益受损等，而此时前股东主张查阅和复制公司资料的时间范围也应限于其拥有股东资格的期间。此处需要注意的是，公司原股东要求查阅或者复制其持股期间的公司特定文件，应举证证明其持股期间合法权益受到损害，由于上述第七条采纳相对有权说观点，在诉讼程序中原股东有证据证明其实质利益受有损害的，法院才会支持其行使知情权。[①]

综上，对于隐名股东、股权转让后的前股东、起诉前被解除股东资格的原股东，一般是无法行使股东知情权的。但如果原告有证据证明是公司股东，可以分两步走，即先起诉确认股东资格，待确认后再以股东身份行使知情权。而对公司股东身份的审查一般对外以公司登记信息为依据，对内以公司内部约定为准。行使知情权原则要求原告在起诉时应具有股东身份，即拥有股东身份是享有知情权的前提，而至于股东持股多少、是否瑕疵出资均不影响股东知情权的行使。

另外，设立股东知情权系为使股东充分掌握公司信息、管理经营活动及防范风险状况，从而监督公司管理，以保护股东合法权益。故股东对公司全部的运营状况应充分掌握，对公司的历史也应全面了解，同时公司运营是一个整体、动态、延续性的过程，所以公司后续加入的股东也有权查阅加入公司前的公司信息。[②]

[引申法条]

《中华人民共和国公司法》

第三十三条 股东有权查阅、复制公司章程、股东会会议记录、董事会会议决议、监事会会议决议和财务会计报告。

股东可以要求查阅公司会计账簿。股东要求查阅公司会计账簿的，应当向公司提出书面请求，说明目的。公司有合理根据认为股东查阅会计账簿有不正当目的，可能损害公司合法利益的，可以拒绝提供查阅，并应当自股东提出书面请求之日起

---

① 最高人民法院民二庭发布 2020 年全国法院十大商事案例之三：河南中某实业集团有限公司诉中某银行股份有限公司股东知情权、公司盈余分配纠纷案，2021 年 2 月 10 日发布。

② 北京三中院发布二十个公司类纠纷典型案例之十：王某 1 诉某机械工程公司股东知情权纠纷案——瑕疵出资股东享有知情权，继受股东亦有权对其加入公司之前的信息享有知情权，2021 年 2 月 20 日发布。

十五日内书面答复股东并说明理由。公司拒绝提供查阅的，股东可以请求人民法院要求公司提供查阅。

第九十七条　股东有权查阅公司章程、股东名册、公司债券存根、股东大会会议记录、董事会会议决议、监事会会议决议、财务会计报告，对公司的经营提出建议或者质询。

《最高人民法院关于适用〈中华人民共和国公司法〉若干问题的规定（四）》

第七条　股东依据公司法第三十三条、第九十七条或者公司章程的规定，起诉请求查阅或者复制公司特定文件材料的，人民法院应当依法予以受理。

公司有证据证明前款规定的原告在起诉时不具有公司股东资格的，人民法院应当驳回起诉，但原告有初步证据证明在持股期间其合法权益受到损害，请求依法查阅或者复制其持股期间的公司特定文件材料的除外。

02　股东行使知情权的法定程序是什么？

股东行使知情权的前提是起诉时具有股东资格，或者有证据证明持股期间权益受损。那具体怎么行使知情权呢？这里便涉及诉讼程序中的前置程序，也就是股东需要先向公司提出书面请求，这是股东请求查阅公司财务会计账簿的必经前置程序，下文将从张某等与上海申某园艺有限公司（以下简称申某公司）股东知情权纠纷上诉案来分析。

[典型案例]

上海市二中院经审理认为：关于张某、陆某是否于本案诉讼前书面通知申某公司查阅会计账簿的问题。张某、陆某作为公司股东且曾在公司实际经营地址工作，其明知申某公司的实际经营地址，却选择向申某公司的注册地址寄送相关审查申请，该行为存在不妥之处，其应承受相应的不利后果。一审法院认为，张某、陆某未履行向申某公司提出书面查阅申请的前置程序，本院予以赞同。此外，张某、陆某关于法院向申某公司送达应诉通知可视为其向申某公司送达查阅申请的主张，因无相应的法律依据，本院不予支持。①

上文案例可以进一步了解《公司法》第三十三条第二款的规定，即股东要求查阅公司会计账簿的，应当首先向公司提出书面请求，说明目的。公司如有合理根据

---

① （2018）沪02民终1249号。

认为股东查阅会计账簿有不正当目的,可能损害公司合法利益的,可以拒绝提供查阅,但需自股东提出书面请求之日起十五日内书面答复股东并说明理由。如果公司拒绝提供查阅或者过期不予答复的,股东才可以请求法院要求公司提供查阅。这里便涉及股东行使知情权的法定程序,首先应注意行使知情权的请求对象是公司,也就是诉讼程序中被告应列公司,而非公司的法定代表人、予以阻却行使知情权的其他高管等;其次股东不得径行向法院起诉行使知情权,而应当先向公司提出查阅文件的书面申请并说明目的,被拒绝后方可向行使知情权诉权。

如果公司登记地已无人员办公且没有其他固定办公地址的情况下,北京市二中院审理的雷某投资有限公司(以下简称雷某投资公司)与北京雷某投资管理顾问有限公司(以下简称雷某顾问公司)股东知情权纠纷案中提供了一条良好的路径参考:"股东有权查阅公司会计账簿,但应当向公司提出书面请求,并说明目的。在公司拒绝提供查阅的情况下,股东可以请求人民法院要求公司提供查阅。根据本案查明的事实,雷某投资公司在工商登记的住所地已无工作人员办公,且没有其他的固定办公地址,据此雷某顾问公司通过向雷某投资公司的法定代表人李某送达《查阅公司会计账簿申请书》的方式,提出查阅请求,并无不当。虽然雷某顾问公司向李某送达《查阅公司会计账簿申请书》的录像中未能显示送达时间,但雷某顾问公司对于送达时间、地点、原由均作出了详实、合理的解释和说明,而雷某投资公司仅口头表示不予认可,未能提供相应证据予以反驳。据此,本院认定雷某顾问公司于 2016 年 10 月 10 日向雷某投资公司送达了《查阅公司会计账簿申请书》,而雷某投资公司拒绝向雷某顾问公司提供查阅,在此情况下,雷某顾问公司有权提起本案诉讼,请求人民法院要求雷某投资公司提供查阅。"[1]

综上,股东行使知情权应当先向公司书面请求并说明无不正当目的,并需要 15 天的前置程序期,如果股东未经该前置程序直接向人民法院起诉,其诉求法院通常不予支持。

[引申法条]

《中华人民共和国公司法》

第三十三条 股东有权查阅、复制公司章程、股东会会议记录、董事会会议决议、监事会会议决议和财务会计报告。

股东可以要求查阅公司会计账簿。股东要求查阅公司会计账簿的,应当向公司提出书面请求,说明目的。公司有合理根据认为股东查阅会计账簿有不正当目的,可能损害公司合法利益的,可以拒绝提供查阅,并应当自股东提出书面请求之日起

---

[1] (2018)京 02 民终 1869 号。

十五日内书面答复股东并说明理由。公司拒绝提供查阅的,股东可以请求人民法院要求公司提供查阅。

03 股东行使知情权的查阅范围有多大?

根据《公司法》赋予的股东知情权,对于有限责任公司股东有权"查阅+复制"的范围包括公司章程、股东会会议记录、董事会会议决议、监事会会议决议和财务会计报告;仅可查阅的是公司会计账簿。股份有限公司股东有权查阅(不含复制)的范围包括公司章程、股东名册、公司债券存根、股东大会会议记录、董事会会议决议、监事会会议决议、财务会计报告。根据会计法相关规定及司法实践,财务会计报告由会计报表、会计报表附注和财务情况说明书组成,会计报表包括资产负债表、利润表、现金流量表及相关附表。会计账簿包括总账、明细账、日记账和其他辅助性账簿,对于这些文件,股东在行使知情权时均可要求查阅。

而对于原始凭证、记账凭证是否可以查阅,司法实践裁判不一。北京三中院审理的乐某影业(北京)有限公司与北京思某股权投资管理中心(有限合伙)股东知情权纠纷上诉案中支持股东可以查阅原始凭证:本院认为,账簿查阅权是股东知情权的重要内容,股东对公司经营状况的知悉,最重要的内容之一就是通过查阅公司账簿了解公司财务状况。《公司法》并未限制股东查阅会计凭证、原始凭证,《会计法》第十五条第一款的规定:"会计账簿登记,必须以经过审核的会计凭证为依据,并符合有关法律、行政法规和国家统一的会计制度的规定。"会计账簿系根据原始凭证制作,会计凭证是会计账簿的基础,股东只有通过查阅原始凭证与会计账簿相比对,才能客观真实了解公司状况。根据会计准则,契约等有关资料也是编制记账凭证的依据,应当作为原始凭证的附件入账备查。因此,会计账簿查阅权的行使范围包括会计账簿(含总账、明细账、日记账和其他辅助性账簿)和会计凭证(含记账凭证、相关原始凭证及作为原始凭证附件入账备查的有关资料)。但也有不少法院认为会计账簿和会计凭证相对独立,《公司法》第三十三条规定股东查阅范围并不包括会计凭证,故对原始凭证、记账凭证的查阅请求不予支持。①

针对此类司法实践的不统一,可以参考北京三中院发布二十个公司类纠纷典型案例之九:蔡某诉某机床公司股东知情权纠纷案中的思路,即股东原则上无权要求查阅原始会计凭证,但其有证据证明会计账簿不真实、不完整,需查阅的除外"除

---

① (2018)京03民终1465号。

非公司章程、股东会决议等相关规定明确赋予股东查阅原始会计凭证的权利，否则对于原始会计凭证应当与会计账簿区别处理，以不支持为原则，以支持为例外。根据《会计法》第十五条第一款规定，"会计账簿登记，必须以经过审核的会计凭证为依据"。即会计账簿是根据原始凭证制作的，会计凭证是会计账簿的基础，故通常情况下，查询会计账簿即能够满足股东要求了解公司财务信息的目的，此时再要求查阅原始会计凭证往往不具备查阅必要性。但有时会计账簿很难详尽、真实、完整地反应公司财务信息情况，股东亦难以仅凭会计账簿对公司经营状况和高管的经营管理活动作出客观评判。此时，允许股东通过查阅原始凭证并与会计账簿相对比，更有利于股东提出建议和质询，行使知情权。总之，既然现行法律规定未涉及会计凭证等原始会计凭证，则对于股东要求查阅原始会计凭证的请求，一般情况下不予支持，但股东有证据证明会计账簿不真实、不完整，须查阅原始会计凭证的除外。[①]

上海一中院《股东知情权纠纷案件的审理思路和裁判要点》类案裁判规则持更加开放的观点：由于股东仅凭会计账簿未必能完全知晓公司的经营状况，会计凭证往往能够充分直接反映公司的实际经营状况，因此法院不宜直接以法无明文规定为由驳回股东的诉请，而应当从确保所查阅会计账簿的有效性、信息的真实性等角度予以审查。通常而言，当会计凭证对于会计账簿的查阅具有必要性和印证作用，或者会计账簿确实存在明显问题时，法院可支持股东查阅会计凭证的诉请。

此外，行使知情权对于会计账簿一般仅限于查阅，复制或记录会计账簿的请求在司法实践中不易获得支持。同时由于企业经营权和所有权分离，《公司法》对于股东能够查阅的范围作出了具体规定，一般不能随意扩大解释，故对于法律规定范围之外的材料查询请求一般较难获得法院支持，但如果公司章程对查阅程序和范围作出明确规定的，法院应当依照章程的规定进行审查，此处亦是不实际参与公司经营的小股东保护自己权益的利器之一，即完全可以事先在章程中把查阅的范围明确下来，以防日后知情权行使落空。

同时，《公司法司法解释四》第十条明确规定，股东查阅公司文件材料的，在该股东在场的情况下，可以由会计师、律师等中介人员辅助进行，如北京一中院审理的北京天某公司与股东陈某的知情权纠纷，明确判决天某公司于判决生效之日起十日内将2007年11月12日至2017年6月29日的会计账簿（包括会计凭证和原始凭证）置备于天某公司的工商登记注册地址，供陈某（包括陈某委托的会计师、律师各一名）查阅，查阅期间自查阅之日起不得超过五个工作日。另外，需要注意的

[①] 北京三中院发布二十个公司类纠纷典型案例之九：蔡某诉某机床公司股东知情权纠纷案，发布日期：2021年4月20日。

是查询注意保护公司商业秘密，否则泄露公司商业秘密导致公司合法利益受到损害的需承担赔偿责任。①

此处引申一点，鉴于股东享有知情权，建议公司规范记账，不要拿账目不全、资料遗失等来阻却股东行使知情权，灰色记账地带迟早有一天将暴露在阳光之下，更何况很多股东行使知情权均是"项庄舞剑，意在沛公"，而账目出现严重问题将直接涉嫌刑事责任，这些也恰恰都是股东纠纷的突破口。

[引申法条]

《中华人民共和国公司法》

第三十三条　股东有权查阅、复制公司章程、股东会会议记录、董事会会议决议、监事会会议决议和财务会计报告。

股东可以要求查阅公司会计账簿。股东要求查阅公司会计账簿的，应当向公司提出书面请求，说明目的。公司有合理根据认为股东查阅会计账簿有不正当目的，可能损害公司合法利益的，可以拒绝提供查阅，并应当自股东提出书面请求之日起十五日内书面答复股东并说明理由。公司拒绝提供查阅的，股东可以请求人民法院要求公司提供查阅。

第九十七条　股东有权查阅公司章程、股东名册、公司债券存根、股东大会会议记录、董事会会议决议、监事会会议决议、财务会计报告，对公司的经营提出建议或者质询。

《最高人民法院关于适用〈中华人民共和国公司法〉若干问题的规定（四）》

第七条　股东依据公司法第三十三条、第九十七条或者公司章程的规定，起诉请求查阅或者复制公司特定文件材料的，人民法院应当依法予以受理。

公司有证据证明前款规定的原告在起诉时不具有公司股东资格的，人民法院应当驳回起诉，但原告有初步证据证明在持股期间其合法权益受到损害，请求依法查阅或者复制其持股期间的公司特定文件材料的除外。

第十条　人民法院审理股东请求查阅或者复制公司特定文件材料的案件，对原告诉讼请求予以支持的，应当在判决中明确查阅或者复制公司特定文件材料的时间、地点和特定文件材料的名录。

股东依据人民法院生效判决查阅公司文件材料的，在该股东在场的情况下，可以由会计师、律师等依法或者依据执业行为规范负有保密义务的中介机构执业人员辅助进行。

第十一条　股东行使知情权后泄露公司商业秘密导致公司合法利益受到损害，

---

① （2018）京01民终1366号。

公司请求该股东赔偿相关损失的，人民法院应当予以支持。

根据本规定第十条辅助股东查阅公司文件材料的会计师、律师等泄露公司商业秘密导致公司合法利益受到损害，公司请求其赔偿相关损失的，人民法院应当予以支持。

04 公司如何正当地阻却股东行使知情权？

俗话说"无事不登三宝殿"，股东突然行使知情权，往往是个引子或者借口，实则是想找出公司运营中不规范的漏洞，在股东纠纷或博弈中取得对自己有利的谈判筹码。公司又该如何巧妙地化险为夷回绝查账呢？简单来说，套路有二，即先看是否有股东资格，然后再从不正当目的回绝。股东资格前文已述，本篇着重看如何以正当理由阻却股东行使知情权。

实践中有公司直接以账目不全、股东要求查得太细、查账目的不纯干扰经营为由回绝，或者公司认为法定代表人和董事均是股东委派的，据此股东应该完全知悉公司财务状况，股东不应再诉讼主张股东知情权等，这些没有技术含量的抗辩理由往往会被法官秒杀。而行使知情权多旨在查阅公司账簿，公司须举证证明股东查账具有不正当目的才可以真正对抗，如存在同业竞争等，具体来看北京三中院审理的张某与北京智某公司股东知情权纠纷一案中法院认为，根据审理查明的事实，张某同时担任北京智某公司及创业某公司的股东，北京智某公司和创业某公司从事的业务均是为企业提供人力资源服务和金融投资服务，其中人力资源服务专注的均是猎头业务，所针对的客户大部分为互联网企业，二者的主营业务、业务区域以及所针对的客户群基本一致，主营业务存在实质上的竞争关系。张某通过查阅北京智某公司的会计账簿，可以获知北京智某公司的客户资料和合同底价等商业信息，有可能使得北京智某公司在业务竞争中处于不利地位。因此，北京智某公司认为张某查阅会计账簿和原始凭证存在不正当目的的主张成立，张某无权查阅会计账簿和原始凭证。[①]

但是以不正当目的理由也不能任性，《公司法司法解释四》第九条规定如果公司章程、股东之间的协议等实质性剥夺股东查阅或者复制公司文件材料的权利，公司以此为由拒绝股东行使知情权是得不到法院支持的。比如，北京一中院审理的北京阿某公司与许某股东知情权纠纷上诉案中，法院认为，股东知情权是公司股东基

[①] （2018）京03民终380号。

于其出资和股东身份享有的固有权利，是股东参与公司决策、参与经营管理和进行分配利润的基础，除《公司法》规定的限制条件外，不应以任何形式剥夺或者以多数决形式对股东的知情权予以限制。阿某公司章程规定股东行使知情权需召开临时股东会会议，并经过三分之二以上表决权股东同意，是以资本多数决的形式对小股东的知情权进行限制，将导致小股东无法行使知情权，无法了解公司的经营、管理情况，一审法院认定公司章程的上述规定在实质上剥夺了股东知情权，对阿某公司的主张未予支持，并无不当。①

另外，公司切勿以"材料没有制作或已丢失"敷衍股东查账，根据《公司法司法解释四》第十二条的规定，公司董事、高级管理人员等未依法履行职责，导致公司未依法制作或者保存《公司法》第三十三条、第九十七条规定的公司文件材料，给股东造成损失，股东依法请求负有相应责任的公司董事、高级管理人员承担民事赔偿责任的，人民法院应当予以支持。

综上，《公司法司法解释四》第八条列举了股东查阅公司会计账簿不正当目的的常见情形，除上述同业竞争外，还包括股东为了向他人通报有关信息查阅公司会计账簿，可能损害公司合法利益的；股东在向公司提出查阅请求之日前的三年内，曾通过查阅公司会计账簿，向他人通报有关信息损害公司合法利益的，或者危及公司商业秘密进而损害公司合法权益的，公司如有证据证明股东查账存在上述不正当目的的，可以正大光明地拒绝股东行使知情权。不过最高院公报案例曾指出，如果股东要求查阅公司会计账簿，但公司仅怀疑股东查阅会计账簿的目的是为公司涉及的其他案件的对方当事人收集证据，并以此为由拒绝提供查阅的，不属于上述规定中股东具有不正当目的、可能损害公司合法利益的情形，公司无权据此拒绝股东行使知情权，实践中公司能成功证明股东具有不正当目的的确很有难度，这将有赖于个案的具体评断。②

[引申法条]

《最高人民法院关于适用〈中华人民共和国公司法〉若干问题的规定（四）》

第八条 有限责任公司有证据证明股东存在下列情形之一的，人民法院应当认定股东有公司法第三十三条第二款规定的"不正当目的"：

（一）股东自营或者为他人经营与公司主营业务有实质性竞争关系业务的，但公司章程另有规定或者全体股东另有约定的除外；

---

① （2018）京01民终2779号。

② 《最高人民法院公报》2011年第8期（总第178期），李淑君、吴湘、孙杰、王国兴诉江苏佳德置业发展有限公司股东知情权纠纷案。

（二）股东为了向他人通报有关信息查阅公司会计账簿，可能损害公司合法利益的；

（三）股东在向公司提出查阅请求之日前的三年内，曾通过查阅公司会计账簿，向他人通报有关信息损害公司合法利益的；

（四）股东有不正当目的的其他情形。

第九条 公司章程、股东之间的协议等实质性剥夺股东依据公司法第三十三条、第九十七条规定查阅或者复制公司文件材料的权利，公司以此为由拒绝股东查阅或者复制的，人民法院不予支持。

第十二条 公司董事、高级管理人员等未依法履行职责，导致公司未依法制作或者保存公司法第三十三条、第九十七条规定的公司文件材料，给股东造成损失，股东依法请求负有相应责任的公司董事、高级管理人员承担民事赔偿责任的，人民法院应当予以支持。

05 营利性民办学校举办者可以行使知情权吗？

民办学校的举办者可以自主选择设立非营利性或者营利性民办学校。营利性民办学校举办者主张行使知情权的，人民法院可以类推适用《公司法》相关规定吗？本篇从上海佳某企业发展有限公司（以下简称佳某公司）诉上海佳某教育进修学院（以下简称佳某学院）股东知情权纠纷案这篇公报案例探析：

[典型案例]

2010年3月25日佳某公司出资设立了佳某学院，占100%的出资份额。2012年9月，佳某公司与唐某等三人订立《资产、开办资金转让暨共同办学合同》，就设立上海佳某机动车驾驶培训基地、转让及交换出资股份等事宜达成协议。2012年10月15日，佳某学院董事会通过《董事会决议》，约定唐某等人持有佳某学院90%出资份额、佳某公司持有佳某学院10%出资份额。后因唐某等人擅自终止上海佳某机动车驾驶培训基地的申办等，双方发生纠纷。佳某公司遂向上海市浦东新区人民法院提起诉讼，后法院判决确认佳某公司持有佳某学院50%的出资份额。

佳某公司于2015年11月中旬发函给佳某学院要求提供财务、董事会会议决议、监事会会议决议等材料，但佳某学院未予以回复。故佳某公司依据《民法通则》、章程的约定提起诉讼，要求判令：1. 佳某学院提供自2010年4月成立至今的章程（含章程修正案）、董事会会议决议、监事会会议决议和财务会计报告（包括但不限于资产负债表、损益表、财务状况变动表、财务状况说明表、利润分配表、纳税申报表)供佳某公司查阅、复制；2. 佳某学院提供自2010年4月成立至今的会计账簿(含总账、各自明细账、往来账、现金日记账、银行日记账、固定资产卡片明细表、原始凭证、银行对账单交易某等)供佳某公司查阅。

一审法院认为被告佳某学院系法人型民办非企业单位，非《公司法》调整的范畴，且学院章程也未约定举办者享有查阅、复制董事会决议、财务会计报告、会计账簿等权利，故驳回原告佳某公司的诉讼请求。

上海市第一中级人民法院在二审审理中认为：民办教育促进法对于举办者知情权的行使未直接加以规定，但鉴于本案的主要特征与《公司法》规定的股东知情权类似，可类推适用《公司法》的相关规定。理由如下：首先，举办者的知情权缺少法律规定，但不代表其不享有该权利。"合法权益"本身是一个不确定概念，系对社会生活现象进行了高度概括和抽象，从而使其具有较大的包容性。未设置规定，非立法有意地不规定，探求法律规范意旨，应积极地设定知情权的规定，落实对举办者合法权益的保护。其次，民办学校具有法人资格，可参照适用《公司法》的有关规定。民办学校属于法人型民办非企业单位，其不以营利为目的，并不等于不营利，虽然在创立依据和创立程序上有别于受《公司法》调整的通常意义上的公司，但在具有法人资格和具有营利性质这些实质方面二者并无不同。法律规定举办者可以在学校章程中规定要求合理回报，该回报具有财产性特征，直接或间接与财产相关，表明举办者在出资后将享有财产性权益。民办教育促进法对民办学校做了营利性和非营利性的区分，明确营利性民办学校的办学结余和剩余财产依照《公司法》的规定分配。综合考量佳某学院的业务范围、组织机构、办学层次、办学形式及内部管理体制，援引与其性质相类似的《公司法》相关规定，以为适用，并无不可。最后，"相类似之案件，应为相同之处理"。司法实践中对于民办学校举办者出资份额的转让，参照适用《公司法》；法人型民办非企业单位的破产清算，参照适用企业破产法等规定。对此，"举轻以明重"，上诉人佳某公司作为被上诉人佳某学院的举办者，在知情权方面享有与公司股东同等或类似的权利，本案可参照《公司法》之相关规定处理民办学校举办者所主张权利的行使。"故最终对举办者的诉请予以支持。①

综上，目前我国法律和相关解释对非公司制的企业是否存在股东知情权并无具体规定，关于出资人是否可以参照《公司法》股东知情权的规定，裁判规则也并不统一。不过从上述公报判例体现的理念来看，对企业享有直接或间接的管理权，并从企业的盈利中获益，符合公司与股东间权利义务关系的，则可以参照适用《公司

---

① 《最高人民法院公报》2019年第2期(总第268期)第44-48页。

法》，享有股东知情权的主张，具体还应作个案判断。

[引申法条]

《中华人民共和国民法典》

第七十六条 以取得利润并分配给股东等出资人为目的成立的法人，为营利法人。营利法人包括有限责任公司、股份有限公司和其他企业法人等。

第八十七条 为公益目的或者其他非营利目的成立，不向出资人、设立人或者会员分配所取得利润的法人，为非营利法人。

非营利法人包括事业单位、社会团体、基金会、社会服务机构等。

第十五章
公司盈余分配

01 股东身份是提起盈余分配请求权的前提？

根据《公司法》第三十四条、第一百六十六条的规定，盈余分配权利是专属于股东的权利，司法实践中，如果提起该盈余分配纠纷诉讼的主体并不具有公司股东资格，一般其诉请无法得到法院的支持。换言之，具备股东资格是提起盈余分配权诉讼的先决条件。下面先来看第一个问题，前股东是否享有利润分配请求权。

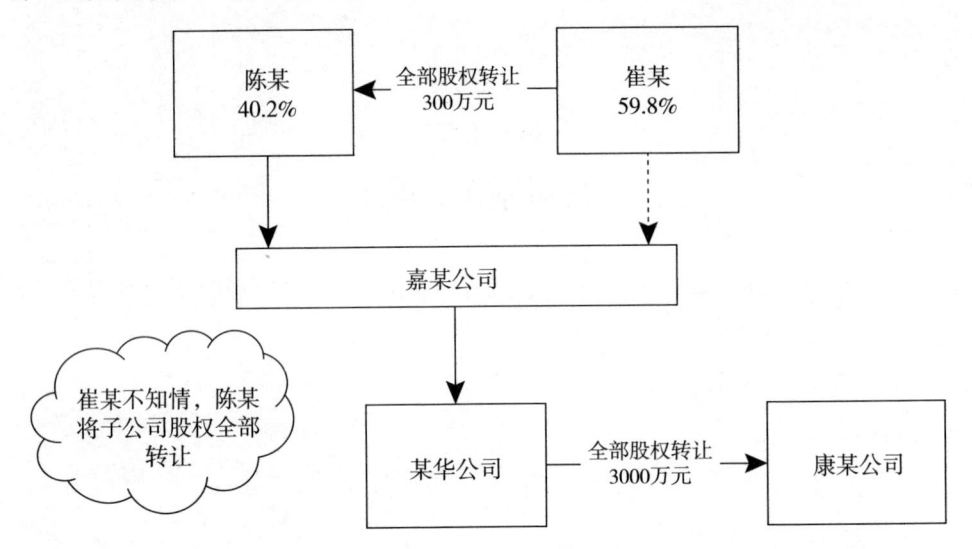

```
   陈某                          崔某
   40.2%    ←全部股权转让300万元—  59.8%
     │                            ┊
     │                            ┊
     └──────→  嘉某公司  ←─────────┘
                  │
                  ↓
              某华公司  ──全部股权转让3000万元→  康某公司
```

（崔某不知情，陈某将子公司股权全部转让）

[典型案例]

2010年3月，陈某与崔某共同出资500万元注册成立嘉某公司，陈某出资201万元任法定代表人，崔某出资299万元任执行董事、监事。2010年5月31日，嘉某公司出资400万元注册成立独资子公司某华公司。2013年7月1日，崔某与陈某签订一份《股权转让协议》，崔某将其在嘉某公司全部股权59.8%的股权转让给陈某，转让价款为300万元，并在工商部门办理了股权变更登记。在此期间，陈某在崔某不知情的情况下，将子公司某华公司以3000万元全部转让给康某公司。崔某遂向一审法院提出诉讼，要求嘉某公司赔偿其股权转让款897万元及利息损失，同时要求陈某对上述金额承担连带责任。

一审法院认为：根据《公司法》第二条[①]等相关规定，公司股东依法享有资产

---

① 参见现行有效的《公司法》第四条。

收益等权利，股东应按照公司章程规定的利润分配方式或对清算后的剩余利润进行分配。而崔某现已丧失嘉某公司股东资格，其不符合分配嘉某公司利润的主体要求，故无权请求分配转让某华公司的股权转让款，遂判决驳回崔某的诉讼请求。崔某不服提起上诉。

二审法院认为：虽然嘉某公司于2013年6月21日将其持有某华公司的股权转让给案外人康某公司时，崔某具有嘉某公司的股东资格，某华公司股权转让款亦属于崔某转让嘉某公司股权前嘉某公司的收益，但崔某与陈某所签《股权转让协议》中并未明确约定原股东崔某有权主张股权转让前嘉某公司的利润，因崔某的股东资格随着股权转让并办理变更登记而丧失，基于股东身份所享有的公司利润分配请求权亦随之丧失，故崔某已无权基于股东身份分配嘉某公司的利润。况且，根据《公司法》第三十八条的规定，股东会行使审议批准公司利润分配方案的职权，[①] 股东以书面形式一致表示同意的，可以不召开股东会会议，直接作出决定，并由全体股东在决定文件上签名、盖章，即审议批准公司利润分配方案系股东会的法定职权，而崔某在本案诉讼中未能提供证据足以证明其主张嘉某公司给付案涉897万元业经股东会决议抑或全体股东以书面形式一致同意，换言之，崔某与嘉某公司尚未就公司利润形成债权债务关系。因此，一审判决驳回崔某的诉讼请求并无不当。[②]

上述及类似判例中，司法实践认为利润分配请求权的享有以股东身份为前提，在股东转让股权丧失股东身份后，对于公司可能存在的未分配利润，不再享有利润分配请求权。

第二个问题，隐名股东是否可以直接向公司主张分红权利。虽然最高院也有判例在一定条件下支持了隐名股东利润分配请求权，但遵循商事外观主义原则，在隐名股东通过法律程序确认为公司正式股东前，一般不能直接向公司主张盈余分配权利。根据《公司法司法解释三》第二十四条第一款的规定，对于股权代持，如无法律规定的无效情形，法律认可双方之间形成的股权代持法律关系。此时，隐名股东应基于合同相对性向显名股东主张相应的权利。

综上，股东如果丧失股东资格，股权转让前的分红权益主张将极可能得不到法院支持。若公司在股权转让中或前已作出盈余分配方案，仅是尚未履行，公司对于股东的利润分配数额已经明确，此时股东的分红权已经转换为公司对于股东的债权，在股权转让过程中，转让股东有权向公司请求利润分配，或在转让股权后仍有权向公司要求给付相应利润。而实践中，往往是股权转让完毕公司对于股权转让前的公司利润才或尚未作出分配决议。故对原股东而言，建议在股权转让过程中结合

[①] 参照现行有效的《公司法》第三十七条。
[②] （2017）黑民终491号。

公司资产、经营情况、预期收益等因素对股权的价值进行综合评估，提前将未分配利润计入股权转让价款中，以免后续因股权转让丧失股东资格而不能获得未分配利润，即原股东可以利用股权转让价格的议价来弥补股权转让前未获得股东资格存续期间的相关分红利益。

[引申法条]

《中华人民共和国公司法》

第三十四条　股东按照实缴的出资比例分取红利；公司新增资本时，股东有权优先按照实缴的出资比例认缴出资。但是，全体股东约定不按照出资比例分取红利或者不按照出资比例优先认缴出资的除外。

《最高人民法院关于适用〈中华人民共和国公司法〉若干问题的规定（三）》

第二十四条　有限责任公司的实际出资人与名义出资人订立合同，约定由实际出资人出资并享有投资权益，以名义出资人为名义股东，实际出资人与名义股东对该合同效力发生争议的，如无法律规定的无效情形，人民法院应当认定该合同有效。

前款规定的实际出资人与名义股东因投资权益的归属发生争议，实际出资人以其实际履行了出资义务为由向名义股东主张权利的，人民法院应予支持。名义股东以公司股东名册记载、公司登记机关登记为由否认实际出资人权利的，人民法院不予支持。

实际出资人未经公司其他股东半数以上同意，请求公司变更股东、签发出资证明书、记载于股东名册、记载于公司章程并办理公司登记机关登记的，人民法院不予支持。

02　股东出资不实是否影响盈余分配请求权？

股东出资不实，如存在未履行或未全面履行出资等瑕疵出资、抽逃出资情形的股东，对盈余分配请求权有哪些影响呢？一般认为，股东出资不实对于公司有违约责任，但是按照《公司法》第三十四条的规定，具备股东资格的依然有按照实缴出资比例分取红利的权利。具体本文通过下面的最高院审理的徐州咪某房地产开发有限公司（以下简称咪某公司）等与曾某合资、合作开发房地产合同纠纷再审案判例分析。

[典型案例]

曾某与徐某于 2006 年 11 月 29 日签订《联合开发协议》，约定了徐某以土地作价，曾某以现金投资联合开发房地产，并对成立项目公司、双方分工、利润分配等事项作出明确约定。2007 年 3 月 28 日，徐某、曾某在徐州市工商行政管理局办理了咪某公司的名称预先登记核准，拟设立企业股东系其二人，各出资 400 万元，后又改为徐某一人设立了咪某公司。此后，由咪某公司开发的美某花园项目进行开发建设，且美某花园 A、B、C、E、F 楼及附属工程已全部建成并实际出售部分房屋。2010 年 6 月 17 日徐某与曾某就因合作成立的咪某公司的财产分配、对外债务等达成《补充协议》。后各方就曾某是否有权要求分配利润产生纠纷，一、二审均支持曾某有权请求分配利润，咪某公司、徐某不服，遂向最高院提起再审。

最高院认为：二审判决认定，咪某公司注册成立后仅数日该 300 万元借款即由咪某公司用房屋预售款返还给了任某，构成抽逃出资，曾某并未实际完成投资义务，徐某对此知晓并予以认可，在《补充协议》中仍约定了对咪某公司账上存款及售房款五五分配，与之前《联合开发协议》的利润分配约定相符，此约定为当事人的真实意思表示，不违反法律、行政法规的强制性规定。双方合作期间，徐某并未提出曾某未出资不应享受利润分配。现咪某公司、徐某主张曾某没有投资不应享有利润分成，与双方的约定不符，二审判决对其主张不予支持，并无不当。咪某公司、徐某关于应适用《最高人民法院关于审理涉及国有土地使用权合同纠纷案件适用法律问题的解释》第二十二条、第二十三条之规定，判决曾某无权请求分配利润的再审申请理由，本院不予支持。

《联合开发协议》约定在开发销售结束后利润五五分成，现美某花园小区项目已经开发完毕，由于双方产生纠纷导致《联合开发协议》无法继续履行，在客观上已经不能按照《联合开发协议》中约定的利润分配条件来履行，曾某起诉要求分配利润，一、二审判决予以支持，并无不当。且一、二审判决依据鉴定报告确定了双方的利润分配具体数额，鉴定报告已载明鉴定基准日美某花园项目尚未销售房产评估值为 11534552 元，该评估值已考虑到上述房产尚未销售，销售时还会发生部分销售费用，今后销售还会存在一定的风险等因素对房价的影响，提前分配利润并不损害徐某的利益。咪某公司、徐某关于分配利润的条件未成熟，不应分配利润的再审申请理由，本院不予支持。[①]

上述最高院认为，即便存在抽逃出资但是股东之间有特别约定的还是按照特别约定的比例进行利润分配。实践中，股东出资不实并不影响其主张盈余分配的权

[①] （2016）最高法民申 363 号。

利，法院往往会判决以实际出资比例来分配利润。当然，如果公司根据《公司法司法解释三》第十六条的规定，在章程中或者通过股东会决议对瑕疵出资股东的利润分配请求权进行限制，则出资不实股东分红需照此执行，或者股东之间签署了相关合同，一般需按照合同约定处理。

综上，股东出资不实并不当然丧失利润分配请求权，而是原则上按照实缴出资比例进行分红。但公司章程可以对其分红权予以限制，公司全体股东也可另行约定分配红利的比例。所以，在章程有明确规定瑕疵出资股东完全不享有分红权或已存在股东会决议规定瑕疵出资股东不得分红情况下，瑕疵出资股东将不具备公司盈余分配的起诉资格，更不享有分配红利的实体权利。

[引申法条]

《最高人民法院关于适用〈中华人民共和国公司法〉若干问题的规定（三）》

第十六条 股东未履行或者未全面履行出资义务或者抽逃出资，公司根据公司章程或者股东会决议对其利润分配请求权、新股优先认购权、剩余财产分配请求权等股东权利作出相应的合理限制，该股东请求认定该限制无效的，人民法院不予支持。

03 盈余分配方案审批权可否由董事会行使？

《公司法》第三十七条、第四十六条分别规定了有限公司股东会以及董事会的职权，如股东会享有审议批准公司的利润分配方案和弥补亏损方案权利，董事会享有制订公司的利润分配方案和弥补亏损方案的权利，股东会是否可以将上述盈余分配方案审批权下放给董事会行使呢？

对此，北京一中院在王某等诉中某不动产评估有限公司公司决议效力确认纠纷案中，阐述认为《公司法》第二十二条第一款规定：公司股东会或者股东大会、董事会的决议内容违反法律、行政法规的无效。第三十七条规定，股东会行使下列职权：（六）审议批准公司的利润分配方案和弥补亏损方案。第四十六条规定，董事会对股东会负责，行使下列职权：（五）制订公司的利润分配方案和弥补亏损方案。由以上规定可知，公司股东会有权审议批准公司的利润分配方案，董事会仅有权制订公司利润分配方案，但无权决定公司利润分配事宜。现中某公司章程中关于公司利润分配之规定与公司法规定一致，公司股东会未另行授权公司董事会决定公司利润分配，亦未事后对诉争董事会决议予以追认，故中某公司董事会无权决定中某公司分红事宜，2005年4月28日董事会关于分红的决议应属无效。[①]

上述法院观点为股东会可以将利润分配决定权授予董事会或事后予以追认。根据《公司法》的规定，公司的利润分配方案由董事会制订，股东会/股东大会审议批准，但对于闭合性的有限公司，当股东人数较少，股东与董事又基本重合时，为提高公司决策效力，股东的这项审批权往往可以通过下放给董事会来行使。根据《公司法》第四十六条"董事会对股东会负责，行使下列职权……（十一）公司章程规定的其他职权。"如果公司章程明确授予了董事会该项盈余分配方案审批权，则董事会享有利润分配决定权，但如果控股股东利用控股优势，将利润分配请求权的决定权授予董事会而追求个人利益的，会极大地损害中小股东利润分配权，上述权利下放有可能因滥用权利而不被法院支持。而在股份公司或者上市公司中，经查阅相关章程规定，股东大会是公司的权力机构，依法行使下列职权……审议批准公司的利润分配方案和弥补亏损方案；董事会行使下列职权……制订公司的利润分配方案和弥补亏损方案，故一般在上市公司中，公司的利润分配决定权还是依照法律规定由股东大会审议批准。

[引申法条]

《中华人民共和国公司法》

第三十七条 股东会行使下列职权：

（一）决定公司的经营方针和投资计划；

（二）选举和更换非由职工代表担任的董事、监事，决定有关董事、监事的报酬事项；

（三）审议批准董事会的报告；

（四）审议批准监事会或者监事的报告；

（五）审议批准公司的年度财务预算方案、决算方案；

（六）审议批准公司的利润分配方案和弥补亏损方案；

（七）对公司增加或者减少注册资本作出决议；

（八）对发行公司债券作出决议；

（九）对公司合并、分立、解散、清算或者变更公司形式作出决议；

（十）修改公司章程；

（十一）公司章程规定的其他职权。

对前款所列事项股东以书面形式一致表示同意的，可以不召开股东会会议，直接作出决定，并由全体股东在决定文件上签名、盖章。

[①] （2016）京01民初149号。

第四十六条 董事会对股东会负责，行使下列职权：
（一）召集股东会会议，并向股东会报告工作；
（二）执行股东会的决议；
（三）决定公司的经营计划和投资方案；
（四）制订公司的年度财务预算方案、决算方案；
（五）制订公司的利润分配方案和弥补亏损方案；
（六）制订公司增加或者减少注册资本以及发行公司债券的方案；
（七）制订公司合并、分立、解散或者变更公司形式的方案；
（八）决定公司内部管理机构的设置；
（九）决定聘任或者解聘公司经理及其报酬事项，并根据经理的提名决定聘任或者解聘公司副经理、财务负责人及其报酬事项；
（十）制定公司的基本管理制度；
（十一）公司章程规定的其他职权。

04 股东主张盈余分配权的前提条件是什么？

《公司法》第三十四条规定了股东最重要的权利分红权：股东有权按照实缴的出资比例分红，如果不按出资比例分红必须经过全体股东同意。《公司法》第三十七条股东会职权与第四十六条董事会职权分别明确了行使分红权的程序性条件，即由董事会制订公司的利润分配方案和弥补亏损方案，经股东会审议批准；另外，第一百六十六条第四款则规定了分红的实质性前提条件"公司弥补亏损和提取公积金后所余税后利润，有限责任公司依照本法第三十四条的规定分配；股份有限公司按照股东持有的股份比例分配，但股份有限公司章程规定不按持股比例分配的除外"。同时还规定如果在公司弥补亏损和提取法定公积金之前向股东分配利润的，股东必须将违反规定分配的利润退还公司。

根据上述规定，如果公司未就利润分配事项作出决议的，股东可以直接请求分配利润吗？本篇来看最高院审理的顾某等九人诉凯里市利某食品有限责任公司（以下简称利某公司）等公司盈余分配纠纷案：最高院审理认为本案中，2013年2月1日，利某公司召开的股东会决议所形成的配股方案，系此后董事会、股东会决议分配利润的标准。现因该股东会决议已经法院的生效判决确认为无效，故此后董事会、股东会以该股东会决议所形成的配股方案而分配利润的决议缺乏合法性的基础。在此情况下，由于是否分配利润、分配多少利润以及按照何种比例分配利润，包括应否补发相应利润均属于利润分配方案的相关内容，属于董事会、股东会的职权范畴，在利某公司董事会、股东会未就利润分配方案形成新的决议并履行完相应程序之前，顾某等九人直接起诉请求人民法院判令利某公司按照股东出资比例补发红利，缺乏法律依据。而本案中，二审认定顾某等九人无权请求法院来确定具体的利润分配金额，并无不当。[①]

上述最高院认为，公司分配利润的决定权在公司，在公司未就利润分配事项按照《公司法》的规定作出相关决议之前，股东直接请求公司分配利润缺乏法律依据。《公司法司法解释四》第十五条也进一步明确"股东未提交载明具体分配方案的股东会或者股东大会决议，请求公司分配利润的，人民法院应当驳回其诉讼请求"。故公司是否分配利润，分配多少利润及以何种形式在何时分配利润，均属于公司自主经营的范围，股东请求分配利润须以公司作出相关决议为前提，即程序上由董事会制订公司的利润分配方案和弥补亏损方案，并经股东会审议批准，实质上须满足公司在弥补亏损和提取公积金后仍余有税后利润。

倘若公司未就利润分配作出决议时，股东间协议能否作为公司分配利润的依据吗？实践中存在不同的观点，有观点认为在公司已无法形成分配利润的股东会决议时，股东间协议可以作为公司分配利润的依据。不过需要强调的是，公司作出分配利润的决议应面向全体股东，如果公司单独向个别股东分红的，有被认为构成抽逃出资的风险。

[引申法条]

《中华人民共和国公司法》

第一百六十六条 公司分配当年税后利润时，应当提取利润的百分之十列入公司法定公积金。公司法定公积金累计额为公司注册资本的百分之五十以上的，可以不再提取。

公司的法定公积金不足以弥补以前年度亏损的，在依照前款规定提取法定公积金之前，应当先用当年利润弥补亏损。

公司从税后利润中提取法定公积金后，经股东会或者股东大会决议，还可以从税后利润中提取任意公积金。

公司弥补亏损和提取公积金后所余税后利润，有限责任公司依照本法第三十四条的规定分配；股份有限公司按照股东持有的股份比例分配，但股份有限公司章程规定不按持股比例分配的除外。

股东会、股东大会或者董事会违反前款规定，在公司弥补亏损和提取法定公积

[①] （2017）最高法民申3628号。

金之前向股东分配利润的,股东必须将违反规定分配的利润退还公司。

公司持有的本公司股份不得分配利润。

《最高人民法院关于适用〈中华人民共和国公司法〉若干问题的规定(四)》

第十五条 股东未提交载明具体分配方案的股东会或者股东大会决议,请求公司分配利润的,人民法院应当驳回其诉讼请求,但违反法律规定滥用股东权利导致公司不分配利润,给其他股东造成损失的除外。

05 股东分红权利被侵犯该如何救济?

实务中,大股东控制公司,小股东分红权利常常难以保障,当分红权利被侵犯时小股东又该如何救济呢,本篇分情况来具体分析。

(1) 当公司分红的前提条件都已经具备,公司迟迟不按股东会决议进行分红,股东又该如何行使分红权呢?

《公司法司法解释四》第十四条明确规定:股东提交载明具体分配方案的股东(大)会有效决议,请求公司分配利润,公司拒绝分配利润且其关于无法执行决议的抗辩理由不成立的,人民法院应当判决公司按照决议载明的具体分配方案向股东分配利润。

[典型案例]

在长春中某置业有限公司与长春中某城物业服务有限公司等公司盈余分配纠纷上诉案中,法院认为:就本案而言长春中某置业有限公司于2016年7月25日形成的《关于2015年度长春中某城物业服务有限公司利润分配方案的决议》其内容不存在《公司法》第二十二条第一款规定的违反法律、行政法规应认定无效的情形,应认定为有效股东会决议;该股东会决议按照物业公司2015年度财务报表审计报告,依据《公司法》第一百六十六条第四款的规定将弥补长春中某城物业服务有限公司亏损和提取法定公积金后所余税后利润1684342.215元分配给长春中某置业有限公司,上述决议具体、明确,可供执行;长春中某城物业服务有限公司对上述股东会决议不持异议。本院认为应当判决长春中某城物业服务有限公司立即向长春中某置业有限公司分配利润1684342.215元。即人民法院判决支持公司向股东分配利润,需要具备三个要件:存在有效的股东会或者股东大会决议、该决议载明具体明确的分配方案、公司拒绝分配利润且其关于无法执行决议的抗辩理由不成立。①

---

① (2017)吉01民终5996号。

(2) 部分股东滥用股东权利，股东分红权如何保障？

《公司法司法解释四》第十五条规定"股东未提交载明具体分配方案的股东会或者股东大会决议，请求公司分配利润的，人民法院应当驳回其诉讼请求，但违反法律规定滥用股东权利导致公司不分配利润，给其他股东造成损失的除外"。

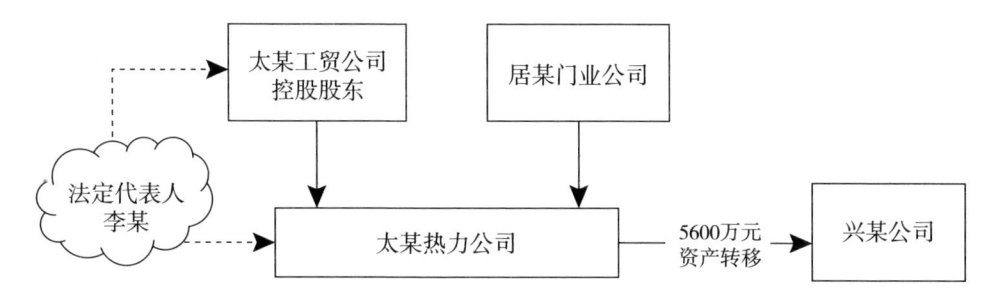

```
┌──────────┐      ┌──────────┐
│太某工贸公司│      │居某门业公司│
│ 控股股东  │      │          │
└────┬─────┘      └────┬─────┘
     │                 │
┌────────┐             │
│法定代表人│             │
│  李某   │┈┈┈┐        │
└────────┘    ↓        ↓
          ┌──────────┐  5600万元  ┌────────┐
          │太某热力公司├──────────→│兴某公司│
          └──────────┘  资产转移   └────────┘
```

[典型案例]

最高院在甘肃居某门业有限责任公司（以下简称居某门业公司）与庆阳市太某热力有限公司（以下简称太某热力公司）、李某公司盈余分配纠纷案中认为：公司在经营中存在可分配的税后利润时，有的股东希望将盈余留作公司经营以期待获取更多收益，有的股东则希望及时分配利润实现投资利益，一般而言，即使股东会或股东大会未形成盈余分配的决议，对希望分配利润股东的利益不会发生根本损害，因此，原则上这种冲突的解决属于公司自治范畴，是否进行公司盈余分配及分配多少，应当由股东会作出公司盈余分配的具体方案。但是，当部分股东变相分配利润、隐瞒或转移公司利润时，则会损害其他股东的实体利益，已非公司自治所能解决，此时若司法不加以适度干预则不能制止权利滥用，亦有违司法正义。虽目前有股权回购、公司解散、代位诉讼等法定救济路径，但不同的救济路径对股东的权利保护有实质区别，故需司法解释对股东的盈余分配请求权进一步予以明确。为此，《公司法司法解释四》第十五条规定"股东未提交载明具体分配方案的股东会或者股东大会决议，请求公司分配利润的，人民法院应当驳回其诉讼请求，但违反法律规定滥用股东权利导致公司不分配利润，给其他股东造成损失的除外"。在本案中，首先，太某热力公司的全部资产被整体收购后没有其他经营活动，一审法院委托司法审计的结论显示，太某热力公司清算净收益为75973413.08元，即使扣除双方有争议的款项，太某热力公司也有巨额的可分配利润，具备公司进行盈余分配的前提条件；其次，李某同为太某热力公司及其控股股东太某工贸公司法定代表人，未经公司另一股东居某门业公司同意，没有合理事由将5600万余元公司资产转让款转入兴某公司账户，转移公司利润，给居某门业公司造成损失，属于太某工贸公司滥用股东权利，符合《公司法司法解释四》第十五条但书条款规定应进行强制盈余分配的实质要件。最后，前述司法解释规定的股东盈余分配的救济权利，并未规定需以采取股权回购、公司解散、代位诉讼等其他救济措施为前置程序，居某门业公司对不同的救济路径有自由选择的权利。因此，一审判决关于太某热力公司应当进行盈余分配的认定有事实和法律依据，太某热力公司、李某关于没有股东会决议不应进行公司盈余分配的上诉主张不能成立。① 即股东虽未提交利润分配决议，但如果有证据证明控股股东滥用权利导致公司不分配利润，给其他股东造成损失的，可以据此要求法院进行强制盈余分配。

（3）多年不分红异议股东可以行使回购请求权。

根据《公司法》第七十四条规定如果公司连续五年不向股东分配利润，而公司该五年连续盈利，并且符合本法规定的分配利润条件的，对股东会该项决议投反对票的股东可以请求公司按照合理的价格收购其股权，这可以说是股东分红权根本无法落实的情况下的终极救济途径，具体行使时要注意满足上述实质要求，还要满足程序要求即自股东会会议决议通过之日起六十日内，股东与公司不能达成股权收购协议的，并且须自决议通过之日起九十日内向法院提起诉讼。

如果未能满足上述条件，则请求回购权依旧得不到法院支持，参见周某等11名股东诉山东鸿某水产有限公司（以下简称鸿某公司）请求公司收购股权纠纷案。

[典型案例]

周某等11人以鸿某公司自2009年起至2014年连续5年盈利却不分配利润为由主张公司回购股份，根据上述法律规定，应当符合如下条件：1. 公司连续5年不向股东分配利润；2. 该5年公司连续盈利；3. 符合《公司法》规定的分配利润条件，即公司在弥补亏损和提取公积金后所余税后利润依照《公司法》第三十四条的规定分配。本案中，税务机关出具的鸿某公司的纳税证明、完税证明和鸿某公司的纳税申报材料体现鸿某公司在2012年、2013年度没有产生企业所得税；周某等11人虽主张鸿某公司2012年、2013年度存在税后利润，但其提供的关于鸿某公司对外投资、经营规模的证据并不足以证明鸿某公司在2013年度存在税后利润。周某等11人主张相关税务机关的材料系鸿某公司虚假申报得出，但并未就此提供充分证据。因此，综合现有证据，原审判决关于鸿某公司不存在连续5年盈利的事实认定证据较为充分，现亦无充分证据证明认定事实的主要证据系伪造，周某等11人以鸿某公司连续5年盈利却不分配利润为由诉请鸿某公司回购股权的条件不成立，原审判决结果并无不当。②

---

① （2016）最高法民终528号。
② （2017）最高法民申2154号。

但是能满足上述异议股东回购请求权条件的实属不易，故建议股东可以在公司设立之初便约定：公司利润按年度分配或者规定公司每年必须就分配利润事项作出决议等，即提前规定分红的最低时间间隔和现金分红的最低比例，以防大股东滥用控股权长期不分配利润，侵害小股东权益。

[引申法条]

《最高人民法院关于适用〈中华人民共和国公司法〉若干问题的规定（四）》

第十四条 股东提交载明具体分配方案的股东会或者股东大会的有效决议，请求公司分配利润，公司拒绝分配利润且其关于无法执行决议的抗辩理由不成立的，人民法院应当判决公司按照决议载明的具体分配方案向股东分配利润。

第十五条 股东未提交载明具体分配方案的股东会或者股东大会决议，请求公司分配利润的，人民法院应当驳回其诉讼请求，但违反法律规定滥用股东权利导致公司不分配利润，给其他股东造成损失的除外。

06 不按出资比例分红需要全体股东一致同意吗？

《公司法》第三十四条规定股东按照实缴的出资比例分取红利，但是全体股东可以约定不按照出资比例分取红利。若未经全体股东一致同意，那么股东会作出不按出资比例分红或者变相分红的股东会决议是否有效呢？

最高院在四川国某建设集团有限公司、王某与公司有关的纠纷再审一案中，最高院认为《公司法》第三十四条规定："股东按照实缴的出资比例分取红利；公司新增资本时，股东有权优先按照实缴的出资比例认缴出资。但是，全体股东约定不按照出资比例分取红利或者不按照出资比例优先认缴出资的除外。"由于股东享有的分红权属于股东自益权，系股东为自己利益而行使的权利。因此，公司一般应按股东实缴出资比例分配红利。若公司决定不按出资比例分配利润，则必须经过全体股东约定，不得采取多数决的方式决定，其目的在于防止占多数股份股东分配方式因滥用股东权利和公司资本多数决的原则侵害小股东的合法利益，以大股东股权上的优势侵害小股东享有的分红权利。此外，国某公司《公司章程》第十三条第（四）项亦约定"股份按出资比例分取红利"。据此，当国某公司股东会约定不按出资比例对公司利润进行分配时，需经公司全体股东同意。而刘某、王某并未在《2016年利润分配股东会决议》上签字，则该决议上载明的股东分配比例，并未经过全体股东一致同意，因此，该决议载明的利润分配比例并不符合《公司法》第三十四条的规定以及《公司章程》的约定，故对刘某、王某并不产生约束力。①

股东获取资产收益是股东基本权利之一，故不按照出资比例分取红利，正如上述最高院判例中指出必须经全体股东同意，具体既可以在公司设立之初通过章程明确约定，后续也可通过股东会决议就公司阶段性利润分配进行约定，但需要注意的是，该股东会决议不适用公司法中"过半数""三分之二以上"表决通过条款，而应根据《公司法》第三十四条的规定经全体股东共同同意。

这里引申另一个问题，如果已通过的分红决议若做调整又须经过多少表决权的股东同意通过呢？我们可以参看上市公司章程，如《泸州老窖公司章程》（2017年5月版）第178条规定"利润分配政策的调整：1. 如按照既定利润分配政策执行将导致公司重大投资项目、重大交易无法实施，或将对公司持续经营或保持盈利能力构成实质性不利影响的，公司应当调整利润分配政策，调整后的利润分配政策不得违反中国证监会和深圳证券交易所的有关规定。2. 利润分配政策需进行调整或者变更的，须经出席股东大会的股东所持表决权的2/3以上通过后方可实施。股东大会会议应采取现场投票与网络投票相结合的方式，为公众投资者参与利润分配政策的制定或修改提供便利。公司应当在定期报告中对利润分配政策调整的原因、条件和程序进行详细说明"。而不少上市公司章程都将利润分配政策变更规定为须通过股东大会特别决议的事项，而且一般会严格限制调整事由，如遇到战争、自然灾害等不可抗力或者因公司自身生产经营发生重大变化、投资规划和长期发展的需要等原因方可调整，且变更公司利润分配决议程序上一般为经出席股东大会的股东所持表决权的三分之二以上通过。

参照上述上市公司章程，有限公司为避免大股东随意通过股东会变更分红决议，如将公司通过的分红决议，大股东利用多数决再次通过召开股东会将其否决掉，进而不分红或者侵占小股东权益，故建议在公司设立之初，将调整或变更分红政策的表决权比例提高，即该类决议须经过代表三分之二以上表决权的股东通过方可为之。

[引申法条]

《中华人民共和国公司法》

第三十四条 股东按照实缴的出资比例分取红利；公司新增资本时，股东有权优先按照实缴的出资比例认缴出资。但是，全体股东约定不按照出资比例分取红利或者不按照出资比例优先认缴出资的除外。

《最高人民法院关于适用〈中华人民共和国公司法〉若干问题的规定（四）》

第十四条 股东提交载明具体分配方案的股东会或者股东大会的有效决议，请

---

① （2020）最高法民申3891号。

求公司分配利润，公司拒绝分配利润且其关于无法执行决议的抗辩理由不成立的，人民法院应当判决公司按照决议载明的具体分配方案向股东分配利润。

第十五条 股东未提交载明具体分配方案的股东会或者股东大会决议，请求公司分配利润的，人民法院应当驳回其诉讼请求，但违反法律规定滥用股东权利导致公司不分配利润，给其他股东造成损失的除外。

第十六章
请求公司收购股份

01 请求有限公司收购股权法定前提条件有哪些？

《公司法》第七十四条规定了有限公司三种法定股权回购情形，即公司连续盈利且符合法律规定的分配利润条件，却连续5年不向股东分红，或者公司有合并、分立、转让主要财产的，或章程规定的营业期限届满，通过决议修改章程使公司存续的，这些是请求公司收购股权要满足的实质条件，同时，《公司法》还规定了收购股权的程序条件：对股东会关于上述事项决议投反对票的股东，自股东会决议通过之日起60日内，未能与公司达成收购协议的，股东可以自股东会决议通过之日起90日内提起诉讼。

下文通过最高院审理的中国某资产管理股份有限公司与太某集团有限责任公司请求公司收购股份纠纷上诉案来看请求公司收购股份的具体流程。

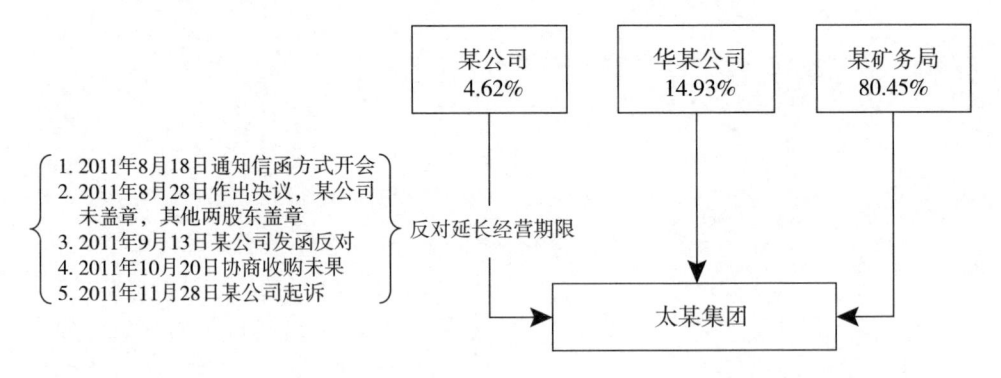

```
     某公司        华某公司        某矿务局
     4.62%         14.93%         80.45%

1. 2011年8月18日通知信函方式开会
2. 2011年8月28日作出决议，某公司
   未盖章，其他两股东盖章          反对延长经营期限
3. 2011年9月13日某公司发函反对
4. 2011年10月20日协商收购未果                    太某集团
5. 2011年11月28日某公司起诉
```

[典型案例]

2000年5月29日，某公司（原中国某资产管理公司）与中国华某资产管理公司（以下简称华某公司）、某矿务局依据三方债转股协议约定，共同设立太某集团，公司初始注册资本为133976万元，其中某矿务局出资107783万元，占注册资本的80.45%，华某公司出资20000万元，占注册资本的14.93%，某公司出资6193万元，占注册资本的4.62%。

2011年8月18日，太某集团向各股东发出《关于以信函方式召开太某集团临时股东会会议的通知》，决定采取信函方式于2011年8月28日召开临时股东会会议并形成股东会决议，通知载明："各股东接到此通知后，如无异议，请在'关于太某集团延长经营期限股东会决议'加盖相应印鉴……如果就延长经营期限事项有异议，不能加盖印鉴，请回函明示为放弃表决或反对表决……"2011年8月28日，太某集团形成《关于太某集团有限责任公司延长经营期限股东会决议》,将营业期限延长至2016年6月28日,太某集团和华某公司在决议上盖章,某公司未盖章。某公司于2011年9月13日向太某集团发出《关于对太某集团有限责任公司临时股东会议题表决的函》,表示不同意延长太某集团经营期限。2011年9月20日经工商登记部门核准,太某集团营业期限延长至2014年6月28日。

2011年10月20日,某公司向神某宁煤集团发出《关于要求以合理价格收购我公司持有的太某集团有限责任公司股权的函》,要求在法定期限内收购某公司的股权,但双方未能达成一致意见。为此,某公司向法院提起诉讼,请求依法判决太某集团以合理价格(按清算、审计及评估后确定的股权价值与某公司出资额6158万元两者孰高原则确定)回购某公司持有太某集团的4.65%的股份。

原审法院认为太某集团于2011年8月18日向各股东发出召开临时股东会的通知,告知各股东临时股东会采取信函方式于2011年8月28日召开并形成股东会决议。某公司于2011年9月13日向太某集团发函,表示不同意延长太某集团经营期限。在股东会会议决议通过之日起六十日内,某公司与太某集团之间未能达成股权收购协议。某公司于股东会决议通过之日起九十日内即2011年11月28日提起诉讼,请求太某集团以合理价格收购其股权,符合《公司法》第七十四条的规定。

最高院在审理中进一步明确:2011年8月18日,太某集团向某公司等股东发出《关于以信函方式召开太某集团临时股东会会议的通知》,上述内容为太某集团召集临时股东会会议及形成决议的时间,并非限制各股东对决议的异议期限。某公司在太某集团三个股东中有两个股东于2011年8月28日形成了《关于太某集团有限责任公司延长经营期限股东会决议》的情况下,于2011年9月13日向太某集团发出《关于对太某集团有限责任公司临时股东会议题表决的函》,表示不同意延长太某集团经营期限,并在法定期限内向原审法院提起诉讼,请求太某集团以合理的价格收购其在太某集团的股份,符合《公司法》第七十四条第一款第(三)项规定的"公司章程规定的营业期限届满或者章程规定的其他解散事由出现,股东会会议通过决议修改章程使公司存续的"法定收购股权条件,某公司对太某集团关于延长经营期限的股东会决议书面提出反对意见,当然有权依法请求太某集团按照合理的价格收购其股权,且符合相应程序规定。[①]

综上,请求公司收购股权除需要满足法律规定的实质收购情形外,还需遵循一定的程序前提,即提起请求公司收购股份之诉的股东需要对股东会决议持有异议并投了反对票,同时要在决议作出60日内先行与公司内部协商收购事宜,协商无果,需要在股东会决议作出之日起90日内提起诉讼,注意此处90日为除斥期间不可延长。

---

① (2016)最高法民终34号。

[引申法条]

《中华人民共和国公司法》

第七十四条 有下列情形之一的，对股东会该项决议投反对票的股东可以请求公司按照合理的价格收购其股权：

（一）公司连续五年不向股东分配利润，而公司该五年连续盈利，并且符合本法规定的分配利润条件的；

（二）公司合并、分立、转让主要财产的；

（三）公司章程规定的营业期限届满或者章程规定的其他解散事由出现，股东会会议通过决议修改章程使公司存续的。

自股东会会议决议通过之日起六十日内，股东与公司不能达成股权收购协议的，股东可以自股东会会议决议通过之日起九十日内向人民法院提起诉讼。

第二十二条 公司股东会或者股东大会、董事会的决议内容违反法律、行政法规的无效。

股东会或者股东大会、董事会的会议召集程序、表决方式违反法律、行政法规或者公司章程，或者决议内容违反公司章程的，股东可以自决议作出之日起六十日内，请求人民法院撤销。

股东依照前款规定提起诉讼的，人民法院可以应公司的请求，要求股东提供相应担保。

公司根据股东会或者股东大会、董事会决议已办理变更登记的，人民法院宣告该决议无效或者撤销该决议后，公司应当向公司登记机关申请撤销变更登记。

《最高人民法院关于适用〈中华人民共和国公司法〉若干问题的规定（一）》

第三条 原告以公司法第二十二条第二款、第七十四条第二款规定事由，向人民法院提起诉讼时，超过公司法规定期限的，人民法院不予受理。

02 对股东会决议投反对票是请求公司收购股份的必经程序吗？

一般来说，异议股东向公司请求收购股权的要式行为是对该决议投了反对票，如果非因自身过错未能参加股东会的股东，虽未能投反对票，但是对相关决议事项明确提出过反对意见的，可以请求公司以合理价格收购股权吗？本篇具体通过袁某晖与某置业（湖南）发展有限公司（以下简称某置业公司）请求公司收购股份纠纷案来分析。

[典型案例]

2010年3月5日，某置业公司形成股东会决议，明确由沈某、钟某、袁某晖三位股东共同主持工作，确认全部财务收支、经营活动和开支、对外经济行为必须通过申报并经全体股东共同联合批签才可执行，对重大资产转让要求以股东决议批准方式执行。但是，根据某置业公司与袁某晖的往来函件，在实行联合审批办公制度之后，某置业公司对二期资产进行了销售，该资产从定价到转让，均未取得股东袁某晖的同意，也未通知其参加股东会。袁某晖遂诉至法院请求某置业公司以公平价格回购其全部股权。

最高院经审理认为：根据《公司法》第七十四条之规定，对股东会决议转让公司主要财产投反对票的股东有权请求公司以合理价格回购其股权。本案从形式上来看，袁某晖未参加股东会，未通过投反对票的方式表达对股东会决议的异议。但是，《公司法》第七十四条的立法精神在于保护异议股东的合法权益，之所以对投反对票作出规定，意在要求异议股东将反对意见向其他股东明示。本案中袁某晖未被通知参加股东会，无从了解股东会决议，并针对股东会决议投反对票，况且，袁某晖在2010年8月19日申请召开临时股东会时，明确表示反对二期资产转让，要求立即停止转让上述资产，某置业公司驳回了袁某晖的申请，并继续对二期资产进行转让，已经侵犯了袁某晖的股东权益。因此，二审法院依照《公司法》第七十四条之规定，认定袁某晖有权请求某置业公司以公平价格收购其股权，并无不当。[①]

同时从章程约定回购股权角度，最高院进一步认为"某置业公司《公司章程》中规定，股东权利受到公司侵犯，股东可以书面请求公司限期停止侵权活动，并补偿因被侵权导致的经济损失。如公司经法院或公司登记机关证实：公司未在所要求的期限内终止侵权活动，被侵权的股东可根据自己的意愿退股，其所拥有的股份由其他股东协议摊派或按持股比例由其他股东认购。本案中，某置业公司在没有通知袁某晖参与股东会的情况下，于2010年5月31日作出股东会决议，取消了袁某晖的一切经费开支，某置业公司和其股东会没有保障袁某晖作为股东应享有的决策权和知情权，侵犯了袁某晖的股东权益，符合某置业公司《公司章程》所约定的'股东权利受到公司侵犯'的情形。因此，袁某晖有权根据《公司章程》的规定，请求公司以回购股权的方式让其退出公司"。

另外，最高院从合理性角度进行阐述：从本案实际处理效果来看，某置业公司股东之间因利益纠纷产生多次诉讼，有限公司人合性已不复存在，通过让股东袁某晖退出公司的方式，有利于尽快解决公司股东之间的矛盾和冲突，从而保障公司利

[①] （2014）民申字第2154号。

益和各股东利益。

根据上述最高院判例的启示，非因自身过错未能参加股东会的股东，虽未对股东会决议投反对票，但对公司转让主要财产明确提出反对意见的，其请求公司以公平价格收购其股权，法院应予支持。同时需要注意的是，若章程明确约定股权回购条款，股东亦是应当遵循的。

由上述判例引发另一个问题，如何判定公司转让的财产构成公司主要财产呢？一般来说，应从该资产是否是公司经营的常规核心资产、该资产占公司资产的比例、转让财产是否实质影响了公司的设立目的及公司存续，是否影响了公司正常经营和盈利，是否导致了公司发生了根本性变化等因素综合考量。司法实践中，可以结合公司的经营范围，公司转让的财产与公司主营范围越相符，被认定为主要财产的可能性越大，同时可以看该笔财产对于公司营收和利润的影响，而母公司向全资子公司转让财产一般不被认定为符合《公司法》七十四条的对外转让主要财产。不过，如果子公司进行重大资产处置，有可能被法院穿透认定为母公司进行重大资产处分行为。

03 有限公司章程规定或股东约定回购情形是否有效？

《公司法》第七十四条规定了有限公司的几种回购情形，除此之外，有限公司股东约定或章程规定回购情形有效吗？

最高院发布的指导案例96号：宋某军诉西安市某华餐饮有限公司（以下简称某华公司）股东资格确认纠纷案，对有限公司章程规定人走股留问题进行了确认：国有企业改制为有限责任公司，其初始章程对股权转让进行限制，明确约定公司回购条款，只要不违反《公司法》等法律强制性规定，可认定为有效。有限责任公司按照初始章程约定，支付合理对价回购股东股权，且通过转让给其他股东等方式进行合理处置的，人民法院应予支持。

[典型案例]

某华公司成立于1990年，后于2004年，某华公司由国有企业改制为有限责任公司，宋某军系某华公司员工，出资2万元成为某华公司的自然人股东。某华公司章程第三章"注册资本和股份"第十四条规定"公司股权不向公司以外的任何团体和个人出售、转让。公司改制一年后，经董事会批准后可在公司内部赠予、转让和继承。持股人死亡或退休经董事会批准后方可继承、转让或由企业收购，持股人若辞职、调离或被辞退、解除劳动合同的,人走股留,所持股份由企业收购……",第十三章"股东认为需要规定的其他事项"下第六十六条规定"本章程由全体股东共同认可,自公司设立之日起生效"。该公司章程经某华公司全体股东签名通过。

2006年6月3日,宋某军向公司提出解除劳动合同,并申请退出其所持有的公司的2万元股份。2006年8月28日,经某华公司法定代表人赵某同意,宋某军领到退出股金款2万元整。2007年1月8日,某华公司召开2006年度股东大会,大会应到股东107人,实到股东104人,代表股权占公司股份总数的93%,会议审议通过了宋某军、王某、杭某三位股东退股的申请并决议"其股金暂由公司收购保管,不得参与红利分配"。后宋某军以某华公司的回购行为违反法律规定,未履行法定程序且《公司法》规定股东不得抽逃出资等,请求依法确认其具有某华公司的股东资格。

首先,法院生效裁判认为某华公司章程对人走股留进行了明确约定,有限公司章程系公司设立时全体股东一致同意并对公司及全体股东产生约束力的规则性文件,宋某军在公司章程上签名的行为,应视为其对前述规定的认可和同意,该章程对某华公司及宋某军均产生约束力。其次,基于有限责任公司封闭性和人合性的特点,由公司章程对公司股东转让股权作出某些限制性规定,系公司自治的体现。在本案中,某华公司进行企业改制时,宋某军之所以成为某华公司的股东,是因为宋某军与某华公司具有劳动合同关系,如果宋某军与某华公司没有建立劳动关系,宋某军则没有成为某华公司股东的可能性。同理,某华公司章程将是否与公司具有劳动合同关系作为取得股东身份的依据继而作出"人走股留"的规定,符合有限责任公司封闭性和人合性的特点,亦系公司自治原则的体现,不违反《公司法》的禁止性规定。最后,某华公司章程第十四条关于股权转让的规定,属于对股东转让股权的限制性规定而非禁止性规定,宋某军依法转让股权的权利没有被公司章程所禁止,某华公司章程不存在侵害宋某军股权转让权利的情形。[①] 最高院以指导案例形式确立了经全体股东同意的章程约定人走股留的合法性,即章程对回购情形进行事先约定是合法有效的。

除了章程,是否还有其他形式可以约定股权回购?最高院审理的杨某、山东鸿某水产有限公司请求公司收购股份纠纷申诉案件也涉及"入股职工因调离本公司,被辞退、除名、自由离职、退休、死亡或公司与其解除劳动关系的,其股份通过计算价格后由公司回购"的公司回购条款,最高院对于该条款的效力同样持支持态度,其认为:有限责任公司可以与股东约定《公司法》第七十四条规定之外的其他回购情形。《公司法》第七十四条并未禁止有限责任公司与股东达成股权回购的约

---

① (2014)陕民二申字第00215号。

定。本案的"公司改制征求意见书"由申请人签字，属于真实的意思表示，内容上未违背《公司法》及相关法律的强行性规范，应属有效。故鸿某公司依据公司与申请人约定的"公司改制征求意见书"进行回购，并无不当。[1] 此判例中，最高院确认了公司与股东之间约定股权回购条款的合法有效性，并强调有限责任公司可以与股东约定《公司法》第七十四条规定之外的其他回购情形。

综上，对人走股留问题司法态度是基本一致的，即股东与公司是可以通过章程或者其他协议约定的形式，对股东离开公司而被公司回购股权进行明确约定。比如，创业公司中用得比较多的股东协议，通常会在协议中事先约定人走股留条款，当股东出现被辞退、除名、解除劳动关系情形下的过错离职或者无过错离职（如主动辞职、退休、死亡等）时，公司可以不同的回购条件进行股权回购；在公司实施股权激励中，对合伙人授予的限制性股权或对员工授予的期权，也可以事先进行回购条件的约定，这些约定均有效力，同时对创业公司的发展与稳定起到了很好的保驾护航作用。

04 对赌协议中与目标公司约定股权回购的合同效力如何？

对赌协议又称估值调整机制，即投资方与融资方在达成股权性融资协议时，为解决交易双方对目标公司未来发展的不确定性、信息不对称以及代理成本而设计的包含了股权回购、金钱补偿等对未来目标公司的估值进行调整的协议。本章前几篇谈到的股权回购主要围绕"人"，即拥有公司股权的股东各种原因离职，这时可以通过章程或者协议约定人走股留，而本篇主要关于"财"的回购，即投资方的资本通过对赌协议实现股权退出。实践中常见的对赌协议，主要将目标公司的业绩指标、约定期限内上市、目标公司股东、董监高违反协议约定等内容作为对赌义务触发条件，一旦触发对赌义务的，投资方可要求对赌义务人以溢价形式回购其股权或进行现金补偿。

实践中，投资方存在与目标公司、目标公司股东或实控人之间签署对赌协议几种情况。最高院早在2012年的"海某案"中，确立了投资方（海某公司）与目标公司股东（迪某公司）对赌协议有效，而投资方与目标公司（世某公司）之间对赌合同无效的观点：海某公司以2000万元增资，对赌条件为世某公司2008年净利润应不低于3000万。若世某公司达不成上述指标，海某公司有权要求世某公司以

---

[1] （2015）民申字第2819号。

现金予以补偿,若世某公司未能履行补偿义务,海某公司有权要求迪某公司进行补偿。对赌协议签订后,海某公司依约于2007年11月2日履行了出资义务,但世某公司2008年度净利润未达标,海某公司遂提起诉讼要求世某公司履行补偿义务。最高院认为,海某公司与世某公司的对赌协议无效,理由是"该约定使得海某公司的投资可以取得相对固定的收益,该收益脱离了世某公司的经营业绩,损害了公司利益和公司债权人利益"。但是,股东应承担相应的补偿。因为"迪某公司对于海某公司的补偿承诺并不损害公司及公司债权人的利益,不违反法律法规的禁止性规定;在未达到约定目标的情况下,迪某公司应当依约应海某公司的请求对其进行补偿。[①]

之后,司法实践中多遵循上述原则即对与目标公司的合同效力进行无效认定。而2019年江苏高院在华某案中,对目标公司(扬某公司)与投资方(华某公司)对赌的合同效力进行了重新阐释:华某公司以8600万元增资,扬某公司应在2014年12月31日完成境内资本市场上市。若扬某公司未能完成上市目标或主营业务、实际控制人、董事会成员发生重大变化,则华某公司有权要求扬某公司以现金方式回购其所持公司全部股权,回购价格为投资本金加上年回报率8%的固定收益-累计获得的分红。对赌协议签订后,投资方华某公司完成了投资义务,但由于扬某公司未能在约定时间内在境内资本市场上市,华某公司遂起诉要求扬某公司依约回购公司股权。

江苏高院审理认为:我国《公司法》并不禁止有限责任公司回购本公司股份,有限责任公司回购本公司股份不当然违反我国《公司法》的强制性规定。有限责任公司在履行法定程序后回购本公司股份,亦不会损害公司股东及债权人利益,亦不会构成对公司资本维持原则的违反。在有限责任公司作为对赌协议约定的股份回购主体的情形下,投资者作为对赌协议相对方所负担的义务不仅限于投入资金成本,还包括激励完善公司治理结构以及以公司上市为目标的资本运作等。投资人在进入目标公司后,亦应依《公司法》的规定,对目标公司经营亏损等问题按照合同约定或者持股比例承担相应责任。案涉对赌协议中关于股份回购的条款内容,是当事人特别设立的保护投资人利益的条款,属于缔约过程中当事人对投资合作商业风险的安排,系各方当事人的真实意思表示。股份回购条款中关于股份回购价款约定为:华某公司投资额+(华某公司投资额×8%×投资到公司实际月份数/12)-扬某集团公司累计对华某公司进行的分红。该约定虽为相对固定收益,但约定的年回报率为8%,与同期企业融资成本相比并不明显过高,不存在脱离目标公司正常经营下所应负担的经营成本及所能获得的经营业绩的企业正常经营规律。华某公司、扬某公司及扬某公司全体股东关于华某公司上述投资收益的约定,不违反国家法律、行政法规的禁止性规定,不存在《合同法》第五十二条规定的合同无效的情形,亦不属于合同法所

[①] 最高院(2012)民提字第11号。

规定的格式合同或者格式条款，不存在显失公平的问题。① 基于此，法院裁判认定目标公司扬某公司应承担相应的股权回购义务并由股东承担相应的连带责任。

继而《九民纪要》将合同效力与合同履行进行了区分，认为投资方与目标公司对赌有效，但目标公司进行股权回购或现金补偿仍须遵循《公司法》有关股权回购和分配利润的法定条款，即目标公司回购股权，需要三分之二以上股东会同意，履行减资程序，如公告债权人，提供担保等，但实践中往往难以实现。另外，如要目标公司履行现金补足义务，由于公司分配给股东现金只能依据利润分配条款，若目标公司不符合利润分配条件，该补偿亦无法实现。

综上，鉴于与目标公司对赌的实操落地性较差，同时，目标公司上市前面临须清理对赌协议的风险，故实践中，目标公司并不是最佳的对赌协议主体，投资方应谨慎选择，尽可能安排与目标公司股东、实际控制人或其他相应股权控制方进行对赌，但可以要求目标公司以担保人身份参与对赌协议。

另外，对赌协议其实是投融双方的博弈，融资方须重视"对赌"义务承担形式的合理设置，在"对赌协议"签订中尽可能争取设置合理的"对赌"义务承担形式，把握对公司的控制权。同时须注重"对赌"目标设定的合理考量，注意目标公司其他利益方的权益保护，目标公司切勿因为融资需求而一味只考虑满足投资方利益，罔顾公司其他利益方的合法权益保护。同时目标公司应做好公司债权人、股东、公司等各类主体的利益平衡，处理好公司外部与内部的关系。②

对于投资方而言，须合理约定补偿利率，鉴于司法审判中认为"对赌"作为企业的一种融资手段，其资金使用成本也应当具备合理性，故多参照适用最高院关于民间借贷司法解释中确定的利率保护标准，投资方不宜将利率及违约金数额设定过高，以免得不到法院支持。③ 同时建议投资人要求目标公司定期报告财务情况，并提交相关审计报告、财务报表等文件，以便随时掌握目标公司资产状况，并持续追踪变化情况，另外在赎回条件触发后，须及时通知回购方依约回购，以防止权利过期无法得到法院支持。

[引申法条]

《全国法院民商事审判工作会议纪要》

（一）关于"对赌协议"的效力及履行

实践中俗称的"对赌协议"，又称估值调整协议，是指投资方与融资方在达成

---

① （2019）苏民再62号。
② 2015-2019年涉"对赌"纠纷案件审判白皮书（上海市第二中级人民法院）。
③ 同上。

股权性融资协议时,为解决交易双方对目标公司未来发展的不确定性、信息不对称以及代理成本而设计的包含了股权回购、金钱补偿等对未来目标公司的估值进行调整的协议。从订立"对赌协议"的主体来看,有投资方与目标公司的股东或者实际控制人"对赌"、投资方与目标公司"对赌"、投资方与目标公司的股东、目标公司"对赌"等形式。人民法院在审理"对赌协议"纠纷案件时,不仅应当适用合同法的相关规定,还应当适用公司法的相关规定;既要坚持鼓励投资方对实体企业特别是科技创新企业投资原则,从而在一定程度上缓解企业融资难问题,又要贯彻资本维持原则和保护债权人合法权益原则,依法平衡投资方、公司债权人、公司之间的利益。对于投资方与目标公司的股东或者实际控制人订立的"对赌协议",如无其他无效事由,认定有效并支持实际履行,实践中并无争议。但投资方与目标公司订立的"对赌协议"是否有效以及能否实际履行,存在争议。对此,应当把握如下处理规则:

5.【与目标公司"对赌"】投资方与目标公司订立的"对赌协议"在不存在法定无效事由的情况下,目标公司仅以存在股权回购或者金钱补偿约定为由,主张"对赌协议"无效的,人民法院不予支持,但投资方主张实际履行的,人民法院应当审查是否符合公司法关于"股东不得抽逃出资"及股份回购的强制性规定,判决是否支持其诉讼请求。

投资方请求目标公司回购股权的,人民法院应当依据《公司法》第35条关于"股东不得抽逃出资"或者第142条关于股份回购的强制性规定进行审查。经审查,目标公司未完成减资程序的,人民法院应当驳回其诉讼请求。

投资方请求目标公司承担金钱补偿义务的,人民法院应当依据《公司法》第35条关于"股东不得抽逃出资"和第166条关于利润分配的强制性规定进行审查。经审查,目标公司没有利润或者虽有利润但不足以补偿投资方的,人民法院应当驳回或者部分支持其诉讼请求。今后目标公司有利润时,投资方还可以依据该事实另行提起诉讼。

05 股份公司哪些情形下可以收购股份?

2018年10月26日,十三届全国人大常委会第六次会议通过了对《公司法》第一百四十二条的修正,要点为4项:(一)放宽对公司收购股份的法定限制,提升公司收购本公司股份的实际效用;(二)分类设置公司收购股份的程序规则,提升公司收购本公司股份的可操作性;(三)新增上市公司"安定操作"的特殊规则，缓和了由控股股东和董监高收购上市股份引起的困扰；（四）强化上市公司收购股份时的信息披露义务，形成了与《证券法》的合理对接。[①] 具体来说，即增加股份回购情形；简化股份回购决策程序；与《证券法》信息披露规则对接。

《公司法》第一百四十二条是股份公司回购股份的法律依据，其第一款列举了公司收购本公司股份的6项合法事由，前4种事由基本与修改前的一百四十二条基本一致，包括减少注册资本、与持有本公司股份的其他公司合并、用于员工持股计划和股权奖励（原一百四十二条为将股份奖励给本公司职工）、异议股东行使收购请求权，并新增2种股份收购的合法事由，即"（五）将股份用于转换上市公司发行的可转换为股票的公司债券"；"（六）上市公司为维护公司价值及股东权益所必需"。

《公司法》第一百四十二条规定的股份收购，依照其产生原因不同，应分别采用股东大会决议和董事会决议两种审议程序。其中"（一）减少公司注册资本""（二）与持有本公司股份的其他公司合并"两种情形，由股东大会作出收购股份的决议。因该两项都或将涉及公司减少注册资本，涉及公司、股东和债权人等多方利益，系属重大事项，应由股东大会决议。由于召开股东大会程序繁琐且周期较长，涉及各种通知和公告，也会降低上市公司股份回购的积极性和灵活性，故第一百四十二条第（三）项、第（五）项、第（六）项下的股份收购，可依章程自行规定或股东大会的授权，经三分之二以上董事出席的董事会会议决议即可。

同时第一百四十二条完善了上市公司收购本公司股份相应程序：因公司收购本公司股份的信息属于《证券法》规定的"重大信息"，《证券法》第八十条规，发生可能对上市公司股票交易价格产生较大影响的重大事件，投资者尚未得知时，上市公司应当立即将有关该重大事件的情况向国务院证券监督管理机构和证券交易所报送临时报告，并予公告，说明事件的起因、目前的状态和可能产生的法律后果，故上市公司收购本公司股份的，应当依照《证券法》的规定履行信息披露义务。另外上市公司因本条第一款第（三）项、第（五）项、第（六）项规定的情形收购本公司股份的，应当通过公开的集中交易方式进行。

除此之外，收购的股份应及时按规定进行清理：公司依照本条第一款规定收购本公司股份后，属于第（一）项减资情形的，应当自收购之日起十日内注销；属于第（二）项与持有本公司股份的公司合并、第（四）项情形异议股东要求收购的，应当在六个月内转让或者注销；属于第（三）项激励员工、第（五）项用于可转债、第（六）项维护公司情形的，公司合计持有的本公司股份数不得超过本公司已发行股份总额的百分之十，并应当在三年内转让或者注销。

最后，除本条规定的可以收购股份情形外，根据《公司法司法解释二》第五条

---

① 叶林：《股份有限公司回购股份的规则评析》，载《法律适用》2019年第1期。

的规定，人民法院审理解散公司诉讼案件，当事人协商同意由公司或者股东收购股份，或者以减资等方式使公司存续，且不违反法律、行政法规强制性规定的，人民法院应予支持。该条同样是具有法定依据的回购条款，允许公司与股东在公司僵局形成之初、股东提请解散公司之前，即协商由公司回购股权以打破僵局、避免走向公司解散诉讼，也符合《公司法》立法原意。

[引申法条]

《中华人民共和国公司法》

第一百四十二条 公司不得收购本公司股份。但是，有下列情形之一的除外：

（一）减少公司注册资本；

（二）与持有本公司股份的其他公司合并；

（三）将股份用于员工持股计划或者股权激励；

（四）股东因对股东大会作出的公司合并、分立决议持异议，要求公司收购其股份；

（五）将股份用于转换上市公司发行的可转换为股票的公司债券；

（六）上市公司为维护公司价值及股东权益所必需。

公司因前款第（一）项、第（二）项规定的情形收购本公司股份的，应当经股东大会决议；公司因前款第（三）项、第（五）项、第（六）项规定的情形收购本公司股份的，可以依照公司章程的规定或者股东大会的授权，经三分之二以上董事出席的董事会会议决议。

公司依照本条第一款规定收购本公司股份后，属于第（一）项情形的，应当自收购之日起十日内注销；属于第（二）项、第（四）项情形的，应当在六个月内转让或者注销；属于第（三）项、第（五）项、第（六）项情形的，公司合计持有的本公司股份数不得超过本公司已发行股份总额的百分之十，并应当在三年内转让或者注销。

上市公司收购本公司股份的，应当依照《中华人民共和国证券法》的规定履行信息披露义务。上市公司因本条第一款第（三）项、第（五）项、第（六）项规定的情形收购本公司股份的，应当通过公开的集中交易方式进行。

公司不得接受本公司的股票作为质押权的标的。

《最高人民法院关于适用〈中华人民共和国公司法〉若干问题的规定（二）》

第五条 人民法院审理解散公司诉讼案件，应当注重调解。当事人协商同意由公司或者股东收购股份，或者以减资等方式使公司存续，且不违反法律、行政法规强制性规定的，人民法院应予支持。当事人不能协商一致使公司存续的，人民法院应当及时判决。

经人民法院调解公司收购原告股份的,公司应当自调解书生效之日起六个月内将股份转让或者注销。股份转让或者注销之前,原告不得以公司收购其股份为由对抗公司债权人。

《中华人民共和国证券法》

第八十条 发生可能对上市公司、股票在国务院批准的其他全国性证券交易场所交易的公司的股票交易价格产生较大影响的重大事件,投资者尚未得知时,公司应当立即将有关该重大事件的情况向国务院证券监督管理机构和证券交易场所报送临时报告,并予公告,说明事件的起因、目前的状态和可能产生的法律后果。

前款所称重大事件包括:

(一)公司的经营方针和经营范围的重大变化;

(二)公司的重大投资行为,公司在一年内购买、出售重大资产超过公司资产总额百分之三十,或者公司营业用主要资产的抵押、质押、出售或者报废一次超过该资产的百分之三十;

(三)公司订立重要合同、提供重大担保或者从事关联交易,可能对公司的资产、负债、权益和经营成果产生重要影响;

(四)公司发生重大债务和未能清偿到期重大债务的违约情况;

(五)公司发生重大亏损或者重大损失;

(六)公司生产经营的外部条件发生的重大变化;

(七)公司的董事、三分之一以上监事或者经理发生变动,董事长或者经理无法履行职责;

(八)持有公司百分之五以上股份的股东或者实际控制人持有股份或者控制公司的情况发生较大变化,公司的实际控制人及其控制的其他企业从事与公司相同或者相似业务的情况发生较大变化;

(九)公司分配股利、增资的计划,公司股权结构的重要变化,公司减资、合并、分立、解散及申请破产的决定,或者依法进入破产程序、被责令关闭;

(十)涉及公司的重大诉讼、仲裁,股东大会、董事会决议被依法撤销或者宣告无效;

(十一)公司涉嫌犯罪被依法立案调查,公司的控股股东、实际控制人、董事、监事、高级管理人员涉嫌犯罪被依法采取强制措施;

(十二)国务院证券监督管理机构规定的其他事项。

公司的控股股东或者实际控制人对重大事件的发生、进展产生较大影响的,应当及时将其知悉的有关情况书面告知公司,并配合公司履行信息披露义务。

第十七章
证照返还

01 公司印章证照到底应该由谁保管？

公司经营管理过程中，公司证照的重要性不言而喻，2020年上演的当当网创始人李国庆抢章大战、全球知名比特币矿机芯片厂商比特大陆"夺照"等风波等均一再印证公司证照乃公司管理之重器，而对于公司法证照返还纠纷案由项下的证照范围包括哪些呢？

实务中经常遇到证照其实包括印章、证照、财务文件等几类，如公司公章、合同专用章、法定代表人人名章、财务专用章、发票专用章、印鉴卡等各类印章；公司营业执照、银行开户许可证、税务登记证等各类行政许可证照；其他对于公司有重要意义的资料，如财务账册、会计凭证（包含记账凭证及相关原始凭证）、税控机等财务文件；还有包括公司在经营管理中产生的各类文件，如人事档案、业务合同，项目资料等。

一般如果公司在没有特殊约定的情况下，原则上法定代表人有权保管公司证照。最高院在何某刚等与马某公司证照返还纠纷案中认为公司公章归公司所有，由相关工作人员根据公司授权保管使用，法定代表人是代表法人行使职权的负责人。根据原审查明的事实，马某是年某公司法定代表人，年某公司的合资合同、章程或相关管理制度均未对公章由谁保管作出明确规定，在此情况下，一、二审法院判令将公章交由法定代表人马某收执保管并无不当。[1]

而公司通过股东会决议亦有权决定由谁保管公司证照。上海一中院审理的沈某等与源某公司等公司证照返还纠纷案中，法院认为：公司证照、文件等物品是公司财物，其所有权属于公司，如无股东会决议确定由公司股东保管，则应当由公司相应负有职责的人员保管。股东会决议是公司治理的最高权力机构，有权决定公司的任何事项。源某公司已形成有效股东会决议，明确原相关人员应当向公司新的执行董事移交相关公司财物，源某公司及其股东均应按此决议执行。三名上诉人主张其无须返还系争物品，违反股东会决议，应不予支持。[2]

公司章程也可规定证照的保管事项，如公司印章由董事会保管，并且未经董事会授权不得使用等。同时公司相关证照管理文件可规定证照的保管事项，如北京三中院在审理的许某与某公司公司证照返还纠纷中认为：对于许某是否有权保管涉诉印章、证照，应当按照公司对印章、证照的相关管理的规定来处理。从某公司的

---

[1] （2012）民申字第1205号。
[2] （2018）沪01民终274号。

《印章使用管理制度》来看，公司印章的保管，是由确定的印章管理员保管，许某虽然属于行政负责人，但其不属于公司确定的印章管理员，且其也是擅自从他人处取得印章、证照，非经公司同意，故许某认为其是行政负责人就应当保管印章、证照的意见没有依据。对于许某在二审诉讼中提交的《临时股东会决议》，因该决议只涉及"公司公章"，而非本案诉争的印章、证照，故该证据不足证明某公司授权其保管涉诉印章、证照，本院不予采纳。①

另外，公司法定代表人可以转授权他人在一定期间保管公司证章，而授权保管的期限届满后被授权人因丧失合法占有依据须即时返还证章，若股东之间达成协议，也可以变更公司证照保管人员。

综上，公司如无专门证照管理规章制度或股东会决议、章程、股东协议等特殊约定，一般法定代表人是保管公司证照的合法人选，如果股东会决议、董事会决议等变更法定代表人员时，或者公司法定代表人辞去职务的，原法定代表人应即时返还公司证照。在公司日常经营管理中，为了避免证照纠纷，建议公司制定专门的证照管理及使用制度，明确证照保管人员且权责分明，同时规范交接工作，做好书面用章记录。若公司证照被非法侵占时，要及时报警留痕进而提起诉讼，通过法律手段维护合法权利免受侵害。

[引申法条]

《中华人民共和国民法典》

第二百三十五条　无权占有不动产或者动产的，权利人可以请求返还原物。

第二百六十九条　营利法人对其不动产和动产依照法律、行政法规以及章程享有占有、使用、收益和处分的权利。

营利法人以外的法人，对其不动产和动产的权利，适用有关法律、行政法规以及章程的规定。

《中华人民共和国公司法》

第三条　公司是企业法人，有独立的法人财产，享有法人财产权。公司以其全部财产对公司的债务承担责任。

有限责任公司的股东以其认缴的出资额为限对公司承担责任；股份有限公司的股东以其认购的股份为限对公司承担责任。

---

① （2017）京03民终2223号。

02 公司谁有权提起证照返还纠纷诉讼?

如果公司公章证照等被非法侵占,谁有权代表公司提起证照返还纠纷诉讼呢?一般来说,如果公司证照的控制人与法定代表人不一致时,由法定代表人代表公司以公司名义提起诉讼,具体参看下述最高院案例:

最高院审理的苏某与龙岩市红某水电有限公司(以下简称红某公司)公司证照返还纠纷再审案中,法院认为,《中华人民共和国民法总则》第六十一条第一款规定:"依照法律或者法人章程的规定,代表法人从事民事活动的负责人,为法人的法定代表人。"公司法定代表人作为代表公司从事民事活动的负责人,在不与公司章程、授权冲突的前提下,有权行使对内管理公司运营、对外代表公司履行职务等行为。本案中,陈某作为法定代表人有权代表红某公司就公司证照返还提起诉讼。一、二审法院认定陈某作为法定代表人有权代表红某公司就公司证照返还提起诉讼,有法律依据。苏某申请再审主张本案系陈某假借公司名义、损害苏某及公司利益而引发的纠纷。首先,陈某在工商登记信息上确系红某公司的法定代表人,依法享有公司法定代表人的权利,苏某没有举证证明陈某系假借公司名义诉讼;其次,苏某主张陈某损害苏某和公司利益,并没有提交证据予以证明,故苏某的该项申请再审理由缺乏事实和法律依据。

《中华人民共和国民事诉讼法》第六十四条第一款规定:"当事人对自己提出的主张,有责任提供证据。"[1]《最高人民法院关于民事诉讼证据的若干规定》第二条规定:"当事人对自己提出的诉讼请求所依据的事实或者反驳对方诉讼请求所依据的事实有责任提供证据加以证明。没有证据或者证据不足以证明当事人的事实主张的,由负有举证责任的当事人承担不利后果。"[2] 苏某申请再审主张其持有公司证照是有权占有,是基于股东会决议的结果,股东会决议属于公司文件,受到陈某控制。但是,在一审、二审阶段以及申请再审期间,苏某均没有提供证据证明其该项主张。二审法院以苏某没有证据证明其为有权占有为由,认定苏某继续占有、管理公司证照依据不足,该认定并无不当。[3]

公司证章管理制度中规定的证章保管者亦有权请求返还证照:合肥市中级人民法院审理的宋某、孙某公司证照返还纠纷案中,法院认为:公司印章属于公司所

---

[1] 参见现行有效的《民事诉讼法》第六十七条第一款。
[2] 2019 年最高院修改《关于民事诉讼法证据的若干规定》时删除了该条。
[3] (2019) 最高法民申 2444 号。

有，本案是因公司证照返还引起的纠纷，其实质是股东之间对公司内部治理权的控制和主张，与公司印章的所有权无关，而是公司内部基于印章交给谁保管引起的纠纷。根据《公司公章、财务章及营业执照等证件管理办法》规定，将财务章交由王某保管，故一审原告对此具有诉的利益，是本案的适格原告。①

另外，清算组在公司清算期间有权代表公司请求返还证照：江苏省高院审理的杜某等诉江苏某股份有限公司公司证照返还纠纷案中，法院认为本案中，申请人杜某的某公司董事长身份于2006年12月5日被罢免，其已丧失了继续占有保管某公司公章的权利，公司新的董事会也要求其移交公章。杜某虽抗辩公章应当如何保管系公司意思自治的内容，但公章作为公司的重要财产和对外活动的重要凭证，在董事会新老成员的工作交接中，是重要的交接内容。同时也正是基于公司意思自治的要求，杜某应服从公司新的董事会决定，交还公章。故清算组负责人吴某以某公司名义起诉要求原公司董事长杜某返还公章于法有据，应予支持。②

不过，一般股东无权以自己的名义直接请求返还证照，但如果非法持有人拒绝返还公司证章等情形导致公司利益受损而公司怠于诉讼的，部分法院支持股东直接以自己名义提起诉讼，最高院在正某公司与富某公司证照返还纠纷一案中裁定认为：股东代表诉讼适用于公司证照返还纠纷，但必须穷尽公司内部救济途径。若公司未履行股东代表诉讼的法定前置程序，又无充分证据证明存在免除前置程序的情形，则法院可以驳回起诉。③

综上，若公司证照的控制人与法定代表人不一致时，法定代表人是天然的代表公司以公司名义提起诉讼人员，其他人员如清算组在符合法定情形时，亦有权以公司名义维权，股东在满足法定前置程序后可以自己名义进行股东代表诉讼。

[引申法条]

《中华人民共和国民法典》

第六十一条　依照法律或者法人章程的规定，代表法人从事民事活动的负责人，为法人的法定代表人。

法定代表人以法人名义从事的民事活动，其法律后果由法人承受。

法人章程或者法人权力机构对法定代表人代表权的限制，不得对抗善意相对人。

《中华人民共和国公司法》

第一百五十一条　董事、高级管理人员有本法第一百四十九条规定的情形的，

---

① （2017）皖01民终5878号。
② （2014）苏审三商申字第00358号。
③ （2015）民申字第2767号。

有限责任公司的股东、股份有限公司连续一百八十日以上单独或者合计持有公司百分之一以上股份的股东，可以书面请求监事会或者不设监事会的有限责任公司的监事向人民法院提起诉讼；监事有本法第一百四十九条规定的情形的，前述股东可以书面请求董事会或者不设董事会的有限责任公司的执行董事向人民法院提起诉讼。

监事会、不设监事会的有限责任公司的监事，或者董事会、执行董事收到前款规定的股东书面请求后拒绝提起诉讼，或者自收到请求之日起三十日内未提起诉讼，或者情况紧急、不立即提起诉讼将会使公司利益受到难以弥补的损害的，前款规定的股东有权为了公司的利益以自己的名义直接向人民法院提起诉讼。

他人侵犯公司合法权益，给公司造成损失的，本条第一款规定的股东可以依照前两款的规定向人民法院提起诉讼。

03 法定代表人变更时公司证照纠纷之诉如何进行？

法定代表人基于法律赋予的天然代表公司的权利，自然是证照的合法守护者，如果出现法定代表人不能顺利变更时，则证照的交接也存在现实障碍，具体来看本篇的各种情形。

法定代表人如果被撤销资格，则丧失合法占有证章的权利，有义务将证章返还原公司。上海市一中院审理的沈某诉创某科技（上海）有限公司公司证照返还纠纷案认为：公司公章作为公司的财产，应当由公司法定代表人或者经营管理者保管，公司依法对其享有所有权。上诉人原系被上诉人执行董事、法定代表人，其之前保管被上诉人公章有合法依据。后被上诉人股东会决议对公司执行董事、法定代表人进行了变更，上诉人不再担任被上诉人的执行董事、法定代表人。上诉人主张被上诉人股东会决议内容违反了公司法及公司章程的规定，应属无效，上诉人仍是公司执行董事、法定代表人。本院认为，本案系公司证照返还纠纷，公司股东会决议效力并非本案审理范围。上诉人认为被上诉人股东会决议无效，可以向人民法院提起确认公司决议无效之诉，但至今上诉人并未提起该项诉讼，故被上诉人股东会决议未经人民法院确认无效，具有法律效力。上诉人的该项主张本院难以采信。根据被上诉人股东会决议，被上诉人执行董事、法定代表人已变更为他人，上诉人继续持有被上诉人公章缺乏依据，原审法院认为上诉人应当向被上诉人返还公章的意见，本院予以认同。[①]

[①] （2014）沪一中民四（商）终字第1151号。

法定代表人公司内部变更完未做外部变更登记的，当工商登记的名义法定代表人和实质法定代表人发生冲突时，多数裁判观点认为实质法定代表人作为公司的诉讼代表人，有权要求返还公司印章及证照，而名义代表人无权以公司名义提起诉讼：重庆市第五中级人民法院在雷某照明（中国）有限公司（以下简称雷某中国公司）与王某雷公司证照返还纠纷上诉案中认为：公司法规定，公司法定代表人变更应当办理变更登记。对法定代表人变更事项进行登记，其意义在于向社会公示公司意志代表权的基本状态。公司登记的法定代表人对外具有公示效力，如果涉及公司以外的第三人因公司代表权而产生的外部争议，应以工商登记为准。而对于公司与股东之间因法定代表人任免产生的内部争议，则应以有效的股东会任免决议为准，并在公司内部产生法定代表人变更的法律效果。而本案即是公司内部因为法定代表人变更产生的纠纷。根据查明的事实，吴某江于2014年8月7日被雷某中国公司的独资股东香港雷某照明有限公司作出决议，免去其雷某中国公司董事职务，之后，其不再担任董事长及法定代表人职务。2014年9月30日，雷某中国公司法定代表人变更为王某雷。虽然吴某江以雷某中国公司名义提起本案诉讼时雷某中国公司的工商登记中法定代表人尚未变更为王某雷，但此时雷某中国公司的股东已经作出的决议免去吴某江的法定代表人职务。现该决议没有被生效法律文书确认为无效，因此，本案起诉状上仅有吴某江的个人签名未加盖雷某中国公司印章，吴某江不能代表雷某中国公司提起本案诉讼，其起诉应予驳回。[①]

上述案例在司法实践中实属常见，在公司法定代表人变更过程中，往往暗含股东间控制权之争，原法定代表人被股东会或董事会决议涤除资格，在此种情形下，多数原法定代表人持有公章证照且拒绝配合交接。虽然不少法院认为只要相关决议（如股东会决议或董事会决议等）未被撤销或未被认定为无效，则即使是公司未完成法定代表人的工商变更登记，决议确定的新法定代表人亦有权代表公司提起该类诉讼，但鉴于我国并非判例法国家，稳妥起见往往需要先行提起变更公司登记之诉，将新的法定代表人变更为工商登记的法人后，再由其直接签字代表公司提起返还公司证照之诉。而对于该类没有公章落款的诉状，法院一般会认为具有正当理由，不能因此导致原告丧失起诉权：

北京市高院在曾某兵公司证照返还纠纷一案中认为：本案作为公司证照返还纠纷，被申请人深圳皇某珠宝艺术有限公司的诉讼请求就是要求曾某兵返还其公司公章证照，因此被申请人深圳皇某珠宝艺术有限公司在提交的诉状和材料中客观上无法提交公司营业执照复印件、无法在相关文件材料上加盖被申请人深圳皇某珠宝艺术有限公司印章，具有正当理由，不能因此导致被申请人深圳皇某珠宝艺术有限公

[①] （2015）渝五中法民终字03216号。

司丧失诉权。①

[引申法条]

《中华人民共和国公司法》

第二十二条 公司股东会或者股东大会、董事会的决议内容违反法律、行政法规的无效。

股东会或者股东大会、董事会的会议召集程序、表决方式违反法律、行政法规或者公司章程,或者决议内容违反公司章程的,股东可以自决议作出之日起六十日内,请求人民法院撤销。

股东依照前款规定提起诉讼的,人民法院可以应公司的请求,要求股东提供相应担保。

公司根据股东会或者股东大会、董事会决议已办理变更登记的,人民法院宣告该决议无效或者撤销该决议后,公司应当向公司登记机关申请撤销变更登记。

04 公司在证照返还之诉中还需要证明被告是非法侵占吗?

公司如果主张证章被持有人非法持有,实务中须对非法侵占承担举证责任,即公司证照已被他人占有;而他人的占有没有合法的依据或者不符合章程的规定等,具体证据包括公司章程或公司证照、印章管理等内部规定,按照规定公司证章等保管义务人非实际占有人,以及已向其发送催要证章、财务账册等的催告函、通知函等法律文书,必要的公安报警记录等,具体参看下述几个判例。

最高院在相关案例中指出公司证照返还之诉中,首先应当以持有人非法侵占印章及证照为前提:最高院审理的张某强、林某琼公司证照返还纠纷案中,法院认为:关于张某是否应当向张某强返还禾某公司相关证照的问题。对于公司中谁有权保留印章及证照,我国法律并无明确规定,现实中应当以公司章程相关规定为准。公司经营中,大量公司印章与证照因日常处理事务方便所需,交由非特定人员保管亦较常见,导致印章及证照返还案件增多。因此,根据公司章程规定,公司印章及证照可由不同人员持有,在公司证照返还之诉中,应当以持有人非法侵占印章及证照为前提。本案中,根据已生效判决认定的事实,张某为禾某公司的实际出资人,禾某公司实际上长期亦由张某控制管理并经营,在禾某公司股权争议并未作出最终

---

① (2017)京民申3840号。

认定的情况下，张某作为禾某公司实际出资人控制该公司相关证照并不构成非法侵占。虽然张某强、林某琼系禾某公司原始股东，但其并未提交充分证据证明张某系非法侵占持有禾某公司印章及证照，故其要求张某返还公司证照于法无据，本院不予支持。尽管本案中张某通过股权转让的方式取得股东资格系伪造相应材料获得，已被认定为无效，但工商管理部门并未将股权变更至张某强、林某琼名下，且根据生效判决，张某为禾某公司实际出资人，因此对于禾某公司实际股权归属的认定及处理双方可另行解决。①

其次，主张返还证照一方须举证证明相应证照已被对方实际侵占持有的事实：上海浦东新区人民法院审理的上海盛某百货有限公司诉王某新公司证照返还纠纷案认为：当事人对自己提出的诉讼请求所依据的事实或者反驳对方诉讼请求所依据的事实有责任提供证据加以证明。本案中，原、被告对于确在被告处的公司资料物品应返还原告没有异议，本案争议焦点在于原告所主张的公司证照、印章及经营资料是否在被告处。对此，应由原告对其主张的公司资料物品在被告处承担举证责任。首先，审理中被告明确公司印章、证照在被告处。故根据被告的自认，本院认定公司公章、银行预留印鉴、营业执照正副本、税务登记证、组织机构代码证、食品流通许可证、烟草销售许可证、酒类销售许可证等公司印章、证照在被告处，被告应返还原告。并且，被告曾使用原告公章参与诉讼，及其运用营业执照、税务登记证等材料经营公司的事实亦可印证上述认定。最后，被告抗辩称公司账册不在被告处，但是在他案审理中，被告曾代表盛某公司参与诉讼，并向审计机构提供了2009年和2010年的会计报表、总账、明细账、现金日记账、银行日记账、会计凭证、已开立银行账户清单信息等相关资料，作为审计的依据。被告提供上述材料的行为证明2009年至2010年的公司账册资料确在被告处，现被告应予以返还原告。此外，对于原告主张被告返还的公司其他资料物品，因原告未能提供证据证明在法定代表人变更时，曾将上述资料物品移交被告，亦无证据显示上述资料物品现在被告处，故原告此项诉讼请求缺乏相应事实依据，本院难以支持。②

而如果未能举证证明被告实际持有公章、营业执照等，则公司将可能面临败诉风险：上海市第一中级人民法院审理的上海铭某数康生物芯片有限公司（以下简称铭某数康公司）诉姚某公司证照返还纠纷案认为：尽管姚某为公司原法定代表人，但铭某数康公司并未提供证据证明姚某实际持有公章、营业执照等相关证照材料或者该些证照材料在姚某处，故姚某返还公章、营业执照的前提不存在，铭某数康公

---

① （2018）最高法民申2591号。
② （2013）浦民二（商）初字第1739号。

司的上诉请求不能成立，应予驳回。①

综上，公司证章作为公司日常经营不可或缺的法律凭证，做好其保管工作自然是重中之重，建议公司内部制定明确的证照管理制度，或者充分发挥章程的作用，确定常用证照的保管人或持有者，如规定由法定代表人、大股东、董事长或其指定的人员持有，明确出借使用的程序，变更证照的保管人或持有人时的必经程序等，同时妥善保管涉及公司证照的各类文件，如证照持有者的授权委托书或者相关决议，证照交接的清单、使用登记记录等。不过表象上涉及公司证照返还的纠纷，究其背后实质是对利益甚至公司控制权旷日持久的争夺，而此类纠纷往往对公司影响重大，失去证章情形严重的甚至会导致公司业务停滞不前、损失惨重，故公司亦可综合考虑民事、行政、刑事救济途径，更好地全面多维度保障自身的权益。

[引申法条]

《中华人民共和国治安处罚法》

第二十三条　有下列行为之一的，处警告或者二百元以下罚款；情节较重的，处五日以上十日以下拘留，可以并处五百元以下罚款：

（一）扰乱机关、团体、企业、事业单位秩序，致使工作、生产、营业、医疗、教学、科研不能正常进行，尚未造成严重损失的；

（二）扰乱车站、港口、码头、机场、商场、公园、展览馆或者其他公共场所秩序的；

（三）扰乱公共汽车、电车、火车、船舶、航空器或者其他公共交通工具上的秩序的；

（四）非法拦截或者强登、扒乘机动车、船舶、航空器以及其他交通工具，影响交通工具正常行驶的；

（五）破坏依法进行的选举秩序的。

聚众实施前款行为的，对首要分子处十日以上十五日以下拘留，可以并处一千元以下罚款。

第五十二条　有下列行为之一的，处十日以上十五日以下拘留，可以并处一千元以下罚款；情节较轻的，处五日以上十日以下拘留，可以并处五百元以下罚款：

（一）伪造、变造或者买卖国家机关、人民团体、企业、事业单位或者其他组织的公文、证件、证明文件、印章的；

（二）买卖或者使用伪造、变造的国家机关、人民团体、企业、事业单位或者其他组织的公文、证件、证明文件的；

---

① （2017）沪01民终14862号。

（三）伪造、变造、倒卖车票、船票、航空客票、文艺演出票、体育比赛入场券或者其他有价票证、凭证的；

（四）伪造、变造船舶户牌，买卖或者使用伪造、变造的船舶户牌，或者涂改船舶发动机号码的。

《中华人民共和国刑法》

第二百八十条第二款 伪造公司、企业、事业单位、人民团体的印章的，处三年以下有期徒刑、拘役、管制或者剥夺政治权利，并处罚金。

第十八章
损害公司利益责任

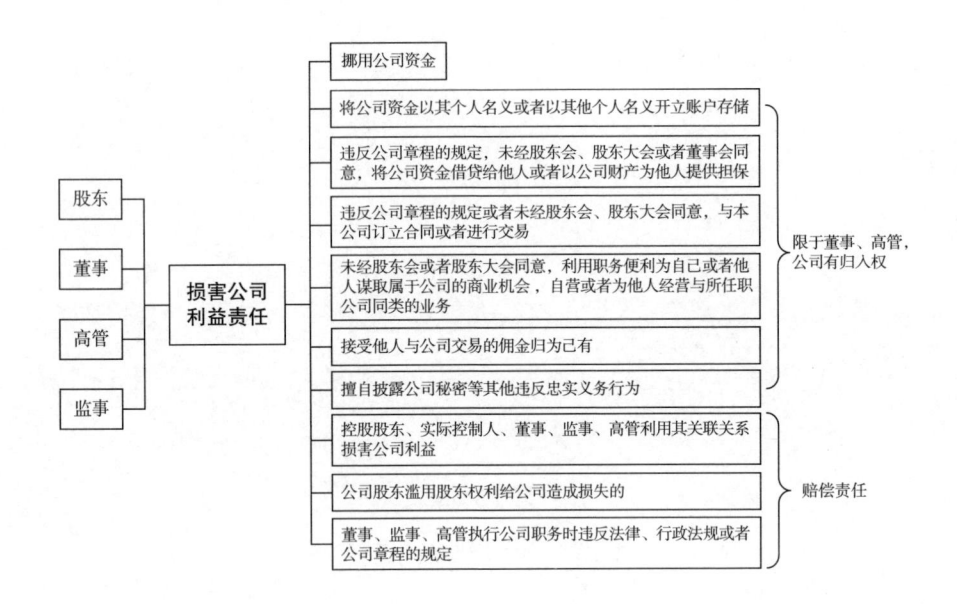

```
                          ┌─ 挪用公司资金
                          │
                          ├─ 将公司资金以其个人名义或者以其他个人名义开立账户存储
                          │
                          ├─ 违反公司章程的规定,未经股东会、股东大会或者董事会同
                          │  意,将公司资金借贷给他人或者以公司财产为他人提供担保
     股东 ┐                │                                                      ┐
          │                ├─ 违反公司章程的规定或者未经股东会、股东大会同意,与本  │ 限于董事、高管,
     董事 │  损害公司       │  公司订立合同或者进行交易                            │ 公司有归入权
          ├─ 利益责任       ├─ 未经股东会或者股东大会同意,利用职务便利为自己或者他  │
     高管 │                │  人谋取属于公司的商业机会,自营或者为他人经营与所任职  │
          │                │  公司同类的业务                                      ┘
     监事 ┘                ├─ 接受他人与公司交易的佣金归于己有
                          │
                          ├─ 擅自披露公司秘密等其他违反忠实义务行为
                          │
                          ├─ 控股股东、实际控制人、董事、监事、高管利用其关联关系   ┐
                          │  损害公司利益                                         │
                          ├─ 公司股东滥用股东权给公司造成损失的                    ├ 赔偿责任
                          │                                                      │
                          └─ 董事、监事、高管执行公司职务时违反法律、行政法规或者   │
                             公司章程的规定                                       ┘
```

01　名为高管就一定是损害公司利益的责任主体吗?

　　损害公司利益责任纠纷案件中,被告主要为公司股东以及董事、监事、高级管理人员。股东或董事监事身份容易辨认,但实践中对高管身份认定往往存在公司章程约定不明、公司运营不规范、公司人员职权与职务不相符等情形。如在公司章程未将其列为高级管理人员的情况下,该类人员能否作为损害公司利益的责任主体?本篇来看上海自贸区司法保障十大典型案例之一。

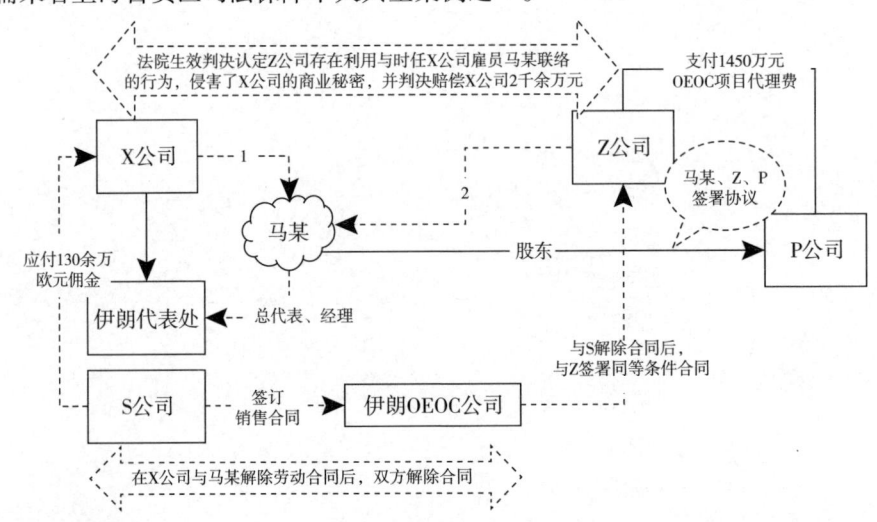

[典型案例]

2007年7月18日，X公司与马某签订一份《合作协议》，约定：X公司在伊朗设立代表处，马某为该代表处的总代表、经理。但马某并非X公司股东、董事、监事。2007年9月至11月，经X公司协调，促成S公司与伊朗OEOC公司签署设备销售合同。同时依照约定，S公司应支付X公司一定数额的佣金。2008年1月28日，X公司向马某发出《终止、解除劳动合同通知书》，马某不再担任X公司驻伊朗代表处的总代表。同年4月5日，S公司与伊朗OEOC公司的设备销售合同解除。

5月10日，马某与案外人Z公司签订《代理协议书》，约定：为便于Z公司在伊朗获得相应订单，委托马某为Z公司代理。5月11日，伊朗OEOC公司与Z公司签订设备销售合同，合同的格式、条款设置及设备型号、数量、价格等内容与S公司和伊朗OEOC公司的合同基本相同。8月7日，P公司登记设立，股东为马某。Z公司与P公司、马某签订《补充协议书》，约定：5月《代理协议书》中，马某项下的全部权利义务转移至P公司。后Z公司共向P公司支付1450万元，其中Z公司部分付款的审批单中注明"支付OEOC项目代理费用"。

2012年，在X公司与S公司的合同纠纷仲裁案中，仲裁委员会裁定S公司向X公司支付130余万欧元的佣金。2016年，在关联案件中，法院生效判决认定Z公司存在利用与时任X公司雇员马某联络的行为，侵害了X公司的商业秘密，并判决赔偿X公司2000余万元。

2017年，X公司诉至法院，请求判令马某、P公司所得收入1450万元归X公司所有。X公司认为前述P公司收到的1450万元是基于马某在任职X公司期间违反其忠诚义务，导致S公司与伊朗OEOC公司的设备销售合作失败另促成伊朗OEOC公司与Z公司达成合作所得。马某、P公司辩称，马某与X公司是平等的合作关系。马某仅是X公司驻伊朗代表处的总代表，不是X公司高管，对X公司没有管理职权。《合作协议》解除后，马某为Z公司提供劳务收取报酬，合理合法，故不同意X公司的诉讼请求。

一审法院认为，马某不属于X公司的高级管理人员。基于《公司法》或公司章程，马某的职务并非X公司高级管理人员。而且基于《合作协议》，马某只是X公司派出机构的负责人，不具有X公司高级管理人员的职位，也未行使过X公司高级管理人员的职权。故马某不属于法律和公司章程规定的公司高级管理人员，也不属于法律规定的归入权义务主体。一审法院判决驳回X公司诉讼请求。X公司不服，认为马某实际履行了经理职权，具备公司高级管理人员的资格，故提起上诉。

上海一中院认为，马某依法不能被界定为X公司高级管理人员，亦非公司归入权的义务人：一、马某与X公司之间没有正式的劳动合同关系，X公司出具的《终止、解除劳动合同书》《解除劳动合同证明》均没有基础事实，仅用于解除马某驻伊朗代表处总代表、经理的职务。二、依据《合作协议》，马某的职权范围明确限定于负责、执行伊朗代表处的工作事务，同时依约收取项目的效益佣金和业务提成，对 X 公司的整体经营管理不享有任何职权，故马某只是作为 X 公司雇佣的一个驻外机构及特定项目的执行负责人。三、关于马某是否实际行使了 X 公司高级管理人员的职权，X 公司应当承担必要的举证责任。就 X 公司举证的马某任职期间的所作所为，包括参与伊朗项目的联络、洽谈、签约等活动，均未超出马某作为 X 公司驻伊朗代表处总代表、经理的职责范围。伊朗项目是否为公司的核心业务，属于 X 公司内部的、某个经营期间的评估结果，不能以此作为判断参与项目的负责人即为公司高级管理人员的标准。故判决驳回上诉，维持原判。

《公司法》第一百四十八条规定，董事、高级管理人员违反对公司的忠实义务的，其所得收入应当归公司所有。据此，涉案工作人员具有公司董事、高级管理人员的身份，是公司主张的归入权能够得到支持的前提，如工作人员身处管理岗位并享有管理职权，但并不具有法律或章程规定的高级管理人员身份，则该人员一般不应被认定为高级管理人员，进而公司也不能主张归入权的行使。具体来说，认定高管身份可以从以下几个方面考虑：首先应当考察公司章程是否有规定，如果公司章程有明文记载，可以直接认定其高管身份；其次当事人在公司管理中的权力地位，如股东在公司中享有相应的经营管理权，可以认定其符合高管人员的任职要求；再次当事人的任免手续，高管通常由董事会或者执行董事决定聘任和解聘，当公司的聘任或者解聘手续完备时，可推定高管聘任或者解聘的事实成立；最后可以间接证明其高管身份的材料，如与客户签订的合同、文件等上的签名，可以参考认定当事人的身份是高级管理人员。

另外需要强调的是，公司主张行使归入权的前提行为人限于董事、高管，即行为人实施了《公司法》第一百四十八条规定的禁止行为并从中获得收入，公司因行使归入权可得收益为行为人因禁止行为所获利益。若公司依据《公司法》第二十一条、第一百四十九条主张行使损害赔偿请求权，则行为主体除董事、高级管理人员外还包括股东、监事、实控人；行为人所实施的侵权行为亦不限于第一百四十八条规定的情形，而是涵盖了所有损害公司利益的行为，同时赔偿范围除行为人所得利益外，亦包括公司所受损失。故对上述人员损害公司利益时，应结合具体情形确定主张归入权还是主张损害赔偿请求权以更好地维护公司权益。

[引申法条]

《中华人民共和国公司法》

第二十一条　公司的控股股东、实际控制人、董事、监事、高级管理人员不得利用其关联关系损害公司利益。

违反前款规定，给公司造成损失的，应当承担赔偿责任。

第一百四十八条 董事、高级管理人员不得有下列行为：

（一）挪用公司资金；

（二）将公司资金以其个人名义或者以其他个人名义开立账户存储；

（三）违反公司章程的规定，未经股东会、股东大会或者董事会同意，将公司资金借贷给他人或者以公司财产为他人提供担保；

（四）违反公司章程的规定或者未经股东会、股东大会同意，与本公司订立合同或者进行交易；

（五）未经股东会或者股东大会同意，利用职务便利为自己或者他人谋取属于公司的商业机会，自营或者为他人经营与所任职公司同类的业务；

（六）接受他人与公司交易的佣金归为己有；

（七）擅自披露公司秘密；

（八）违反对公司忠实义务的其他行为。

董事、高级管理人员违反前款规定所得的收入应当归公司所有。

第一百四十九条 董事、监事、高级管理人员执行公司职务时违反法律、行政法规或者公司章程的规定，给公司造成损失的，应当承担赔偿责任。

第二百一十六条第一款第（一）项 高级管理人员，是指公司的经理、副经理、财务负责人，上市公司董事会秘书和公司章程规定的其他人员。

02 高管与公司的自我交易行为是否有效？

《公司法》规定董事、高管人员对公司负有忠实义务，董事、高管在管理公司、经营业务、履行职责时，须代表全体股东为公司最大利益努力工作，以最大限度地保护公司的利益作为衡量自己执行职务的标准，当自身利益与公司利益发生冲突时，须以公司利益为重，不得将自身利益或者与自己有利害关系的第三人的利益置于公司利益之上。公司董事、高管若未经股东会同意进行自我交易，往往会给公司及股东的利益造成损害，该种自我交易行为是否有效呢？本篇通过最高院的案例来分析。

[典型案例]

鸿某公司由麻某村委会出资80%、封某出资20%，封某于1998年至2006年担任公司董事长兼经理。鸿某公司章程中没有关于"允许董事同本公司订立合同或者进行交易"的规定。自1998年起，鸿某公司与鑫某公司共同开发麻某商场。1998年8月，鸿某公司作出《集资决议》，决定属于公司的营业用房、住房由公司内部职工集资，并规定了集资价。但该决议上仅载有鸿某公司的公章，并无公司股东麻某村委会或封某的签章。在集资过程中，鸿某公司共出具88.8万元集资收条给封某。商场修建完毕后，鸿某公司与鑫某公司明确了各自的财产范围。2004年5月18日，封某与鸿某公司签订《分割协议》，明确：根据《集资决议》，该商场一楼652.68平方米属封某集资，分割给封某。同日，封某办理了房产登记手续，将652.68平方米房屋分别登记在封某及其妻罗某名下。后麻某社区村委会、鸿某公司提起诉讼，请求确认关于鸿某公司麻某商场一楼营业用房产权属封某所有的内容无效，封某退回该营业用房。一、二审法院均支持了原告的诉讼请求。封某、罗某不服，遂向最高人民法院申请再审，最高人民法院维持原判。

最高院认为：封某作为鸿某公司的董事、董事长、经理，是公司的高管人员，在与鸿某公司进行集资交易时，理应受到公司法的约束。该两部公司法第六十一条第二款均明确规定，"董事、经理除公司章程规定或者股东会同意外，不得同本公司订立合同或者进行交易"，即董事、经理必须要有公司章程规定或者股东会同意作为依据，方能与公司进行交易。该规定是为了保障董事、经理对公司的忠实义务的有效履行，属于法律的强制性规定，必须严格遵守。由于鸿某公司章程中没有允许董事、经理同本公司订立合同或者进行交易的明确规定，且封某与鸿某公司进行集资交易、签订《分割协议》时均未得到股东会这一公司权力机构以股东会名义作出的同意，同时，尽管《集资决议》允许公司内部职工集资，但《集资决议》上仅载有鸿某公司的公章，并无公司股东麻某社区村委会或封某的签章，即亦不能就此推断封某与鸿某公司进行集资交易、签订《分割协议》的交易行为得到了股东会成员的同意。故二审法院依据《中华人民共和国合同法》第五十二条第（五）项之规定，支持鸿某公司请求，判决《分割协议》中关于一楼营业用房（建筑面积652.68平方米，使用面积592平方米）产权属封某所有的内容无效，并无不当。[①]

综上，通常情况下，董事、高级管理人员违反公司章程的规定或者未经股东会、股东大会同意，与本公司订立合同，合同无效。而自我交易可视为特殊形式的关联交易，一般指董事、高级管理人员及其利害关系人（包括亲属朋友、信托人、合伙人、委托人等）与公司之间的交易，或同时担任交易双方公司董事或高管（实际控制人），形式上涵盖自我契约、自我贷款/担保、自我雇佣等交易行为。由于从事自我交易的董事、高级管理人员既是公司交易的裁判员又是运动员，存在滥用职

---

① （2014）最高法民提字第59号。

权、损害公司利益的风险，因此《公司法》对自我交易作了特别的规制，要求该交易必须符合公司章程的规定，或是经过股东会、股东大会的同意（包括事先同意和事后追认）。此为法律的强制性规定，违反之，交易的效力一般将受到否定性的评判。另外，董事、高级管理人员与公司订立的合同，如属公司纯获利益的交易行为，比如董事、高级管理人员向公司出借资金，并约定合理利息的，一般并不影响合同的效力。

[引申法条]

《中华人民共和国公司法》（1999年版）

第六十一条第二款 董事、经理除公司章程规定或者股东会同意外，不得同本公司订立合同或者进行交易。

《中华人民共和国公司法》（现行版）

第一百四十八条 董事、高级管理人员不得有下列行为：

（一）挪用公司资金；

（二）将公司资金以其个人名义或者以其他个人名义开立账户存储；

（三）违反公司章程的规定，未经股东会、股东大会或者董事会同意，将公司资金借贷给他人或者以公司财产为他人提供担保；

（四）违反公司章程的规定或者未经股东会、股东大会同意，与本公司订立合同或者进行交易；

（五）未经股东会或者股东大会同意，利用职务便利为自己或者他人谋取属于公司的商业机会，自营或者为他人经营与所任职公司同类的业务；

（六）接受他人与公司交易的佣金归为己有；

（七）擅自披露公司秘密；

（八）违反对公司忠实义务的其他行为。

董事、高级管理人员违反前款规定所得的收入应当归公司所有。

第二百一十六条 本法下列用语的含义：

（一）高级管理人员，是指公司的经理、副经理、财务负责人，上市公司董事会秘书和公司章程规定的其他人员。

……

（四）关联关系，是指公司控股股东、实际控制人、董事、监事、高级管理人员与其直接或者间接控制的企业之间的关系，以及可能导致公司利益转移的其他关系。但是，国家控股的企业之间不仅因为同受国家控股而具有关联关系。

《中华人民共和国民法典》

第一百五十三条 违反法律、行政法规的强制性规定的民事法律行为无效。但是，该强制性规定不导致该民事法律行为无效的除外。

违背公序良俗的民事法律行为无效。

第一百五十四条 行为人与相对人恶意串通，损害他人合法权益的民事法律行为无效。

03 实践中如何认定高管劫取公司商业机会？

董事的忠实义务要求董事不得损害公司的利益，不得利用其董事身份获得个人利益，不得以牺牲公司利益作为代价而获得个人利益，不得为个人利益而将公司机会据为己有。而实践中利用职务便利为自己或他人谋取属于公司的商业机会却是高管们损害公司利益常用手段之一，如何判定某一机会与公司经营活动相关便是认定高管劫取公司商业机会的关键，本篇从江苏省高院的案例看起。

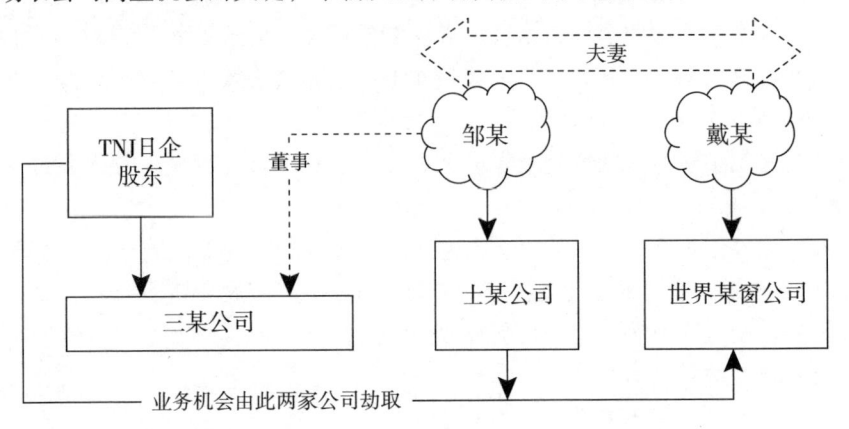

[典型案例]

三某公司是一家环保设备工程公司，TNJ日本企业系三某公司的股东之一，邹某是三某公司董事，邹某与其妻戴某全资控制士某公司和世界某窗公司，并通过两公司经营TNJ公司介绍和推荐的日本业务。三某公司以邹某、戴某、士某公司、世界某窗公司侵占公司商业机会为由，要求四方共同承担侵权责任。本案经一审、二审，最终判定共同侵权成立。

二审江苏省高院对判定公司商业机会的标准有着精彩论述：在本案中，各方当事人争议的核心问题是涉案来自日本企业的业务是否属于三某公司的商业机会。我国《公司法》仅规定未经公司股东会同意，公司高管人员不得谋取属于公司的商业机会，并未对认定公司商业机会的标准作出明确规定。本院认为，认定公司商业机会应当考虑以下几个方面的因素：一是商业机会与公司经营活动有关联；二是第三人有给予公司该商业机会的意愿；三是公司对该商业机会有期待利益，没有拒绝或放弃。三某公司提供的证据足以证明涉案来自日本企业的业务属于三某公司的商业机会。

进而，江苏省高院认定：邹某、士某公司、世界某窗公司的行为构成对三某公司合法利益的侵害。根据我国《公司法》第一百四十八条第一款第（五）项的规定，董事、高级管理人员未经股东会或者股东大会同意，不得利用职务便利为自己或者他人谋取属于公司的商业机会，自营或者为他人经营与所任职公司同类的业务。邹某作为三某公司的董事，对三某公司负有忠实义务，不得谋取属于三某公司的商业机会是其履行该义务的具体体现。邹某在明知涉案业务属于三某公司商业机会的情况下，仍然将该业务交给其关联公司士某公司和世界某窗公司经营，拒不将涉案业务带来的收益交给三某公司，构成侵权，应当承担赔偿责任。

所谓商业机会，是指公司能够开展业务并由此获取收益的可能性。实践中，法院在判定某一商业机会是否属于公司时，可结合公司的经营范围，审查该商业机会是否为公司所需，公司是否就此进行过谈判、投入过人力、物力和财力等因素进行综合判断。此外，法院还应审查公司是否存在放弃商业机会的情形。如被告能举证证明公司已经明确拒绝该商业机会，并非是被告利用职务便利谋取，则法院应认定被告取得该商业机会符合公平原则。

在此类案件中，只有特定身份者利用职务便利实施损害行为方才构成《公司法》禁止的行为，因此上海一中院认为，法院应注意审查被告是否存在利用职务便利的行为。如被告是否基于所处职位明知该商业机会属于公司，是否将该商业机会向公司进行过披露；被告是否通过欺骗、隐瞒或威胁等不正当手段诱使公司放弃机会，或存在利用其业务经办人、联系人等有利身份实施篡夺行为。如李某设立的F公司在经营时，不但在宣传中使用E公司的业绩，而且还使用E公司的电话、地址，与E公司存在客户上的重合。同时，E公司的上述信息均为李某在E公司任职期间所知悉获取，故应认定李某利用职务便利谋取E公司的商业机会。

实践操作中，衡量某一机会是否与公司经营活动相关，应当综合考虑各种因素，上述江苏省高院、上海一中院均给出了一定的指导意见。但是不得篡夺公司机会并不意味着绝对禁止利用公司机会，如对于公司已经明确表示放弃的公司机会，如果董事、高管有正当理由且不会导致公司利益受损的，可以利用该机会，无须再征得股东会或董事会的同意。[①]

[①] 可参见上海一中法院《类案裁判方法｜损害公司利益责任纠纷案件的审理思路和裁判要点》，摘自上海一中法院官方微信公众号。

另外，如果商业机会并非专属于公司，而是任何公司通过履行一定程序均能获取的，则亦有可能不被法院支持为劫取公司商业机会，参见最高院公报案例：林某与李某等损害公司利益纠纷案，该案系香港股东代表香港公司向另一香港股东及他人提起的损害公司利益之诉。原告提起诉讼的基点是认为另一香港股东利用实际控制香港公司及该公司在内地设立的全资子公司等机会，伙同他人采取非正当手段，剥夺了本属于香港公司的商业机会，从而损害了香港公司及其作为股东的合法权益。但原告所称的商业机会并非当然地专属于香港公司，实际上能够满足投资要求及法定程序的任何公司均可获取该商业机会。原告在内地子公司经营效益欠佳时明确要求撤回其全部投资，其与另一香港股东也达成了撤资协议。鉴于另一香港股东及他人未采取任何欺骗、隐瞒或者其他非正当手段，且商业机会的最终获取系另一股东及他人共同投资及努力的结果，终审判决最终驳回了原告的诉讼请求。①

综上，劫取公司商业机会的核心是判定该机会本属于公司，可结合公司的经营范围、公司是否就此进行过谈判、投入过人力、物力和财力等因素进行综合判断。同时需要结合董事、高管是否利用职务便利实施篡夺行为，如果是公司已经放弃或者并非专属于公司的机会，则不能据此认定为劫取公司商业机会。

[引申法条]

《中华人民共和国公司法》

第一百四十八条　董事、高级管理人员不得有下列行为：

（一）挪用公司资金；

（二）将公司资金以其个人名义或者以其他个人名义开立账户存储；

（三）违反公司章程的规定，未经股东会、股东大会或者董事会同意，将公司资金借贷给他人或者以公司财产为他人提供担保；

（四）违反公司章程的规定或者未经股东会、股东大会同意，与本公司订立合同或者进行交易；

（五）未经股东会或者股东大会同意，利用职务便利为自己或者他人谋取属于公司的商业机会，自营或者为他人经营与所任职公司同类的业务；

（六）接受他人与公司交易的佣金归为己有；

（七）擅自披露公司秘密；

（八）违反对公司忠实义务的其他行为。

董事、高级管理人员违反前款规定所得的收入应当归公司所有。

---

① 《最高人民法院公报》2014年第11期（总第217期）（2012）民四终字第15号。

04 高管违反竞业禁止义务需要承担什么法律责任呢?

公司董事、高级管理人员在任职期间,未经股东会或者股东大会同意,另行设立其他公司与其任职公司经营同类业务,属于《公司法》第一百四十八条第(五)项规定的董事、高管的竞业禁止行为,违反了董事、高管对公司的忠实义务,董事、高管因此获得的收入应当如何处置,具体收入又应当如何认定,来看下面的案例。

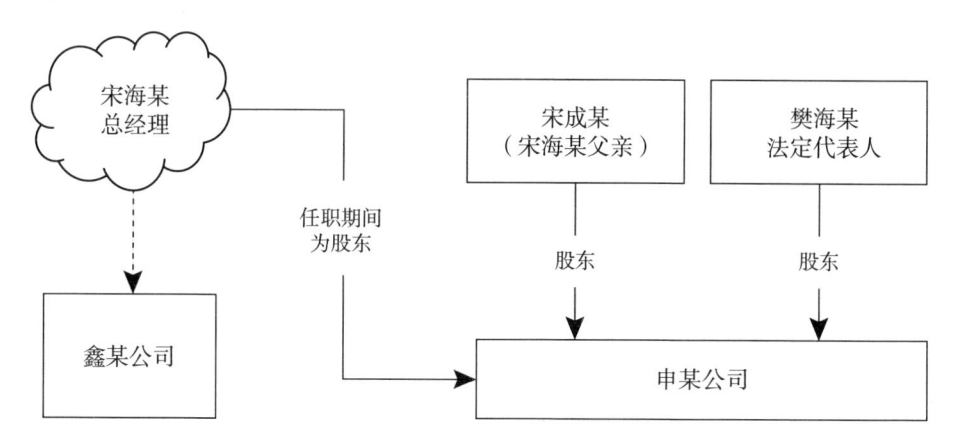

```
宋海某                    宋成某          樊海某
总经理                  (宋海某父亲)    法定代表人
   ↓                         │              │
   ↓     任职期间为股东        │股东          │股东
   ↓           ↓              ↓              ↓
鑫某公司 ─────────────────→ 申某公司
```

[**典型案例**]

2011 年 4 月 2 日,鑫某公司设立,注册资本为 55 万美元,系外商投资企业。鑫某公司经营范围为:生产、加工肉制品(香肠、火腿),销售本公司自产产品并提供售后服务(涉及行政许可,凭许可证经营)。公司章程规定,公司高级职员不得参与其他经济组织对本公司的商业竞争行为。公司设立后,聘请宋海某担任公司的总经理,负责公司的经营管理。2013 年 10 月 23 日,鑫某公司委托律师向宋海某发函,免除宋海某的总经理职务,并终止所有有关公司事务的授权。

2012 年 6 月 7 日,申某公司设立,注册资本为人民币 50 万元,股东为三人,即樊海某、宋成某(宋海某之父)、宋海某,并由樊海某担任法定代表人。申某公司经营范围包括预包装食品(不含熟食卤味、冷冻冷藏)、货物进出口业务、电子商务(不得从事增值电信、金融业务)、日用百货销售(企业经营涉及行政许可的,凭许可证件经营)等。

鑫某公司认为宋海某作为其高级管理人员,违背法律规定的忠实和勤勉义务,在任职期间设立与鑫某公司经营范围相同的公司,严重侵害了鑫某公司的合法权益。故诉至法院，请求判令：宋海某在职期间从申某公司取得的收入人民币 20 万元（暂估）归鑫某公司所有。

一审驳回鑫某公司的全部诉讼请求，鑫某公司提起上诉，二审撤销一审判决；并判令宋海某赔偿鑫某食品（上海）有限公司人民币 80000 元。法院生效裁判[①]认为：根据我国《公司法》的规定，董事、监事、高级管理人员应当遵守法律、行政法规和公司章程，对公司负有忠实义务和勤勉义务。如若利用职务便利为自己或者他人谋取属于公司的商业机会，自营或者为他人经营与所任职公司同类业务的，违规所得的收入归公司所有。给公司造成损失的，应当承担赔偿责任。

宋海某受聘担任鑫某公司总经理，全权负责加工、销售香肠肉制品等公司业务。然而其在任职期间，另行与其父亲宋成某及案外人樊海某共同设立了申某公司。申某公司的经营范围包括销售香肠、火腿等肉制品，且实际在 1 号店网店中大量销售了鑫某公司生产的香肠类制品，存在获利。另需说明的是，宋海某与其父亲宋成某合计持有申某公司 80% 的股权，故宋海某称其并不参与申某公司的经营决策，亦从未获利，有悖常理。申某公司另一股东樊海某同时是漫趣公司的法定代表人，漫趣公司曾经在宋海某担任鑫某公司总经理期间受托为鑫某公司代为申请香肠品牌的商标注册申请，但漫趣公司最终将该品牌据为己有，宋海某亦未对此提出异议或采取相应措施。基于此，结合一般商事规律、普通大众认知及公序良俗，可以推定宋海某利用职务便利为自己及申某公司谋取了本属于鑫某公司的商业机会，并为申某公司经营了与鑫某公司同类的业务，违反了我国《公司法》中高管的忠实、勤勉义务，损害了鑫某公司的利益，并使自身获利。故宋海某因此获得的利益应当归鑫某公司所有。

虽然鑫某公司对其主张的宋海某在申某公司取得 20 万元收入缺乏明确的证据印证，但并不意味着宋海某即可免除责任。首先，在宋海某本人拒绝提供其在申某公司收入证明的情况下，鑫某公司的确无法通过合理途径进行取证。诉讼中，经法院要求，宋海某仍拒绝提供申某公司的资产负债表及其销售香肠类制品的统计数据，导致法院无从核实申某公司的具体经营项目、销售盈亏状况以及职员工资收入等情况。其次，宋海某亦未提供证据证实申某公司于网店中销售的香肠类制品系通过正常的商业途径从鑫某公司处取得，并有权进行转售。而鑫某公司在诉讼中已提供了证明申某公司 26 万余元的网店销售记录的网页截图；宋海某仅以截图未经公证、真实性无法确认、时间不明等为由粗略质证，而未提供其自行统计的销售记录、销售成本、盈利数据等加以反证，对此宋海某应承担不利后果。最后，虽然申某公司销售肉制品的收入归申某公司所有，但宋海某对申某公司具有 30% 的股权，

[①] （2015）沪二中民四（商）终字第 793 号，参考性案例 44 号。

申某公司销售盈利的增加亦使得宋海某对申某公司的股权价值增值,宋海某因此获得了实际收益。

基于上述分析,上海市第二中级人民法院结合查明的事实及现有证据,并参考香肠类制品的一般盈利和成本情况以及宋海某在申某公司 30% 的持股比例,酌情改判宋海某赔偿鑫某公司 80000 元。

上述判例形象地揭露了高管另设公司从事同类业务进而侵占公司利益的典型竞业禁止行为,而根据《公司法》第一百四十八条第(五)项的规定,竞业禁止一般限于同类业务,即完全相同的商品或者服务,也可以是同种或者类似的商品或者服务。司法实践中,法院一般不会局限于登记的经营范围,如公司实际从事的业务确未包含在工商登记的经营范围内,法院仍可能根据其实际从事的业务与董事、高级管理人员所任职的公司是否具有实质性竞争关系进行审查,并结合开展业务的地域和时间加以考量,审查两家公司是否在相近地区、相近时间段开展业务,需要注意竞争时间段一般指行为人能够利用其职务便利的期间。

[引申法条]

《中华人民共和国公司法》

第一百四十八条 董事、高级管理人员不得有下列行为:

(一)挪用公司资金;

(二)将公司资金以其个人名义或者以其他个人名义开立账户存储;

(三)违反公司章程的规定,未经股东会、股东大会或者董事会同意,将公司资金借贷给他人或者以公司财产为他人提供担保;

(四)违反公司章程的规定或者未经股东会、股东大会同意,与本公司订立合同或者进行交易;

(五)未经股东会或者股东大会同意,利用职务便利为自己或者他人谋取属于公司的商业机会,自营或者为他人经营与所任职公司同类的业务;

(六)接受他人与公司交易的佣金归为己有;

(七)擅自披露公司秘密;

(八)违反对公司忠实义务的其他行为。

董事、高级管理人员违反前款规定所得的收入应当归公司所有。

05 高管挪用、侵占公司资金又将承担什么样的法律后果?

高管董事违反忠实义务的典型表现除上述自我交易、劫取公司商业机会、同业竞争外,各种名目挪用、侵占公司资金亦是常见的损害公司利益行为之一,该种行为的核心是使得公司丧失对资金的使用权或控制权,具体实践中的表现可谓八仙过海各显神通。

如公司高管违反法律、公司章程规定的权限或程序,往往会以借款或劳务费、差旅费等与公司业务相关的费用为由支出资金,进而擅自将公司资金挪用于个人投资、买房、生活消费等;或严重超标进行费用报销、替公司代收款项、利用公司资金进行高档消费、伙同自己亲属开办公司以进行利益输送等形式侵占公司资产;或以个人名义开户存储、流转公司往来资金,为自己或开户人赚取资金利息,或为下一步的资金不法使用行为做准备;或违反公司章程的规定,未经股东会、股东大会或者董事会同意,擅自将公司资金借贷给他人,使得公司丧失对自有资金的控制权甚至所有权,进而严重损害了公司利益。

而违反忠实义务的高管除面临承担损害公司利益的民事责任外,如有挪用或侵占公司资产行为的将极可能面临承担刑事责任的风险。最高院审理的乔某、王某栋损害公司利益责任纠纷再审案中,最高院认为本案系某仕公司起诉股东乔某、王某栋损害公司利益责任纠纷,审查重点是公司股东是否存在损害公司利益的行为,即乔某、王某栋分配某仕公司利润是否符合法律规定。根据《公司法》第一百六十六条的规定,公司在分配利润前,应当提取公积金,而法定公积金不足以弥补亏损的,还应用当年利润弥补亏损,公司在弥补亏损和提取公积金并缴纳税款后所余利润,公司可以进行分配。本案中,乔某、王某栋以分得利润款的名义,多次从某仕公司账户转款,其中乔某实际用款3220万元,王某栋实际用款2755万元。而根据某仕公司《公司章程》规定,只有股东会有权审议、批准公司的利润分配方案。乔某、王某栋在本案诉讼过程中,未提供某仕公司关于利润分配方案的股东会决议,亦未提供全体股东一致同意而形成的关于利润分配的书面意见。即某仕公司未形成符合公司法和其公司章程规定的利润分配方案。在某仕公司于岱某公司入股前是否存在利润、利润金额等均不明确的情况下,乔某、王某栋以分得利润款为名,从某仕公司账户转出款项的行为,不符合公司法的相关规定。二审法院根据上述事实,依据《公司法》第一百六十六条关于"股东会、股东大会或董事会违反前款规定,在公司弥补亏损和提取法定公积金之前向股东分配利润的,股东必须将违反规定分配的利润退还公司"的规定，判决乔某、王某栋应将以分配利润的名义占有的5975万元返还给某仕公司，认定事实和适用法律并无不当。

讷河县人民检察院作出的《不起诉决定书》，系根据相关事实，对乔某、王某栋是否构成职务侵占罪和挪用资金罪并应否承担相应刑事责任作出的认定，不影响乔某、王某栋对相应民事责任的承担。二审法院根据本案事实并依据公司法的相关规定，认定乔某、王某栋应承担相应的民事责任，并无不当。[1]

对于动辄运作千万甚至上亿资金的企业高管或老板而言，往往对动用企业资金几十万、上百万不觉得有何严重后果。殊不知，职务侵占企业资金6万元即可刑事追诉，侵占企业资金100万元即可判处5年以上徒刑，最高可至15年。挪用资金在不同情形下可能6万元或10万元就可能被追究刑事责任。这些金额在企业实际运营中是非常容易达到的，企业家因此"跌下神坛"的也不在少数，如蔡某标，持有某功夫公司股份41.74%，任董事长、总裁。最终刑事生效判决认定蔡某标构成职务侵占罪、挪用资金罪，数罪并罚有期徒刑14年。其中职务侵占认定事实是蔡某标多次虚构交易合同，将某功夫资金共约1500余万转至其关联方如其弟等公司名下，供其套现使用。挪用资金认定事实是蔡某标虚构厨具开发、工程项目等支出，将公司资金共约1800万元转入关联方公司名下，供其套现使用。如果我们说，高管面临的各种民事责任、行政责任对其而言只是损失财产，那刑事责任对于每一个高管、老板而言都或许是最严重的灭顶之灾。而对于上述种种责任，事前防范的意义更是远远大于事后诸葛亮。

前车之鉴不胜枚举，企业的经营需要法律监管，公司的股东、董事、高管、实际控制人等务必首先明确自有资金和公司资金的界限，要充分认识到企业的法人地位和财产的独立性，认识到股东权利的边界，不要损害公司、其他股东、债权人的利益。同时要了解法律所做的禁止性规定，尤其要熟悉经营管理过程中容易触犯的相关刑事罪名，如上述的挪用资金罪和职务侵占罪等。公司也要完善企业财务管理制度，包括加强账目管理、完善账目交接机制、做好账目备份或存底等。简言之，高管与公司既能相互成就也是利害共存，高管应当尽到《公司法》提倡的勤勉忠实义务，否则损害的不仅仅是公司的利益，自己的职业生涯抑或日常生活都将面临巨大法律风险。

[引申法条]

《中华人民共和国公司法》

第三条 公司是企业法人，有独立的法人财产，享有法人财产权。公司以其全部财产对公司的债务承担责任。

---

[1] （2020）最高法民申2634号。

有限责任公司的股东以其认缴的出资额为限对公司承担责任；股份有限公司的股东以其认购的股份为限对公司承担责任。

第二十条 公司股东应当遵守法律、行政法规和公司章程，依法行使股东权利，不得滥用股东权利损害公司或者其他股东的利益；不得滥用公司法人独立地位和股东有限责任损害公司债权人的利益。

公司股东滥用股东权利给公司或者其他股东造成损失的，应当依法承担赔偿责任。

第二十一条 公司的控股股东、实际控制人、董事、监事、高级管理人员不得利用其关联关系损害公司利益。

违反前款规定，给公司造成损失的，应当承担赔偿责任。

第一百四十八条 董事、高级管理人员不得有下列行为：

（一）挪用公司资金；

（二）将公司资金以其个人名义或者以其他个人名义开立账户存储；

（三）违反公司章程的规定，未经股东会、股东大会或者董事会同意，将公司资金借贷给他人或者以公司财产为他人提供担保；

（四）违反公司章程的规定或者未经股东会、股东大会同意，与本公司订立合同或者进行交易；

（五）未经股东会或者股东大会同意，利用职务便利为自己或者他人谋取属于公司的商业机会，自营或者为他人经营与所任职公司同类的业务；

（六）接受他人与公司交易的佣金归为己有；

（七）擅自披露公司秘密；

（八）违反对公司忠实义务的其他行为。

董事、高级管理人员违反前款规定所得的收入应当归公司所有。

第二百一十六条 本法下列用语的含义：

（一）高级管理人员，是指公司的经理、副经理、财务负责人，上市公司董事会秘书和公司章程规定的其他人员。

（二）控股股东，是指其出资额占有限责任公司资本总额百分之五十以上或者其持有的股份占股份有限公司股本总额百分之五十以上的股东；出资额或者持有股份的比例虽然不足百分之五十，但依其出资额或者持有的股份所享有的表决权已足以对股东会、股东大会的决议产生重大影响的股东。

（三）实际控制人，是指虽不是公司的股东，但通过投资关系、协议或者其他安排，能够实际支配公司行为的人。

（四）关联关系，是指公司控股股东、实际控制人、董事、监事、高级管理人员与其直接或者间接控制的企业之间的关系，以及可能导致公司利益转移的其他关系。但是，国家控股的企业之间不仅因为同受国家控股而具有关联关系。

《中华人民共和国刑法》

第二百七十一条第一款 公司、企业或者其他单位的工作人员，利用职务上的便利，将本单位财物非法占为己有，数额较大的，处三年以下有期徒刑或者拘役，并处罚金；数额巨大的，处三年以上十年以下有期徒刑，并处罚金；数额特别巨大的，处十年以上有期徒刑或者无期徒刑，并处罚金。

第二百七十二条第一款 公司、企业或者其他单位的工作人员，利用职务上的便利，挪用本单位资金归个人使用或者借贷给他人，数额较大、超过三个月未还的，或者虽未超过三个月，但数额较大、进行营利活动的，或者进行非法活动的，处三年以下有期徒刑或者拘役；挪用本单位资金数额巨大的，处三年以上七年以下有期徒刑；数额特别巨大的，处七年以上有期徒刑。

《最高人民法院、最高人民检察院关于办理贪污贿赂刑事案件适用法律若干问题的解释》

第十一条 刑法第一百六十三条规定的非国家工作人员受贿罪、第二百七十一条规定的职务侵占罪中的"数额较大""数额巨大"的数额起点，按照本解释关于受贿罪、贪污罪相对应的数额标准规定的二倍、五倍执行。

刑法第二百七十二条规定的挪用资金罪中的"数额较大""数额巨大"以及"进行非法活动"情形的数额起点，按照本解释关于挪用公款罪"数额较大""情节严重"以及"进行非法活动"的数额标准规定的二倍执行。

刑法第一百六十四条第一款规定的对非国家工作人员行贿罪中的"数额较大""数额巨大"的数额起点，按照本解释第七条、第八条第一款关于行贿罪的数额标准规定的二倍执行。

06 高管侵犯公司商业秘密面临法律风险有哪些？

实践中，高管违反《公司法》第一百四十八条第（七）项规定擅自披露公司秘密，即侵犯公司商业秘密类的纠纷也很多，在网上进行简单搜索即可找到很多新闻。司法实务中，依据《公司法》第一百四十八条第（七）项规定对高管泄露公司秘密提起损害公司利益责任纠纷之诉并不多，该类案件大多会援引《反不正当竞争法》第九条为依据进行维权诉讼，本篇就高管侵犯商业秘密具体法律认定来进行分析：

在上海知识产权法院审理的上海数某信息科技有限公司与上海术某信息科技有限公司、聂某侵害技术秘密纠纷案中，法院对商业秘密的认定做了详细阐述：我国

《反不正当竞争法》第九条第三款规定，本法所称的商业秘密，是指不为公众所知悉、具有商业价值并经权利人采取相应保密措施的技术信息和经营信息等商业信息。

1. 关于不为公众所知悉性，原告所主张的秘密信息体现在《华某物联网解决方案》中，在每个独立房间内的更衣柜的布局、鞋柜的具体排列方式需要设计人一定的设计经验和设计能力且需要对医院的工作有一定的熟悉和了解，且与业主多次沟通后才能完成的，属于融合了客户深度信息的柜体布局具体设计方案。该信息不是所属技术领域的人的一般常识或者行业惯例，该方案尚未实施，没有对不特定的社会公众公开，也未在公开出版物或者其他媒体上公开披露，无法通过公开的报告会、展览等方式公开或者从其他公开渠道获得，设计人为此付出了一定的体力劳动和智力劳动，具备不为公众所知悉性。

2. 关于商业价值性，原告在涉案项目对外公开招标之前，经过与项目业主沟通、现场勘察、向业主提供更衣室布局设计方案、手术室施工方案，虽然涉案项目是公开对外招标，但原告所掌握的客户需求等客户深度信息有助于原告在投标过程中积极响应招标文件要求，从而获得一定的竞争优势，具备商业价值性。

3. 关于权利人采取的保密措施，我国《公司法》明确规定，公司高级管理人员对公司负有忠诚义务，不得擅自披露公司秘密。就本案而言，被告聂某曾担任原告"中国销售总监"，保守原告的商业保密是被告法定的忠诚义务。此外，原告与被告聂某签订过劳动合同，该劳动合同对聂某在职期间以及离职后严格保守在原告就职期间获得的商业秘密及其他秘密信息的保密义务进行了约定。而且，涉案的技术信息体现在PPT中，PPT存放在原告坚果云服务器上，受控于服务器的保密性和安全性，未经许可的社会公众难以取得涉案的PPT。2017年4月13日，原告员工马某发给原告其他员工以及时任原告销售总监聂某的一份电子邮件中提及"附件SOP供参考，建议不要外发"，这说明原告的员工均具有保密意识。法院认为，原告采取了合理且适当的保密措施。[①]

基于上述分析，法院认为根据原告主张符合反不正当竞争法的技术秘密的构成要件，可以认定为技术秘密。而由于被告中标涉案项目与原告主张的技术秘密无因果关系，被告在投标过程中虽然复制了原告的设计图，但并未使用设计图中的技术信息，最终认定不构成技术秘密侵权。

在北京一中院审理的郭某与北京联某动力信息科技股份有限公司损害公司利益责任纠纷一案中，法院同样认为郭某作为公司董事，是基于股东、公司的信任，担负着受托管理者的角色。基于公司赋予的权利和所处公司内部治理结构中的地位，郭某得以便利地掌握公司大量商业秘密和公司经营中的重大信息，故其应当对公司

---

① （2018）沪73民初199号。

及股东负有忠实义务。并根据《中华人民共和国合同法》第九十二条（现《民法典》第五百五十八条）的规定，董事、高管人员与公司之间的法律关系终止后，离任董事、高管人员仍需对公司承担上述包括保密在内的忠实义务。[①]

除上述高管侵犯公司商业秘密面临公司以不正当竞争纠纷、损害公司利益等追究民事责任风险外，如果公司与高管在签署的劳动合同中涉及了保密/竞业限制条款，或单独签署了保密协议，当公司高管在保密期或竞业限制期内违反了约定，高管将面临公司据此提起劳动仲裁的风险。更甚者，如高管因侵犯公司商业秘密给公司造成损失数额在三十万元以上、因侵犯商业秘密违法所得在三十万元以上或者致使公司破产倒闭的，则将面临刑事侵犯商业秘密罪的追诉风险。

不过对于公司而言，根据《中华人民共和国反不正当竞争法》第三十二条、《最高人民法院关于审理不正当竞争民事案件应用法律若干问题的解释》第十四条，公司若主张商业秘密应提供商业秘密的载体、具体内容、商业价值和对该项商业秘密所采取的具体保密措施等方面的证据，故公司应在源头对自身商业秘密进行管理，根据自身的经营管理模式、企业规划、研发重点、市场比例和竞争优势等系统安排商业秘密管理模式。比如，对公司内部技术信息和经营信息作等级处理和分档管理，对上述信息划定密级和标注密级，并结合市场变化及时调整。也可通过线上建立保密信息库并设置相应权限范围，线下对商业秘密载体标识"保密"字样，同时注意一定要采取实际保密手段，放于固定地点或交予专人保管，不可暴露于员工可轻易接触的公开场所。

另外应当强调的是，如果没有证据证明公司采取了保密措施，法院有可能对侵害商业秘密的主张不予支持。参考北京中某上洋科技股份有限公司（以下简称中某公司）与成都索某数码科技股份有限公司等不正当竞争纠纷二审民事判决书，北京知识产权法院认为本案中，中某上洋公司主张四被告侵害其商业秘密，并明确其本案中主张的商业秘密包括技术秘密、价格体系、渠道政策、客户关系等，其中技术秘密包括 Aicloud、Aiclass 和 Soclass 几款产品的技术信息；经营信息包括客户信息、渠道信息，其中客户信息和渠道信息包括客户名单、产品价格和联系人信息。但中某上洋公司仅以公司章程中列举了保密条款来证明其对主张的商业秘密采取了保密措施，并未提供其所主张商业秘密的具体载体，无法看出其所主张各项商业秘密的具体内容，中某上洋公司亦无法证明其对所主张的商业秘密采取了何种保密措施。依照法律规定，当事人对自己提出的主张，有责任提供证据，负有举证责任的当事人没有证据或者证据不足以证明其事实主张的，应承担不利后果。中某上洋公司提交的证据不足以证明其主张的商业秘密符合法定条件，中某上洋公司就四被告侵害

[①] （2018）京01民终8475号。

其商业秘密的主张不成立，法院对中某上洋公司的该项主张不予支持。①

综上，可以得到法律保护的商业秘密，需要是不为公众所知悉、具有商业价值并经权利人采取相应保密措施的技术信息和经营信息等商业信息。同时高管若侵犯公司商业秘密将可能被以涉嫌不正当竞争纠纷、损害公司利益、违反劳动合同保密协议约定为由而须承担民事责任，严重者还会涉及刑事风险。

[引申法条]

《中华人民共和国反不正当竞争法》（2019年修正）

第九条 经营者不得实施下列侵犯商业秘密的行为：

（一）以盗窃、贿赂、欺诈、胁迫、电子侵入或者其他不正当手段获取权利人的商业秘密；

（二）披露、使用或者允许他人使用以前项手段获取的权利人的商业秘密；

（三）违反保密义务或者违反权利人有关保守商业秘密的要求，披露、使用或者允许他人使用其所掌握的商业秘密；

（四）教唆、引诱、帮助他人违反保密义务或者违反权利人有关保守商业秘密的要求，获取、披露、使用或者允许他人使用权利人的商业秘密。

经营者以外的其他自然人、法人和非法人组织实施前款所列违法行为的，视为侵犯商业秘密。

第三人明知或者应知商业秘密权利人的员工、前员工或者其他单位、个人实施本条第一款所列违法行为，仍获取、披露、使用或者允许他人使用该商业秘密的，视为侵犯商业秘密。

本法所称的商业秘密，是指不为公众所知悉、具有商业价值并经权利人采取相应保密措施的技术信息、经营信息等商业信息。

第二十一条 经营者以及其他自然人、法人和非法人组织违反本法第九条规定侵犯商业秘密的，由监督检查部门责令停止违法行为，没收违法所得，处十万元以上一百万元以下的罚款；情节严重的，处五十万元以上五百万元以下的罚款。

第三十二条 在侵犯商业秘密的民事审判程序中，商业秘密权利人提供初步证据，证明其已经对所主张的商业秘密采取保密措施，且合理表明商业秘密被侵犯，涉嫌侵权人应当证明权利人所主张的商业秘密不属于本法规定的商业秘密。

商业秘密权利人提供初步证据合理表明商业秘密被侵犯，且提供以下证据之一的，涉嫌侵权人应当证明其不存在侵犯商业秘密的行为：

（一）有证据表明涉嫌侵权人有渠道或者机会获取商业秘密，且其使用的信息

---

① （2020）京73民终48号。

与该商业秘密实质上相同；

（二）有证据表明商业秘密已经被涉嫌侵权人披露、使用或者有被披露、使用的风险；

（三）有其他证据表明商业秘密被涉嫌侵权人侵犯。

《最高人民法院关于审理不正当竞争民事案件应用法律若干问题的解释》（2020修正）

第十四条　当事人指称他人侵犯其商业秘密的，应当对其拥有的商业秘密符合法定条件、对方当事人的信息与其商业秘密相同或者实质相同以及对方当事人采取不正当手段的事实负举证责任。其中，商业秘密符合法定条件的证据，包括商业秘密的载体、具体内容、商业价值和对该项商业秘密所采取的具体保密措施等。

《中华人民共和国刑法》

第二百一十九条　有下列侵犯商业秘密行为之一，情节严重的，处三年以下有期徒刑，并处或者单处罚金；情节特别严重的，处三年以上十年以下有期徒刑，并处罚金：

（一）以盗窃、贿赂、欺诈、胁迫、电子侵入或者其他不正当手段获取权利人的商业秘密的；

（二）披露、使用或者允许他人使用以前项手段获取的权利人的商业秘密的；

（三）违反保密义务或者违反权利人有关保守商业秘密的要求，披露、使用或者允许他人使用其所掌握的商业秘密的。

明知前款所列行为，获取、披露、使用或者允许他人使用该商业秘密的，以侵犯商业秘密论。

本条所称权利人，是指商业秘密的所有人和经商业秘密所有人许可的商业秘密使用人。

《最高人民法院、最高人民检察院关于办理侵犯知识产权刑事案件具体应用法律若干问题的解释（三）》（2020年修正）

第四条　实施刑法第二百一十九条规定的行为，具有下列情形之一的，应当认定为"给商业秘密的权利人造成重大损失"：

（一）给商业秘密的权利人造成损失数额或者因侵犯商业秘密违法所得数额在三十万元以上的；

（二）直接导致商业秘密的权利人因重大经营困难而破产、倒闭的；

（三）造成商业秘密的权利人其他重大损失的。

给商业秘密的权利人造成损失数额或者因侵犯商业秘密违法所得数额在二百五十万元以上的，应当认定为刑法第二百一十九条规定的"造成特别严重后果"。

第五条　实施刑法第二百一十九条规定的行为造成的损失数额或者违法所得数

额，可以按照下列方式认定：

（一）以不正当手段获取权利人的商业秘密，尚未披露、使用或者允许他人使用的，损失数额可以根据该项商业秘密的合理许可使用费确定；

（二）以不正当手段获取权利人的商业秘密后，披露、使用或者允许他人使用的，损失数额可以根据权利人因被侵权造成销售利润的损失确定，但该损失数额低于商业秘密合理许可使用费的，根据合理许可使用费确定；

（三）违反约定，权利人有关保守商业秘密的要求，披露、使用或者允许他人使用其所掌握的商业秘密的，损失数额可以根据权利人因被侵权造成销售利润的损失确定；

（四）明知商业秘密是不正当手段获取或者是违反约定、权利人有关保守商业秘密的要求披露、使用、允许使用，仍获取、使用或者披露的，损失数额可以根据权利人因被侵权造成销售利润的损失确定；

（五）因侵犯商业秘密行为导致商业秘密已为公众所知悉或者灭失的，损失数额可以根据该项商业秘密的商业价值确定。商业秘密的商业价值，可以根据该项商业秘密的研究开发成本、实施该项商业秘密的收益综合确定；

（六）因披露或者允许他人使用商业秘密而获得的财物或者其他财产性利益，应当认定为违法所得。

前款第二项、第三项、第四项规定的权利人因被侵权造成销售利润的损失，可以根据权利人因被侵权造成销售量减少的总数乘以权利人每件产品的合理利润确定；销售量减少的总数无法确定的，可以根据侵权产品销售量乘以权利人每件产品的合理利润确定；权利人因被侵权造成销售量减少的总数和每件产品的合理利润均无法确定的，可以根据侵权产品销售量乘以每件侵权产品的合理利润确定。商业秘密系用于服务等其他经营活动的，损失数额可以根据权利人因被侵权而减少的合理利润确定。

商业秘密的权利人为减轻对商业运营、商业计划的损失或者重新恢复计算机信息系统安全、其他系统安全而支出的补救费用，应当计入给商业秘密的权利人造成的损失。

07 公司可以直接告法定代表人损害公司利益吗？

当法定代表人损害公司利益时，公司可以以其为被告直接提起损害公司利益之诉吗？这不就是典型的原、被告都是一人吗？本篇通过下面的最高院系列案件来分析：

[典型案例]

青海某业有限公司（简称某业公司）认为冯某成在担任法定代表人期间，擅自以某业公司的名义，与多家银行金融机构签订了书面的担保合同，约定某业公司为浙江某股份有限公司等公司在银行金融机构的借款提供连带责任保证。某业公司认为，冯某成的行为致使某业公司无故对外承担巨额的担保责任，侵害了公司的合法权益，并据此要求判令冯某成停止侵权和确认由冯某成与银行金融机构签订的担保合同无效。

冯某成答辩称：某业公司诉讼主体不适格。根据《公司法》的规定，公司董事、高管损害公司利益纠纷的原告是受损害公司的监事会、监事或公司股东，而不可以是公司本身。某业公司以自己的名义起诉，未经公司股东会授权或监事会决议授权，不具备原告主体资格。委托代理人亦未经公司有权机构授权，无权参与诉讼。某业公司既列冯某成为法定代表人，又列冯某成为被告，属于自己诉自己。故请求法院驳回某业公司的起诉。

某业公司与冯某成上述纠纷涉及的金融机构包括中某银行、浦某银行、上某银行、华某银行、建某银行等，形成了多个系列案件。在历经一审、二审程序后，最终由最高人民法院提审并裁决。

最高院认为：根据我国《公司法》的规定，在董事给公司造成损失的情况下，公司可以作为原告起诉董事。但在董事长作为公司法定代表人给公司造成损失的情况下，由于我国《民事诉讼法》第四十八条第二款规定，只有法定代表人才能代表公司进行诉讼，[①] 因此，不会出现法定代表人代表公司起诉法定代表人的情况发生。为此，《公司法》第一百五十一条专门进行规范。根据该条的规定，当出现董事长作为法定代表人给公司造成损失的情况时，符合条件的股东可以书面请求监事会或者不设监事会的有限责任公司的监事向人民法院提起诉讼。监事会、不设监事会的有限责任公司的监事收到股东书面请求后拒绝提起诉讼，或者自收到请求之日起三十日内未提起诉讼，或者情况紧急、不立即提起诉讼将会使公司利益受到难以弥补的损害的，股东有权为了公司的利益以自己的名义直接向人民法院提起诉讼。本案中，某业公司的股东没有书面请求监事会起诉冯某成，公司股东也没有起诉冯某成，某业公司是以自己的名义起诉其法定代表人冯某成的。对此，再审申请人提出异议，认为某业公司的起诉未经公司股东会、监事会同意，不是某业公司的真实意思表示，其原告主体资格不适格。原审法院认为，本案是因公司高管侵害公司利益而提起的诉讼，某业公司股东会、监事会出现僵局，冯某成作为公司法定代表人不

---

① 参见现行有效的《民事诉讼法》。

能主动停止侵害公司的行为，某业公司即成为当然的诉讼主体。本院认为，根据我国法律规定，某业公司作为法人提起诉讼，与自然人不同，必须由公司法定代表人进行。本案中，某业公司的起诉状虽加盖有某业公司的公章，但该起诉行为没有经过法定代表人同意，没有经过股东会讨论通过，公司股东也没有请求监事会起诉冯某成，故某业公司起诉状上的公章和授权委托书上的公章皆非某业公司的法定代表人或股东会同意加盖，不能认定为是某业公司的意思表示。某业公司的"代理人"的授权委托取得不合法，某业公司的"代理人"无权代理本案诉讼，其以某业公司名义提起的诉讼不能认定为是某业公司的意思表示，因此，本案的起诉既不符合《民事诉讼法》第四十八条第二款的规定，也不符合《公司法》第一百五十一条的规定，应予驳回。①

看完上述判例，读者难免疑惑，难道公司蒙受法定代表人侵害就无地昭雪了吗？答案当然是否定的，根据《公司法》第二十条第二款的规定，公司股东滥用股东权利给公司造成损失的，应当承担赔偿责任。《公司法》第二十一条规定，公司的控股股东、实际控制人、董事、监事、高级管理人员利用关联关系损害公司利益的，应当承担赔偿责任。《公司法》第一百四十九条规定，董事、监事、高级管理人员执行公司职务时违反法律、行政法规或者公司章程的规定，给公司造成损失的，应当承担赔偿责任。在股东、实际控制人、董事、监事和高级管理人员损害公司利益时，公司当然有权依据前述法律规定，直接要求其承担赔偿责任，公司绝对是适格的原告。甚至在最高院的判例中，还有能够通过公司提起诉讼的不得提起股东代表诉讼②或者公司已提起诉讼的股东也不得再行提起股东代表诉讼③的裁判思维。而在上述某业公司与冯某成系列案件中，原审法院和最高人民法院也都认为公司可以直接提起损害公司利益之诉，关键在于：公司直接起诉法定代表人时，如何确定该起诉是公司真实自主的意思表示。

《民事诉讼法》第五十一条规定，法人可以作为民事诉讼的当事人，法人由其法定代表人进行诉讼。所以，在法定代表人成为被告时，如何核实该起诉是公司真实自主的意思表示，需要公司内部形成决议来支持，如果在法定代表人实际控制公司的情形下，极可能不会作出起诉自己的决议。最终也只能通过股东派生诉讼即股东代表诉讼来解决。上述案例最高院的观点亦是若形成不了起诉法定代表人的内部决议时，某业公司的股东可以考虑直接启动股东代表诉讼来维护公司的合法权益。

---

① 最高人民法院（2014）民提字第121-1号、（2014）民提字第124-1号、（2014）民提字第128-1号、（2014）民提字第129-1号、（2014）民提字第131-1号、（2014）民提字第144-1号等民事裁定书。

② （2013）民申字第2361号。

③ （2013）民一终字第126号。

[引申法条]

《中华人民共和国公司法》

第二十条 公司股东应当遵守法律、行政法规和公司章程，依法行使股东权利，不得滥用股东权利损害公司或者其他股东的利益；不得滥用公司法人独立地位和股东有限责任损害公司债权人的利益。

公司股东滥用股东权利给公司或者其他股东造成损失的，应当依法承担赔偿责任。

公司股东滥用公司法人独立地位和股东有限责任，逃避债务，严重损害公司债权人利益的，应当对公司债务承担连带责任。

第二十一条 公司的控股股东、实际控制人、董事、监事、高级管理人员不得利用其关联关系损害公司利益。

违反前款规定，给公司造成损失的，应当承担赔偿责任。

第一百四十九条 董事、监事、高级管理人员执行公司职务时违反法律、行政法规或者公司章程的规定，给公司造成损失的，应当承担赔偿责任。

第一百五十一条 董事、高级管理人员有本法第一百四十九条规定的情形的，有限责任公司的股东、股份有限公司连续一百八十日以上单独或者合计持有公司百分之一以上股份的股东，可以书面请求监事会或者不设监事会的有限责任公司的监事向人民法院提起诉讼；监事有本法第一百四十九条规定的情形的，前述股东可以书面请求董事会或者不设董事会的有限责任公司的执行董事向人民法院提起诉讼。

监事会、不设监事会的有限责任公司的监事，或者董事会、执行董事收到前款规定的股东书面请求后拒绝提起诉讼，或者自收到请求之日起三十日内未提起诉讼，或者情况紧急、不立即提起诉讼将会使公司利益受到难以弥补的损害的，前款规定的股东有权为了公司的利益以自己的名义直接向人民法院提起诉讼。

他人侵犯公司合法权益，给公司造成损失的，本条第一款规定的股东可以依照前两款的规定向人民法院提起诉讼。

《中华人民共和国民事诉讼法》

第五十一条 公民、法人和其他组织可以作为民事诉讼的当事人。

法人由其法定代表人进行诉讼。其他组织由其主要负责人进行诉讼。

08 股东代表诉讼未履行前置程序法院一律驳回起诉吗?

一般情况下,股东没有履行前置程序便进行股东代表诉讼的,法院应当驳回起诉。但是,该项前置程序针对的是公司治理的一般情况,即在股东向公司有关机关提出书面申请之时,存在公司有关机关提起诉讼的可能性。如果不存在这种可能性,还会以原告未履行前置程序为由驳回起诉吗?来看最高院公报案例。

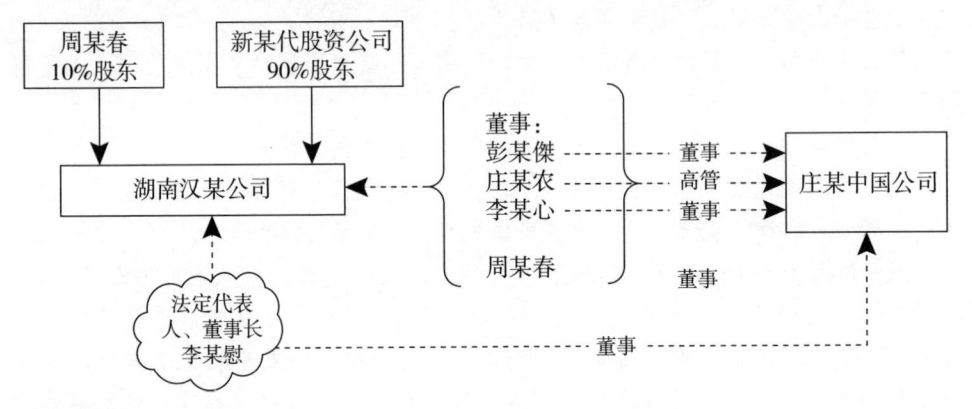

```
周某春                新某代股资公司
10%股东               90%股东
    │                    │
    ▼                    ▼
     湖南汉某公司  ◄─┐      董事:
          ▲         │     彭某杰 ─── 董事 ──┐
          │         ├──── 庄某农 ─── 高管 ──┤   庄某中国公司
       法定代表      │     李某心 ─── 董事 ──┘
       人、董事长    │     周某春      董事
       李某慰  ─────┘              董事
```

[典型案例]

湖南汉某公司系2002年在湖南省注册成立,注册资本为1000万元,股东为周某春、范某汉(两人系夫妻关系)。2004年经湖南省人民政府批准,湖南汉某公司变更为有限责任公司(台港澳与境内合资),公司注册资本增加至人民币2500万元。其中周某春出资人民币250万元,持股比例为10%;新某代投资有限公司出资人民币2250万元,持股比例为90%。湖南汉某公司《中外合资经营企业章程》第十五条规定:董事会由5名董事组成,其中1名由周某春出任,新某代投资公司委派4名,董事长由新某代投资公司指定。

2011年12月29日,湖南汉某公司的法定代表人由范某汉变更为李某慰。湖南汉某公司董事会由李某慰(董事长)、彭某杰、庄某农、李某心、周某春组成。另查明,庄某中国公司在2004年至2017年财政年度业绩报告载明,李某心、彭某杰、李某慰系庄某中国公司董事,庄某农系庄某中国公司高层管理人员。

周某春因与庄某中国公司、李某慰、彭某杰、一审第三人湖南汉某公司损害公司利益责任纠纷案,不服一审法院关于周某春未履行法定前置程序而驳回其起诉的裁定,遂提起上诉。

一审法院审查认为，本案系周某春代表湖南汉某公司提起的股东代表诉讼。根据《公司法》第一百五十一条的规定，周某春代表湖南汉某公司提起诉讼，应先履行《公司法》第一百五十一条有关股东代表诉讼的前置程序。故对于周某春未履行上述前置程序而直接提起股东代表诉讼不予支持。

最高院经审理认为，结合上诉人的上诉事由和被上诉人的答辩意见，本案的争议焦点为一审裁定驳回周某春的起诉是否正确：

根据《公司法》第一百五十一条之规定，股东先书面请求公司有关机关向人民法院提起诉讼，是股东提起代表诉讼的前置程序。一般情况下，股东没有履行前置程序的，应当驳回起诉。但是，该项前置程序针对的是公司治理的一般情况，即在股东向公司有关机关提出书面申请之时，存在公司有关机关提起诉讼的可能性。如果不存在这种可能性，则不应当以原告未履行前置程序为由驳回起诉。具体到本案中，分析如下：

其一，根据《公司法》第一百五十一条的规定，董事、高级管理人员有公司法第一百四十九条规定的情形的，有限责任公司的股东可以书面请求监事会或者不设监事会的有限责任公司的监事提起诉讼。本案中，李某慰、彭某傑为湖南汉某公司董事，周某春以李某慰、彭某傑为被告提起股东代表诉讼，应当先书面请求湖南汉某公司监事会或者监事提起诉讼。但是，在二审询问中，湖南汉某公司明确表示该公司没有工商登记的监事和监事会。周某春虽然主张周某科为湖南汉某公司监事，但这一事实已为另案人民法院生效民事判决否定，湖南汉某公司明确否认周某科为公司监事，周某春二审中提交的证据也不足以否定另案生效民事判决认定的事实。从以上事实来看，本案证据无法证明湖南汉某公司设立了监事会或监事，周某春对该公司董事李某慰、彭某傑提起股东代表诉讼的前置程序客观上无法完成。

其二，《公司法》第一百五十一条第三款规定："他人侵犯公司合法权益，给公司造成损失的，本条第一款规定的股东可以依照前两款的规定向人民法院提起诉讼。"庄某中国公司不属于湖南汉某公司董事、监事或者高级管理人员，因湖南汉某公司未设监事会或者监事，周某春针对庄某中国公司提起代表诉讼的前置程序应当向湖南汉某公司董事会提出，但是，根据查明的事实，湖南汉某公司董事会由李某慰（董事长）、彭某傑、庄某农、李某心、周某春组成。除周某春外，湖南汉某公司其他四名董事会成员均为庄某中国公司董事或高层管理人员，与庄某中国公司具有利害关系，基本不存在湖南汉某公司董事会对庄某中国公司提起诉讼的可能性，再要求周某春完成对庄某中国公司提起股东代表诉讼的前置程序已无必要。

本案系湖南汉某公司股东周某春以庄某中国公司和李某慰、彭某傑为被告代表公司提起的损害公司利益责任纠纷诉讼，诉请三原审被告承担共同赔偿责任。综合以上情况，最高院认为，周某春主张可以不经股东代表诉讼前置程序直接提起本案诉讼的上诉理由成立。一审裁定驳回起诉不当，应予纠正。①

一般而言，股东代表诉讼除非在情况紧急、不立即提起诉讼将会使公司利益受到难以弥补的损害情况下可以免除前置程序，如江苏省高院审理的张某娟与董某康、戴某平损害公司利益责任纠纷案中认为：在戴某平已持生效的101号仲裁裁决申请法院强制执行，法院已受理并对蔷某公司的资产进行委托评估，也即蔷某公司的资产即将被处置，如果张某娟坐视不管无疑将导致公司资产被拍卖而无法回转致公司利益受损的情况出现，此符合"情况紧急、不立即提起诉讼将会使公司利益受到难以弥补的损害"的条件。②但上述情况紧急的认定在司法实践中一般从严，大多数情况下很难支持，而像本期公报判例这样能被最高院认定前置程序履行不存在可能性（如董事监事同时侵害公司利益的）更是微乎及微，故建议如果发生侵害公司利益事件，为避免后续程序障碍，股东先行履行前置程序为妥，这也是促使公司内部治理机构充分发挥作用，维护公司独立人格防止股东滥用诉权的立法目的和意义所在。

[引申法条]

《中华人民共和国公司法》

第一百五十一条　董事、高级管理人员有本法第一百四十九条规定的情形的，有限责任公司的股东、股份有限公司连续一百八十日以上单独或者合计持有公司百分之一以上股份的股东，可以书面请求监事会或者不设监事会的有限责任公司的监事向人民法院提起诉讼；监事有本法第一百四十九条规定的情形的，前述股东可以书面请求董事会或者不设董事会的有限责任公司的执行董事向人民法院提起诉讼。

监事会、不设监事会的有限责任公司的监事，或者董事会、执行董事收到前款规定的股东书面请求后拒绝提起诉讼，或者自收到请求之日起三十日内未提起诉讼，或者情况紧急、不立即提起诉讼将会使公司利益受到难以弥补的损害的，前款规定的股东有权为了公司的利益以自己的名义直接向人民法院提起诉讼。

他人侵犯公司合法权益，给公司造成损失的，本条第一款规定的股东可以依照前两款的规定向人民法院提起诉讼。

---

① （2019）最高法民终1679号，《最高人民法院公报》2020年第6期（总第284期）第27-32页。

② （2015）苏商终字第00511号。

09 | 股东代表诉讼中要注意哪些问题呢?

当公司利益受到董事、高管侵害时,如果公司不积极维护自己权益的,股东可以在履行前置程序后,自行以股东名义直接提起股东代表诉讼,具体实践中需要注意哪些要件呢?本篇通过几个最高院案例来研习个中裁判思维。

(1) 如果股东本身就有诉权,一般不应提起代表诉讼。

[典型案例]

最高院在审理的(株)某木园控股与上海福某豆制食品有限公司(以下简称株某公司)等股东出资纠纷案中认为:本案股东代表诉讼属于该条(股东代表诉讼)第三款规定的情形,但对于"他人"应当作狭义解释,即只有在不能通过其他途径获得救济的情况下,才能适用股东代表诉讼获得救济。股东代表诉讼制度的设置基础在于股东本没有诉权而公司又怠于行使诉权或者因情况紧急可能损害公司利益时,赋予股东代表公司提起诉讼的权利。当股东能够通过自身起诉的途径获得救济时,则不应提起代表诉讼,否则将有悖股东代表诉讼制度的设置意图。根据《公司法司法解释三》第十三条第一款的规定,福某公司、张某宝公司作为股东本身即享有诉权,而通过股东代表诉讼起诉的后果,则剥夺了另一方股东(株)某木园控股反诉福某公司、张某宝公司履行出资义务的诉讼权利,因为其无法针对合资公司提起反诉,由此造成股东之间诉讼权利的不平等。因此,福某公司、张某宝公司无权提起本案股东代表诉讼,其起诉应予驳回。[①]

(2) 须存在损害公司利益的事实。

[典型案例]

最高院在审理的西安赛某商贸有限公司(以下简称赛某商贸公司)等诉林某忠公司损害股东利益责任纠纷案中认为:本案属于股东代表诉讼,股东主张他人侵犯公司合法权益的,在完成前置程序后,可依据《公司法》第一百五十二条之规定提起的股东代表诉讼(现《公司法》第一百五十一条)。在股东代表诉讼案件中,应列损害公司权益的他人为被告,公司则以第三人身份参加诉讼,故赛某商贸公司、浙某公司和赛某管理公司是本案适格的当事人。此外,林某忠以浙某公司与赛

---

① (2014) 民提字第170号。

某商业运管公司所签订的《委托经营协议书》严重损害了浙某公司和股东林某忠的合法利益为由提起撤销之诉，是浙某公司及股东林某忠维护自身利益的正当途径，也符合《公司法》对关联交易行为进行严格规制的目的，故林某忠有权对他人签订的委托经营合同提出撤销之诉。综上，一审裁定并无不当，本院予以维持。①

（3）公司怠于提起诉讼的，股东才能提起股东代表诉讼。

[典型案例]

最高院在潭某兴与黎某炜、黎某芬、香河彩某经纬家居城有限公司（以下简称彩某公司）、刘某董事、高级管理人员损害股东利益赔偿纠纷案中认为：公司制度的核心在于股东的财产权与公司的财产权相互分离，股东以投入公司财产为代价获得公司的股权。股东对公司财产并不享有直接权利。经某公司是案涉资产的所有权人，潭某兴仅对其投资享有股东权益，对公司的财产并不享有直接请求权。正是基于此，《公司法》第一百五十二条和第一百五十三条区分侵害公司权益与侵害股东权益两种情形分别作出不同的规定。《公司法》第一百五十二条规定（现《公司法》第一百五十一条），在董事、监事、高级管理人员执行公司职务时违反法律、行政法规或者公司章程的规定，给公司造成损失的，符合一定条件的股东有权要求公司监事、执行董事提起诉讼；在公司怠于提起诉讼时，符合一定条件的股东才能提起公司代表诉讼。而本案中的经某公司已经根据潭某兴的通知向彩某公司提起诉讼并形成河北省高级人民法院（2008）民二初字第21号案件，经某公司在该诉讼中败诉。潭某兴依据《公司法》第一百五十二条所享有的权利已经行使，在此情形下，潭某兴再提起本案诉讼，其事实依据及法律理由仍然是案涉交易造成经某公司损失并进而侵害其股东利益，显然不能成立。②

（4）股东代表诉讼中的调解协议须经公司和未参加诉讼的股东同意。

[典型案例]

最高院公报案例：浙江和某电力开发有限公司、金华市大某物资有限公司与通某置业投资有限公司、广某控股创业投资有限公司、上海富某企业发展有限公司、第三人通某投资控股有限公司损害公司权益纠纷案的裁判要点为：股东代表诉讼是指，当违法行为人因其违法行为给公司造成损失，公司拒绝或怠于向该违法行为人请求损害赔偿时，公司股东有权为了公司的利益以自己的名义提起诉讼，请求违法行为人赔偿公司损失。根据《公司法》第一百五十二条第二款的规定（现《公司

---

① （2014）民二终字第116号。
② （2013）民一终字第126号。

法》第一百五十一条），在情况紧急、不立即提起诉讼将会使公司利益受到难以弥补的损害的情形下，有限责任公司的股东有权为了公司的利益以自己的名义直接向人民法院提起诉讼。在诉讼过程中，发起诉讼的股东与被告方达成调解协议，但因为其无权代表公司以及未提起诉讼的公司股东，调解协议需要公司以及未参与诉讼的公司股东予以书面认可，法院才可以确认此调解协议的效力。如果调解协议不被公司以及未参与诉讼的公司股东认可，法院应当依法作出判决。[1]

综上，股东代表诉讼是公司利益存在损害事实时却"懒政"情形下的最终救济途径，需要遵循一定之规，如公司不提起诉讼的，股东才得以提起，而且如果股东本身有诉权的，可以直接提起诉讼，如果诉讼过程中达成调解协议的须经过未参加诉讼的其他股东认可方有效。

---

[1] （2008）民二终字第123号，《最高人民法院公报》2009年第6期（总第152期）。

第十九章
损害股东利益责任

01 损害股东利益责任纠纷与损害公司利益责任纠纷有何不同？

"损害股东利益责任纠纷"与"损害公司利益责任纠纷"均是司法实践中常见的公司纠纷类型，虽仅有一词之差，但属于两个完全不同的案由，体现在两者所涉诉讼主体、前置程序等均有所不同，根本区别在于诉讼目的与诉讼利益的归属不同，即在损害公司利益责任纠纷中，股东代表诉讼目的就在于维护公司利益而非股东个人利益，最终利益也将归属于公司还非股东个人。

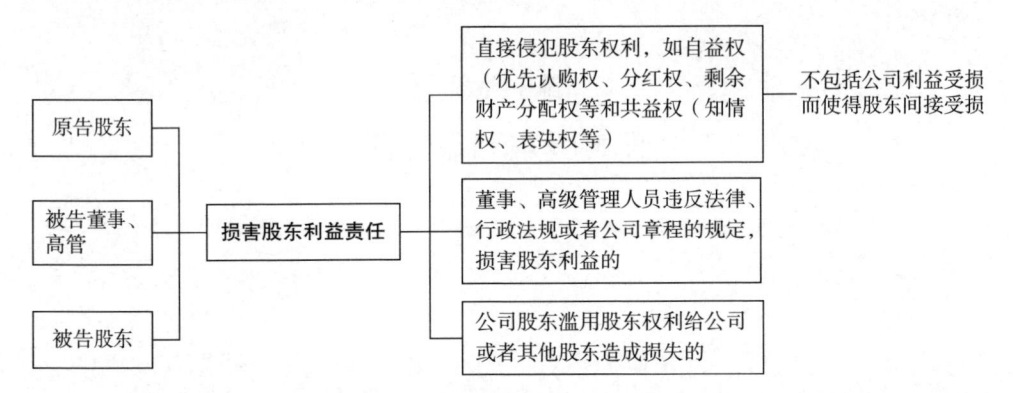

```
                        ┌─ 直接侵犯股东权利，如自益权
                        │  （优先认购权、分红权、剩余      不包括公司利益受损
                        │  财产分配权等和共益权（知情      而使得股东间接受损
                        │  权、表决权等）
原告股东                 │
被告董事、  — 损害股东利益责任 ┼─ 董事、高级管理人员违反法律、
高管                    │  行政法规或者公司章程的规定，
被告股东                 │  损害股东利益的
                        │
                        └─ 公司股东滥用股东权利给公司
                           或者其他股东造成损失的
```

若因公司利益受损而使得股东间接遭受损失，原则上应由公司作为原告提起损害公司利益责任纠纷之诉；一般仅当公司怠于启动诉讼程序时，股东才可进而提起股东代表诉讼，并需要履行相应的前置程序，而且股东代表诉讼所得收益将归入公司，而非归入原告股东方，原告股东仅能根据《公司法》规定的条件与程序，与其他股东按持股比例间接分享公司由此获得的利益。比如，在许某杰、吴某损害股东利益责任纠纷再审案中，浙江省高院就认为，浙江益某电力科技信息有限公司（以下简称浙江益某公司）系许某杰、吴某和某电力公司共同出资设立。由于某电力公司作为浙江益某公司的控股股东，不管再审申请人许某杰、吴某提出损失的主张是否成立，即使某电力公司的行为违法而造成损失，但某电力公司的行为直接侵害的是浙江益某公司的利益，而非许某杰、吴某的利益。许某杰、吴某在本案中应当按照《公司法》的规定提起股东代表诉讼，而非直接起诉控股股东请求其对自己承担赔偿责任。[①]

而当股东利益直接遭受损害时，股东有权以自己的名义直接提起相关诉讼，股东权利一般包括自益权（如优先认购权、分红权、剩余财产分配权等）和共益权

---

① （2019）浙民申938号。

（如知情权、表决权等），如该等权利被侵害，则构成直接损害。不过这里需要注意的是，一般公司利益受损并不等同于股东利益受损，此时股东若非直接遭受损害方将难以直接提起股东诉讼维护权益，如俞某诉陈某等损害股东利益责任纠纷案中，上海一审法院认为：原告所主张损失，其直接的受侵害者是上海长某商贸有限公司，上海长某商贸有限公司有权主张侵权赔偿。原告作为上海长某商贸有限公司的股东，其利益因上海长某商贸有限公司遭受损失而导致股权价值贬损或可能的分红减少等情形而间接受损，但公司遭受损失并不必然导致公司股东的利益受损。如由公司获得赔偿，则公司股东的合法权益将自然得到保护，而如由股东获得赔偿，则有可能损害公司债权人的合法权益。基于上述理由，不能仅根据公司遭受损失的事实推断股东的利益一定受损，亦无法仅根据公司遭受损失的数额推断股东遭受损失的数额，故原告的诉讼主张缺乏事实根据。①

另外，诉讼涉及主体也有不同。根据《公司法》第一百五十二条之规定，损害股东利益责任纠纷之诉原告系股东，被告为损害其利益的董事、高管。同时根据第二十条第二款"公司股东滥用股东权利给公司或者其他股东造成损失的，应当依法承担赔偿责任"。其他滥用权利的股东也可以成为被告。而损害公司利益责任纠纷中，原告首先为公司，当公司怠于履行起诉义务时，方由股东代为进行诉讼，被告一般则是违反勤勉、忠实义务的董事、高管（《公司法》第一百四十八条），抑或根据《公司法》第一百四十九条给公司造成损失的董事、监事、高级管理人员，也包括《公司法》第二十一条利用关联关系损害公司利益的股东、实控人等。

最后需要强调的是，损害股东利益责任纠纷的原告需要是股东身份，这就往往涉及需要先行确认股东资格，一般司法实务中，隐名股东、未办理变更登记的股权继承人、因离婚分割股权的配偶方（只在离婚协议中约定，而尚未办理工商变更登记）、或者股份公司中仅持有股权证，无缴款凭证也未被记载于股东名册、章程中，都会被法院认定为不具有股东资格，进而无权提起损害股东利益责任纠纷之诉。同时司法实践中，监事、公司一般不被认为是损害股东利益责任纠纷的适格被告。

[引申法条]

《中华人民共和国公司法》

第二十条 公司股东应当遵守法律、行政法规和公司章程，依法行使股东权利，不得滥用股东权利损害公司或者其他股东的利益；不得滥用公司法人独立地位和股东有限责任损害公司债权人的利益。

---

① （2017）沪0106民初16814号。

公司股东滥用股东权利给公司或者其他股东造成损失的，应当依法承担赔偿责任。

公司股东滥用公司法人独立地位和股东有限责任，逃避债务，严重损害公司债权人利益的，应当对公司债务承担连带责任。

第二十一条 公司的控股股东、实际控制人、董事、监事、高级管理人员不得利用其关联关系损害公司利益。

违反前款规定，给公司造成损失的，应当承担赔偿责任。

第一百四十八条 董事、高级管理人员不得有下列行为：

（一）挪用公司资金；

（二）将公司资金以其个人名义或者以其他个人名义开立账户存储；

（三）违反公司章程的规定，未经股东会、股东大会或者董事会同意，将公司资金借贷给他人或者以公司财产为他人提供担保；

（四）违反公司章程的规定或者未经股东会、股东大会同意，与本公司订立合同或者进行交易；

（五）未经股东会或者股东大会同意，利用职务便利为自己或者他人谋取属于公司的商业机会，自营或者为他人经营与所任职公司同类的业务；

（六）接受他人与公司交易的佣金归为己有；

（七）擅自披露公司秘密；

（八）违反对公司忠实义务的其他行为。

董事、高级管理人员违反前款规定所得的收入应当归公司所有。

第一百四十九条 董事、监事、高级管理人员执行公司职务时违反法律、行政法规或者公司章程的规定，给公司造成损失的，应当承担赔偿责任。

第一百五十一条 董事、高级管理人员有本法第一百四十九条规定的情形的，有限责任公司的股东、股份有限公司连续一百八十日以上单独或者合计持有公司百分之一以上股份的股东，可以书面请求监事会或者不设监事会的有限责任公司的监事向人民法院提起诉讼；监事有本法第一百四十九条规定的情形的，前述股东可以书面请求董事会或者不设董事会的有限责任公司的执行董事向人民法院提起诉讼。

监事会、不设监事会的有限责任公司的监事，或者董事会、执行董事收到前款规定的股东书面请求后拒绝提起诉讼，或者自收到请求之日起三十日内未提起诉讼，或者情况紧急、不立即提起诉讼将会使公司利益受到难以弥补的损害的，前款规定的股东有权为了公司的利益以自己的名义直接向人民法院提起诉讼。

他人侵犯公司合法权益，给公司造成损失的，本条第一款规定的股东可以依照前两款的规定向人民法院提起诉讼。

第一百五十二条 董事、高级管理人员违反法律、行政法规或者公司章程的规定，损害股东利益的，股东可以向人民法院提起诉讼。

02 侵害股东参与重大事项决策权的行为会有什么样的法律后果?

当股东利益直接遭受损害时,股东有权以自己的名义提起相关诉讼,如果某些股东利用控股地位侵害其他股东参与重大事项决策权,受侵害的股东是否可以要求承担赔偿责任呢?

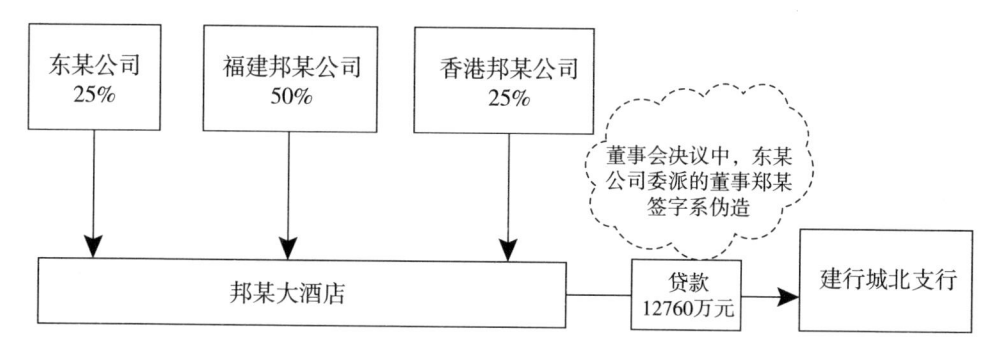

```
┌──────────┐  ┌──────────┐  ┌──────────┐
│ 东某公司 │  │福建邦某公司│  │香港邦某公司│
│   25%    │  │    50%    │  │    25%    │
└────┬─────┘  └────┬─────┘  └────┬─────┘
     │             │             │       ╭─────────────╮
     │             │             │       │董事会决议中,东某│
     │             │             │       │公司委派的董事郑某│
     │             │             │       │签字系伪造     │
     ▼             ▼             ▼       ╰─────────────╯
┌──────────────────────────────┐  ┌────────┐   ┌──────────┐
│         邦某大酒店            │──│ 贷款   │──▶│建行城北支行│
│                              │  │12760万元│   │          │
└──────────────────────────────┘  └────────┘   └──────────┘
```

[典型案例]

东某公司与福建邦某公司、香港邦某公司共同投资设立邦某大酒店,1994年11月,邦某大酒店经审该批准后成立,注册资本为5120万元。其中东某公司以土地使用权折价1280万元出资,占注册资本的25%;福建邦某公司、香港邦某公司各出资2560万元和1280万元,各占注册资本的50%和25%。邦某大酒店合资设立后一直由福建邦某公司、香港邦某公司承包经营,东某公司因收取承包金而不参与经营。在福建邦某公司、香港邦某公司承包期间,邦某大酒店两次向建行城北支行贷款共计本金12760万元,并以土地使用权、房屋所有权提供抵押担保。后贷款展期到期后,因邦某大酒店无力还款,被债权人诉至法院并最终经强制执行,将邦某大酒店整体资产包括土地使用权拍卖用于偿还债务。

东某公司认为福建邦某公司、香港邦某公司存在滥用股东权利行为,未经其允许向银行进行抵押借款,福建邦某公司和香港邦某公司应共同赔偿东某公司股权出资损失1280万元。

福建省高院认为:上诉人福建邦某公司主张其与香港邦某公司曾召开公司董事会会议,就邦某大酒店向中国建设银行福州市城北支行两次申请贷款共12760万元形成了董事会决议,东某公司委派的董事郑某参加了董事会,故东某公司对该贷款和抵押担保事宜知情并同意,但根据原审法院委托福建鼎某司法鉴定中心所作的

《文书司法鉴定意见书》，上述相关文件上郑某的签名并非其本人所签。虽然福建邦某公司对于福建鼎某司法鉴定中心所作的鉴定意见存有异议，但其未能提供相反证据予以反驳，故该鉴定意见可以作为本案的定案依据。以邦某大酒店的土地使用权作为抵押向银行申请12760万元贷款属于重大事项，按照《中外合资邦某大酒店章程》的规定，应由董事会决定。福建邦某公司、香港邦某公司作为实际控制邦某大酒店的股东，以邦某大酒店的名义向银行借款12760万元，并以东某公司作为股东出资的土地使用权作为抵押，该抵押贷款直接关系到东某公司的股东权益，因此福建邦某公司、香港邦某公司有义务通知东某公司委派的董事参加董事会或就上述贷款和抵押事宜征得东某公司同意。但有关《授权书》和《董事会决议》上只有福建邦某公司、香港邦某公司委派的董事签名，表明东某公司委派的董事并未参加董事会会议，福建邦某公司也未能举证证明东某公司曾同意案涉抵押贷款事宜。因此，原审认定福建邦某公司及香港邦某公司擅自以邦某大酒店的土地使用权作抵押向银行借款的行为构成滥用股东权利，损害了东某公司的股东权利，应对东某公司的损失依法承担赔偿责任并无不当。①

同时，法院对东某公司是否存在长期疏于对邦某大酒店的经营管理和监督，是否应对股权损失承担过错责任问题，分析认为邦某大酒店一直由福建邦某公司、香港邦某公司共同承包经营，在此期间，酒店处在福建邦某公司、香港邦某公司的实际控制之下，应由福建邦某公司、香港邦某公司承担经营风险。案涉抵押借款系福建邦某公司、香港邦某公司利用其作为酒店的承包经营者和实际控制人的地位，擅自以邦某大酒店的名义作出，且实际占有并使用该笔借款，东某公司对此并不知情。因此，东某公司对于酒店无力还款而导致其股东权益受损没有过错，不应对此承担责任。最终法院支持了东某公司的诉请，判令邦某（集团）有限公司、福建邦某集团有限公司共同赔偿福建省东某企业集团公司股权出资损失人民币1280万元。

与上述股东滥用股东权利，侵犯其他股东参与重大事项决策权的类似案例还有著名的蔡某标与真某夫公司损害股东利益责任纠纷案：2007年7月，真某夫公司设立，投资人（股东）蔡某标任法定代表人及董事长。2011年4月，蔡某标因涉嫌经济犯罪被依法刑事羁押。2013年11月，真某夫公司董事会决定召开2013年第二次临时董事会会议，并采取特快专递的方式向蔡某标的身份证住址邮寄送达会议通知。由于会议当天董事人数未达到公司章程规定，故会议主持人潘某海宣布会议延后15天举行，并以同样方式向蔡某标邮寄送达会议通知。同年12月，真某夫公司第二次临时董事会议召开，其中未到会的蔡某标、黄某伟董事权利由会议主持人潘

---

① （2013）闽民终字第1025号。

某海代为行使，会议全票通过选举潘某海为公司董事长等六项决议。2014年2月，蔡某标以临时董事会会议的召集程序、表决方式及董事会决议内容违反公司章程为由诉至法院，请求撤销涉案董事会决议。

广州市天河区人民法院认为，涉案董事会召集程序违反公司章程，判决撤销涉案董事会决议。二审广州市中院认为，真某夫公司应按照公司章程规定向蔡某标送达会议通知。真某夫公司在明知蔡某标被羁押情况下，仍仅向其身份证地址邮寄会议通知，显然未尽合理、谨慎的义务，不符合章程"适当发出"的要求。涉案董事会的提案内容中有多项与蔡某标本人切身利益密切相关，该通知瑕疵不属于轻微瑕疵。故于2018年6月维持原判。

综上，股东正当行使重大事项参与决策权、表决权，是保证公司决策机制正当运行的前提，也是判断公司决策是否正当的依据，即股东会、董事会召集程序、表决方式、决议内容均须符合法律、法规及公司章程的规定，否则就有因滥用股东权利损害其他股东利益而被撤销或者承担赔偿损失的风险。当然，如果依法行使表决权，而决策者仅依据市场经营决策失误，产生了经营损失，对于这种追究决策者"判断失误"的责任，法院一般会基于"商业判断原则"，即尊重公司按照正常决策程序做出的商业判断，因商业风险的不确定或管理人员能力问题而造成的决策失误及损失，法官往往不会支持股东的赔偿主张。

[引申法条]

《中华人民共和国公司法》

第二十条第二款 公司股东滥用股东权利给公司或者其他股东造成损失的，应当依法承担赔偿责任。

第二十二条 公司股东会或者股东大会、董事会的决议内容违反法律、行政法规的无效。

股东会或者股东大会、董事会的会议召集程序、表决方式违反法律、行政法规或者公司章程，或者决议内容违反章程的，股东可以自决议作出之日起六十日内，请求人民法院撤销。

股东依照前款规定提起诉讼的，人民法院可以应公司的请求，要求股东提供相应担保。

公司根据股东会或者股东大会、董事会决议已办理变更登记的，人民法院宣告该决议无效或者撤销该决议后，公司应当向公司登记机关申请撤销变更登记。

03 对于董事高管损害股东利益的股东应如何举证呢？

根据《公司法》第一百五十二条的规定，当董事、高管违反法律、行政法规或者公司章程规定，进而损害股东利益的，股东可以起诉，该条款也是损害股东利益责任纠纷的主要法律依据，股东在提起此类诉讼时需要承担举证责任吗？答案是肯定的，而且举证力度将直接关系到能否取得胜诉结果。而司法实务中，原告股东方存在不能证明有侵害行为，或不能证明侵权方存在主观过错，或不能证明损失，或即便证明了损失也并非股东直接损失等情形，导致最终被法院驳回起诉，下面具体来分析：

[典型案例]

秦某增、李某山及秦某起共同出资设立北京东某锻造有限公司（以下简称东某公司），东某公司注册资本为90万元，2008年，东某公司注册资本变更为200万元，李某山、秦某起各出资70万元，秦某增出资60万元。2009年东某公司增加公司经营范围（增加普通货运），并修改了公司的章程。据东某公司章程显示，李某山为公司执行董事兼公司经理，秦某增担任公司监事。公司章程载明，公司监事职权包括检查公司财务、监督执行董事及高管等内容。

2017年2月，秦某增因行使公司知情权向法院提起诉讼，后经法院调解确认东某公司向秦某增提供2008年1月1日至2017年5月18日的会计账簿查阅，并提供同一时期东某公司股东会会议记录、董事会会议决议、公司章程供秦某增及其代理人查阅复制。后秦某增以损害股东利益责任纠纷为由起诉东某公司执行董事，主张赔偿其各项损失。

一审法院认为：秦某增作为东某公司股东，以损害股东利益责任纠纷为由起诉东某公司执行董事，主张赔偿损失，属于股东直接诉讼范畴。秦某增基于该案由的诉讼请求，应当满足以下条件：其一，公司董事、高级管理人员违反法律、行政法规或者公司章程的规定；其二，股东利益受到直接损害。当事人对自己提出的诉讼请求所依据的事实有责任提供证据加以证明。根据查明事实，从公司账目看，东某公司客观上存在经营管理分工不明确，财务管理不规范等问题。从现已查明事实看，秦某增与李某山均不同程度参与东某公司的经营与管理工作，对于公司管理不规范问题均应承担相应责任。故一审法院驳回原告全部诉请。

原告方不服，历经二审、再审。最终北京市高院认为：董事、高级管理人员违反法律、行政法规或者公司章程的规定，损害股东利益的，股东可以向人民法院提起诉讼。公司有独立的法人财产，以其全部财产对东某公司债务承担责任，公司股东依法享有资产收益权利。股权虽系股东基于向公司出资而享有的权利，但公司的法人财产与股东财产不同，属于不同法律范畴。秦某增、李某山均系东某公司的股东，秦某增主张李某山违背股东诚信义务，滥用股东权利，侵害其他股东利益，给其造成重大损失，要求李某山承担赔偿责任，但其未提交充分有效证据证明李某山的行为违反了法律、行政法规或者东某公司章程。即使秦某增主张的财产受到损害能够成立，但并不等于秦某增作为东某公司股东利益受到直接损害，亦不能将东某公司的财产损害直接等同于东某公司股东的利益损失。[①] 故对秦某增提出的各项再审意见也未予以支持。

而慈溪富某化纤有限公司等诉施某平损害股东利益责任纠纷案中，浙江省慈溪市人民法院认为可从以下几个方面举证判断董事是否违反勤勉义务：1. 经营判断另有所图，并非为了公司的利益；2. 在经营判断的过程中，没有合理地进行信息收集和调查分析；3. 站在一个通常谨慎的董事的立场上，经营判断的内容在当时的情况下存在明显的不合理。即《公司法》中的勤勉义务与侵权法中的注意义务相似，指董事、监事、高级管理人员必须像一个谨慎之人在类似处境下应有的谨慎那样履行义务，为实现公司的最大利益努力工作。据此，管理者在作出某一经营判断前，应当收集足够的信息，诚实而且有正当的理由相信该判断符合公司的最佳利益。[②]

故损害股东利益责任纠纷成立的关键在于认定是否存在侵权行为，以及是否有损害及损害的程度大小，而判断股东利益是否被直接损害是判定本案由侵权行为成立的前提，一般来说，如果股东权利包括自益权与共益权被限制甚至是剥夺等，则构成直接损害。另外对于损失是否发生以及损失范围的证明难度较大，建议原告股东方应搜集固定相对完备的证据以证实损失的发生并确定损失范围。

[引申法条]

《中华人民共和国公司法》

第一百五十二条 董事、高级管理人员违反法律、行政法规或者公司章程的规定，损害股东利益的，股东可以向人民法院提起诉讼。

---

① （2019）京民申 5261 号。
② 《人民司法·案例》2009 年第 14 期，（2007）慈民二初字第 519 号。

04 | 股东违法注销公司侵犯股东权利的承担什么责任?

实践中,在公司注销环节,违法清算、拒绝清算或侵害股东剩余财产分配请求权的情形有很多,此时提起损害股东利益责任纠纷也更为普遍,该等情形下,侵犯股东权利的违法股东又承担什么责任呢,本篇将结合下面案例进行分析。

[典型案例]

递某公司注册成立于2018年1月15日,注册资本为200万元,法定代表人为梁某通,股东为梁某通、韵某公司及刘德某等三人。2019年2月22日,该公司在未依法成立清算组进行清算的前提下,由梁某通以递某公司的名义向丰县市场监督管理局申请注销登记。同日,经该局核准注销登记,注销原因备注为:"股东会决议解散。"同时签署全体投资人承诺书记载如下内容:本企业申请注销登记前未发生债权债务,不存在未结清清算费用、职工工资、社会保险费用、法定补偿金和未交清的应缴纳税款及其他未了结事务,清算工作已全面完结。本企业全体投资人对以上承诺的真实性负责,如违法失信,则由全体投资人承担相应的法律后果和责任。该承诺书上有梁某通签名及韵某公司的盖章,另有"刘德某等三人"字样签名。后梁某通在庭审中确认签名系其所找代办注销公司事务的中介工作人员代签,并非上述三人本人所签。

刘德某向一审法院诉请判决:梁某通、韵某公司赔偿其损失18175元及利息。一审法院支持其诉请,梁某通、韵某公司不服遂提起上诉,二审法院认为:"梁某通未经刘德某等其他股东的同意在相关申请注销文件上伪造其签名,韵某公司在相应的申请注销文件上加盖印章,在未依法对递某公司进行清算的情况下注销该公司,致使法院判决刘德某等股东对递某公司的债务承担偿还责任,并且刘德某等人已经实际履行生效判决确定的相关义务。梁某通、韵某公司上诉主张刘德某等股东同意注销递某公司,并对其注销行为予以默示,刘德某等不予认可,梁某通、韵某公司亦无相关证据予以证明,故不予采信。《公司法》第三条规定"公司是企业法人,有独立的法人财产,享有法人财产权。公司以其全部财产对公司的债务承担责任。有限责任公司的股东以其认缴的出资额为限对公司承担责任;股份有限公司的股东以其认购的股份为限对公司承担责任"。故梁某通、韵某公司违法注销递某公司的行为,导致刘德某以其出资之外的个人财产对递某公司的债务承担责任,给刘德某造成相应损失,梁某通、韵某公司应当承担赔偿责任。

另外，侵犯股东剩余财产分配请求权方面，在于某云与李某林、吉林市晋某工贸有限公司（以下简称晋某公司）损害股东利益责任纠纷再审案中，吉林省高院认为，在晋某公司强制清算程序中，于某云拒绝向清算组移交公司账册、印章等资料，导致晋某公司无法清算，于某云主观上有过错。于某云滥用股东权利，导致晋某公司无法清算，李某林不能分得晋某公司清算后的剩余财产，于某云给李某林造成的经济损失应予赔偿。于某云对实际控制晋某公司后是否存在剩余财产以及剩余财产的金额应承担举证责任。于某云实际控制公司后有187万余元的回款，李某林要求于某云给付其晋某公司财产分配款85万元作为赔偿的请求应予支持。[1]

同时在江某武、李某珍损害股东利益责任纠纷再审案中，广东省高院认为根据二审查明的事实，另案生效的（2015）佛中法民二终字第1065号民事判决书认定何某标为逸某公司股东，持股比例为30%；作为另案中第三人的江某武、李某珍明知何某标的股东身份及持股比例存在争议，仍在案件审理过程中擅自决议解散逸某公司，并在法院二审判决生效后未经股东何某标同意注销逸某公司，其利用股权登记未及时变更之便利而实施上述行为，属滥用股东权利，应当承担由此而给股东何某标造成的损失。由于何某标未能举证证明其损失，二审法院结合另案股权转让合同、生效判决认定的事实，酌定何某标的损失金额为50000元，并无不妥[2]

综上，一般来说，法院支持原告损害股东利益责任诉请的案例大多也发生在股东违法清算、拒绝清算方面，另外如伪造董事签名进行抵押担保，或伪造签字进行股权转让或增资等情形，股东权利因此遭受损害的，司法实践中往往也可获得支持。

[引申法条]

《最高人民法院关于适用〈中华人民共和国公司法〉若干问题的规定（二）》

第二十条 公司解散应当在依法清算完毕后，申请办理注销登记。公司未经清算即办理注销登记，导致公司无法进行清算，债权人主张有限责任公司的股东、股份有限公司的董事和控股股东，以及公司的实际控制人对公司债务承担清偿责任的，人民法院应依法予以支持。

公司未经依法清算即办理注销登记，股东或者第三人在公司登记机关办理注销登记时承诺对公司债务承担责任，债权人主张其对公司债务承担相应民事责任的，人民法院应依法予以支持。

---

[1] （2019）吉民申2300号。
[2] （2017）粤民申10333号。

05 一番"神操作"伪造股东签名稀释并转让其股权承担什么法律后果呢?

[典型案例]

华某景公司成立于 2002 年 1 月 23 日,成立时注册资本为 100 万元,股东及其出资情况为黄某出资 50 万元、徐某发出资 50 万元。2007 年 3 月 13 日,华某景公司的注册资本由 100 万元增加至 600 万元,新增加的 500 万元由华某利公司出资。2007 年 10 月 15 日,华某景公司注册资本由 600 万元增加至 1000 万元,华某利公司将 500 万元出资转让给徐某发,新增资的 400 万元由徐某发出资,股东及其出资情况为徐某发出资 950 万元、黄某出资 50 万元。2008 年 5 月 14 日,华某景公司的注册资本由 1000 万元增加至 4000 万元,黄某名下的 50 万元出资变更至徐某发名下,新股东华某利公司出资 1000 万元、中某信评估公司出资 2000 万元,股东及其出资情况为徐某发出资 1000 万元、华某利公司出资 1000 万元、中某信评估公司出资 2000 万元。2012 年 5 月 14 日,中某信评估公司将在华某景公司的出资 2000 万元转让给中某信投资公司,华某景公司股东及其出资情况为徐某发出资 1000 万元、华某利公司出资 1000 万元、中某信投资公司出资 2000 万元。华某景公司自成立后,法定代表人一直为徐某发。

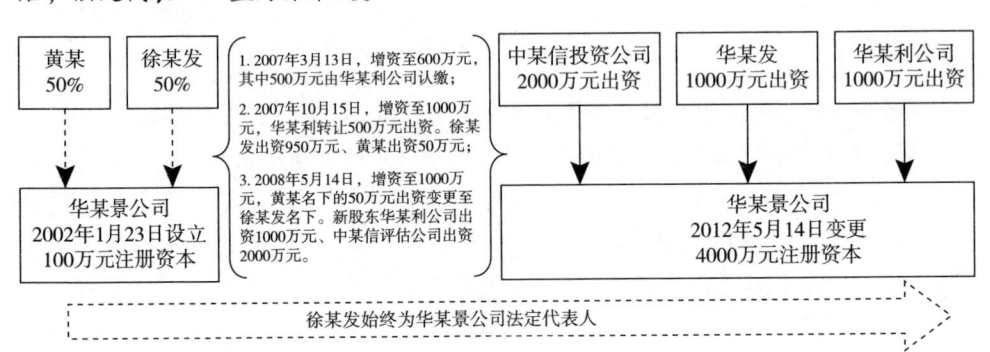

黄某曾针对华某景公司历次股权变更所涉及的出资转让协议和股东会决议提起诉讼,主张上述出资转让协议和股东会决议上黄某的签名系伪造,或侵犯黄某的股东权利,要求法院判决确认无效,最终法院因为上述文件上黄某的签名虚假判决确认华某景公司自 2007 年 3 月 12 日起的一系列增资股东会决议和 2008 年 5 月 14 日将黄某在华某景公司的出资 50 万元转让给徐某发的出资转让协议书均为无效。黄

某进而以侵犯股东利益为由要求徐某发与华某景公司共同赔偿黄某经济损失80092100元。一审判决徐某发于判决生效后十日内赔偿黄某经济损失80092100元。徐某发不服遂提起上诉。

北京三中院对徐某发是否存在剥夺黄某增资扩股权利的行为并应否承担赔偿责任进行了详细地阐述：徐某发上诉提出黄某的股东权利虽受到了徐某发的侵犯，但并不当然地就等同于剥夺了黄某增资扩股的权利。徐某发侵权行为没有给黄某造成实际损失，黄某以自己的行为表明了不再出资。而一审法院以侵权行为已经造成了重大的实际损失为前提做出的赔偿责任认定缺乏公平性。对此本院认为，根据生效判决认定的事实，华某景公司自2007年3月12日起的一系列增资股东会决议和2008年5月14日将黄某在华某景公司的出资50万元转让给徐某发的出资转让协议书均为无效。徐某发采用伪造签字的方式增资扩股、转让黄某股权的行为，已经构成对黄某股东权利的侵犯。另外黄某的股东权利不仅单纯地包括50万元出资的股权收益等财产性权利，亦包含占华某景公司出资50%的参与重大决策和选择管理者等身份性权利，徐某发对黄某持有的股权比例性利益的欺诈性稀释亦会严重损害黄某参与重大决策和选择管理者等重大利益；徐某发虽然主张黄某以自己的行为表明了不再出资，但其并未提交充分证据证明黄某在明知华某景公司拟增资扩股的情况下，做出过同意或放弃增资的意思表示。故黄某有权向徐某发就其对黄某持有的股权比例性利益的欺诈性稀释要求赔偿。徐某发的该项上诉主张，本院不予支持。

最终二审维持原判，徐某发向北京市高院提起再审。北京市高院认为徐某发采用伪造签字的方式增资扩股、转让黄某股权的行为，已经构成对黄某股东权利的侵犯，并给黄某造成损失，徐某发对此应承担相应赔偿责任。关于赔偿范围，徐某发的侵权行为造成黄某的实际损失应包括黄某原有股份被违法转让的损失，及黄某因丧失对公司增资机会、丧失参与重大决策而导致的获取股权对应利益的损失。同时强调黄某原为华某景公司股东，但其在华某景公司的股权被徐某发通过虚假的股东会决议和出资转让协议，先被稀释，后被转让，直至失去股东资格，对侵权造成的损失赔偿并非正常情况下股东对公司利益的分配。一、二审法院主要考虑华某景公司截至一审诉讼时的资产状况，并无不当。徐某发主张本案损失赔偿计算应以可供股东分配的净资产值为基础，扣除实现销售收入时所发生的各种税费，没有法律依据。徐某发提交的新证据不足以推翻原判决。综上，二审法院以审计、评估初步确认的华某景公司基本资产价值为基础，综合考虑北内科研楼争议待定金额、华某景公司负债情况，结合黄某原合法持股50%的比例，支持黄某要求徐某发承担赔偿经济损失80092100元，具有事实和法律依据，处理结果并无不当。①

---

① （2018）京民申4724号。

综上，法定代表人兼实控人以为自己的一番"神操作"侵犯其他股东权益的行为做得人不知鬼不觉，实则枉然，最终仍需要对侵权行为造成的损失埋单，赔偿范围不仅包括黄某原有股份被违法转让的直接损失，还包括黄某因丧失对公司增资机会、丧失参与重大决策而导致的获取股权对应利益等间接损失。同时本案原告及时拿起法律武器捍卫自己合法权益，虽历经系列诉讼，其间不乏败诉，但始终坚持不懈终拨云见日的精神也值得被侵犯权利的股东们效仿与学习。

第二十章
股东损害公司债权人利益责任

01 一人公司股东如何才能避免成为公司债务的连带责任人？

由于《公司法》第 63 条对一人公司股东的特殊责任规定，致使司法实践中一人公司股东成了债权人追债的首要对象，一人公司股东如何才能避免成为债务的连带责任人呢？本篇最高院案例给出了详尽的参考答案。

[典型案例]

张某正于 2016 年 4 月 19 日成为大某公司唯一股东，2017 年 6 月 2 日变更其母亲原某华为大某公司唯一股东。张某正作为大某公司股东期间与大某公司之间频繁进行银行转账，大某公司一有入账，基本都是很快将其转入张某正个人账号，在大某公司需要对外支付时，再从张某正个人账户转入大某公司账户，然后大某公司再对外支出；此外，张某正多次以个人账户收取应由大某公司收取的租金。

在张某正、原某华执行异议之诉再审审查与审判监督民事纠纷中，最高院经审理认为：张某正、原某华个人财产没有独立于大某公司财产。1. 张某正、原某华提交的《破产审计报告》《审计报告》，系为大某公司破产申报时使用和大某公司在本案诉讼期间形成，均不是大某公司在运营过程中依《公司法》第六十二条之规定进行的正常年度审计，不能客观公允地反映公司财务状况，原审法院未予采信并无不当。2. 张某正作为大某公司唯一股东，称其名下银行卡实际系大某公司使用，其无权使用卡号内的资金，明显与常识不符。如其所称大某公司经营模式仅为收取房屋租金和水电费、物业费，在长期拖欠评审中心房租的情况下，张某正将大某公司转租租金收入转到个人账户或以个人账户收取大某公司应收租金，再称其个人财产独立于大某公司的公司财产，亦有违常理。3. 张某正在将大某公司财产混同于个人财产，造成大某公司在资不抵债的情形下，为逃避公司债务和股东责任，让其 80 多岁老母原某华挂名一人公司大某公司的股东，有违道德伦理。《公司法司法解释三》第十八条第一款规定，"有限责任公司的股东未履行或者未全面履行出资义务即转让股权，受让人对此知道或者应当知道，公司请求该股东履行出资义务、受让人对此承担连带责任的，人民法院应予支持；公司债权人依照本规定第十三条第二款向该股东提起诉讼，同时请求前述受让人对此承担连带责任的，人民法院应予支持"。第二十六条第一款规定：公司债权人以登记于公司登记机关的股东未履行出资义务为由，请求其对公司债务不能清偿的部分在未出资本息范围内承担补充赔偿责任，股东以其仅为名义股东而非实际出资人为由进行抗辩的，人民法院不予支持。"一方面原某华并未提交证据证明其财产独立于大某公司财产，另一方面按照前述规定法理，原某华接替张某正成为大某公司股东，对于张某正与大某公司财产混同的事实系知道或应当知道，亦应与张某正共同对大某公司的债权人承担连带责任。[1]

申言之，一人公司股东若要规避"财产混同"进而被追究连带责任这一经营风险，应当在日常的经营管理中注意：第一，建立财务管理制度，编制符合要求的财务报表，并保留原始会计凭证及账册，务必做到公司财产和股东财产完全独立，切忌混用。第二，若公司存在分红的情形下，实践中一人股东会直接将盈余转到个人账户，而一般只有股东能够提供股东分红决定和个人所得税完税凭证的，才能证明个人财务与公司财务独立。另外，按照《公司法》第六十二条的规定，一人有限责任公司应当逐年进行财务审计，以证明公司财产与股东个人财产相互独立。而在公司债权人要求股东承担连带责任时，股东须对公司财产独立于自己财产负有举证责任，该举证责任首先要证明每一年度的财务会计报告业经会计师事务所审计，其次要证明股东财产没有与公司财产混同。否则，除诉讼阶段被债权人直接追究连带责任外，根据《最高人民法院关于民事执行中变更、追加当事人若干问题的规定》第二十条之规定，到了执行阶段也有可能被直接追加成被执行人。

[引申法条]

《中华人民共和国公司法》

第六十二条　一人有限责任公司应当在每一会计年度终了时编制财务会计报告，并经会计师事务所审计。

第六十三条　一人有限责任公司的股东不能证明公司财产独立于股东自己的财产的，应当对公司债务承担连带责任。

《最高人民法院关于民事执行中变更、追加当事人若干问题的规定》

第二十条　作为被执行人的一人有限责任公司，财产不足以清偿生效法律文书确定的债务，股东不能证明公司财产独立于自己的财产，申请执行人申请变更、追加该股东为被执行人，对公司债务承担连带责任的，人民法院应予支持。

---

[1] （2020）最高法民申2827号。

02 夫妻公司经营不当需对公司债务承担连带责任吗?

[典型案例]

某教育咨询公司于2014年10月注册成立,成立时的股东为李某和吕某夫妻二人。2014年12月26日,该公司以某早教中心名义与程某签订了服务协议,约定该早教中心为程某之子提供"2年VIP"服务,程某交纳15800元。2015年5月1日,程某和该公司再次签订服务协议,期限为3年,程某支付5000元。

2016年5月11日,吕某、李某作为一方,与刘某、王某签订了转让协议,将涉案公司股权全部转让于刘某、王某。2016年5月19日该公司完成股东变更登记。2016年7月13日,涉案早教中心因与房屋所有权人的纠纷而停止经营。程某服务协议课程均有大半未履行。因商谈未果,程某遂诉至法院,要求解除涉案两份协议,公司与刘某、王某、李某、吕某等连带返还课程服务费11491元。吕某主张其已与李某离婚,根据二人约定,涉案债务应由李某承担。

自涉案公司成立时起至2016年3月20日,公司账户共发生过7笔资金入账,总额42300元,余额494.32元。李某、吕某经营期间,服务费主要进入吕某个人账户。此外,案件审理时有70余位家长持与程某相似的请求诉至法院。北京市朝阳区人民法院判决解除涉案两份协议,该公司退还程某服务费9681元,吕某、李某对此承担连带责任。吕某、李某不服,遂提起上诉。

在上述吕某等与王某等教育培训合同纠纷案中,北京市第三中级人民法院认为,李某、吕某的行为符合《公司法》第二十条第三款的规定,二人应对其经营期间产生的涉案债务与公司承担连带责任。故判决驳回上诉,维持原判,具体评析如下:

1. 公司人格否认制度的适用条件。

《公司法》第二十条对于公司法人的人格否认制度虽有原则性规定,但并未明确适用的具体情形,因此实践中还需根据以下内容进行判断:一、股东存在滥用法人人格的行为。财产混同、业务混同、组织结构混同、住所混同等是常见表现;二、股东滥用法人人格的行为给债权人造成了损失。如公司资产足以清偿债务,债权人的利益可以实现,则不存在适用法人人格否认的条件。故公司资本显著不足是适用的前提;三、滥用行为与债权人损失之间存在因果关系。若前股东的行为符合上述情形,其亦应对公司债务承担连带责任。

首先，本案中吕某、李某经营期间公司不存在与股东财产清晰可辨、可归其独立支配的公司财产，亦不存在独立于股东个人身份的财务运行制度；其次，公司仅有账面494.32元及一些教具、家具等资产，难以认定其具备独立的偿还能力；再次，李某、吕某滥用股东权利的行为损害了众多债权人的利益，总体需退还服务费数额较大，与公司的偿还能力形成较大差距。故根据吕某、李某经营期间公司的财务状况、公司对外承担债务的能力、涉案债务及同期案件的情况，法院认定李某、吕某的行为符合《公司法》第二十条第三款的规定，二人应对其经营期间产生的债务与公司承担连带责任。让滥用股东权利的前股东承担责任是从公平角度对交易关系和交易秩序的保护，以免产生滥用股东权利后再转让股权，从而逃避法律责任的现象。

2. 因夫妻二人的共同不当经营致使公司适用人格否认制度的，由此产生的债务属于夫妻共同债务。

在涉案公司成立至转让前的经营期间以及涉案债务产生时，吕某、李某二人既是仅有的两名股东，亦系夫妻关系。因夫妻二人的共同不当经营致使公司适用人格否认制度的，由此产生的债务属夫妻共同债务。虽吕某主张二人已离婚，但二人离婚时对于债务的约定不能对抗程某。故李某、吕某应当共同对涉案债务与公司承担连带责任。

3. 公司人格否认仅及于滥用股东权利的股东。

公司法人人格否认制度不是对法人人格的整体否认、彻底否认，个别股东滥用股东权利的行为引起的法律纠纷导致公司人格否认的法律后果仅及于该股东，并不影响其他股东的有限责任。涉案债务产生时，王某、刘某并非公司股东，其经营管理行为与该笔债务的形成以及公司不能清偿该笔债务并无因果关系，故其无须就该笔债务承担连带责任。[1]

综上，实践中存在大量"夫妻档"、"父子兵"类型有限公司，不少法院认为基于夫妻财产共有原则，如未提供财产分割证明，实质为一人公司，股东不能证明财产独立的，应当对公司债务承担连带责任，即夫妻股东的公司视为一人公司，财产独立的举证责任也落在股东自身；也有观点认为如果夫妻股东存在违反《公司法》第二十条的情形，即滥用股东权利的，才适用公司人格否认制度，如本篇案例情形。为避免夫妻股东面临的上述风险，在公司设计之初，就应当尽量避免夫妻二人股东的单层简单股权设计，同时要规范公司财务管理，严格区分夫妻家庭财产与公司财产，以免被债权人起诉，突破股东的有限责任从而对公司债务承担无限连带责任。

---

[1] 《人民法院报》2018年10月11日第6版；(2018) 京03民终8566号。

[引申法条]

《中华人民共和国公司法》

第三条第一款 公司是企业法人，有独立的法人财产，享有法人财产权。公司以其全部财产对公司的债务承担责任。

第二十条 公司股东应当遵守法律、行政法规和公司章程，依法行使股东权利，不得滥用股东权利损害公司或者其他股东的利益；不得滥用公司法人独立地位和股东有限责任损害公司债权人的利益。

公司股东滥用股东权利给公司或者其他股东造成损失的，应当依法承担赔偿责任。

公司股东滥用公司法人独立地位和股东有限责任，逃避债务，严重损害公司债权人利益的，应当对公司债务承担连带责任。

第六十三条 一人有限责任公司的股东不能证明公司财产独立于股东自己的财产的，应当对公司债务承担连带责任。

《中华人民共和国民法典》

第一千零六十五条 男女双方可以约定婚姻关系存续期间所得的财产以及婚前财产归各自所有、共同所有或者部分各自所有、部分共同所有。约定应当采用书面形式。没有约定或者约定不明确的，适用本法第一千零六十二条、第一千零六十三条的规定。

夫妻对婚姻关系存续期间所得的财产以及婚前财产的约定，对双方具有法律约束力。

夫妻对婚姻关系存续期间所得的财产约定归各自所有，夫或者妻一方对外所负的债务，相对人知道该约定的，以夫或者妻一方的个人财产清偿。

第一千零八十九条 离婚时，夫妻共同债务应当共同偿还。共同财产不足清偿或者财产归各自所有的，由双方协议清偿；协议不成的，由人民法院判决。

03 从最高院指导案例 15 号来看揭开法人面纱需要满足什么条件？

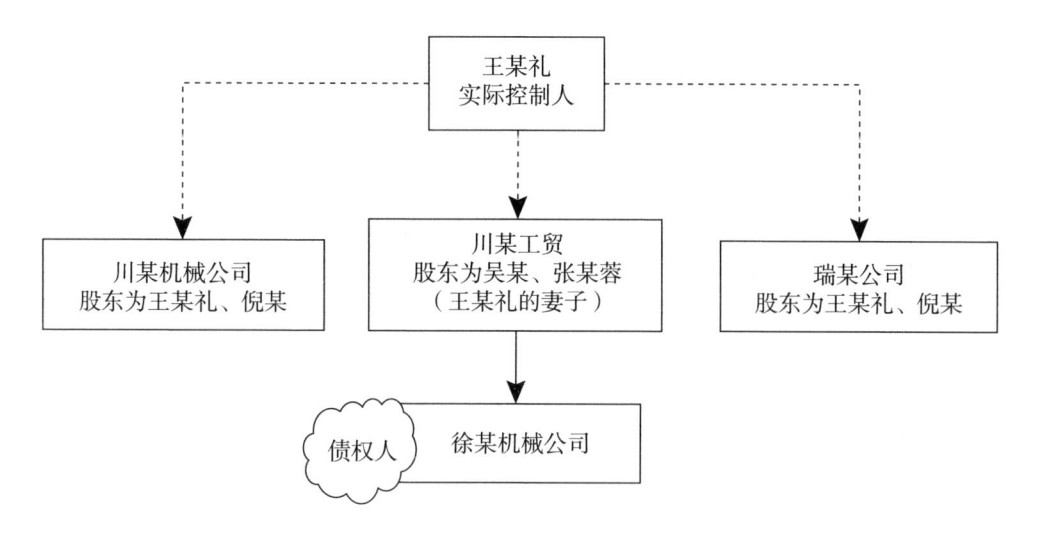

```
                    王某礼
                  实际控制人
      ┌──────────────┼──────────────┐
      ↓              ↓              ↓
  川某机械公司      川某工贸        瑞某公司
 股东为王某礼、倪某  股东为吴某、张某蓉  股东为王某礼、倪某
                （王某礼的妻子）
                     ↓
              （债权人）徐某机械公司
```

[典型案例]

债权人徐某机械公司主张：因川某工贸公司拖欠其货款未付，而川某机械公司、瑞某公司与川某工贸公司人格混同，三个公司实际控制人王某礼以及川某工贸公司股东等人的个人资产与公司资产混同，均应承担连带清偿责任。

一审法院（徐州中院）支持了原告徐某机械公司的部分诉讼请求，即川某工贸公司于判决生效后 10 日内向原告支付货款 10511710.71 元及逾期付款利息；川某机械公司、瑞某公司对上述债务承担连带清偿责任。但驳回了原告主张的要求实际控制人王某礼以及其他川某工贸公司历史上的其他自然人股东、出纳会计承担连带清偿责任的诉讼请求。二审法院（江苏省高院）维持了一审法院的判决。

法院生效裁判意见认为：川某工贸公司与川某机械公司、瑞某公司人格混同。一是三个公司人员混同。三个公司的经理、财务负责人、出纳会计、工商手续经办人均相同，其他管理人员亦存在交叉任职的情形，川某工贸公司的人事任免存在由川某机械公司决定的情形。二是三个公司业务混同。三个公司实际经营中均涉及工程机械相关业务，经销过程中存在共用销售手册、经销协议的情形；对外进行宣传时信息混同。三是三个公司财务混同。三个公司使用共同账户，以王某礼的签字作为具体用款依据，对其中的资金及支配无法证明已作区分；三个公司与徐某机械公司之间的债权债务、业绩、账务及返利均计算在川某工贸公司名下。因此，三个公司之间表征人格的因素（人员、业务、财务等）高度混同，导致各自财产无法区分，已丧失独立人格，构成人格混同。

川某机械公司、瑞某公司应当对川某工贸公司的债务承担连带清偿责任。公司人格独立是其作为法人独立承担责任的前提。《公司法》第三条第一款规定："公司是企业法人，有独立的法人财产，享有法人财产权。公司以其全部财产对公司的债务承担责任。"公司的独立财产是公司独立承担责任的物质保证，公司的独立人格也突出地表现在财产的独立上。当关联公司的财产无法区分，丧失独立人格时，就丧失了独立承担责任的基础。《公司法》第二十条第三款规定："公司股东滥用公司法人独立地位和股东有限责任，逃避债务，严重损害公司债权人利益的，应当对公司债务承担连带责任。"本案中，三个公司虽在工商登记部门登记为彼此独立的企业法人，但实际上相互之间界线模糊、人格混同，其中川某工贸公司承担所有关联公司的债务却无力清偿，又使其他关联公司逃避巨额债务，严重损害了债权人的利益。上述行为违背了法人制度设立的宗旨，违背了诚实信用原则，其行为本质和危害结果与《公司法》第二十条第三款规定的情形相当，故参照《公司法》第二十条第三款的规定，川某机械公司、瑞某公司对川某工贸公司的债务应当承担连带清偿责任。

上述判例并非典型的法律规定的突破股东的有限责任，而是横向突破了关联公司的有限责任，不论是横向刺破法人面纱还是正向刺破，均是股东滥用权利而致的法律后果。而公司人格独立和股东有限责任是《公司法》的基本原则，《公司法》第二十条第三款规定了股东滥用权利情形，主要包括人格混同、过度支配与控制、资本显著不足等。一般来说，只有在股东实施了滥用公司法人独立地位及股东有限责任的行为，且该行为严重损害了公司债权人利益，使公司在资不抵债的情况下，才对公司债务承担连带责任。同时只有实施了滥用法人独立地位和股东有限责任行为的股东才对公司债务承担连带清偿责任，而其他股东不应承担此责任，即公司人格否认只在特定案件中例外适用。

同时《九民纪要》对三种常见股东损害债权人利益情形作了进一步明确规定：（1）人格混同最根本的判断标准是公司是否具有独立意思和独立财产，最主要的表现是公司的财产与股东的财产是否混同且无法区分，并在第十条详细列举了公司财产与股东财产纵向混同的认定标准；（2）过度支配与控制即公司控股股东操纵公司的决策过程，使公司完全丧失独立性，沦为控股股东的工具或躯壳，严重损害公司债权人利益，即本案与《九民纪要》第十一条规定的横向混同情形；（3）资本显著不足主要表现为股东实际投入公司的资本数额与公司经营所隐含的风险相比明显不匹配，实质是恶意利用公司独立人格和股东有限责任把投资风险转嫁给债权人，典型的如认缴出资5000万,实缴为0,经营规模上亿元。综上,当股东出现了上述种种情形,债权人可以据此揭开法人面纱进而追究股东的无限连带责任,虽然举证不易,但一旦成功,与瑕疵出资股东承担补充赔偿责任迥然不同,可直接突破股东有限责任使其承担连带责任,这也是债权人必杀技之巅峰之举。

[引申法条]

《全国法院民商事审判工作会议纪要》(法〔2019〕254号)

(四)关于公司人格否认

公司人格独立和股东有限责任是公司法的基本原则。否认公司独立人格,由滥用公司法人独立地位和股东有限责任的股东对公司债务承担连带责任,是股东有限责任的例外情形,旨在矫正有限责任制度在特定法律事实发生时对债权人保护的失衡现象。在审判实践中,要准确把握公司法第20条第3款规定的精神。一是只有在股东实施了滥用《公司法》人独立地位及股东有限责任的行为,且该行为严重损害了公司债权人利益的情况下,才能适用。损害债权人利益,主要是指股东滥用权利使公司财产不足以清偿公司债权人的债权。二是只有实施了滥用法人独立地位和股东有限责任行为的股东才对公司债务承担连带清偿责任,而其他股东不应承担此责任。三是公司人格否认不是全面、彻底、永久地否定公司的法人资格,而只是在具体案件中依据特定的法律事实、法律关系,突破股东对公司债务不承担责任的一般规则,例外地判令其承担连带责任。人民法院在个案中否认公司人格的判决的既判力仅仅约束该诉讼的各方当事人,不当然适用于涉及该公司的其他诉讼,不影响公司独立法人资格的存续。如果其他债权人提起公司人格否认诉讼,已生效判决认定的事实可以作为证据使用。四是《公司法》第20条第3款规定的滥用行为,实践中常见的情形有人格混同、过度支配与控制、资本显著不足等。在审理案件时,需要根据查明的案件事实进行综合判断,既审慎适用,又当用则用。实践中存在标准把握不严而滥用这一例外制度的现象,同时也存在因法律规定较为原则、抽象,适用难度大,而不善于适用、不敢于适用的现象,均应当引起高度重视。

10.【人格混同】认定公司人格与股东人格是否存在混同,最根本的判断标准是公司是否具有独立意思和独立财产,最主要的表现是公司的财产与股东的财产是否混同且无法区分。在认定是否构成人格混同时,应当综合考虑以下因素:

(1)股东无偿使用公司资金或者财产,不作财务记载的;

(2)股东用公司的资金偿还股东的债务,或者将公司的资金供关联公司无偿使用,不作财务记载的;

(3)公司账簿与股东账簿不分,致使公司财产与股东财产无法区分的;

(4)股东自身收益与公司盈利不加区分,致使双方利益不清的;

(5) 公司的财产记载于股东名下,由股东占有、使用的;

(6) 人格混同的其他情形。

在出现人格混同的情况下,往往同时出现以下混同:公司业务和股东业务混同;公司员工与股东员工混同,特别是财务人员混同;公司住所与股东住所混同。人民法院在审理案件时,关键要审查是否构成人格混同,而不要求同时具备其他方面的混同,其他方面的混同往往只是人格混同的补强。

11.【过度支配与控制】公司控制股东对公司过度支配与控制,操纵公司的决策过程,使公司完全丧失独立性,沦为控制股东的工具或躯壳,严重损害公司债权人利益,应当否认公司人格,由滥用控制权的股东对公司债务承担连带责任。实践中常见的情形包括:

(1) 母子公司之间或者子公司之间进行利益输送的;

(2) 母子公司或者子公司之间进行交易,收益归一方,损失却由另一方承担的;

(3) 先从原公司抽走资金,然后再成立经营目的相同或者类似的公司,逃避原公司债务的;

(4) 先解散公司,再以原公司场所、设备、人员及相同或者相似的经营目的另设公司,逃避原公司债务的;

(5) 过度支配与控制的其他情形。

控制股东或实际控制人控制多个子公司或者关联公司,滥用控制权使多个子公司或者关联公司财产边界不清、财务混同,利益相互输送,丧失人格独立性,沦为控制股东逃避债务、非法经营,甚至违法犯罪工具的,可以综合案件事实,否认子公司或者关联公司法人人格,判令承担连带责任。

12.【资本显著不足】资本显著不足指的是,公司设立后在经营过程中,股东实际投入公司的资本数额与公司经营所隐含的风险相比明显不匹配。股东利用较少资本从事力所不及的经营,表明其没有从事公司经营的诚意,实质是恶意利用公司独立人格和股东有限责任把投资风险转嫁给债权人。由于资本显著不足的判断标准有很大的模糊性,特别是要与公司采取"以小博大"的正常经营方式相区分,因此在适用时要十分谨慎,应当与其他因素结合起来综合判断。

13.【诉讼地位】人民法院在审理公司人格否认纠纷案件时,应当根据不同情形确定当事人的诉讼地位:

(1) 债权人对债务人公司享有的债权已经由生效裁判确认,其另行提起公司人格否认诉讼,请求股东对公司债务承担连带责任的,列股东为被告,公司为第三人;

(2) 债权人对债务人公司享有的债权提起诉讼的同时,一并提起公司人格否认诉讼，请求股东对公司债务承担连带责任的，列公司和股东为共同被告；

（3）债权人对债务人公司享有的债权尚未经生效裁判确认，直接提起公司人格否认诉讼，请求公司股东对公司债务承担连带责任的，人民法院应当向债权人释明，告知其追加公司为共同被告。债权人拒绝追加的，人民法院应当裁定驳回起诉。

04 股东认缴出资未到期需要对公司债务承担责任吗？

根据《公司法司法解释三》第十三条的规定，公司债权人可以请求未履行或未全面履行出资义务的股东在其未出资本息范围内对债务承担补充赔偿责任，此处未履行或未全面履行出资均系出资期限已届满，而在注册资本认缴制下，大多是股东认缴出资，在认缴期未到时需对公司债务承担责任吗？

上海市第二中级人民法院在上海江某投资有限公司（以下简称）与沈某富、王某南债权人代位权纠纷案中认为《公司法司法解释三》第十三条是关于股东未履行或者未全面履行出资义务的责任的规定，该规定的适用要件应指向股东出资义务期限届满时的情形。本案中，壹某公司章程约定股东增资出资缴款期限为2030年7月30日，沈某富、王某南作为壹某公司认缴增资的股东至本案诉讼时并不存在未履行或者未全面履行出资义务的情形。壹某公司虽不能清偿到期债务，但江某公司据此主张股东未届履行期限的出资义务加速到期，将未到期出资等同视为股东未履行或未全面履行出资义务，本院认为尚不能对司法解释相关规定作出如此延伸和扩张解释。故江某公司主张沈某富、王某南二人对壹某公司不能清偿的债务承担补充赔偿责任缺乏法律依据。[①]

而司法实践中持相反观点的亦不在少数，最高人民法院执行局张元法官曾公开发表文章表示，因2013年《公司法》取消了股东的法定最低出资比例以及缴纳出资期限，"出资不实"将难以认定，执行程序可以参照公司强制清算、破产法的有关规定，在公司已无财产可供执行的情形下，即使股东未届出资缴纳期限，仍继续追加变更该股东为被执行人，要求其在已认缴但未实际缴纳的出资范围内承担公司债务。

最高院对认缴期未到的股东加速到期一贯持谨慎态度，《九民纪要》倾向于在公司没有破产或解散的情形下，股东出资原则上不应加速到期，股东依法享有期限

---

① （2017）沪02民终608号。

利益。公司股东出资时间依法向社会公示，债权人可综合考察相关信息后再决定是否进行交易，债权人仅以公司不能清偿到期债务为由，请求未届出资期限的股东在未出资范围内对公司不能清偿的债务承担补充赔偿责任的，人民法院不予支持，但同时规定了支持请求股东出资加速到期的两种例外情形，即公司作为被执行人的案件，公司具备破产原因，但不申请破产的；公司债权产生后，公司股东（大）会恶意延长股东出资期限的。

申言之，对债权人而言，使未届出资期限的股东加速到期是保障债权实现的捷径，在执行阶段，穷尽对第一顺位公司的执行后，公司财产仍不足以清偿的情况下，即公司实质已满足破产条件，债权人可以直接主张追加或通过执行异议之诉追加未届出资期限的股东为被执行人承担补充赔偿责任。而在审判阶段，一般只有在公司恶意延长股东出资期限躲避债务的情况下，债权人要求认缴出资未到期的股东对公司债务承担补充赔偿责任方能得到法院支持。

[引申法条]

《全国法院民商事审判工作会议纪要》（法〔2019〕254号）

6.【股东出资应否加速到期】在注册资本认缴制下，股东依法享有期限利益。债权人以公司不能清偿到期债务为由，请求未届出资期限的股东在未出资范围内对公司不能清偿的债务承担补充赔偿责任的，人民法院不予支持。但是，下列情形除外：（1）公司作为被执行人的案件，人民法院穷尽执行措施无财产可供执行，已具备破产原因，但不申请破产的；（2）在公司债务产生后，公司股东（大）会决议或以其他方式延长股东出资期限的。

《中华人民共和国企业破产法》

第二条第一款 企业法人不能清偿到期债务，并且资产不足以清偿全部债务或者明显缺乏清偿能力的，依照本法规定清理债务。

第三十五条 人民法院受理破产申请后，债务人的出资人尚未完全履行出资义务的，管理人应当要求该出资人缴纳所认缴的出资，而不受出资期限的限制。

《最高人民法院关于适用〈中华人民共和国企业破产法〉若干问题的规定（一）》

第二条 下列情形同时存在的，人民法院应当认定债务人不能清偿到期债务：

（一）债权债务关系依法成立；

（二）债务履行期限已经届满；

（三）债务人未完全清偿债务。

第三条 债务人的资产负债表，或者审计报告、资产评估报告等显示其全部资产不足以偿付全部负债的，人民法院应当认定债务人资产不足以清偿全部债务，但有相反证据足以证明债务人资产能够偿付全部负债的除外。

第四条 债务人账面资产虽大于负债,但存在下列情形之一的,人民法院应当认定其明显缺乏清偿能力:

(一)因资金严重不足或者财产不能变现等原因,无法清偿债务;

(二)法定代表人下落不明且无其他人员负责管理财产,无法清偿债务;

(三)经人民法院强制执行,无法清偿债务;

(四)长期亏损且经营扭亏困难,无法清偿债务;

(五)导致债务人丧失清偿能力的其他情形。

《最高人民法院关于适用〈中华人民共和国公司法〉若干问题的规定(二)》

第二十二条 公司解散时,股东尚未缴纳的出资均应作为清算财产。股东尚未缴纳的出资,包括到期应缴未缴的出资,以及依照公司法第二十六条和第八十条的规定分期缴纳尚未届满缴纳期限的出资。

公司财产不足以清偿债务时,债权人主张未缴出资股东,以及公司设立时的其他股东或者发起人在未缴出资范围内对公司债务承担连带清偿责任的,人民法院应依法予以支持。

05 股东抽逃出资及协助抽逃的要对公司债务承担责任吗?

资本确定、资本维持、资本不变理念是《公司法》三项资本原则,即在公司存续过程中,必须维持与注册资本相当的资产、非经法律程序不得减少公司注册资本。虚假出资、抽逃出资等行为都被视为严重损害其他股东、债权人利益的不法行为,《公司法司法解释三》相关条款列举了抽逃出资的认定标准,同时规定抽逃出资股东须对债务承担补充责任,以及协助抽逃的其他股东、董事、高管或实控人对此的连带责任。具体责任情况通过本篇案例来分析。

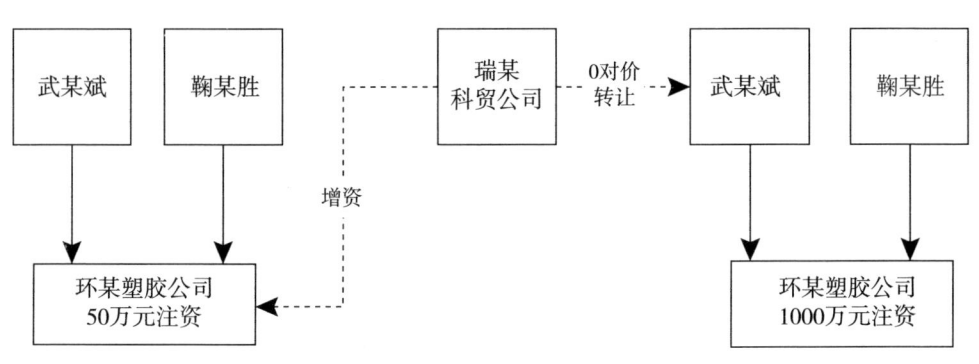

```
┌──────┐  ┌──────┐         ┌──────┐  0对价   ┌──────┐  ┌──────┐
│武某斌│  │鞠某胜│         │瑞某  │ ──转让──▶│武某斌│  │鞠某胜│
└──┬───┘  └──┬───┘         │科贸公司│        └──┬───┘  └──┬───┘
   │         │              └──────┘             │         │
   │         │       增资                         │         │
   ▼         ▼      ────┐                        ▼         ▼
┌─────────────────┐    │                     ┌─────────────────┐
│  环某塑胶公司    │◀───┘                     │  环某塑胶公司    │
│  50万元注资      │                          │  1000万元注资    │
└─────────────────┘                          └─────────────────┘
```

[典型案例]

环某塑胶公司注册资本为50万元，股东为武某斌、鞠某胜。2008年3月26日，新股东瑞某科贸公司对公司进行增资，增资数额为950万元，将注册资本增至1000万元。2008年3月26日，瑞某科贸公司缴纳了出资950万元，并由会计师事务所出具了验资报告。2008年3月28日，环某塑胶公司以支票形式向瑞某科贸公司转账9500280元，汇款用途一栏为空白。2008年5月15日，瑞某科贸公司将股权全部转让给武某斌，武某斌自认未向瑞某科贸公司支付对价。环某塑胶公司工商变更登记为武某斌、鞠某胜，出资额分别为999.5万元、0.5万元。同时2008年3月26日至2008年5月15日，环某塑胶公司法定代表人未发生过变更，始终为武某斌。

另债权人恒某创业公司对环某塑胶公司债权已经法院生效判决并进入执行程序，且公司已无其他可供执行财产，故该次执行程序终结。

债权人恒某创业公司诉至法院要求瑞某科贸公司、武某斌在950万元范围内对公司债务承担补充赔偿责任。

一审法院支持了债权人请求，武某斌不服上诉至北京三中院，二审法院经审理认为，本案的争议焦点在于：一、瑞某科贸公司是否应就环某塑胶公司对恒某创业公司的债务不能清偿部分承担补充赔偿责任；二、武某斌是否应当承担连带责任。关于本案争议焦点一，武某斌上诉主张环某塑胶公司和元某成公司于2008年1月16日签订《建筑承包合同》，环某塑胶公司于2008年3月28日支付给元某成公司9500280元系上述合同的约定工程款。本院认为，武某斌提交的《建筑承包合同》加盖的并非元某成公司的公章，其提交的证据不足以证明其支出款项用于建筑承包工程的主张，故本院对其上诉意见不予采信。根据《公司法》的规定，抽逃出资的股东应在抽逃出资本息范围内对公司债务不能清偿的部分对公司债权人承担补充赔偿责任。瑞某科贸公司在2008年3月26日完成对环某塑胶公司的950万元增资后，环某塑胶公司于2日后即从验资账户转出9500280元，并于当日转给瑞某科贸公司9500280元，上述几次转款金额高度接近，且时间上具有连续性，瑞某科贸公司、武某斌亦未提交证据证明款项的实际用途及转出的正当性，亦未能对此进行合理解释。一审法院综合以上情况认定瑞某科贸公司在担任环某塑胶公司股东期间抽逃注册资本950万元并无不当。

关于本案争议焦点二，瑞某科贸公司对环某塑胶公司增资并抽逃注册资本，又在不到两个月后将其持有的股权转让给了武某斌，武某斌却未向瑞某科贸公司支付对价，上述行为发生期间武某斌始终是环某塑胶公司股东，并担任法定代表人，实际控制环某塑胶公司。综合以上情况，一审法院采信恒某创业公司所主张的武某斌作为环某塑胶公司股东、高级管理人员及实际控制人，协助瑞某科贸公司抽逃注册资本，且在明知瑞某科贸公司抽逃注册资本的情况下受让瑞某科贸公司股权的意见均具有高度可能性并无不当。鉴于协助抽逃出资的其他股东、董事、高级管理人员或者实际控制人应当对抽逃出资行为承担连带责任。故一审法院认定武某斌应当对瑞某科贸公司抽逃注册资本的行为承担连带责任并无不当。[①]

申言之，对于瑕疵出资股东而言，公司债权人债权未获清偿的，首先公司是第一顺位的清偿义务人，责任股东排在第二顺位，即责任股东对公司债权人仅承担补充清偿义务，当公司不能履行到期债务时，若公司债权人已取得法院或仲裁机构的生效判决，并申请法院强制执行，在法院穷尽执行措施后，债权人仍未得到全额清偿的情形下，债权人可要求瑕疵出资义务股东在未出资、出资不实、抽逃出资范围内承担清偿责任。但这里需要注意一点，如果未履行出资义务的股东或抽逃出资的股东已经在未出资或抽逃出资本息范围内对公司债务承担了补充赔偿责任的，其他债权人不能再次要求其承担责任。所以对债权人而言，采取债权救济须兵贵神速、及时维权而不要疏忽大意。

[引申法条]

《中华人民共和国公司法》

第三十五条 公司成立后，股东不得抽逃出资。

《最高人民法院关于适用〈中华人民共和国公司法〉若干问题的规定（三）》

第十二条 公司成立后，公司、股东或者公司债权人以相关股东的行为符合下列情形之一且损害公司权益为由，请求认定该股东抽逃出资的，人民法院应予支持：

（一）制作虚假财务会计报表虚增利润进行分配；

（二）通过虚构债权债务关系将其出资转出；

（三）利用关联交易将出资转出；

（四）其他未经法定程序将出资抽回的行为。

第十三条 股东未履行或者未全面履行出资义务，公司或者其他股东请求其向公司依法全面履行出资义务的，人民法院应予支持。

公司债权人请求未履行或者未全面履行出资义务的股东在未出资本息范围内对公司债务不能清偿的部分承担补充赔偿责任的，人民法院应予支持；未履行或者未全面履行出资义务的股东已经承担上述责任，其他债权人提出相同请求的，人民法院不予支持。

股东在公司设立时未履行或者未全面履行出资义务，依照本条第一款或者第二

[①] （2016）京 03 民终 12240 号。

款提起诉讼的原告，请求公司的发起人与被告股东承担连带责任的，人民法院应予支持；公司的发起人承担责任后，可以向被告股东追偿。

股东在公司增资时未履行或者未全面履行出资义务，依照本条第一款或者第二款提起诉讼的原告，请求未尽公司法第一百四十七条第一款规定的义务而使出资未缴足的董事、高级管理人员承担相应责任的，人民法院应予支持；董事、高级管理人员承担责任后，可以向被告股东追偿。

第十四条 股东抽逃出资，公司或者其他股东请求其向公司返还出资本息、协助抽逃出资的其他股东、董事、高级管理人员或者实际控制人对此承担连带责任的，人民法院应予支持。

公司债权人请求抽逃出资的股东在抽逃出资本息范围内对公司债务不能清偿的部分承担补充赔偿责任、协助抽逃出资的其他股东、董事、高级管理人员或者实际控制人对此承担连带责任的，人民法院应予支持；抽逃出资的股东已经承担上述责任，其他债权人提出相同请求的，人民法院不予支持。

06 股东抽逃增资后转让全部股权的是否仍应对债权人承担责任？

[典型案例]

2013年8月14日，朱某刚对无锡市佳某亿不锈钢有限公司（以下简称佳某亿公司）的债权经法院调解确认。调解书生效后，佳某亿公司未履行付款义务，朱某刚向法院申请执行，未能执行到位，法院裁定终结该次执行程序。

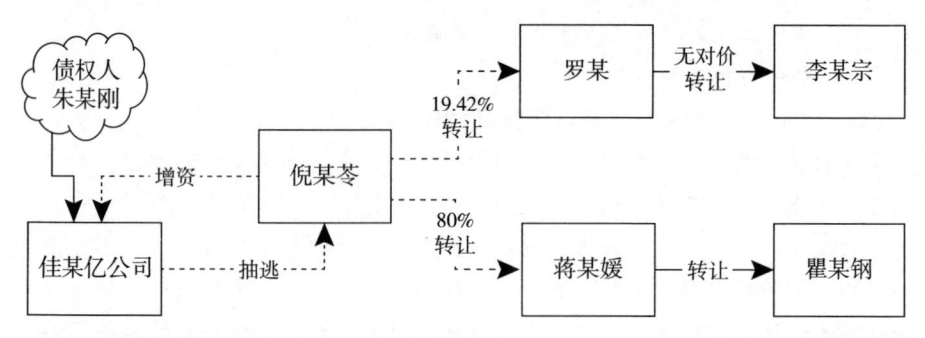

法院在上述执行过程中调查发现佳某亿公司曾于2010年6月10日增资，将注册资本由58万元增至2000万元，该公司股东倪某苓认缴全部增资款1942万元，于2010年6月4日将认缴的增资款1942万元以货币资金形式缴存至佳某亿公司的验资账户并由会计师事务所出具验资报告。2010年6月7日，倪某苓又以开具银行本

票的方式将增资款 1942 万元全部转出。2010 年 7 月 1 日，倪某苓与罗某、蒋某嫒分别签订股权转让协议，将其持有的佳某亿公司 19.42% 的股份以 388.4 万元的价格转让给罗某，同时将其持有的佳某亿公司 80% 的股份以 1600 万元的价格转让给蒋某嫒。此后，蒋某嫒又以 1600 万元的价格将其受让的佳某亿公司股权转让给瞿某钢，罗某又以 400 万元的价格将其受让的佳某亿公司股权转让给李某宗。罗某、蒋某嫒、李某宗在受让上述股权过程中均未支付任何股权转让款。朱某刚认为，倪某苓存在抽逃增资款 1942 万元的行为，故应在抽逃出资本息范围内对佳某亿公司的债务不能清偿部分承担补充赔偿责任，蒋某嫒、罗某、李某宗均存在明知倪某苓抽逃出资的情况下受让佳某亿公司股权的行为，故均应对倪某苓的上述债务承担连带责任。

本案例要点为 1. 股东抽逃增资后转让全部股权的，是否仍应对公司债权人承担责任；2. 如何认定瑕疵出资股权转让中的受让人系非善意受让人，非善意受让人应承担何种责任。江苏省无锡市锡山区人民法院经审理认为：倪某苓于 2010 年 6 月 4 日将增资款 1942 万元汇入佳某亿公司的验资账户进行验资后又于 2010 年 6 月 7 日全部转出的行为构成抽逃出资。现朱某刚要求倪某苓在抽逃出资 1942 万元本息范围内对佳某亿公司的案涉债务不能清偿的部分承担补充赔偿责任的诉讼请求，依法予以支持。因倪某苓在抽逃全部增资款后向分别罗某、蒋某嫒转让其持有的 19.42%、80% 的佳某亿公司股份，即倪某苓向罗某、蒋某嫒转让的股权系瑕疵出资股权。关于罗某、蒋某嫒以及李某宗在受让股权时是否知道或者应当知道倪某苓转让的股权存在瑕疵出资的问题，法院认为，第一，罗某、蒋某嫒作为理性的商事主体，在受让股权时应当查证该股权所对应的出资义务是否履行，具有较公司其他股东更高的注意义务。佳某亿公司注册资本由 58 万元增加至 2000 万元，股东倪某苓认缴全部增资款 1942 万元系佳某亿公司经营中的重大事项，而罗某、蒋某嫒只需对佳某亿公司银行验资账户的资金流转情况或公司财务账册等资料进行简单查询即可了解倪某苓在验资完成的短期内即已抽逃全部增资款。同理，罗某在受让股权后又将该股权全部转让给李某宗时，李某宗亦应查证该股权所对应的出资义务是否履行。第二，倪某苓与罗某、蒋某嫒以及罗某与李某宗均是通过签订股权转让协议的方式转让股权，且协议中明确约定的转让股权的份额及对应的股权转让价格，而罗某、蒋某嫒以及李某宗受让相应股权时均未按协议约定支付任何对价，即实际是无偿受让股权，明显有违常理。罗某、蒋某嫒、李某宗虽辩称其受让佳某亿公司股权均是受他人委托，但均未举证证明，罗某、蒋某嫒、李某宗的上述抗辩意见，法院不予采纳。综合以上两点，法院认定罗某、蒋某嫒、李某宗受让佳某亿公司股权时应当知道该股权存在瑕疵出资的情形。朱某刚现要求罗某、蒋某嫒、李某宗对倪某苓的案涉债务承担连带责任的诉讼请求，于法有据，法院亦予以支持。①

综上，根据《公司法司法解释三》第十三条第四款的规定，股东增资时存在瑕疵出资行为的，债权人可以请求责任股东承担补充赔偿责任，同时可要求违反忠实勤勉义务的董事、高管承担相应责任。本篇案例即为股东抽逃增资后又经几手转让股权，最终法院仍判令其在抽逃增资本息范围内承担补充赔偿责任，同时后续非善意受让股东均承担连带责任。此处需要注意的是，该债权是发生在股东瑕疵增资之后，如果债权发生在瑕疵增资之前，一般不能要求此后增资行为瑕疵的股东承担责任。

[引申法条]

《最高人民法院关于适用〈中华人民共和国公司法〉若干问题的规定（三）》

第十三条 股东未履行或者未全面履行出资义务，公司或者其他股东请求其向公司依法全面履行出资义务的，人民法院应予支持。

公司债权人请求未履行或者未全面履行出资义务的股东在未出资本息范围内对公司债务不能清偿的部分承担补充赔偿责任的，人民法院应予支持；未履行或者未全面履行出资义务的股东已经承担上述责任，其他债权人提出相同请求的，人民法院不予支持。

股东在公司设立时未履行或者未全面履行出资义务，依照本条第一款或者第二款提起诉讼的原告，请求公司的发起人与被告股东承担连带责任的，人民法院应予支持；公司的发起人承担责任后，可以向被告股东追偿。

股东在公司增资时未履行或者未全面履行出资义务，依照本条第一款或者第二款提起诉讼的原告，请求未尽公司法第一百四十七条第一款规定的义务而使出资未缴足的董事、高级管理人员承担相应责任的，人民法院应予支持；董事、高级管理人员承担责任后，可以向被告股东追偿。

第十八条 有限责任公司的股东未履行或者未全面履行出资义务即转让股权，受让人对此知道或者应当知道，公司请求该股东履行出资义务、受让人对此承担连带责任的，人民法院应予支持；公司债权人依照本规定第十三条第二款向该股东提起诉讼，同时请求前述受让人对此承担连带责任的，人民法院应予支持。

受让人根据前款规定承担责任后，向该未履行或者未全面履行出资义务的股东追偿的，人民法院应予支持。但是，当事人另有约定的除外。

---

① 江苏省无锡市中级人民法院（2018）苏02民终2726号民事判决书。

07 减资/解散时未依法通知债权人，后果有多严重？

本书在前文公司减资篇已撰文就只公告不通知的减资行为进行了分析：公司未对已知债权人进行减资通知，致使减资前形成的公司债权在减资之后清偿不能的，可比照《公司法》相对股东违法抽逃出资原则和规定，判决股东在减资数额范围内对债权人承担补充赔偿责任。同时债权人若发现公司未履行通知或公告义务便减资的，可以参照《公司法司法解释三》第十四条第二款股东抽逃出资的规定，要求股东在减资范围内承担补充赔偿责任。而对于公司解散而言，清算组又该履行什么通知程序呢？本篇通过以下判例来分析：

[**典型案例**]

华某公司股东为李某丰、李某芬，各占50%的股份。2007年7月13日，某轧辊公司与华某公司签署了加工合同，总价款为14018576元。合同签订后，某轧辊公司按约交付了货物，但华某公司未及时付款。经某轧辊公司多次催要，截至2010年9月，华某公司拖欠1530735.3元。李某丰与李某芬于2009年12月5日签订了股权转让协议，约定李某芬将在华某公司的股权转让给李某丰，公司经营期间的债权债务由李某丰个人享有和承担。李某丰向李某芬支付了股权转让款，但未办理股权转让登记。

华某公司在李某芬未参加的情况下，于2010年10月10日作出了注销公司、成立清算组的股东会决议，但未在法定期限内通知某轧辊公司。李某丰独自在清算报告上的清算组成员、股东签字处签上李某丰和李某芬的名字后，于2010年12月26日向工商局出具了清算报告，将华某公司注销。

某轧辊公司将华某公司及其股东李某丰、李某芬诉至法院，要求三者承担连带清偿责任。本案历经一审、二审、最高院再审，最终判定三者承担连带责任。

最高院在上述某轧辊公司与李某芬、李某丰清算责任纠纷案中认为：《公司法》第三十二条第三款规定："公司应当将股东的姓名或者名称向公司登记机关登记；登记事项发生变更的，应当办理变更登记。未经登记或者变更登记的，不得对抗第三人。"本案中李某丰与李某芬是华某公司股东，虽然两人签订股权转让协议，李某芬将所持有的华某公司50%股权转让给李某丰，但并未在工商登记机关办理股权转让和股东变更登记，因此华某公司的股权变更不能对抗债权人某轧辊公司。对于某轧辊公司而言，李某芬仍然具有华某公司股东的身份，承担华某公司股东的责任。

《公司法》第一百八十三条规定,"有限责任公司的清算组由股东组成",李某芬作为华某公司股东之一,承担组成清算组,依法清算的义务。《公司法司法解释二》第十一条规定:"公司清算时,清算组应当按照公司法第一百八十五条的规定,将公司解散清算事宜书面通知全体已知债权人,并根据公司规模和营业地域范围在全国或者公司注册登记地省级有影响的报纸上进行公告。清算组未按照前款规定履行通知和公告义务,导致债权人未及时申报债权而未获清偿,债权人主张清算组成员对因此造成的损失承担赔偿责任的,人民法院应依法予以支持。"本案中华某公司清算组疏于履行公司清算时的通知和公告义务,导致债权人某轧辊公司未及时申报债权,现华某公司已注销,某轧辊公司向清算组成员要求损害赔偿,原审法院支持某轧辊公司的诉讼请求并无不当。①

综上,根据《公司法》第一百八十五条的规定,公司解散清算事宜需要告知债权人,即清算组应当自成立之日起十日内通知债权人,并于六十日内在报纸上公告。对于公司债权人来讲,应当自接到解散清算通知之日起三十日内向清算组申报债权,若发现债权人未履行通知及公告义务即注销公司的,可以依据《公司法司法解释二》第十一条第二款的规定要求股东承担连带清偿责任。简括之,当公司减资/解散时,股东未依法通知债权人的法律后果不容小觑,轻者须在减资范围内对公司债务承担补充责任,重者因未履行通知公告义务而注销致使债权人损失的还需承担赔偿责任。

[引申法条]

《中华人民共和国公司法》

第一百七十七条 公司需要减少注册资本时,必须编制资产负债表及财产清单。

公司应当自作出减少注册资本决议之日起十日内通知债权人,并于三十日内在报纸上公告。债权人自接到通知书之日起三十日内,未接到通知书的自公告之日起四十五日内,有权要求公司清偿债务或者提供相应的担保。

第一百八十条 公司因下列原因解散:
(一)公司章程规定的营业期限届满或者公司章程规定的其他解散事由出现;
(二)股东会或者股东大会决议解散;
(三)因公司合并或者分立需要解散;
(四)依法被吊销营业执照、责令关闭或者被撤销;
(五)人民法院依照本法第一百八十二条的规定予以解散。

---

① (2015)民申字第1416号。

第一百八十三条 公司因本法第一百八十条第（一）项、第（二）项、第（四）项、第（五）项规定而解散的，应当在解散事由出现之日起十五日内成立清算组，开始清算。有限责任公司的清算组由股东组成，股份有限公司的清算组由董事或者股东大会确定的人员组成。逾期不成立清算组进行清算的，债权人可以申请人民法院指定有关人员组成清算组进行清算。人民法院应当受理该申请，并及时组织清算组进行清算。

第一百八十四条 清算组在清算期间行使下列职权：
（一）清理公司财产，分别编制资产负债表和财产清单；
（二）通知、公告债权人；
（三）处理与清算有关的公司未了结的业务；
（四）清缴所欠税款以及清算过程中产生的税款；
（五）清理债权、债务；
（六）处理公司清偿债务后的剩余财产；
（七）代表公司参与民事诉讼活动。

第一百八十五条 清算组应当自成立之日起十日内通知债权人，并于六十日内在报纸上公告。债权人应当自接到通知书之日起三十日内，未接到通知书的自公告之日起四十五日内，向清算组申报其债权。

债权人申报债权，应当说明债权的有关事项，并提供证明材料。清算组应当对债权进行登记。

在申报债权期间，清算组不得对债权人进行清偿。

第一百八十九条 清算组成员应当忠于职守，依法履行清算义务。

清算组成员不得利用职权收受贿赂或者其他非法收入，不得侵占公司财产。

清算组成员因故意或者重大过失给公司或者债权人造成损失的，应当承担赔偿责任。

《最高人民法院关于适用〈中华人民共和国公司法〉若干问题的规定（二）》

第十一条 公司清算时，清算组应当按照公司法第一百八十五条的规定，将公司解散清算事宜书面通知全体已知债权人，并根据公司规模和营业地域范围在全国或者公司注册登记地省级有影响的报纸上进行公告。

清算组未按照前款规定履行通知和公告义务，导致债权人未及时申报债权而未获清偿，债权人主张清算组成员对因此造成的损失承担赔偿责任的，人民法院应依法予以支持。

08　简易注销真的简约而不简单吗?

随着注册资本登记制度在全国范围内的全面实施,企业设立门槛大幅度降低,为简化退出程序,工商总局《关于全面推进企业简易注销登记改革的指导意见》(工商企注字〔2016〕253号,以下简称指导意见),规定自2017年3月1日起,在全国范围内实行企业简易注销登记改革,适用于领取营业执照后未开展经营活动或申请注销登记前未发生债权债务或申请注销登记前已将债权债务清算完结的有限责任公司、非公司企业法人、个人独资企业、合伙企业,由其自主选择适用一般注销程序或简易注销程序。

企业申请简易注销登记只需在国家企业信用信息公示系统向社会公告拟申请简易注销登记及全体投资人承诺等信息(见下文),公告期为45日。公告期满未被提出异议则可以提交书面资料申请注销登记,工商部门只对材料进行形式审查进而核准注销。根据上述指导意见,存在债权债务的企业虽然还须进行实质上的清算,但不必严格按《公司法》《合伙企业法》《个人独资企业法》等法律规定履行清算手续,简化了注销程序,提高了企业退出效率。

示例:

全体投资人承诺书

现向登记机关申请＿＿＿＿＿＿(企业名称)的简易注销登记,并郑重承诺:

本企业申请注销登记前未发生债权债务/已将债权债务清算完结,不存在未结清清算费用、职工工资、社会保险费用、法定补偿金和未交清的应缴纳税款及其他未了结事务,清算工作已全面完结。

本企业承诺申请注销登记时不存在以下情形:涉及国家规定实施准入特别管理措施的外商投资企业;被列入企业经营异常名录或严重违法失信企业名单的;存在股权(投资权益)被冻结、出质或动产抵押等情形;有正在被立案调查或采取行政强制、司法协助、被予以行政处罚等情形的;企业所属的非法人分支机构未办理注销登记的;曾被终止简易注销程序的;法律、行政法规或者国务院决定规定在注销登记前需经批准的;不适用企业简易注销登记的其他情形。

本企业全体投资人对以上承诺的真实性负责,如果违法失信,则由全体投资人承担相应的法律后果和责任,并自愿接受相关行政执法部门的约束和惩戒。

全体投资人签字(盖章):

年　月　日

相较于一般注销程序而言，简易注销在程序上的确简化不少，但如此简化的注销程序真的带给企业的都是简约便利吗？尤其是签署全体投资人承诺书兜底又有何风险呢？来看下面的案例。

[**典型案例**]

阎某敏、阎某平系淄博仁某旅行社有限公司（以下简称淄博仁某旅行社）的股东。2007 年 7 月 16 日，淄博仁某旅行社欠某假日旅行社 12310 元，经多次催讨，均未给付。2008 年 12 月 29 日，淄博仁某旅行社向工商部门申请注销，并提交了一份清算报告，报告称企业所有债务都已经清偿，公司的股东阎某敏、阎某平同时还承诺"保证企业债务已清偿完毕，并承担由此产生的一切责任"，办理了法人注销登记手续。某假日旅行社诉至法院，请求判令阎某敏、阎某平承担还款责任。

法院经审理后认为，淄博仁某旅行社应支付该笔欠款。淄博仁某旅行社现已注销登记，但由于该公司在清算过程中，二被告作为公司的股东，未经清算并清偿公司欠原告的债务，且出具了内容不真实的清算报告，使公司登记机关为淄博仁某旅行社办理了法人注销登记。同时，二被告也承诺对公司债务承担责任。因此，原告主张二被告对公司所欠的 12310 元旅游团款承担清偿责任，于法有据。最终，法院判决被告阎某敏、阎某平应于本判决生效之日起 3 日内向原告某假日旅行社支付欠款 12310 元。

同时根据《公司法司法解释二》第二十条第二款的规定，公司未经依法清算即办理注销登记，股东在公司登记机关办理注销登记时承诺对公司债务承担责任，债权人可以直接主张其对公司债务承担相应民事责任。由此可见，公司的债权债务未予以清算或以为注销就将债务一笔勾销万事大吉的，简易注销与全体投资人承诺将全面突破股东有限责任，推倒公司这道天然屏障使得股东直接背负本不必承担的公司债务。另外，《最高人民法院关于民事执行中变更、追加当事人若干问题的规定》第二十一条规定，若公司所负债务已在法院强制执行过程中，其间公司若被简易注销，申请执行人可直接向执行法院申请变更、追加股东作为被执行人，从而全体股东需要对公司正在执行的债务承担连带清偿责任。而上述指导意见中亦明确"对恶意利用企业简易注销程序逃避债务或侵害他人合法权利的，有关利害关系人可以通过民事诉讼，向投资人主张其相应民事责任，投资人违反法律、法规规定，构成犯罪的，依法追究刑事责任。"故简易注销简约但的确不简单，尤其公司存在债权债务尚未经清算情况下还是建议慎重采用。①

---

① 最高人民法院《人民司法案例》2010 年第 12 期。

[引申法条]

《最高人民法院关于适用〈中华人民共和国公司法〉若干问题的规定（二）》

第二十条 公司解散应当在依法清算完毕后，申请办理注销登记。公司未经清算即办理注销登记，导致公司无法进行清算，债权人主张有限责任公司的股东、股份有限公司的董事和控股股东，以及公司的实际控制人对公司债务承担清偿责任的，人民法院应依法予以支持。

公司未经依法清算即办理注销登记，股东或者第三人在公司登记机关办理注销登记时承诺对公司债务承担责任，债权人主张其对公司债务承担相应民事责任的，人民法院应依法予以支持。

《最高人民法院关于民事执行中变更、追加当事人若干问题的规定》

第二十一条 作为被执行人的公司，未经清算即办理注销登记，导致公司无法进行清算，申请执行人申请变更、追加有限责任公司的股东、股份有限公司的董事和控股股东为被执行人，对公司债务承担连带清偿责任的，人民法院应予支持。

《工商总局关于全面推进企业简易注销登记改革的指导意见》（工商企注字〔2016〕253号）

二、规范简易注销行为，为企业提供便捷高效的市场退出服务

（一）明确适用范围，尊重企业自主权。

贯彻加快转变政府职能和简政放权改革要求，充分尊重企业自主权和自治权，对领取营业执照后未开展经营活动（以下称未开业）、申请注销登记前未发生债权债务或已将债权债务清算完结（以下称无债权债务）的有限责任公司、非公司企业法人、个人独资企业、合伙企业，由其自主选择适用一般注销程序或简易注销程序。

企业有下列情形之一的，不适用简易注销程序：涉及国家规定实施准入特别管理措施的外商投资企业；被列入企业经营异常名录或严重违法失信企业名单的；存在股权（投资权益）被冻结、出质或动产抵押等情形；有正在被立案调查或采取行政强制、司法协助、被予以行政处罚等情形的；企业所属的非法人分支机构未办理注销登记的；曾被终止简易注销程序的；法律、行政法规或者国务院决定规定在注销登记前需经批准的；不适用企业简易注销登记的其他情形。

人民法院裁定强制清算或裁定宣告破产的，有关企业清算组、企业管理人可持人民法院终结强制清算程序的裁定或终结破产程序的裁定，向被强制清算人或破产人的原登记机关申请办理简易注销登记。

（二）简化登记程序，提高登记效率。

企业申请简易注销登记应当先通过国家企业信用信息公示系统《简易注销公

告》专栏主动向社会公告拟申请简易注销登记及全体投资人承诺等信息（强制清算终结和破产程序终结的企业除外），公告期为45日。登记机关应当同时通过国家企业信用信息公示系统将企业拟申请简易注销登记的相关信息推送至同级税务、人力资源和社会保障等部门，涉及外商投资企业的还要推送至同级商务主管部门。公告期内，有关利害关系人以及相关政府部门可以通过国家企业信用信息公示系统《简易注销公告》专栏"异议留言"功能提出异议并简要陈述理由。公告期满后，企业方可向企业登记机关提出简易注销登记申请。

简化企业需要提交的申请材料。将全体投资人作出解散的决议（决定）、成立清算组、经其确认的清算报告等文书合并简化为全体投资人签署的包含全体投资人决定企业解散注销、组织并完成清算工作等内容的《全体投资人承诺书》（见附件）。企业在申请简易注销登记时只需要提交《申请书》《指定代表或者共同委托代理人授权委托书》《全体投资人承诺书》（强制清算终结的企业提交人民法院终结强制清算程序的裁定，破产程序终结的企业提交人民法院终结破产程序的裁定）、营业执照正、副本即可，不再提交清算报告、投资人决议、清税证明、清算组备案证明、刊登公告的报纸样张等材料（企业登记申请文书规范和企业登记提交材料规范（2015年版）已相应修订）。

登记机关在收到申请后，应当对申请材料进行形式审查，也可利用国家企业信用信息公示系统对申请简易注销登记企业进行检索检查，对于不适用简易注销登记限制条件的申请，书面（电子或其他方式）告知申请人不符合简易注销条件；对于公告期内被提出异议的企业，登记机关应当在3个工作日内依法作出不予简易注销登记的决定；对于公告期内未被提出异议的企业，登记机关应当在3个工作日内依法作出准予简易注销登记的决定。

（三）明晰各方责任，保护合法权利。

企业应当对其公告的拟申请简易注销登记和全体投资人承诺、向登记机关提交材料的真实性、合法性负责。《全体投资人承诺书》是实施监督管理的依据。企业在简易注销登记中隐瞒真实情况、弄虚作假的，登记机关可以依法作出撤销注销登记等处理，在恢复企业主体资格的同时将该企业列入严重违法失信企业名单，并通过国家企业信用信息公示系统公示，有关利害关系人可以通过民事诉讼主张其相应权利。

对恶意利用企业简易注销程序逃避债务或侵害他人合法权利的，有关利害关系人可以通过民事诉讼，向投资人主张其相应民事责任，投资人违反法律、法规规定，构成犯罪的，依法追究刑事责任。

09 被吊销营业执照怠于履行清算义务的股东须对债务承担责任吗?

有限责任公司出现吊销营业执照等解散事由后，实践中存在大量长期不进行清算、注销的僵尸企业。此种情形下，怠于履行清算义务的股东对公司债务承担责任吗？

[典型案例]

甲公司设立于2006年9月，注册资本为500万元，股东为冯某（出资425万元）、周某（出资75万元），冯某任法定代表人。设立后，甲公司因经营需要向乙公司租赁商业用房，双方签订了房屋租赁合同，对租赁期限及租金进行了约定。后因甲公司长期拖欠租金不付，乙公司于2010年诉至法院要求解除租赁合同，甲公司立即给付拖欠租金及违约金。该案生效判决判令解除合同，甲公司支付租金及违约金。在强制执行过程中，因被执行人甲公司暂无财产可供执行，法院裁定终结执行。2011年3月22日，甲公司因未按规定年检，被吊销营业执照。之后，该公司两位股东未在法律规定的期限内成立清算组对公司进行清算。2015年3月，乙公司以债权人的名义向法院申请对甲公司进行强制清算。因甲公司账册、重要文件无法获得，公司人员下落不明，无法进行清算，法院裁定终结甲公司强制清算程序。乙公司遂提起本案诉讼，要求甲公司的股东冯某、周某对甲公司的该笔债务承担清偿责任。

法院生效判决认为：甲公司被依法吊销营业执照后，周某、冯某作为股东应在十五日成立清算组进行清算。该两人未履行上述义务，属于怠于履行清算义务。债权人乙公司申请对甲公司进行强制清算，该程序终结的原因是无法查找甲公司财产、账册、重要文件。因此，周某、冯某怠于履行义务的行为已严重损害了债权人的合法权益，应对债务承担连带责任。遂判决：周某、冯某对甲公司向乙公司的还款义务承担连带清偿责任。

通过上述案例，江苏法院提醒投资者以下几个方面：1. 除了司法解散、决议解散之外，经营中常见的营业期限届满、被吊销营业执照、被责令关闭、被撤销亦是公司解散的原因。公司一旦因前述原因解散，应当在15日内成立清算组，开始清算。2. 有限责任公司全体股东是法定的清算义务人，根据《公司法司法解释二》第十八条的规定，如怠于履行清算义务，则可能承担清算赔偿责任，具体分为以下两种情形。一是导致公司财产贬值、流失、毁损或者灭失的，在损失范围内向公司债权人承担赔偿责任；二是导致公司主要财产、账册、重要文件等灭失，无法进行清算的，对公司债务承担连带清偿责任。3. 前述清算赔偿责任是清算义务人以自己的财产对公司债务承担责任，与股东出资时的有限责任已完全不同，本质上属于侵权责任，责任范围有可能远远大于出资额。因此，公司一旦出现吊销营业执照等解散情形，建议投资者立即启动公司退出机制，依法履行清算义务，避免因自己的"无心之过"而无限放大投资风险。[①]

但上述股东清算责任在实践中亦衍生了大量职业债权人，导致不适当地扩大了股东的清算责任，出现了判决没有"怠于履行义务"的小股东或者虽"怠于履行义务"但与公司主要财产、账册、重要文件等灭失没有因果关系的小股东对公司债务承担远远超过其出资数额的责任，导致出现利益明显严重失衡的现象。

《九民纪要》纠偏明确了怠于履行清算义务的认定，即如果小股东可以举证1. 为履行清算义务采取了积极措施；2. 不是公司董事会或监事会成员，也没有选派人员担任该机关成员，且未参与公司经营管理，则不属于"怠于履行清算义务"，判断是否"怠于履行义务"这个标准时，法院应当向小股东倾斜；3. 如果小股东能够举证其怠于履行与公司无法清算之间无因果关系的，亦不应对公司债务承担连带清偿责任；4. 最后小股东可以就公司债权人对公司的债权已经超过诉讼时效期间为由抗辩，经查证属实的，人民法院依法予以支持。

综上，有限责任制度在股东与债权人之间竖立了一道防火墙，公司以其财产为限对外承担债务，但若故意借解散之机逃避债务，严重损害债权人利益并危害社会经济秩序的，最终股东有可能被课以连带责任。故如果公司出现解散事由时，有限公司股东尤其是大股东应依法积极履行清算义务避免承担无限连带责任，如果未参与实际经营也未在公司任职的小股东被牵连承担公司债务责任的，亦要积极参照上述《九民纪要》提供的思路来举证维护自己的合法权利。

[引申法条]

《**中华人民共和国公司法**》

第一百八十条 公司因下列原因解散：

（一）公司章程规定的营业期限届满或者公司章程规定的其他解散事由出现；

（二）股东会或者股东大会决议解散；

（三）因公司合并或者分立需要解散；

（四）依法被吊销营业执照、责令关闭或者被撤销；

（五）人民法院依照本法第一百八十二条的规定予以解散。

[①] 江苏法院公司审判十大案例之九：乙公司与冯某等股东损害公司债权人利益责任纠纷案——清算义务人怠于履行清算义务导致无法清算的应对公司债务承担连带清偿责任。

第一百八十三条 公司因本法第一百八十条第（一）项、第（二）项、第（四）项、第（五）项规定而解散的，应当在解散事由出现之日起十五日内成立清算组，开始清算。有限责任公司的清算组由股东组成，股份有限公司的清算组由董事或者股东大会确定的人员组成。逾期不成立清算组进行清算的，债权人可以申请人民法院指定有关人员组成清算组进行清算。人民法院应当受理该申请，并及时组织清算组进行清算。

《最高人民法院关于适用〈中华人民共和国公司法〉若干问题的规定（二）》

第七条 公司应当依照民法典第七十条、公司法第一百八十三条的规定，在解散事由出现之日起十五日内成立清算组，开始自行清算。

有下列情形之一，债权人、公司股东、董事或其他利害关系人申请人民法院指定清算组进行清算的，人民法院应予受理：

（一）公司解散逾期不成立清算组进行清算的；

（二）虽然成立清算组但故意拖延清算的；

（三）违法清算可能严重损害债权人或者股东利益的。

第十八条 有限责任公司的股东、股份有限公司的董事和控股股东未在法定期限内成立清算组开始清算，导致公司财产贬值、流失、毁损或者灭失，债权人主张其在造成损失范围内对公司债务承担赔偿责任的，人民法院应依法予以支持。

有限责任公司的股东、股份有限公司的董事和控股股东因怠于履行义务，导致公司主要财产、账册、重要文件等灭失，无法进行清算，债权人主张其对公司债务承担连带清偿责任的，人民法院应依法予以支持。

上述情形系实际控制人原因造成，债权人主张实际控制人对公司债务承担相应民事责任的，人民法院应依法予以支持。

《全国法院民商事审判工作会议纪要》（法〔2019〕254号）

（五）关于有限责任公司清算义务人的责任

关于有限责任公司股东清算责任的认定，一些案件的处理结果不适当地扩大了股东的清算责任。特别是实践中出现了一些职业债权人，从其他债权人处大批量超低价收购僵尸企业的"陈年旧账"后，对批量僵尸企业提起强制清算之诉，在获得人民法院对公司主要财产、账册、重要文件等灭失的认定后，根据公司法司法解释（二）第18条第2款的规定，请求有限责任公司的股东对公司债务承担连带清偿责任。有的人民法院没有准确把握上述规定的适用条件，判决没有"怠于履行义务"的小股东或者虽"怠于履行义务"但与公司主要财产、账册、重要文件等灭失没有因果关系的小股东对公司债务承担远远超过其出资数额的责任，导致出现利益明显失衡的现象。需要明确的是，上述司法解释关于有限责任公司股东清算责任的规定，其性质是因股东怠于履行清算义务致使公司无法清算所应当承担的侵权责任。

在认定有限责任公司股东是否应当对债权人承担侵权赔偿责任时，应当注意以下问题：

14.【怠于履行清算义务的认定】公司法司法解释（二）第18条第2款规定的"怠于履行义务"，是指有限责任公司的股东在法定清算事由出现后，在能够履行清算义务的情况下，故意拖延、拒绝履行清算义务，或者因过失导致无法进行清算的消极行为。股东举证证明其已经为履行清算义务采取了积极措施，或者小股东举证证明其既不是公司董事会或者监事会成员，也没有选派人员担任该机关成员，且从未参与公司经营管理，以不构成"怠于履行义务"为由，主张其不应当对公司债务承担连带清偿责任的，人民法院依法予以支持。

15.【因果关系抗辩】有限责任公司的股东举证证明其"怠于履行义务"的消极不作为与"公司主要财产、账册、重要文件等灭失，无法进行清算"的结果之间没有因果关系，主张其不应对公司债务承担连带清偿责任的，人民法院依法予以支持。

16.【诉讼时效期间】公司债权人请求股东对公司债务承担连带清偿责任，股东以公司债权人对公司的债权已经超过诉讼时效期间为由抗辩，经查证属实的，人民法院依法予以支持。

公司债权人以公司法司法解释（二）第18条第2款为依据，请求有限责任公司的股东对公司债务承担连带清偿责任的，诉讼时效期间自公司债权人知道或者应当知道公司无法进行清算之日起计算。

10 股东以虚假的清算报告注销公司须对公司债务承担什么责任呢？

股东在清算时，违反清算组的工作职责，恶意处置公司财产或者以虚假的清算报告注销公司，即欺诈注销。从公司办理注销手续依据的材料来看，清算程序依法进行，但实际上清算工作并未依法开展。这样带来的法律风险是什么呢？

[典型案例]

创某公司股东为刘某年、齐某华。2015年6月7日，创某公司召开股东会并形成决议，全体股东一致同意注销公司，并成立清算组对公司进行清算。刘某年、齐某华均为清算组成员。2015年6月16日，创某公司在某报纸上发布注销公告，要求公司债权人自公告之日起45日内来公司办理相关事宜。2015年8月18日，创某公司出具《清算报告》，称清算工作已完成，全体股东保证公司债务已清偿完毕，所报清算材料真实、完整，并承担由此产生的一切责任。2015年8月21日，创某公司办理了注销登记。勤某公司在公告期限内未向创某公司申报债权，其债权至今未获得全部清偿。

最高院在上述庆阳勤某光电节能照明工程有限公司（以下简称勤某公司）、庆阳市西峰区融某投资担保有限公司借款合同纠纷再审案中认为公司股东决定注销（解散）公司后应当先对公司的资产负债进行清算，清算完毕后再办理公司的注销登记。本案中创某公司的股东虽对创某公司进行了清算，并出具了《清算报告》、办理了注销登记，但存在"在公司解散后，未经依法清算，以虚假的清算报告骗取公司登记机关办理法人注销登记"的情形，对于未获得全部清偿的公司债权人，理应承担赔偿责任。理由如下：第一，勤某公司与创某公司签订案涉借款合同的时间为2015年6月8日，借款合同约定的借款期限为2015年6月8日至2015年12月7日。创某公司股东会形成决议拟注销公司的时间为2015年6月7日，创某公司出具《清算报告》的时间为2015年8月18日，办理注销登记的时间为2015年8月21日。也就是说，创某公司在向勤某公司借款时已决定注销其公司，在出具《清算报告》、办理注销登记时向勤某公司所借款项尚未到期，也未清偿完毕（本金仅偿还了70万元，利息未偿还）。上述事实表明，创某公司的股东存在"在公司解散后，未经依法清算，以虚假的清算报告骗取公司登记机关办理法人注销登记"的情形。创某公司股东的上述行为，已严重损害了公司债权人勤某公司的利益，导致勤某公司的债权无法获得全部清偿。

第二，齐某华既是创某公司法定代表人刘某年的配偶，又是创某公司仅有的两名股东之一，参加了创某公司股东会，系清算组成员，并在《清算报告》上签了字，参与了创某公司全部解散及清算工作，对于因公司解散导致勤某公司无法获得全部清偿的公司债务，应当承担赔偿责任。

第三，作为创某公司的股东和清算组成员，齐某华在《清算报告》中明确承诺对所报清算材料的真实性负责，并愿意承担由此产生的一切责任，故判决其对公司债务承担赔偿责任亦不违背其承诺内容。综上，齐某华作为刘某年的配偶虽然未在案涉借款合同中签字，不是借款合同的相对人，但其作为创某公司的股东对于公司解散时未全部清偿完毕的公司债务应当承担赔偿责任，原审法院未判决齐某华承担赔偿责任确有不当，本院予以纠正。①

通过上述案例可知有限责任公司的股东作为清算义务人应当依法履行清算义务，若未经依法清算，以虚假的清算报告骗取公司登记机关办理法人注销登记的情形，属于欺诈注销，构成侵权，侵权清算义务人应当对公司债权人承担赔偿责任。

---

① （2019）最高法民再195号。

故这里需要进一步提示投资人的是：1. 公司解散后，清算义务人负有在法定期间内组织清算组依法进行清算的义务，如不履行或不适当履行该义务给公司及债权人造成损失的，本质上属于侵权行为，应承担相应的民事责任。2. 清算义务人的不当行为可以分为不作为与作为两大类，不作为包括怠于履行清算义务（《公司法司法解释二》第十八条），作为包括未经依法清算，以虚假的清算报告骗取公司登记机关办理法人注销登记等行为（《公司法司法解释二》第十九条），即欺诈注销。3. 作为或不作为均需承担相应的民事责任：清算义务人存在欺诈注销行为的，应对公司债务承担侵权赔偿责任。若怠于履行清算义务并导致公司主要财产、账册、重要文件等灭失，无法进行清算的，则将有可能被债权人要求承担连带清偿责任。①

[引申法条]

《中华人民共和国公司法》

第一百八十四条 清算组在清算期间行使下列职权：

（一）清理公司财产，分别编制资产负债表和财产清单；

（二）通知、公告债权人；

（三）处理与清算有关的公司未了结的业务；

（四）清缴所欠税款以及清算过程中产生的税款；

（五）清理债权、债务；

（六）处理公司清偿债务后的剩余财产；

（七）代表公司参与民事诉讼活动。

第一百八十五条 清算组应当自成立之日起十日内通知债权人，并于六十日内在报纸上公告。债权人应当自接到通知书之日起三十日内，未接到通知书的自公告之日起四十五日内，向清算组申报其债权。

债权人申报债权，应当说明债权的有关事项，并提供证明材料。清算组应当对债权进行登记。

在申报债权期间，清算组不得对债权人进行清偿。

第一百八十六条 清算组在清理公司财产、编制资产负债表和财产清单后，应当制定清算方案，并报股东会、股东大会或者人民法院确认。

公司财产在分别支付清算费用、职工的工资、社会保险费用和法定补偿金，缴纳所欠税款，清偿公司债务后的剩余财产，有限责任公司按照股东的出资比例分配，股份有限公司按照股东持有的股份比例分配。

---

① 江苏法院公司审判十大案例之十：乙公司与曹某等股东损害公司债权人利益责任纠纷案——清算义务人应对欺诈注销的行为承担侵权赔偿责任。

清算期间，公司存续，但不得开展与清算无关的经营活动。公司财产在未依照前款规定清偿前，不得分配给股东。

第一百八十九条 清算组成员应当忠于职守，依法履行清算义务。

清算组成员不得利用职权收受贿赂或者其他非法收入，不得侵占公司财产。

清算组成员因故意或者重大过失给公司或者债权人造成损失的，应当承担赔偿责任。

《最高人民法院关于适用〈中华人民共和国公司法〉若干问题的规定（二）》

第十九条 有限责任公司的股东、股份有限公司的董事和控股股东，以及公司的实际控制人在公司解散后，恶意处置公司财产给债权人造成损失，或者未经依法清算，以虚假的清算报告骗取公司登记机关办理法人注销登记，债权人主张其对公司债务承担相应赔偿责任的，人民法院应依法予以支持。

第二十条 公司解散应当在依法清算完毕后，申请办理注销登记。公司未经清算即办理注销登记，导致公司无法进行清算，债权人主张有限责任公司的股东、股份有限公司的董事和控股股东，以及公司的实际控制人对公司债务承担清偿责任的，人民法院应依法予以支持。

公司未经依法清算即办理注销登记，股东或者第三人在公司登记机关办理注销登记时承诺对公司债务承担责任，债权人主张其对公司债务承担相应民事责任的，人民法院应依法予以支持。

第二十一章
公司关联交易损害责任

01 称谓形式上非法定高管是否属于关联交易主体？

一般来说，公司关联交易损害责任纠纷的适格被告是公司控股股东、实际控制人及董事、监事等高级管理人员，其通过与公司不当的关联交易进行利益输送、"掏空公司"，严重损害了公司、其他小股东和债权人的合法权益，根据《公司法》第二十一条的规定，上述人员利用关联关系损害公司利益给公司造成损失的，需承担赔偿责任，如果形式上非法定高管是否符合上述关联关系主体规定呢？我们通过2019年度人民法院十大商事案件之一：甘肃中某骏车辆有限公司（以下简称甘肃中某骏公司）诉周某、高某、毛某光关联交易损害赔偿纠纷案——公司内部人员通过关联交易损害公司利益赔偿案来分析。

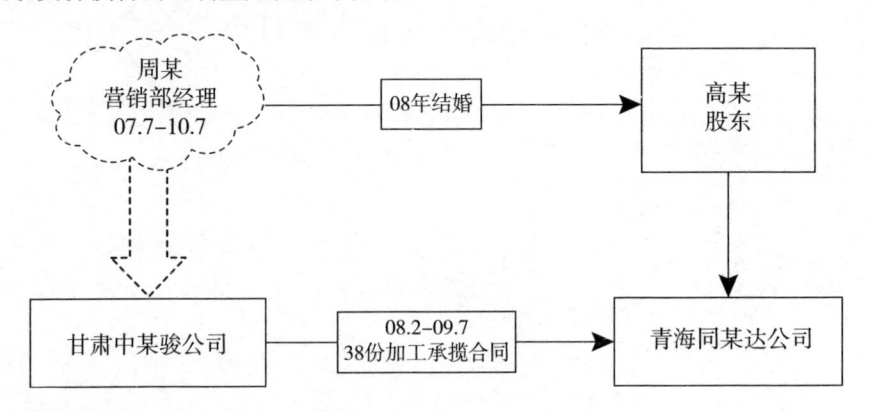

```
┌─────────────┐                        ┌─────────┐
│ 周某        │                        │ 高某    │
│ 营销部经理  │ ── 08年结婚 ─────────▶ │ 股东    │
│ 07.7-10.7   │                        │         │
└──────┬──────┘                        └────┬────┘
       │                                    │
       ▼                                    ▼
┌─────────────┐  08.2-09.7           ┌──────────────┐
│ 甘肃中某骏  │  38份加工承揽合同    │ 青海同某达   │
│ 公司        │ ───────────────────▶ │ 公司         │
└─────────────┘                      └──────────────┘
```

[典型案例]

2007年7月30日周某任甘肃中某骏公司营销部经理，全面主持公司销售和采购供应工作，2010年7月调离。周某与高某2008年登记结婚。2008年2月至2009年7月，公司与高某发起设立的青海同某达公司签订了共计38份加工承揽合同，但青海同某达公司拖欠5967970元货款未支付。而在周某任职期间，公司的其他应收货款均及时回收，唯独与青海同某达公司的交易给公司造成了损失。故公司诉至法院要求依法判决周某、高某、毛某光共同赔偿甘肃中某骏公司经济损失本金4352320元及利息1877038元，共计6229358元。

一审支持公司诉请，周某认为其本人不具有关联交易主体资格，对一审不服上诉至甘肃省高院，二审法院审理认为：关于周某在甘肃中某骏公司任职期间，甘肃中某骏公司与青海同某达公司，2008年2月29日至2009年7月31日签订的承揽合同是否属于关联交易的问题。《公司法》第二百一十六条第一款第（一）项规定："高级管理人员，是指公司的经理、副经理、财务负责人，上市公司董事会秘书和公司章程规定的其他人员。"判断公司相关人员是否为高级管理人员，应从该人员是否担任《公司法》规定的职务，或者公司的章程是否将担任其他职务的人员规定为公司的高级管理人员进行分析。公司的高级管理人员应是执行公司出资人的决策，拥有执行权或一定程度的决策权，掌握着公司内部管理或外部业务的核心信息，并决定公司的决策及发展方向的特定人群。《甘肃中某骏车辆有限公司章程》第二十八条规定："公司设总经理一人，副总经理若干人，正副总经理由董事会聘请"、第二十九条"总经理直接对董事会负责，执行董事会的各项决定，组织领导公司的日常生产、技术和经营管理工作。副总经理协助总经理工作，当总经理缺席或不能工作时，代理行使总经理的职责"。

本案中，周某的身份是作为甘肃中某骏营销部经理全面负责销售工作，在此期间，甘肃中某骏公司并没有设立副总经理，周某对选择交易对象以及是否签订合同具有决策权，对以什么方式进行资金回收亦有决定权，周某实际上行使的是公司高级管理人员的职权。其妻子高某和亲戚成立青海同某达公司及转让公司股权的行为，与周某任甘肃中某骏公司营销部经理及离任具有同步性，事实上就是为了和甘肃中某骏公司进行交易，周某亦未如实向公司报告该事项，在和青海同某达公司交易之后周某利用其职权，不及时回收资金，唯独与青海同某达公司的交易给甘肃中某骏公司造成了巨大的损失。且周某在青海同某达公司未向甘肃中某骏公司支付货款的情况下，利用职权继续与青海同某达公司签订合同和供货，周某的行为客观上给甘肃中某骏公司造成了经济损失，应当承担赔偿责任。一审法院认定周某在甘肃中某骏公司任职期间，甘肃中某骏公司与青海同某达公司2008年2月29日至2009年7月31日签订的承揽合同属于关联交易并无不当，周某的该上诉理由不能成立。至于周某提出一审法院确认《加工承揽合同》的数额为38份没有任何事实基础的上诉理由，周某本人在一审庭审中认可涉案的这38份合同全部是在其任营销部经理时签订，且全部是在其职责范围内签订，故周某的该上诉理由亦不能成立。最终驳回上诉，维持原判。[①]

上述案例中，周某所担任的甘肃中某骏公司营销部经理一职，其称呼形式上并不属于《公司法》第二百一十六条规定的高管人员范围，但法院根据周某事实上行使了公司高管职权的行为而认定其为关联交易主体，因周某在任职期间与亲属所设立并控股的企业发生的合同行为明显属于关联交易，且最终给公司造成了损失，故依法判令其承担赔偿责任。此案具有很好的实务意义，即损害公司利益的关联关系并非只从

---

① （2018）甘民终590号。

形式上的称谓判断，更多的还是看行为人是否实际行使高管职权并损害公司利益。

[引申法条]

《中华人民共和国公司法》

第二十一条　公司的控股股东、实际控制人、董事、监事、高级管理人员不得利用其关联关系损害公司利益。

违反前款规定，给公司造成损失的，应当承担赔偿责任。

第二百一十六条　本法下列用语的含义：

（一）高级管理人员，是指公司的经理、副经理、财务负责人，上市公司董事会秘书和公司章程规定的其他人员。

（二）控股股东，是指其出资额占有限责任公司资本总额百分之五十以上或者其持有的股份占股份有限公司股本总额百分之五十以上的股东；出资额或者持有股份的比例虽然不足百分之五十，但依其出资额或者持有的股份所享有的表决权已足以对股东会、股东大会的决议产生重大影响的股东。

（三）实际控制人，是指虽不是公司的股东，但通过投资关系、协议或者其他安排，能够实际支配公司行为的人。

（四）关联关系，是指公司控股股东、实际控制人、董事、监事、高级管理人员与其直接或者间接控制的企业之间的关系，以及可能导致公司利益转移的其他关系。但是，国家控股的企业之间不仅因为同受国家控股而具有关联关系。

02　司法实践中一般如何认定关联关系呢？

根据《公司法》第第二百一十六条第（四）项的规定："关联关系，是指公司控股股东、实际控制人、董事、监事、高级管理人员与其直接或者间接控制的企业之间的关系，以及可能导致公司利益转移的其他关系。但是，国家控股的企业之间不仅因为同受国家控股而具有关联关系。"同时根据《企业会计准则第36号——关联方披露》的规定"一方控制、共同控制另一方或对另一方施加重大影响，以及两方或两方以上同受一方控制、共同控制或重大影响的，构成关联方"。以及《上海证券交易所股票上市规则》第十章关联交易的第一节指出，上市公司的关联人包括关联法人和关联自然人，并作出了具体列举。除此之外，对于关联方的具体界定，目前主要见诸于中国证监会、中国证券业协会和沪、深两个证券交易所发布的规则、准则等规范性文件中。而关联交易本身实务表现形式纷繁复杂，上述众多的判定规则也导致实践中认定关联方与关联交易存在着争议，但一般从公司管理角度根据公司关联关系的形成原因，可将其分为以下四类：（1）依据投资行为形成的关联关系；（2）依据企业管理活动形成的关联关系；（3）依据支配合同形成的关联关系；（4）因家庭成员或特定关联人之间的密切关系而形成的关联关系。

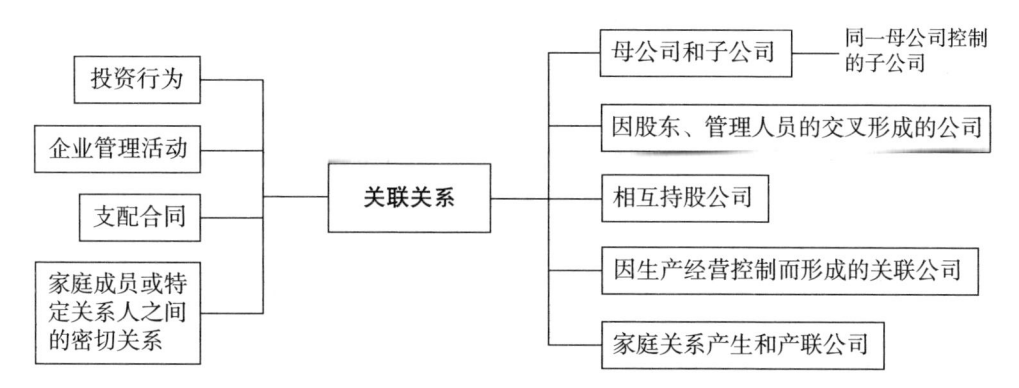

```
                                        ┌─ 母公司和子公司 ──── 同一母公司控制
                                        │                      的子公司
投资行为 ──┐                            │
企业管理活动 ─┤                          ├─ 因股东、管理人员的交叉形成的公司
            ├── 关联关系 ──┤
支配合同 ──┤                             ├─ 相互持股公司
家庭成员或特│                             │
定关系人之间┘                             ├─ 因生产经营控制而形成的关联公司
的密切关系                                │
                                        └─ 家庭关系产生和产联公司
```

由于上述关联人与公司内部控股股东、实际控制人、董事、监事、高级管理人员的"关联关系"，因此，它与公司发生的交易往往要受公司内部人的影响、控制或支配，从而可能出现损害公司利益的情况，这也是要规制的关联交易行为。

上海市卢湾区人民法院沈澜法官在《上海知某实业有限公司与上海碧某广告有限公司关联交易纠纷上诉案——关联交易效力的司法认定》中对关联关系归纳如下："《公司法》第二十一条将关联交易的主体界定为公司控股股东、实际控制人、董事、监事、高级管理人员等自然人和企业法人，并在第二百一十七条中对控股股东、实际控制人、高级管理人员以及关联关系进行了界定。实务中，可以将关联主体归纳为以下几类：1. 母公司和子公司。母公司，是指因拥有其他公司一定比例股份可以控制、支配其他公司的公司。子公司是母公司的对称，是指达到控股程度的股份被另一个公司控制的公司。2. 同一母公司控制的子公司。两个或两个以上的公司都因同一母公司控制，则子公司就可以通过其共同的母公司间接对其他子公司施加影响，因此该几个子公司即为关联主体。3. 因股东、管理人员的交叉形成的关联公司。虽然一公司对另一公司所持的股份尚未达到能够控股的程度，但依据经营协议或者在经营管理层人员多数等情况，形成该公司对另一公司的实际控制权。或者虽然一公司与另一公司之间并不存在控股或者参股的情况，但是该公司的高级管理人员是另一公司的股东或者董事、监事、高级管理人员等，则两公司会通过这种关系形成实施控制权的关联关系。4. 相互持股公司。根据《公司法》的规定，公司可以向其他公司投资，也没有禁止相互投资，所以公司之间相互持股是可以的。公司之间相互持股，势必存在利益上的一致，通过利益也会产生相互的制约和影响，成为关联主体。5. 因生产经营控制而形成的关联主体。因公司的生产经营活动被另一公司所控制，如公司的生产经营活动必须由另一公司提供销售渠道或原料、零配件等，两公司即成为关联公司。6. 因家庭关系等产生的关联主体。如夫妻双方分别为两个公司的控股股东或高级管理人员，则夫妻双方必然会通过其夫妻关系对对方公司的经营决策产生影响，使该两个公司成为关联公司。"[1]

另外，在武穴市迅某医化有限公司（以下简称武穴迅某医化公司）与湖北迅某药业股份有限公司（以下简称湖北迅某药业公司）、李某公司关联交易损害责任纠纷中，湖北省黄冈市中院认为"李某系湖北迅某药业公司董事长李某健之子，在担任湖北迅某药业公司董事长助理、总经理期间（李某健系公司大股东，李某自2011年2月28日成为公司股东）同时负责武穴迅某医化公司销售工作，且李某系武穴迅某医化公司章程载明的股东，李某同时代表武穴迅某医化公司、湖北迅某药业公司与南京威某康公司协商交易情况，且在公安机关的讯问笔录中已承认两家公司是关联公司，为了避免直接进行交易才决定找一家中间人。故湖北迅某药业公司与武穴迅某医化公司涉案期间构成关联关系，其交易构成关联交易"。即形式上存在中间商隔离，也有可能被法院认定为实质关联方构成关联交易，这也是上市公司中判定关联关系常用的实质重于形式的原则的体现，即基于"转移资源或义务"这一原则对关联人进行"实质重于形式"的谨慎判断。

[引申法条]

《企业会计准则第36号——关联方披露》

第四条 下列各方构成企业的关联方：

（一）该企业的母公司。

（二）该企业的子公司。

（三）与该企业受同一母公司控制的其他企业。

（四）对该企业实施共同控制的投资方。

（五）对该企业施加重大影响的投资方。

（六）该企业的合营企业。

（七）该企业的联营企业。

（八）该企业的主要投资者个人及与其关系密切的家庭成员。主要投资者个人，是指能够控制、共同控制一个企业或者对一个企业施加重大影响的个人投资者。

（九）该企业或其母公司的关键管理人员及与其关系密切的家庭成员。关键管理人员，是指有权力并负责计划、指挥和控制企业活动的人员。与主要投资者个人或关键管理人员关系密切的家庭成员，是指在处理与企业的交易时可能影响该个人

---

[1]《人民司法·案例》2010年第2期，（2008）沪一中民四（商）终字第1228号。

或受该个人影响的家庭成员。

（十）该企业主要投资者个人、关键管理人员或与其关系密切的家庭成员控制、共同控制或施加重大影响的其他企业。

《上海证券交易所股票上市规则》（2012年版）

第十章　关联交易

第一节　关联交易和关联人

10.1.2　上市公司的关联人包括关联法人和关联自然人。

10.1.3　具有以下情形之一的法人或其他组织，为上市公司的关联法人：

（一）直接或者间接控制上市公司的法人或其他组织；

（二）由上述第（一）项直接或者间接控制的除上市公司及其控股子公司以外的法人或其他组织；

（三）由第10.1.5条所列上市公司的关联自然人直接或者间接控制的，或者由关联自然人担任董事、高级管理人员的除上市公司及其控股子公司以外的法人或其他组织；

（四）持有上市公司5%以上股份的法人或其他组织；

（五）中国证监会、本所或者上市公司根据实质重于形式原则认定的其他与上市公司有特殊关系，可能导致上市公司利益对其倾斜的法人或其他组织。

10.1.4　上市公司与前条第（二）项所列法人受同一国有资产管理机构控制的，不因此而形成关联关系，但该法人的法定代表人、总经理或者半数以上的董事兼任上市公司董事、监事或者高级管理人员的除外。

10.1.5　具有以下情形之一的自然人，为上市公司的关联自然人：

（一）直接或间接持有上市公司5%以上股份的自然人；

（二）上市公司董事、监事和高级管理人员；

（三）第10.1.3条第（一）项所列关联法人的董事、监事和高级管理人员；

（四）本条第（一）项和第（二）项所述人士的关系密切的家庭成员，包括配偶、年满18周岁的子女及其配偶、父母及配偶的父母、兄弟姐妹及其配偶、配偶的兄弟姐妹、子女配偶的父母；

（五）中国证监会、本所或者上市公司根据实质重于形式原则认定的其他与上市公司有特殊关系，可能导致上市公司利益对其倾斜的自然人。

10.1.6　具有以下情形之一的法人或其他组织或者自然人，视同上市公司的关联人：

（一）根据与上市公司或者其关联人签署的协议或者作出的安排，在协议或者安排生效后，或在未来十二个月内，将具有第10.1.3条或者第10.1.5条规定的情形之一；

（二）过去十二个月内，曾经具有第10.1.3条或者第10.1.5条规定的情形之一。

03 合法的关联交易应当满足什么条件?

公司关联交易在市场环境中广泛存在,对于交易主体公司而言,关联交易能够降低交易成本,提高运营效益和盈利能力,扩大经营规模,从而有助于集团公司战略目标的实现。然而,由于关联方之间存在的特定利益关系,关联交易不可避免地存在着不公平及滥用的巨大风险,进而损害公司、中小股东以及债权人的合法权益。那具备什么样条件的关联交易是合法的呢,本文从下面案例来看。

[**典型案例**]

在广州真某夫快餐连锁管理有限公司(以下简称真某夫公司)等诉蔡某标等公司关联交易损害责任纠纷案中,东莞中级人民法院认为:我国《公司法》并无禁止关联交易,我国《公司法》仅对"利用关联关系损害公司利益"的行为进行规范。合法有效的关联交易应当同时满足以下三个条件:交易信息披露充分;交易程序合法;交易对价公允。案涉交易是否属于合法有效的关联交易,本院围绕上述三个条件审查分析如下:首先,从2008年4月19日的真某夫公司《2008年第三次董事会记录》、2009年1月5日《临时董事会纪要》载明的参加会议人员以及议案情况来看,真某夫公司的各股东对于蔡某标存在关联交易的行为是知晓的,没有证据显示蔡某标、蔡某媚隐瞒或未充分披露案涉交易信息。其次,从2009年11月《真某夫工程承包框架合同》、2010年7月1日《真某夫工程承包框架合同》、2010年12月《真某夫空调工程承包框架合同》、2011年11月1日《真某夫餐厅维修工程承包框架合同》第一条第二款、第二条第六款约定来看,逸某公司仅为真某夫公司以及下属子公司的工程承包商之一,逸某公司应与其他承包商进行公平竞争,通过提供优质的服务和合理的价格争取更多的业务合作机会。事实上,同期真某夫公司的承包商有很多,时任广州真某夫公司筹建中心项目经理的程某接受公安机关的询问时称,真某夫公司在全国地区有很多施工厂商,在广东地区的厂商主要有4家(包括逸某公司)。现无证据显示蔡某标、蔡某媚影响案涉交易中的工程承包商的选定,未能反映出案涉交易程序不合法。最后,从案涉合同的相关约定来看,真某夫公司以及其下属子公司已经制定了措施确保交易对价公允,现无证据显示案涉交易的价格存在不公允的情况。综合以上三个交易条件分析,原审法院认定现有证据显示案涉交易均为合法有效的关联交易并无不当。[①]

---

① (2015)东中法民二终字第1922号。

上述案例法院提到了判断关联交易正当性的标准，一般来说应同时符合三个标准：公司内部程序合法合规；信息披露合法合规或内部透明；交易价格公允。最高院《关于人民法院为企业兼并重组提供司法保障的指导意见》（法发〔2014〕7号）中也明确提出"依法规制关联交易，严厉禁止不当利益输送。严格防范以关联交易的方式侵吞国有资产。要依照公司法等法律法规的规定依法妥当处理企业兼并重组中的关联交易行为。公司股东、董事、高级管理人员与公司之间从事的交易，符合法律法规规定的关联交易程序规则且不损害公司利益的，应当认定行为有效。对公司大股东、实际控制人或者公司董事等公司内部人员在兼并重组中利用特殊地位将不良资产注入公司，或者与公司进行不公平交易从而损害公司利益的行为，应当严格追究其法律责任"。

同样下述兖矿贵州某化有限公司、安顺永某煤焦集团有限公司公司关联交易损害责任纠纷案中，最高院亦是从上述几个方面核查关联交易：1. 交易程序合法。东某公司签订股权转让协议对海某公司股权进行收购，事先经召开该公司董事会和临时股东会审议批准并形成决议，公司全体董事代表及股东代表均参加了决议过程并签字。上述董事会决议和临时股东会决议的内容并不违反法律、行政法规的规定，应属有效。2. 交易信息披露充分。东某公司在签订股权转让协议前，已委托相关机构对海某公司及晴某公司进行尽职调查和资产审计，对海某公司及晴某公司的资产股权状况进行披露。3. 交易对价公允。从合同的履行结果来看，若股权转让协议履行成功，东某公司不仅可持有海某公司100%的股权，还可间接控制晴某公司及该公司持有的六个煤矿采矿权和贵州省煤矿企业兼并重组主体资格；若该协议履行失败，东某公司亦可根据股权转让协议第6.9.2条之约定，以已支付的8000万元定金作为转让价款，按照海某公司届时的实际价值，计算东某公司的持股比例。故最高院认为东某公司可通过案涉股权交易获得合理对价，该股权交易行为虽属关联交易，但不属于利用关联交易将出资转出的抽逃出资情形，并未损害东某公司利益。[①]

综上，对本属于中性的关联交易正当性进行评判时，须综合评定关联交易程序是否符合《公司法》及公司章程等规定，关联交易行为是否违反法律法规禁止性或强制性规定，关联交易价格是否符合市场公允价格，交易信息是否充分披露，关联交易活动是否符合一般商业习惯，是否违背常理等，若虽有关联交易但并未损害公司利益的一般不属于法律需要规制的交易行为，若关联交易主体滥用集中管理、股权分散或者事实上对公司的控制力，进而从事损害公司利益的关联交易行为，这些非常规交易行为则属于法律法规所重点规制的关联行为。

---

① （2020）最高法民终55号。

[引申法条]

《中华人民共和国公司法》

第二十一条　公司的控股股东、实际控制人、董事、监事、高级管理人员不得利用其关联关系损害公司利益。

违反前款规定，给公司造成损失的，应当承担赔偿责任。

《最高人民法院关于适用〈中华人民共和国公司法〉若干问题的规定（三）》

第十二条　公司成立后，公司、股东或者公司债权人以相关股东的行为符合下列情形之一且损害公司权益为由，请求认定该股东抽逃出资的，人民法院应予支持：

（一）制作虚假财务会计报表虚增利润进行分配；

（二）通过虚构债权债务关系将其出资转出；

（三）利用关联交易将出资转出；

（四）其他未经法定程序将出资抽回的行为。

04　违法的关联交易司法实践中如何认定呢？

一般来说，要构成损害公司利益的违法关联交易，主体上要满足《公司法》规定，即损害方为公司的控股股东、实际控制人、董事、监事或者高级管理人员；客观上要实施了损害行为，即实际开展了损害公司利益的关联交易，如利用关联方签订合同转移资金、占用公司财产、不公允的定价转移利润行为、明显违反商业常识的交易行为等，且给公司造成直接经济损失或本应得的间接的合法经济利益损失等损害结果，同时关联交易与公司的受损具有因果关系。

在佛山市三水宏某土石方工程有限公司（以下简称宏某公司）与广州东某饮食娱乐有限公司、叶某松、原审第三人三水市千某度假酒店有限公司（以下简称千某酒店）公司关联交易损害责任纠纷案中，广东省佛山中院指出在关联交易损害责任诉讼中提出赔偿请求，实体性法律依据是《公司法》第二十一条。"利用其关联关系"和"损害公司利益"是判定赔偿责任的两条根本标准。该根本标准具体细化为交易主体、交易动机、交易行为和交易结果四个要件。具体法院认为：宏某公司在诉讼中明示该司代表千某酒店在本案提出赔偿请求。1. 交易主体。《公司法》第二百一十六条规定："本法下列用语的含义：……（四）关联关系，是指公司控股股东、实际控制人、董事、监事、高级管理人员与其直接或者间接控制的企业之间的关系，以及可能导致公司利益转移的其他关系。但是，国家控股的企业之间不仅因为同受国家控股而具有关联关系。"2. 交易动机。关联交易涉及关联人的利益。关联人进行关联交易之时可能为牟取私利而损害公司利益，也有可能利用其掌握公司信息的便利、便捷促成公司的交易，达到关联人与公司利益的双赢。关联交易的目的并非当然不正当。该要素是评判关联交易的重要指标。3. 交易行为。《公司法》所规制的关联行为主要是指关联交易中的非常规交易行为，即关联交易主体滥用集中管理、股权分散或者事实上对公司的控制力，从事损害公司利益的关联交易行为。该行为通常表现为关联公司之间就收益、成本、费用与损益的摊计不合理或不公正。4. 交易结果。只有关联交易人的交易行为给公司带来现实的或明显可能发生的损失，公司或相关权利人才能要求关联交易人承担赔偿责任。[①]

上述案例指出"利用其关联关系"和"损害公司利益"是判定构成违法关联交易的两个根本标准，即若关联交易损害了公司利益，则是违法的关联交易行为，相反，如果关联交易没有损害公司利益，反而给公司创造财富带来收益，一般不能被认定为损害公司利益的非法关联交易。另外需要注意的是，关联交易诉讼中，原告须提供证据证明存在关联交易且损害公司利益，即应提供初步证据证明关联主体可能存在关联交易损害公司利益的情形，若控股股东、实控人、董监高人员无法举证证明不存在损害公司利益行为的，则要承担举证不能的法律后果，也就是关联交易不具有正当性。

而公司面临违法关联交易的维权途径可以直接依据《公司法》第二十一条追究关联人责任，实践中行为人往往控制公司或者对公司决策能够产生重大影响，公司本身很难主动主张赔偿责任，如果公司没有提起诉讼的，符合《公司法》第一百五十一条第一款规定条件的股东，可以依据股东代表诉讼的规定直接向人民法院提起诉讼。同时公司也可以确认关联交易合同效力，若关联交易合同存在无效、可撤销、对公司不产生效力等情形，但公司却没有起诉合同相对方的，适格股东可以为了公司的利益以自己的名义直接向人民法院提起股东代表诉讼，以维护公司利益，进而维护股东自身利益。

[引申法条]

《中华人民共和国公司法》

第二十一条　公司的控股股东、实际控制人、董事、监事、高级管理人员不得利用其关联关系损害公司利益。

违反前款规定，给公司造成损失的，应当承担赔偿责任。

---

① （2017）粤06民终643号。

《最高人民法院关于适用〈中华人民共和国公司法〉若干问题的规定（五）》

第一条 关联交易损害公司利益，原告公司依据民法典第八十四条、公司法第二十一条规定请求控股股东、实际控制人、董事、监事、高级管理人员赔偿所造成的损失，被告仅以该交易已经履行了信息披露、经股东会或者股东大会同意等法律、行政法规或者公司章程规定的程序为由抗辩的，人民法院不予支持。

公司没有提起诉讼的，符合公司法第一百五十一条第一款规定条件的股东，可以依据公司法第一百五十一条第二款、第三款规定向人民法院提起诉讼。

第二条 关联交易合同存在无效、可撤销或者对公司不发生效力的情形，公司没有起诉合同相对方的，符合公司法第一百五十一条第一款规定条件的股东，可以依据公司法第一百五十一条第二款、第三款规定向人民法院提起诉讼。

05 已经股东会决议但实质不公平的关联交易还能得到法院支持吗？

实践中，人民法院审理公司关联交易损害责任纠纷案件时，相关行为人往往会以其行为已经履行了合法程序而进行抗辩，如已经过公司股东会或董事会决议批准，且行为人按照规定回避表决，已经履行了披露程序等。但是，关联交易的核心是公平，即使交易已经履行了相应的程序，如果违反公平原则，损害公司利益，公司依然可以主张行为人承担损害赔偿责任，具体来看下述最高院判例：

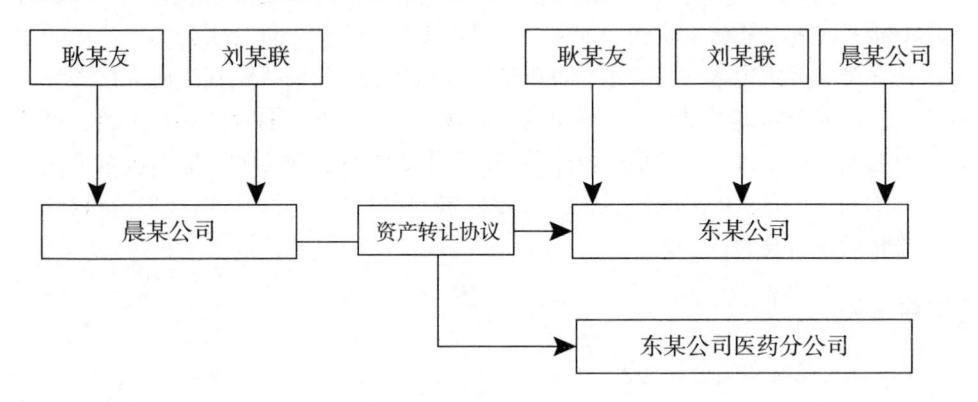

```
  耿某友    刘某联            耿某友    刘某联    晨某公司
    │        │                  │        │         │
    ▼        ▼                  ▼        ▼         ▼
  ┌─────────────┐  资产转让协议  ┌─────────────────┐
  │   晨某公司   │──────────────▶│     东某公司     │
  └─────────────┘                └─────────────────┘
                                          │
                                          ▼
                                  ┌─────────────────┐
                                  │ 东某公司医药分公司 │
                                  └─────────────────┘
```

[典型案例]

耿某友、刘某联为夫妻关系，晨某公司从成立到 2011 年 8 月 31 日，其股东一直为耿某友、刘某联。2010 年 8 月 30 日，晨某公司受让耿某友、刘某联持有的东某公司的股份，与耿某友、刘某联共同成为东某公司的股东，2011 年 3 月 1 日，晨某公司退出东某公司，东某公司的股东恢复为耿某友、刘某联。2010 年 10 月 25 日，东某公司、东某公司医药分公司与晨某公司签订《资产转让协议》，将晨某公司的所有资产、债权、债务转让给东某公司医药分公司。在《资产转让协议》签署与履行期间，东某公司与晨某公司存在共同被耿某友、刘某联控制的关系，且晨某公司转让给东某公司的大部分债权无法实现，而对于晨某公司转让给东某公司的债务已由东某公司代将大部分债务偿还完毕。故东某公司以案涉关联交易损害了东某公司作为独立法人对其财产享有的权益以及其他东某公司债权人的利益为由诉至法院，要求耿某友、刘某联、晨某公司共同赔偿利用关联关系损害东某公司利益的经济损失 12471.47 万元并承担利息。

一审法院经审理认定本案属于关联交易，最终部分支持了原告请求，一审法院判决：耿某友、刘某联及晨某公司于判决生效之日起十五日内偿还东某公司 55963762.98 元及利息。

三被告不服遂提起上诉，最高院经审理认为：耿某友、刘某联、晨某公司上诉主张，本次交易在两家公司均形成了股东会决议，程序合法，不存在损害东某公司利益的情形。但根据《公司法司法解释五》第一条"关联交易损害公司利益，原告公司依据《公司法》第二十一条规定请求控股股东、实际控制人、董事、监事、高级管理人员赔偿所造成的损失，被告仅以该交易已经履行了信息披露、经股东会或者股东大会同意等法律、行政法规或者公司章程规定的程序为由抗辩的，人民法院不予支持"的规定，不能仅凭案涉关联交易形式合法来认定双方之间的关联交易公平公允。本案中，在晨某公司与东某公司之间的关联交易符合形式合法的外观要件的情况下，应当对交易的实质内容即合同约定、合同履行是否符合正常的商业交易原则以及交易价格是否合理等进行审查。首先，从案涉交易的背景来看。晨某公司与东某公司签订《资产转让协议》，在耿某友、刘某联与振某医药公司开展合作之后。按照《合作备忘录》的约定，耿某友、刘某联与振某医药公司共同出资设立振某医药物流公司后，应由耿某友促成其控制的晨某公司及其关联企业（含东某公司）的业务（资产盘点明细表中的所有资产）无偿转移至新公司（即振某医药物流公司）名下。可见，耿某友、刘某联与振某医药公司合作建立在新公司收购包括东某公司在内的耿某友所控制的所有关联企业的基础之上，并最终达到实际控制所有关联企业的目的。《合作备忘录》第四项关于"与晨某药业公司有关的一切负债均由晨某药业及耿某友、刘某联承担，该债务与新公司无关"的约定，确定了耿某友将资产转让后对晨某公司相关负债的处理原则，即晨某公司的负债应当由晨某公司、耿某友、刘某联实际承担。但耿某友、刘某联在其将持有的东某公司股份转让、东某公司已纳入振某医药物流公司经营体系的情况下，以关联交易的方式，将本应由其自行承担的晨某公司债务转由东某公司承担，与《合作备忘录》约定的晨某公司债务承担方式不符，有明显的摆脱债务嫌疑。其次，从案涉交易的履行情况来看，本案关联交易发生时，晨某公司与东某公司均由耿某友、刘某联实际控制。晨某公司与东某公司先后签订《业务转接协议》和《资产转让协议》，但两份协议仅约定了晨某公司进行资产转让的时间及"转让后东某公司按资产、债权、债务转让明细记账"，对于具体的交接事宜未予明确，也未再另行协商确定。东某公司依据晨某公司移交的上述汇总表及相应明细，已代晨某公司清偿绝大部分债务，但向所涉多家单位发出应收账款询证函，收到回复却多为"无此账款"或"货款已结清"，对此，晨某公司未能作出合理解释，也未能进一步提交证明债权存在的凭证或者采取措施进行补救。由此可见，在东某公司已代晨某公司清偿绝大部分债务的情况下，晨某公司未能提供有效证据证明其向东某公司转让的债权真实有效，从而导致东某公司未能收回两份协议中约定的债权，损害了东某公司的利益。综上，一审法院判定耿某友、刘某联将晨某公司债务转入东某公司，由东某公司偿还，损害了东某公司作为独立法人对其财产享有的权益以及其他东某公司债权人的利益，有事实和法律依据。耿某友、刘某联、晨某公司关于其未损害东某公司利益的上诉主张不能成立，本院不予支持。[1]

申言之，《公司法》并不禁止关联交易，而是保护合法有效的关联交易，即具备基础性实质要件为对价公允的交易。而上述案例晨某公司与东某公司之间的关联交易虽符合形式合法的外观要件，但法院仍对交易的实质内容即合同约定、合同履行是否符合正常的商业交易原则以及交易价格是否合理等进行进一步审查，最终认定晨某公司与东某公司之间的关联交易行为损害了东某公司的利益，从而判令关联股东承担损害赔偿责任。这同时也是《公司法司法解释五》规定的要旨体现，即程序合规的关联交易并不能对抗实质不公平。在此也建议公司高管如果涉及关联交易时，务必遵循相关法律法规，不但程序须合规也要实质交易对价公允，否则难以被认定为为合法的关联交易，若给公司造成损失的更是将要面临承担赔偿责任的风险。

[引申法条]

《中华人民共和国公司法》

第二十一条　公司的控股股东、实际控制人、董事、监事、高级管理人员不得利用其关联关系损害公司利益。

违反前款规定，给公司造成损失的，应当承担赔偿责任。

《最高人民法院关于适用〈中华人民共和国公司法〉若干问题的规定（五）》

第一条　关联交易损害公司利益，原告公司依据民法典第八十四条、公司法第

---

[1]（2019）最高法民终496号。

二十一条规定请求控股股东、实际控制人、董事、监事、高级管理人员赔偿所造成的损失，被告仅以该交易已经履行了信息披露、经股东会或者股东大会同意等法律、行政法规或者公司章程规定的程序为由抗辩的，人民法院不予支持。

公司没有提起诉讼的，符合公司法第一百五十一条第一款规定条件的股东，可以依据公司法第一百五十一条第二款、第三款规定向人民法院提起诉讼。

第二条 关联交易合同存在无效、可撤销或者对公司不发生效力的情形，公司没有起诉合同相对方的，符合公司法第一百五十一条第一款规定条件的股东，可以依据公司法第一百五十一条第二款、第三款规定向人民法院提起诉讼。

第二十二章
公司解散

01 谁有权提起公司解散之诉?

根据法律规定，提起公司解散纠纷案件的原告应当是单独或合计持有公司全部股东表决权百分之十以上的股东，上述 10%持股数是提起公司解散之诉的最低要求，这也是小股东或自己或抱团取暖的终极大招：直接要求消灭公司主体资格。下文将通过三种不同情形的股东来分析谁有权提起公司解散之诉。

一、股东是否出资到位是否影响股东诉讼资格呢？

[典型案例]

最高院再审审理湖南百某园农业科技服务有限公司（以下简称百某园公司）与百某园（湖南）乡村俱乐部有限公司（以下简称百某园俱乐部）公司解散纠纷案认为关于百某园公司是否具备公司解散诉讼的原告主体资格问题。百某园公司与莫某荷公司、嘉某公司共同设立中外合作企业百某园俱乐部经过了外商投资企业审批机构的批准，百某园公司提供合作条件占公司 10%股份。按照《中外合作经营企业法》第八条的规定，中外合作者的投资或者提供的合作条件可以是现金、实物、土地使用权、工业产权、非专利技术和其他财产权利。百某园公司以百某园的资源环境、水电、道路和顾客停车便利作为合作条件，符合上述规定的其他财产权利情形，亦获得了外商投资企业审批机构的批准。况且，股东出资是否到位，是股东与股东之间或者股东与公司之间的出资法律关系，股东出资未到位并不能据此否认其股东资格。因此，百某园公司具备《公司法》第一百八十二条规定的提起解散公司诉讼的主体资格，百某园俱乐部关于百某园公司不具有公司 10%股份、不具备请求解散公司的主体资格的主张缺乏事实和法律依据，本院不予支持。[1]

也即股东出资是否到位系股东之间或股东与公司之间的出资法律关系，并不能据此否认其股东资格，只要股东符合 10%持股数就有权利提起公司解散之诉。

二、抽逃出资的股东是否有权提起解散公司之诉呢？

[典型案例]

在鸡西市申某房地产开发有限公司（以下简称申某房地产公司）诉徐某公司解散纠纷再审案中，最高院认为：根据一、二审法院查明事实，申某房地产公司成立时验资报告显示徐某出资 500 万元；公司章程制定及第一次股东会会议均由徐某

---

[1] （2016）最高法民申 829 号。

以股东身份参加；申某房地产公司工商登记中徐某为股东；同时申某房地产公司2008年至2011年提交给鸡西工商局《公司年检报告书》中均确认徐某的股东身份，其并未提供充分有效证据对上述证据予以推翻。综上，对于徐某是否虚假出资和抽逃注册资金的事实，并未经有效法律文书认定或经有权主管行政机关予以认定，申某房地产公司也未提供充分证据证明，故一、二审法院对徐某诉讼主体资格认定并无不当，申某房地产公司该项主张无事实和法律依据，不予支持。另外，申某房地产公司作为本案涉案公司，只有两名股东，同时各占股份50%。如果作为占有50%股份的一方股东在未经任何催告、或无任何有效凭证证明另一方虚假出资等情形下，即可以作出股东除名决议，这势必导致作为对方股东相关权益受损或者股东权利损失，与《公司法司法解释三》第十七条规定之精神亦根本不符。故一、二审法院认定该公司一方股东单独作出解除另一方股东资格的决议不符合章程规定，并无不妥。①

根据该篇裁判要旨，如果股东未经有效法律文书或主管行政机关认定存在虚假出资和抽逃出资的事实，且股东身份也未经合法除名程序，即使存在抽逃出资情形，依然有资格提起解散公司之诉。

三、即使是导致公司僵局产生的过错方，仍然有权提起诉讼。

[典型案例]

最高院公报案例仕某科技有限公司（以下简称仕某公司）与富某新型复合材料（太仓）有限公司（以下简称富某公司）、第三人永某集团有限公司解散纠纷案中认为：《公司法》第一百八十二条既是公司解散诉讼的立案受理条件，同时也是判决公司解散的实质审查条件。关于公司解散是否应当考虑公司僵局产生的原因以及过错。富某公司上诉认为，仕某公司委派的董事张某擅自离职，不参加董事会会议，人为制造公司僵局，损害富某公司利益，法院不应支持仕某公司具有恶意目的的诉讼；仕某公司则抗辩认为永某公司以欺诈方式取得董事长职位而导致公司僵局。本院认为，公司能否解散取决于公司是否存在僵局以及是否符合《公司法》第一百八十二条规定的实质条件，而不取决于公司僵局产生的原因和责任。《公司法》第一百八十二条没有限制过错方股东解散公司，因此即使一方股东对公司僵局的产生具有过错，其仍然有权依据该条规定，请求解散公司。本案中仕某公司提出解散富某公司的背景情况为，富某公司已陷入公司僵局并由永某公司单方经营管理长达七年，仕某公司持有60%的股份，其行使请求司法解散公司的诉权，符合《公司法》第一百八十二条的规定，不属于滥用权利、恶意诉讼的情形。②

---

① （2016）最高法民申2868号。
② （2011）民四终字第29号，《最高人民法院公报》2014年第2期（总第208期）。

综上，符合《公司法》第一百八十二条规定的持股条件的股东均有权提起解散公司之诉，即使存在出资不足、抽逃或虚假出资、过错导致僵局等情形下，只要股东资格依然存在，依然被法院倾向于认定仍具有诉讼主体资格。

[引申法条]

《中华人民共和国公司法》

第一百八十二条 公司经营管理发生严重困难，继续存续会使股东利益受到重大损失，通过其他途径不能解决的，持有公司全部股东表决权百分之十以上的股东，可以请求人民法院解散公司。

《最高人民法院关于适用〈中华人民共和国公司法〉若干问题的规定（二）》

第一条 单独或者合计持有公司全部股东表决权百分之十以上的股东，以下列事由之一提起解散公司诉讼，并符合公司法第一百八十二条规定的，人民法院应予受理：

（一）公司持续两年以上无法召开股东会或者股东大会，公司经营管理发生严重困难的；

（二）股东表决时无法达到法定或者公司章程规定的比例，持续两年以上不能做出有效的股东会或者股东大会决议，公司经营管理发生严重困难的；

（三）公司董事长期冲突，且无法通过股东会或者股东大会解决，公司经营管理发生严重困难的；

（四）经营管理发生其他严重困难，公司继续存续会使股东利益受到重大损失的情形。

股东以知情权、利润分配请求权等权益受到损害，或者公司亏损、财产不足以偿还全部债务，以及公司被吊销企业法人营业执照未进行清算等为由，提起解散公司诉讼的，人民法院不予受理。

02 公司处于盈利状态也可以提请解散吗？

《公司法》第一百八十二条将"公司经营管理发生严重困难"作为股东提起解散公司之诉的条件之一。公司虽处于盈利状态，但其股东会机制长期失灵，内部管理有严重障碍，已陷入僵局状态，可以认定为公司经营管理发生严重困难进而判决公司解散吗？本篇分析指导案例林某诉常熟市凯某实业有限公司（以下简称凯某公司）、戴某公司解散纠纷案。

[**典型案例**]

凯某公司成立于 2002 年 1 月，林某与戴某系该公司股东，各占 50% 的股份，戴某任公司法定代表人及执行董事，林某任公司总经理兼公司监事。凯某公司章程明确规定：股东会的决议须经代表二分之一以上表决权的股东通过，但对公司增加或减少注册资本、合并、解散、变更公司形式、修改公司章程作出决议时，必须经代表三分之二以上表决权的股东通过。股东会会议由股东按照出资比例行使表决权。2006 年起，林某与戴某两人之间的矛盾逐渐显现。同年 5 月 9 日，林某提议并通知召开股东会，由于戴某认为林某没有召集会议的权利，会议未能召开。林某委托律师多次向凯某公司和戴某发函称，因股东权益受到严重侵害，林某作为享有公司股东会二分之一表决权的股东，已按公司章程规定的程序表决并通过了解散凯某公司的决议，要求戴某提供凯某公司的财务账册等资料，并对凯某公司进行清算。戴某回函称，林某作出的股东会决议没有合法依据，戴某不同意解散公司，并要求林某交出公司财务资料。林某再次向凯某公司和戴某发函，要求凯某公司和戴某提供公司财务账册等供其查阅、分配公司收入、解散公司。

无果，后林某诉至法院称凯某公司经营管理发生严重困难，陷入公司僵局且无法通过其他方法解决，其权益遭受重大损害，请求解散凯某公司。被告凯某公司及戴某辩称：凯某公司及其下属分公司运营状态良好，不符合公司解散的条件，戴某与林某的矛盾有其他解决途径，不应通过司法程序强制解散公司。

法院生效裁判认为：首先，凯某公司的经营管理已发生严重困难。根据《公司法》第一百八十二条和《公司法司法解释二》第一条的规定，判断公司的经营管理是否出现严重困难，应当从公司的股东会、董事会或执行董事及监事会或监事的运行现状进行综合分析。"公司经营管理发生严重困难"的侧重点在于公司管理方面存有严重内部障碍，如股东会机制失灵、无法就公司的经营管理进行决策等，不应片面理解为公司资金缺乏、严重亏损等经营性困难。本案中，凯某公司仅有戴某与林某两名股东，两人各占 50% 的股份，凯某公司章程规定"股东会的决议须经代表二分之一以上表决权的股东通过"，且各方当事人一致认可该"二分之一以上"不包括本数。因此，只要两名股东的意见存有分歧、互不配合，就无法形成有效表决，显然影响公司的运营。凯某公司已持续 4 年未召开股东会，无法形成有效的股东会决议，也就无法通过股东会决议的方式管理公司，股东会机制已经失灵。执行董事戴某作为互有矛盾的两名股东之一，其管理公司的行为，已无法贯彻股东会的决议。林某作为公司监事不能正常行使监事职权，无法发挥监督作用。由于凯某公司的内部机制已无法正常运行、无法对公司的经营作出决策，即使尚未处于亏损状况，也不能改变该公司的经营管理已发生严重困难的事实。

其次，由于凯某公司的内部运营机制早已失灵，林某的股东权、监事权长期处于无法行使的状态，其投资凯某公司的目的无法实现，利益受到重大损失，且凯某公司的僵局通过其他途径长期无法解决。《公司法司法解释二》第五条明确规定了"当事人不能协商一致使公司存续的，人民法院应当及时判决"。本案中，林某在提起公司解散诉讼之前，已通过其他途径试图化解与戴某之间的矛盾，服装城管委会也曾组织双方当事人调解，但双方仍不能达成一致意见。两审法院也基于慎用司法手段强制解散公司的考虑，积极进行调解，但均未成功。

此外，林某持有凯某公司 50%的股份，也符合《公司法》关于提起公司解散诉讼的股东须持有公司 10%以上股份的条件。综上所述，凯某公司已符合《公司法》及《公司法司法解释二》所规定的股东提起解散公司之诉的条件，最终江苏省高院依法改判解散凯某公司。①

申言之，根据《公司法司法解释二》第一条列举的公司僵局三种常见情形，即公司持续两年以上无法召开股东（大）会、公司持续两年以上不能作出有效的股东（大）会决议，以及公司董事长期冲突导致的董事会僵局，该三种情形中的机构运行困境须进行综合认定，单纯发生三种情形之一并不足以认定为"经营管理发生严重困难"②。而在司法实践中，仅凭其中 1 项事由法院即判定公司处于僵局状态的案例并不多，多为公司目前的状态须同时满足其中至少 2 项事由。同时，公司本身是否处于盈利状态并非判断公司经营管理是否发生严重困难的必要条件，判断"公司经营管理是否发生严重困难"，应从公司组织机构的运行状态进行综合分析。公司虽处于盈利状态，但其股东会机制长期失灵，内部管理有严重障碍，已陷入僵局状态，可以认定为公司经营管理发生严重困难。对于符合《公司法》及相关司法解释规定的其他条件的，人民法院可以依法判决公司解散。

另外"公司经营管理发生严重困难"的侧重点在于界定公司管理发生严重困难即公司僵局，而公司经营困难，公司经营状况可作为认定"经营管理发生严重困难"的重要考量因素，但并非认定的充分条件。公司经营状况与经营管理困难之间的逻辑关系需要审慎判断，公司经营性的严重困难并非短期的经营不善或严重亏损，通常需要考虑公司是否长期处于亏损状态、是否具备扭亏为盈的能力、是否造成股东经济利益的重大损失等情况。③ 故公司发生经营管理困难需要综合认定是否符合法定解散事由，且公司盈利与否并不影响公司僵局的判断，同时经营出现严重困难也只是公司解散的考量因素而非决定性因素。

---

① （2010）苏商终字第 0043 号，指导案例 8 号。
② 参见施杨、闫伟伟，《公司解散纠纷案件的审理思路与裁判要点》。
③ 同上。

[引申法条]

《最高人民法院关于适用〈中华人民共和国公司法〉若干问题的规定（二）》

第一条 单独或者合计持有公司全部股东表决权百分之十以上的股东，以下列事由之一提起解散公司诉讼，并符合公司法第一百八十二条规定的，人民法院应予受理：

（一）公司持续两年以上无法召开股东会或者股东大会，公司经营管理发生严重困难的；

（二）股东表决时无法达到法定或者公司章程规定的比例，持续两年以上不能做出有效的股东会或者股东大会决议，公司经营管理发生严重困难的；

（三）公司董事长期冲突，且无法通过股东会或者股东大会解决，公司经营管理发生严重困难的；

（四）经营管理发生其他严重困难，公司继续存续会使股东利益受到重大损失的情形。

股东以知情权、利润分配请求权等权益受到损害，或者公司亏损、财产不足以偿还全部债务，以及公司被吊销企业法人营业执照未进行清算等为由，提起解散公司诉讼的，人民法院不予受理。

03 大股东擅自转移公司资金，小股东有权解散公司吗？

大股东利用优势地位单方决策，擅自将公司资金出借给其关联公司，严重损害了小股东权益，致使股东矛盾激化，公司经营管理出现严重困难，经营目的无法实现，在此情形下小股东可以寻求公司解散以维护自己的合法权益吗？本篇从最高院公报案例吉林省金某控股集团股份有限公司（以下简称金某控股公司）与吉林省金某资产管理有限公司（以下简称金某管理公司）、宏某集团有限公司公司解散纠纷案来探析。

[典型案例]

经吉林省人民政府批准，2015年2月28日，金某控股公司与宏某集团公司共同发起设立金某管理公司，注册资本为10亿元。其中金某控股公司出资2亿元，占注册资本的20%，宏某集团公司出资8亿元，占注册资本的80%。2015年7月10日，经中国银监会备案许可，金某管理公司可以开展金融企业不良资产批量收购、处置业务。金某管理公司成立后未健全治理结构、配备经营团队，未完善管理制度。成立后不久注册资金即被宏某集团公司关联公司借出，导致无资金开展不良资产批量收购、处置业务，法定代表人王某因犯罪被羁押，其他高级管理人员亦未行使公司治理权能，未依照公司章程召开股东会、董事会、监事会，重大事宜也未按公司章程履行沟通程序。公司治理结构虚设，股东长期冲突无法解决，经营管理发生严重困难。金某控股公司遂诉至法院，要求解散公司。一审期间法院多次组织各方进行调解，但鉴于各方提出的和解条件差异较大，在近十个月的调解期间内，双方最终未能达成和解。一审、二审均判决支持解散公司。

金某管理公司不服向最高院提起再审，最高院审理认为：

首先，从公司经营方面来看，金某管理公司作为吉林省人民政府批准设立的省内唯一一家地方资产管理公司，主营业务为不良资产批量收购、处置，以防范和化解地方金融风险。但金某管理公司成立后不久，在未经股东会、董事会审议决定的情况下，宏某集团公司即利用对金某管理公司的控制地位，擅自将10亿元注册资本中的9.65亿元外借给其实际控制的关联公司，这是股东之间产生矛盾乃至其后公司人合性丧失的诱因。虽然此后金某控股公司及吉林省金融监管部门多次催促解决借款问题，但截至2016年12月31日，金某管理公司的对外借款问题仍未解决，其银行存款余额仅为2686465.85元。由于金某管理公司的经营资金被宏某集团公司单方改变用途作为贷款出借且长期无法收回，导致公司批量收购、处置不良资产的主营业务无法正常开展，也使公司设立的目的落空，公司经营发生严重困难。

其次，从公司管理机制运行方面来看，金某管理公司成立后，除2015年4月27日召开过董事会外，均未按公司章程规定召开过股东年会和董事会例会。2015年12月18日召开的股东会、董事会，是在股东双方发生分歧之后召开的临时会议。小股东金某控股公司提起本案诉讼后，金某管理公司虽于2017年11月先后召开了董事会和股东会，但董事出席人数不符合章程规定的董事会召开条件，股东会也仅有大股东宏某集团公司单方参加。小股东金某控股公司完全否认该次股东会、董事会召集程序的合法性和决议的有效性，且股东双方已经对簿公堂，证明股东之间、董事之间的矛盾已经激化且无法自行调和，股东会、董事会机制已经不能正常运行和发挥作用。在此情形下，继续维持公司的存续和股东会的非正常运行，只会产生大股东利用其优势地位单方决策，压迫损害另一小股东利益的后果。同时在司法解散之外的其他途径已经穷尽，仍无法解决问题的情形下，一审、二审法院判决解散金某管理公司，于法于理均无不当。最高院最终驳回吉林省金某资产管理有限公司、宏某集团有限公司的再审申请。①

---

① 《最高人民法院公报》2021年第1期（总第291期）第26-29页，（2019）最高法民申1474号。

实践中，常常会有大股东利用优势控股地位侵犯小股东权益的情形发生，而这种所谓"股东压迫"情形，一般只有在同时满足"经营管理严重困难"和"公司继续存续会使股东利益受到重大损失"的条件下方才考虑可以解散公司。[1] 在吉林芸某投资有限公司及第三人东某资本管理有限公司与长春东某亚物流有限公司、第三人董某公司解散纠纷案公报案例中，裁判要旨亦为"公司解散的目的是维护小股东的合法权益，其实质在于公司存续对于小股东已经失去了意义，表现为小股东无法参与公司决策、管理、分享利润，甚至不能自由转让股份和退出公司。在穷尽各种救济手段的情况下，解散公司是唯一的选择。公司理应按照公司法良性运转，解散公司也是规范公司治理结构的有力举措"。[2] 故公司如果股东之间长期冲突，已失去继续合作的信任基础，公司决策管理机制失灵，公司继续存续必然损害股东的重大利益，且已无法通过其他途径解决公司僵局，解散公司的条件方才成就。

04 股东一发生矛盾就可以提请解散公司吗？

公司解散作为公司经营主体的终结，一般不到万不得已，法院不会随意解散公司。"通过其他途径不能解决的"系司法解散的前置性条件。公司经营中股东之间产生矛盾均系正常，应先通过公司自治、协商、民事诉讼或行政法规规定的方式予以解决，如果仅仅因为公司股东会短时间内无法召开会议或者不能作出有效决议，股东发生矛盾初期即提起解散公司之诉的法院会予以支持吗？

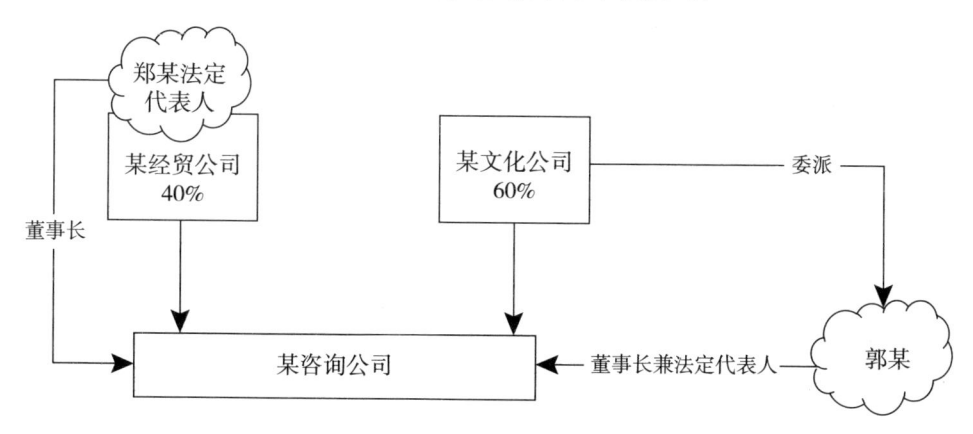

---

[1] 施杨、闫伟伟，《公司解散纠纷案件的审理思路与裁判要点》。
[2] 《最高人民法院公报》2018 年第 7 期（总第 261 期）第 35-38 页，（2017）最高法民申 2148 号。

[典型案例]

某咨询公司股东2人，股东某经贸公司持股比例40%，股东某文化公司持股比例60%。2018年4月20日，某文化公司委派郭某为某咨询公司董事，某经贸公司法定代表人郑某为某咨询公司董事长。

2018年10月8日，某咨询公司作出临时董事会决议，表决结果为：选举郭某为公司董事长；选举郭某为公司经理暨公司法定代表人。

2018年10月10日，郭某向郑某、金某发送电子邮件通知郑某已被免去董事长职务，金某被免去经理和法定代表人职务。新任董事长和经理将全面接管公司经营。

2018年10月25日，某咨询公司召开临时股东会，某经贸公司法定代表人郑某、某经贸公司代表、监事包某，某文化公司的代表、某文化公司的律师参加会议。该次会议共计6项议案，某文化公司代表朱某对上述议案均投反对票，某经贸公司法定代表人对上述议案均投赞成票。

2018年10月25日，郭某向郑某等发送函件称某咨询公司董事会决定召集公司股东会会议，时间为2018年11月9日上午10点，地点为某文化公司三层会议室，并通知了议案。

2018年11月9日，某文化公司出席了某咨询公司的股东会，某经贸公司认为该次股东会的召集程序违法，因此未出席该次会议。该次会议某咨询公司作出股东会决议，会议表决结果为：以某文化公司同意，某经贸公司弃权的表决结果审议通过了《关于变更公司董事的议案一》，决定免去郑某的董事职务，改选仝某为公司董事。

2018年11月12日，郑某向郭某等人发送电子邮件，称某文化公司单方自导自演召开股东会，召集程序违法、主持程序违法，某经贸公司不予认可。

某经贸公司遂向法院请求：判令解散某咨询公司。

生效判决认为：首先，《公司法司法解释二》第一条第（三）项就公司解散事宜作出的规定，体现的是股东僵局和董事僵局所造成的公司经营管理上的严重困难，即自治的公司治理结构完全失灵，公司处于事实上的瘫痪状态。而本案中，某文化公司2017年底至2018年初通过受让某经贸公司股份成为某咨询公司股东，委派人员在2018年4月当选为某咨询公司的董事，双方自2018年10月矛盾激化后，某经贸公司即提起本案公司解散之诉，此时某文化公司正式委派董事管理公司仅仅半年，难谓公司经营管理出现严重困难，股东之间争议长期得不到解决；其次，《公司法》规定"通过其他途径不能解决"，是基于对公司永久存续性特征考虑的，即当公司经营管理发生严重困难，继续存续会使股东利益受到重大损失时，还是寄希望于公司能够通过公司自治等方式解决股东、董事之间的僵局，从而改变公司瘫痪状态，而不轻易赋予股东通过司法程序强制解散公司的权利。从公司自力救济之角度来看，公司僵局势必是一个从量变到质变的过程，而内部纠纷之救济，亦应当是一个多方面尝试的过程。现有证据表明，某经贸公司与某文化公司自 2018 年 8 月就公司理念发生冲突后，2018 年 10 月发生某经贸公司所主张的其委派董事被违法召开的股东会予以免除事宜，但事后双方仅在 2018 年 10 月、11 月尝试召开几次股东会、董事会，而某经贸公司 2018 年 10 月即提起公司解散之诉，也就是说，某经贸公司尚未穷尽自力救济之途径而直接采取公司司法解散方式处理争议，故法院不予支持。①

本篇案例系北京三中院 2021 年发布的典型案例，其对公司僵局中"通过其他途径不能解决"的认定标准给予了司法提示：股东穷尽其内部或外部救济方式解决公司问题，系公司解散的前置性条件。本案中，新加入股东与原股东在对公司的经营理念上发生分歧是合作开始的一个过程，董事之间冲突亦是该过程的体现，双方应当积极需求公司内部的治理机制化解矛盾冲突。对于公司经营中产生的问题，亦应通过协商、民事诉讼、行政法规定的方式进行解决。未穷尽其他救济方式，在股东矛盾初期即提出解散公司之诉的不应予以支持。

另外需要注意的是，股东以知情权、利润分配请求权等权益受到损害，或者公司亏损、财产不足以偿还全部债务，以及公司被吊销企业法人营业执照未进行清算等为由，向法院提起解散公司诉讼的，人民法院不予受理。而行使股东知情权、利润分配请求权均系其他能够解决公司经营管理问题的途径，或者可通过召开股东会、转让股权、请求公司回购等途径化解公司僵局，故未穷尽救济途径的，提请解散公司将难以获得法院支持。

[引申法条]

《最高人民法院关于适用〈中华人民共和国公司法〉若干问题的规定（二）》

第一条 单独或者合计持有公司全部股东表决权百分之十以上的股东，以下列事由之一提起解散公司诉讼，并符合公司法第一百八十二条规定的，人民法院应予受理：

（一）公司持续两年以上无法召开股东会或者股东大会，公司经营管理发生严重困难的；

（二）股东表决时无法达到法定或者公司章程规定的比例，持续两年以上不能

---

① 北京三中院发布二十个公司类纠纷典型案例之二十：某经贸公司诉某咨询公司公司解散纠纷案，发布日期：2021.04.20。

做出有效的股东会或者股东大会决议,公司经营管理发生严重困难的;

(三)公司董事长期冲突,且无法通过股东会或者股东大会解决,公司经营管理发生严重困难的;

(四)经营管理发生其他严重困难,公司继续存续会使股东利益受到重大损失的情形。

股东以知情权、利润分配请求权等权益受到损害,或者公司亏损、财产不足以偿还全部债务,以及公司被吊销企业法人营业执照未进行清算等为由,提起解散公司诉讼的,人民法院不予受理。

05 被吊销营业执照将导致公司直接解散吗?

公司解散需要满足严格的公司僵局法律限定条件,且无其他救济途径的情形下,才可以被支持司法解散,如果公司被吊销营业执照,还需遵循上述规定吗?

在大庆中某嘉友生物科技有限公司(以下简称中某嘉友公司)与大庆市大某医药有限责任公司(以下简称大某医药公司)公司解散纠纷上诉案中,黑龙江省高院审理认为本案中,大某医药公司申请解散中某嘉友公司系依据《公司法》第一百八十二条"公司经营管理发生严重困难,继续存续会使股东利益受到重大损失,通过其他途径不能解决的,持有公司全部股东表决权百分之十以上的股东,可以请求人民法院解散公司"之规定,而在大某医药公司提起本案诉讼前,中某嘉友公司已被吊销营业执照。依照《公司法》第一百八十条、第一百八十三条的规定,中某嘉友公司被吊销营业执照属于公司解散的法定事由,中某嘉友公司应当在被吊销营业执照之日起十五日内成立清算组开始清算。如未能自行成立清算组进行清算,债权人和公司股东可以依照《公司法司法解释二》第七条之规定,申请人民法院指定清算组进行清算。因中某嘉友公司已被吊销营业执照,属于被行政机关强制解散的情形,其依照法律规定已不得再开展经营活动,自亦丧失了依据《公司法》第一百八十二条之规定,由人民法院审查该公司经营管理是否陷入僵局及是否应予解散之基础。[①]本篇判例裁判要旨为营业执照被吊销属于法定解散事由,无须再由法院审查公司经营管理是否陷入僵局从而判令解散。

另在上诉过程中,若公司依法被吊销执照,则直接进入解散程序,亦无须再行审查公司经营管理是否陷入僵局。阿尔诺维根斯晨某特种纸有限公司(以下简称晨

[①] (2014)黑涉港商终字第5号。

某特种纸公司）等诉山东晨某纸业集团股份有限公司（以下简称晨某纸业公司）公司解散纠纷案中，山东省高院经审理认为：本案中，晨某纸业公司以合资公司晨某特种纸公司遭受严重损失，双方股东陷入僵局为由请求解散公司，原审法院经审理认定合资公司连年亏损，发生经营困难，合资公司继续存续会使股东权益受到重大损失，公司状况陷入僵局，上述状况符合公司解散条件，并于2013年7月8日判决公司解散。原审判决作出后，晨某特种纸公司因未参加年检，于2013年12月3日被山东省工商行政管理局吊销营业执照。《公司法》第一百八十条规定"公司因下列原因解散：……（四）依法被吊销营业执照、责令关闭或者被撤销；……"，根据该条的规定，因被吊销营业执照，晨某特种纸公司符合解散条件。本案在二审审理中，案件事实发生重大变化，继续审理晨某纸业公司和晨某特种纸公司的诉辩主张已无意义，对本案处理结果也无影响，因此，对晨某特种纸公司的上诉理由本院不再赘述。[①] 综上，晨某特种纸公司营业执照被吊销，符合公司解散的条件。

综上，如果公司因未参加年检等被工商机关吊销营业执照的，将符合法定解散条件而无须再请求法院进行严苛条件判断的司法解散，在此提醒公司各位股东，不愿公司被强制解散的须保证公司营业执照符合相关法律规定，避免由于营业执照被吊销而直接被动进入公司解散清算程序。

[引申法条]

《中华人民共和国公司法》

第一百八十条 公司因下列原因解散：

（一）公司章程规定的营业期限届满或者公司章程规定的其他解散事由出现；

（二）股东会或者股东大会决议解散；

（三）因公司合并或者分立需要解散；

（四）依法被吊销营业执照、责令关闭或者被撤销；

（五）人民法院依照本法第一百八十二条的规定予以解散。

---

① （2014）鲁民四终字第52号。

第二十三章
申请公司清算

01 哪些主体有权申请公司强制清算？

根据《公司法》的规定，在公司出现如下解散事由时：公司章程规定的营业期限届满或者解散事由出现、股东（大）会决议解散、依法被吊销执照、责令关闭或撤销、司法解散公司情形时，公司应当在上述事由出现15日内成立清算组，自行进行清算；逾期不进行清算的，债权人可以申请法院强制清算。《公司法司法解释二》进一步明确，出现逾期不成立清算组、虽然成立但故意拖延、违法清算等情形之一的，债权人、公司股东、董事或其他利害关系人均可以向人民法院申请指定清算组进行清算。具体下文通过判例来理解主体相关的几个细节问题：

当被申请公司对申请清算股东资格有异议且无法确认时法院能否受理强制清算申请？在傅某与南宁百某物业开发有限公司（以下简称百某公司）申请公司清算案中，最高院认为傅某虽然登记为百某公司股东，但百某公司2003年1月2日的《董事会决议》记载，傅某、邱某、王某已经决定退出百某公司，三人不再拥有百某公司的股权。南宁市中级人民法院（2003）南市民三初字第65号民事判决认定该《董事会决议》有效后，广西壮族自治区高级人民法院将该案发回重审，案件仍在重审期间。2014年9月5日，百某公司的股东百某控股（私人）有限公司、卓某、廖某也以傅某等三人为被告，向南宁市中级人民法院提起了股东资格确认纠纷，该案亦尚未审结。因此，在百某公司股东之间对股东资格存有争议、相关案件尚未审结的情况下，傅某的百某公司股东身份没有得到最终确认。根据《最高人民法院关于审理公司强制清算案件工作座谈会纪要》第十三条的规定，原审法院对傅某的强制清算申请不予受理，并无不当。根据该案裁判要旨，在公司股东之间对股东资格存有争议、相关案件尚未审结的情况下，强制清算申请人的股东身份没有得到最终确认，无法确认是否具备申请人民法院对公司进行强制清算的主体资格，申请人可就有关争议单独提起诉讼或者仲裁予以确认后，另行向人民法院提起强制清算。根据《最高人民法院关于审理公司强制清算案件工作座谈会纪要》第十三条，同样债权人也须确认债权后再行提起强制清算。

有权申请公司强制清算的债权人须是公司的债权人，股东的债权人一般不得提出清算申请。福建省莆田市中级人民法院审理的陈某与福建省莆田市涵江东某机械公司（以下简称东某机械公司）申请公司清算纠纷案中，东某机械公司的股东为黄某芳、黄某棋两人，陈某是黄某芳、黄某棋的债权人，黄某芳、黄某棋在东某机械公司享有现有财产的分配请求权却怠于行使，此外，东某机械公司被吊销营业执照后迟迟未进行清算，陈某为了保全自己的债权申请法院对东某机械公司进行强制清算。法院认为，公司债权人或股东才有权向人民法院申请强制清算，陈某是公司股东的债权人，无权申请对东某机械公司进行清算，裁定驳回起诉。[①]

综上，自2021年1月1日民法典开始施行后，《公司法司法解释二》在《民法典》第七十条的基础上对相应条款予以了调整，扩充提起强制清算的主体，同时删除了债权人未提起清算申请股东才可以申请的前提条件，赋予了债权人、公司股东、董事或其他利害关系人均可以在符合法定条件下申请法院进行清算的主体资格。

[引甲法条]

《中华人民共和国公司法》

第一百八十条 公司因下列原因解散：

（一）公司章程规定的营业期限届满或者公司章程规定的其他解散事由出现；

（二）股东会或者股东大会决议解散；

（三）因公司合并或者分立需要解散；

（四）依法被吊销营业执照、责令关闭或者被撤销；

（五）人民法院依照本法第一百八十二条的规定予以解散。

第一百八十三条 公司因本法第一百八十条第（一）项、第（二）项、第（四）项、第（五）项规定而解散的，应当在解散事由出现之日起十五日内成立清算组，开始清算。有限责任公司的清算组由股东组成，股份有限公司的清算组由董事或者股东某会确定的人员组成。逾期不成立清算组进行清算的，债权人可以申请人民法院指定有关人员组成清算组进行清算。人民法院应当受理该申请，并及时组织清算组进行清算。

《中华人民共和国民法典》

第七十条 法人解散的，除合并或者分立的情形外，清算义务人应当及时组成清算组进行清算。

法人的董事、理事等执行机构或者决策机构的成员为清算义务人。法律、行政法规另有规定的，依照其规定。

清算义务人未及时履行清算义务，造成损害的，应当承担民事责任；主管机关或者利害关系人可以申请人民法院指定有关人员组成清算组进行清算。

《最高人民法院关于适用〈中华人民共和国公司法〉若干问题的规定（二）》

第七条 公司应当依照民法典第七十条、公司法第一百八十三条的规定，在解散事由出现之日起十五日内成立清算组，开始自行清算。

[①] （2015）民申字第3347号。

有下列情形之一，债权人、公司股东、董事或其他利害关系人申请人民法院指定清算组进行清算的，人民法院应予受理：

（一）公司解散逾期不成立清算组进行清算的；

（二）虽然成立清算组但故意拖延清算的；

（三）违法清算可能严重损害债权人或者股东利益的。

《关于审理公司强制清算案件工作座谈会纪要》（法发〔2009〕52号）

13. 被申请人就申请人对其是否享有债权或者股权，或者对被申请人是否发生解散事由提出异议的，人民法院对申请人提出的强制清算申请应不予受理。申请人可就有关争议单独提起诉讼或者仲裁予以确认后，另行向人民法院提起强制清算申请。但对上述异议事项已有生效法律文书予以确认，以及发生被吊销企业法人营业执照、责令关闭或者被撤销等解散事由有明确、充分证据的除外。

02　申请公司强制清算的前提条件是什么？

根据《公司法》第一百八十三条的规定，申请公司清算的前提是公司首先要符合第一百八十条规定的解散事由之后，若公司出现逾期未成立清算组或虽成立清算组但故意拖延清算、违法清算等情形则可以申请强制清算。逾期15天未成立清算组简单明晰，但何谓成立清算组但故意拖延清算或违法清算损害债权人或股东利益呢？本篇从李某成等与韶关市某工厂公司清算上诉案来研析理解。

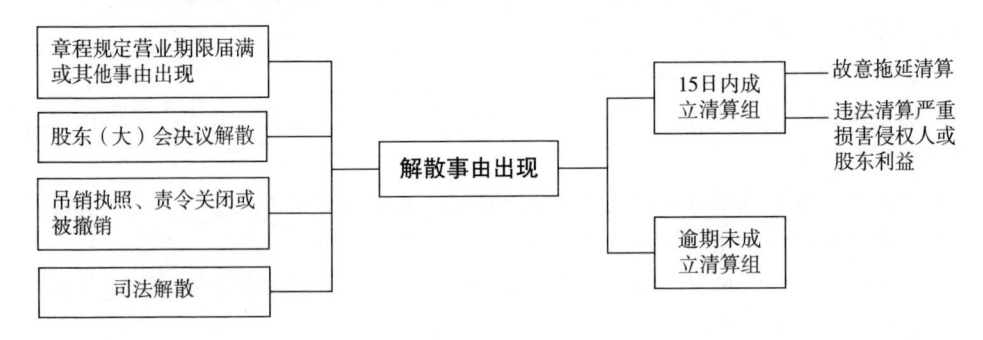

```
章程规定营业期限届满
或其他事由出现 ─┐
                │
股东（大）会决议解散 ─┤── 解散事由出现 ──┬── 15日内成立清算组 ──┬── 故意拖延清算
                │                    │                     └── 违法清算严重损害侵权人或股东利益
吊销执照、责令关闭或 ─┤                    │
被撤销           │                    └── 逾期未成立清算组
                │
司法解散 ─────────┘
```

[典型案例]

1990年6月20日，韶关市某工厂成立，注册资金860万元，经济性质为股份合作制企业。2015年5月12日召开全厂股东某会通过成立清算组的决议。同年5月22日，成立厂清算组，按《公司法》和厂章程的要求开展工作，履行职责，处置厂的设备、物资。2016年1月6日，李某成等申请人认为韶关市某工厂成立的清算组在清算工作中，故意拖延清算时间，违反《公司法》有关清算流程规定，在清算过程中，未经股东某会通过，不遵守相关法律规定，擅自变卖工厂物资，可能损害股东利益，特向原审法院申请对韶关市某工厂进行强制清算。

原审法院认为：原告李某成等申请人提交的证据，无法证明韶关市某工厂清算组在清算工作中，故意拖延清算，或者存在其他违法清算可能严重损害股东利益的行为，遂驳回原告诉请。原告不服，提起上诉。

二审法院广东省高院审理认为强制清算制度构建的目的之一是通过建立正义、高效的程序公平清偿企业债务、分配企业财产，维护债权人和股东利益，实现各利益相关方的平衡保护。本案中，上诉人认为韶关市某工厂清算组成立后未按股东某会决议依照《公司法》相关规定编制资产负债表和财产清单、没有制订清算方案，在处置磷肥及原磷肥车间、仓库零配件、旧设备、硫酸储罐、车队小车、洒水车、大客车等设备中没有进行评估或参考政府收购时的评估价，而且在清算过程中从未向广大股东公告过任何信息，已经构成故意拖延清算或者存在其他违法清算可能严重损害债权人或者股东利益的行为，并提供了相关证据。《公司法》第一百八十五条[①]规定："清算组在清算期间行使下列职权：（一）清理公司财产，分别编制资产负债表和财产清单；……"第一百八十七条第一款规定："清算组在清理公司财产、编制资产负债表和财产清单后，应当制定清算方案，并报股东会、股东大会或者人民法院确认。"可见，清算组在清理工作中编制资产负债表和财产清单，并制订清算方案报股东会确认，是其法定职责。现被上诉人承认没有编制资产负债表和财产清单、制订清算方案并报股东会确认，而且对此未能作出合理解释，显然违反了上述法律规定。另外，在处置磷肥及原磷肥车间、仓库零配件、旧设备、硫酸储罐、车队小车、洒水车、大客车等财产过程中对上诉人主张的为何没有进行评估或参考政府收购时的评估价、为何出现《购销合同》与招标公示内容不一致的情况等，被上诉人同样未能作出合理解释。根据《最高人民法院关于审理公司强制清算案件工作座谈会纪要》第十四条的规定："申请人提供被申请人自行清算中故意拖延清算，或者存在其他违法清算可能严重损害债权人或者股东利益的相应证据材料后，被申请人未能举出相反证据的，人民法院对申请人提出的强制清算申请应予受理……"综合本案查明的事实，可认定被上诉人在清算期间有故意拖延清算或者其他违法清算并可能严重损害股东利益的行为。上诉人申请对韶关市某工厂进行强制清算，依据充分，具备法律规定应当受理的条件。原审裁定驳回上诉人的申请，依据不足。对此本院予以纠正，原审法院应依法受理上诉人对韶关

[①] 参见现行有效的《公司法》第一百八十六条。

市某工厂强制清算的申请。①

综上，具有申请清算资格的主体，可以对清算过程中存在的被申请主体故意拖延、不履行法律规定的清理公司财产、编制资产负债表、财产清单、制定清算方案并报股东（大）会确认等清算义务的，提供相应的初步证据材料，如果被申请主体未能举出相反证据的，法院将对申请人提出的强制清算申请予以受理。

[引申法条]

《中华人民共和国公司法》

第一百八十四条　清算组在清算期间行使下列职权：

（一）清理公司财产，分别编制资产负债表和财产清单；

（二）通知、公告债权人；

（三）处理与清算有关的公司未了结的业务；

（四）清缴所欠税款以及清算过程中产生的税款；

（五）清理债权、债务；

（六）处理公司清偿债务后的剩余财产；

（七）代表公司参与民事诉讼活动。

第一百八十六条　清算组在清理公司财产、编制资产负债表和财产清单后，应当制定清算方案，并报股东会、股东某会或者人民法院确认。

公司财产在分别支付清算费用、职工的工资、社会保险费用和法定补偿金，缴纳所欠税款，清偿公司债务后的剩余财产，有限责任公司按照股东的出资比例分配，股份有限公司按照股东持有的股份比例分配。

清算期间，公司存续，但不得开展与清算无关的经营活动。公司财产在未依照前款规定清偿前，不得分配给股东。

《关于审理公司强制清算案件工作座谈会纪要》（法发〔2009〕52号）

14. 申请人提供被申请人自行清算中故意拖延清算，或者存在其他违法清算可能严重损害债权人或者股东利益的相应证据材料后，被申请人未能举出相反证据的，人民法院对申请人提出的强制清算申请应予受理。债权人申请强制清算，被申请人的主要财产、账册、重要文件等灭失，或者被申请人人员下落不明，导致无法清算的，人民法院不得以此为由不予受理。

---

① （2017）粤清终2号。

03 强制清算和强制解散可以同时进行吗？

根据《公司法司法解释二》第二条的规定，股东提起解散公司诉讼同时又申请法院强制清算的，法院对清算不予受理，在司法判决解散后，公司可以自行清算或者另行申请强制清算。实践中，对上述两种情形容易混淆，本文通过下述判例来深入理解强制清算与司法解散的区别：

在南京绿某设备安装工程有限公司（以下简称绿某公司）等与江苏银某投资担保有限公司（以下简称银某公司）公司清算纠纷上诉案中，江苏省高院认为"绿某公司作为银某公司的股东申请强制清算银某公司的前提条件应是银某公司已经符合《公司法》第一百八十条规定的解散事由，且存在解散后逾期不成立清算组进行清算或者虽然成立清算组但故意拖延清算等情形，但本案中绿某公司系以银某公司持续两年未能召开股东会，并已被工商行政部门列入经营异常名录为由而直接向一审法院要求对银某公司进行强制清算，此明显不符合上述法律及司法解释中股东申请人民法院对公司进行清算的规定，故一审法院驳回其强制清算申请并无不当。对于听证过程中绿某公司提出的银某公司的经营期限已经届满的问题，因为绿某公司并未以该理由向一审法院申请强制清算银某公司，上诉时也未提出该理由，且未提供银某公司自行清算不能的证据，故本院对其二审时提出的该主张不予理涉。"[①] 本判例明确司法解散与强制清算适用情形不同，即申请法院强制清算应当依据《公司法》一百八十三条的规定，需满足公司出现法定解散事由后，公司存在逾期不成立清算组或者虽成立清算组但拖延清算等情形；而申请司法解散应根据《公司法》第一百八十二条的规定，当公司经营管理发生严重困难，存在公司持续两年以上无法召开股东（大）会、公司持续两年以上不能作出有效的股东（大）会决议，以及公司董事长期冲突导致的董事会僵局等情形，继续存续会使股东利益受到重大损失，通过其他途径不能解决的，简言之即司法解散是股东的最终救济途径。

再来看同某药业有限公司（以下简称同某公司）诉广州王某吉药业股份有限公司（以下简称王某吉公司）申请强制清算纠纷案，最高院认为《公司法司法解释二》第二条规定的"股东提起解散公司诉讼，同时又申请人民法院对公司进行清算的，人民法院对其提出的清算申请不予受理"，针对的是公司股东在以《公司法》第一百八十二条规定的公司僵局为由提起解散公司诉讼的同时，又申请对公司进行强制清算申请的情形。该规定并未排除对按照该法第一百八十条第（一）项

---

① （2016）苏民终887号。

（公司章程规定的营业期限届满等）而独立提出的强制清算申请在符合第一百八十三条规定条件下的受理。本案同某公司是在王某吉公司经营期限于2015年1月25日届满后，依据《公司法》第一百八十条第（一）项提出的强制清算申请，一、二审法院未对此种清算申请与提起解散公司诉讼的同时提出的强制清算申请加以区分，而援引《公司法司法解释二》第二条的规定裁定不予受理，属于适用法律不当。本篇判例中，最高院指明了同时申请强制清算和司法解散须解散先行情况，针对的是公司股东在以《公司法》第一百八十二条规定的公司僵局为由提起解散公司诉讼的同时，又申请对公司进行强制清算申请的情形，这里并不包括按照《公司法》第一百八十条第一项（公司章程规定的营业期限届满等）而独立提出的强制清算申请。①

综上，申请法院强制清算还是对公司予以强制解散均是法律赋予债权人或股东等人的司法救济权利，但其适用分别都有严格的条件，司法实践也是持非常审慎的态度，需要注意依法行使不要混淆。另外需要注意的是，如果强制清算中，有关权利人另行提起破产申请的，若申请符合《破产法》被法院裁定受理破产后，强制清算程序应当裁定终结。

[引申法条]

《中华人民共和国公司法》

第一百八十二条　公司经营管理发生严重困难，继续存续会使股东利益受到重大损失，通过其他途径不能解决的，持有公司全部股东表决权百分之十以上的股东，可以请求人民法院解散公司。

《最高人民法院关于适用〈中华人民共和国公司法〉若干问题的规定（二）》

第二条　股东提起解散公司诉讼，同时又申请人民法院对公司进行清算的，人民法院对其提出的清算申请不予受理。人民法院可以告知原告，在人民法院判决解散公司后，依据民法典第七十条、公司法第一百八十三条和本规定第七条的规定，自行组织清算或者另行申请人民法院对公司进行清算。

《关于审理公司强制清算案件工作座谈会纪要》（法发〔2009〕52号）

33. 公司强制清算中，有关权利人依据企业破产法第二条和第七条的规定向人民法院另行提起破产申请的，人民法院应当依法进行审查。权利人的破产申请符合企业破产法规定的，人民法院应当依法裁定予以受理。人民法院裁定受理破产申请后，应当裁定终结强制清算程序。

---

① （2015）民申字第2518号。

第二十四章
清算责任

01 清算义务人未依法履行清算义务的，需对公司债权人承担责任吗？

为了实现对债权人的保护，《公司法》规定清算事宜和减资事宜一样，均需履行严格的"通知+公告"程序，《公司法司法解释二》第十一条详细规定了公司清算时，清算组须将公司解散清算事宜书面通知全体已知债权人，并根据公司规模和营业地域范围在全国或者公司注册登记地省级有影响的报纸上进行公告。清算义务人未依规履行清算义务的，需对公司债权人承担责任吗？下文从北京一中院发布典型案例之B公司与A公司清算责任纠纷案来进一步理解。

[典型案例]

经法院2007年生效判决认定，B公司对A公司享有债权，2008年，经过执行程序，B公司未获得足额清偿。2007年，A公司召开股东会决议，决定公司停止经营活动、进行清算，公司清算组由甲、乙、丙三位股东组成。2008年4月，A公司对截至2006年12月31日公司账目的应收账款情况等发表声明；会计师事务所同月出具A公司清算报告，结论为A公司债权债务已清理完毕，并且已经在报纸上发布注销公告。同月，A公司作出股东会决议，同意公司注销，同意清算审计报告结果。2008年5月，A公司注销。2010年，B公司得知A公司注销，遂以清算责任纠纷为由提起诉讼，要求A公司股东向B公司承担连带赔偿责任。

法院经审理认为：A公司清算义务人对公司欠付B公司债务数额明知，但仅以报纸公告方式进行通知，其并未依《公司法》关于债权人申报债权的规定，履行在清算组成立之日起十日内通知债权人的义务，致使B公司无法申报债权而未获清偿。A公司股东主观存在过错，其不当履行清算义务，应赔偿由此给债权人造成的损失。①

《公司法》第一百八十三条明确规定，除因公司合并或者分立需要解散公司外，公司发生因经营期限届满、股东决议解散、公司被吊销营业执照、责令关闭或者被撤销等解散事由或者司法解散的，均应在解散事由出现之日起十五日内成立清算组，开始清算；其中有限责任公司的清算组由股东组成，股份有限公司的清算组由董事或者股东大会确定的人员组成。同时第一百八十五条第一款规定，清算组应当自成立之日起十日内通知债权人，并于六十日内在报纸上公告。债权人应当自接到

---

① 北京一中院发布公司类纠纷案件十四大典型案例之十三：B公司与A公司清算责任纠纷案，发布日期：2020.10.12。

通知书之日起三十日内，未接到通知书的自公告之日起四十五日内，向清算组申报其债权。第一百八十九条规定，清算组成员因故意或者重大过失给公司或者债权人造成损失的，应当承担赔偿责任。根据上述规定，清算义务人对因其未履行或者未适当履行通知与公告义务，导致债权人债权未获清偿造成的全部损失需要承担赔偿责任，该责任不应受股东有限责任的限制，也不应受股东在清算程序中获得的分配财产数额的影响。

不过，在司法实践中，亦有案例在认定清算义务人的赔偿责任时，将其赔偿责任的数额限定在股东从公司清算所获利益的范围内，而不是以债权人未获清偿的债权为限，最高院在审理的马某创业投资有限公司、厦门众某投资股份有限公司房屋租赁合同纠纷案中认为，债权人在涉案公司清算前已向其致函主张损失赔偿，即表示涉案公司应知晓债权人系已向其主张权利的债权人，涉案公司清算组应以明确可到达的方式通知债权人有关公司清算事宜。股东作为接收涉案公司剩余财产的主体，均参与了涉案公司的清算事务，但并未将公司清算注销事宜明确告知债权人，且在此情形下对涉案公司清算后的财产进行了分配，原审法院认为股东对于公司与债权人尚未履行结束的合同并未进行清理计算，系未完全履行清算义务，因此判决股东作为清算义务人在接收公司剩余财产范围内承担相应赔偿责任并无不当。①

综上，在公司出现法定解散事由后，对公司进行清算，使公司有序退出，是有限责任公司股东的法定义务，有限责任公司股东作为《公司法》规定的清算义务人，如未按照《公司法》规定履行清算义务，需对公司债权人承担相应的责任。

［引申法条］

《中华人民共和国民法典》

第七十条　法人解散的，除合并或者分立的情形外，清算义务人应当及时组成清算组进行清算。

法人的董事、理事等执行机构或者决策机构的成员为清算义务人。法律、行政法规另有规定的，依照其规定。

清算义务人未及时履行清算义务，造成损害的，应当承担民事责任；主管机关或者利害关系人可以申请人民法院指定有关人员组成清算组进行清算。

《中华人民共和国公司法》

第一百八十三条　公司因本法第一百八十条第（一）项、第（二）项、第（四）项、第（五）项规定而解散的，应当在解散事由出现之日起十五日内成立清算组，开始清算。有限责任公司的清算组由股东组成，股份有限公司的清算组由董

---

① （2020）最高法民申 467 号。

事或者股东大会确定的人员组成。逾期不成立清算组进行清算的，债权人可以申请人民法院指定有关人员组成清算组进行清算。人民法院应当受理该申请，并及时组织清算组进行清算。

第一百八十五条 清算组应当自成立之日起十日内通知债权人，并于六十日内在报纸上公告。债权人应当自接到通知书之日起三十日内，未接到通知书的自公告之日起四十五日内，向清算组申报其债权。

债权人申报债权，应当说明债权的有关事项，并提供证明材料。清算组应当对债权进行登记。

在申报债权期间，清算组不得对债权人进行清偿。

第一百八十九条 清算组成员应当忠于职守，依法履行清算义务。

清算组成员不得利用职权收受贿赂或者其他非法收入，不得侵占公司财产。

清算组成员因故意或者重大过失给公司或者债权人造成损失的，应当承担赔偿责任。

《最高人民法院关于适用〈中华人民共和国公司法〉若干问题的规定（二）》

第十一条 公司清算时，清算组应当按照公司法第一百八十五条的规定，将公司解散清算事宜书面通知全体已知债权人，并根据公司规模和营业地域范围在全国或者公司注册登记地省级有影响的报纸上进行公告。

清算组未按照前款规定履行通知和公告义务，导致债权人未及时申报债权而未获清偿，债权人主张清算组成员对因此造成的损失承担赔偿责任的，人民法院应依法予以支持。

02 有限公司股东违反清算义务须对债权人承担什么责任呢？

清算义务人是基于其与公司间的特定法律关系而在公司解散时对公司负有组织清算义务，并在公司未及时清算给相关权利人造成损害时须承担相应责任的民事主体。依据《公司法司法解释二》第十八条的规定，有限责任公司的清算义务人为公司股东，一般应以工商登记为准。根据《公司法司法解释二》相关规定，清算义务人在以下情形时需对债权人承担赔偿责任：一是未在法定期限内成立清算组进行清算导致公司财产贬值、流失、毁损或者灭失的；二是恶意处置公司财产给债权人造成损失的；三是未经依法清算，以虚假的清算报告骗取公司登记机关办理法人注销登记的；四是在公司清算时违反法律、行政法规或者公司章程的规定，给公司或者债权人造成损失的；五是怠于履行义务，导致公司主要财产、账册、重要文件等灭失，无法进行清算的；六是公司未经清算即办理注销登记导致公司无法进行清算或者股东、第三人办理注销时承诺担责的。通说认为前四种情形债权人仅可主张股东承担赔偿责任；后两种导致无法清算情形的，债权人可请求股东承担连带清偿责任。①

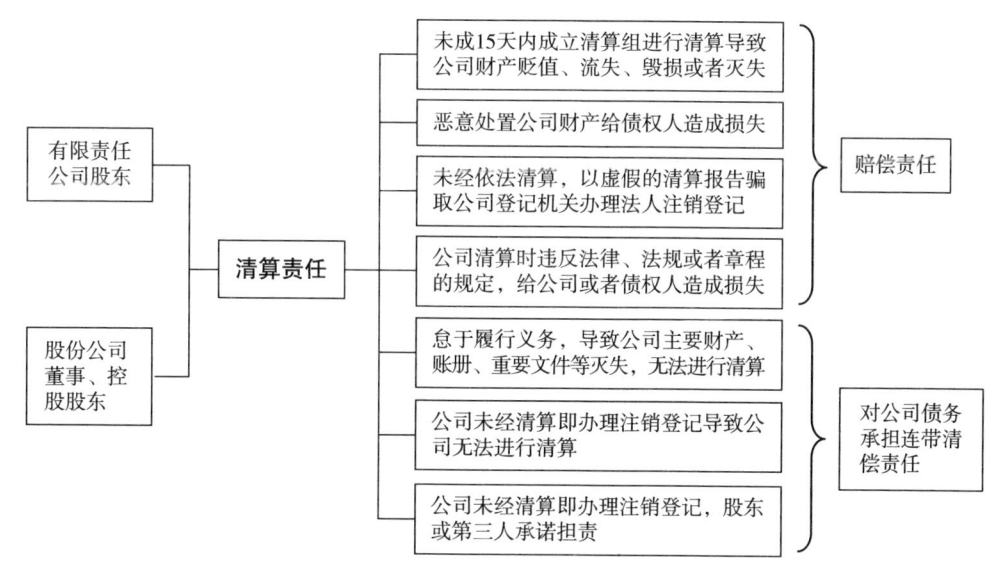

```
                          ┌─ 未成15天内成立清算组进行清算导致
                          │  公司财产贬值、流失、毁损或者灭失  ─┐
                          │                                      │
                          ├─ 恶意处置公司财产给债权人造成损失  ──┤
有限责任                  │                                      ├─ 赔偿责任
公司股东 ─┐               ├─ 未经依法清算，以虚假的清算报告骗    │
          │               │  取公司登记机关办理法人注销登记    ──┤
          ├─ 清算责任 ──┤                                      │
          │               └─ 公司清算时违反法律、法规或者章程    │
股份公司 ─┘                  的规定，给公司或者债权人造成损失  ──┘
董事、控                  ┌─ 怠于履行义务，导致公司主要财产、  ─┐
股股东                    │  账册、重要文件等灭失，无法进行清算  │
                          │                                      │
                          ├─ 公司未经清算即办理注销登记导致公    ├─ 对公司债务
                          │  司无法进行清算                    ──┤  承担连带清
                          │                                      │  偿责任
                          └─ 公司未经清算即办理注销登记，股东    │
                             或第三人承诺担责                  ──┘
```

实践中，吊销营业执照后未及时清算是上述常见的情形之一，参见最高院审理的李某诉中国某科技集团公司第某研究所等清算责任纠纷案中，最高院认为：根据《公司法》第一百八十条第（四）项及第一百八十三条的规定，维某公司在 2012 年 12 月被吊销营业执照解散后，该公司股东李某、骏某公司应在十五日内成立清算组开始清算。李某、骏某公司未在法定期限内对维某公司进行清算，系公司股东怠于履行清算义务的情形，根据《公司法司法解释二》第十八条第二款的规定，应当承担由此产生的民事责任。维某公司部分财务账册已经灭失，李某一审提交的清算报告依据的仅是部分财务资料，因此不足采信。某所对维某公司的办公室实施过私自查封的行为且不能提供封存物品清单，二审法院据此认定对维某公司账册的灭失负有一定责任并根据《中华人民共和国侵权责任法》第二十六条的规定，酌定李某、骏某公司对维某公司涉案债务的 70% 承担连带清偿责任，有事实依据和法律依据，并无不当。② 一般而言，如怠于履行清算义务，承担清算赔偿责任具体分为两种情形：一是导致公司财产贬值、流失、毁损或者灭失的，在损失范围内向公司债

---

① 参见赵卫平、须海波：《有限责任公司清算清偿责任纠纷案件的审理思路和裁判要点》微信公众号。

② （2017）最高法民申 2428 号。

权人承担赔偿责任；二是导致公司主要财产、账册、重要文件等灭失，无法进行清算的，将对公司债务承担连带清偿责任。（具体分析可以参见本书股东损害债权人利益篇：被吊销营业执照怠于履行清算义务的股东须对债务承担责任吗？）

而未清算便注销的公司实践中也大量存在，此时股东需要对公司债务承担清偿责任，而非仅在未出资范围内承担赔偿责任：上海高院生效裁判文书认为：即使《公司注销清算报告》上刘某的签名非其本人所签，但鉴于笙某公司已被工商部门注销，其不再具有民事行为能力和民事责任能力，民事主体资格消灭，从现有证据看，清算亦无法进行。笙某公司未经清算即办理注销登记，致使债权人卢某未得到债权清理及受偿，侵害了卢某的合法权益，刘某作为公司股东，是公司的法定清算义务人，应对笙某公司的债务承担清偿责任。[①] 同时《公司法司法解释二》第二十条第二款进一步明确，公司未经依法清算即办理注销登记，股东或者第三人在公司登记机关办理注销登记时承诺对公司债务承担责任，债权人可据此主张其对公司债务承担相应民事责任。

综上，在出现法人解散的原因后，清算义务人应当依法进行法人清算，包括清理法人财产、核实债权债务、依法律规定的范围和程序清偿债务等。如果清算义务人未及时或者未适当履行、甚至违反法律规定履行清算义务的，将承担相应的民事责任，严重地将突破股东有限责任而对债务承担连带清偿责任。

[引申法条]

《中华人民共和国公司法》

第一百八十四条 清算组在清算期间行使下列职权：

（一）清理公司财产，分别编制资产负债表和财产清单；

（二）通知、公告债权人；

（三）处理与清算有关的公司未了结的业务；

（四）清缴所欠税款以及清算过程中产生的税款；

（五）清理债权、债务；

（六）处理公司清偿债务后的剩余财产；

（七）代表公司参与民事诉讼活动。

《最高人民法院关于适用〈中华人民共和国公司法〉若干问题的规定（二）》

第十八条 有限责任公司的股东、股份有限公司的董事和控股股东未在法定期限内成立清算组开始清算，导致公司财产贬值、流失、毁损或者灭失，债权人主张其在造成损失范围内对公司债务承担赔偿责任的，人民法院应依法予以支持。

---

① 上海高院（2018）沪民申 2446 号。

有限责任公司的股东、股份有限公司的董事和控股股东因怠于履行义务,导致公司主要财产、账册、重要文件等灭失,无法进行清算,债权人主张其对公司债务承担连带清偿责任的,人民法院应依法予以支持。

上述情形系实际控制人原因造成,债权人主张实际控制人对公司债务承担相应民事责任的,人民法院应依法予以支持。

第十九条 有限责任公司的股东、股份有限公司的董事和控股股东,以及公司的实际控制人在公司解散后,恶意处置公司财产给债权人造成损失,或者未经依法清算,以虚假的清算报告骗取公司登记机关办理法人注销登记,债权人主张其对公司债务承担相应赔偿责任的,人民法院应依法予以支持。

第二十条 公司解散应当在依法清算完毕后,申请办理注销登记。公司未经清算即办理注销登记,导致公司无法进行清算,债权人主张有限责任公司的股东、股份有限公司的董事和控股股东,以及公司的实际控制人对公司债务承担清偿责任的,人民法院应依法予以支持。

公司未经依法清算即办理注销登记,股东或者第三人在公司登记机关办理注销登记时承诺对公司债务承担责任,债权人主张其对公司债务承担相应民事责任的,人民法院应依法予以支持。

第二十三条 清算组成员从事清算事务时,违反法律、行政法规或者公司章程给公司或者债权人造成损失,公司或者债权人主张其承担赔偿责任的,人民法院应依法予以支持。

有限责任公司的股东、股份有限公司连续一百八十日以上单独或者合计持有公司百分之一以上股份的股东,依据公司法第一百五十一条第三款的规定,以清算组成员有前款所述行为为由向人民法院提起诉讼的,人民法院应予受理。

公司已经清算完毕注销,上述股东参照公司法第一百五十一条第三款的规定,直接以清算组成员为被告、其他股东为第三人向人民法院提起诉讼的,人民法院应予受理。

03 九民纪要后对小股东承担清算责任限制有哪些?

最高院2012年9月18日发布的9号指导案例指出上海存某贸易有限公司诉蒋某东、王某明等买卖合同纠纷案中,法院认为有限责任公司的股东、股份有限公司的董事和控股股东,应当依法在公司被吊销营业执照后履行清算义务,不能以其不是实际控制人或者未实际参加公司经营管理为由,免除清算义务。同时依据《公司法》第一百八十三条、《公司法司法解释二》第十八条之规定，实践中出现了不少中小股东承担清算义务责任的范围甚至超过了其投资数额的案例。

9号指导案例在保护债权人利益、维护市场交易秩序、倡导诚信经营方面曾发挥了巨大价值引导作用，但后续亦产生了一定的消极效果。依据该指导案例确定的规则，司法实践中出现了职业债权人通过批量超低价收购僵尸企业的"陈年旧账"，对中小股东发起清算责任诉讼的问题，导致大量未参与公司经营管理、对公司主要财产、账册、重要文件等根本无控制力的中小股东承担了巨额的清算责任，造成利益明显失衡的状况。为纠正该案造成的偏差，九民纪要对《公司法》清算责任适用思路进行了进一步解释，纪要认为，股东举证证明其已经为履行清算义务采取了积极措施，或者中小股东举证证明其既不是公司董事会或者监事会成员，也没有选派人员担任该机关成员，且从未参与公司经营管理，以不构成"怠于履行清算义务"为由，主张其不应当对公司债务承担连带清偿责任的，人民法院予以支持。①

在山西潞安华某世纪焦化有限公司等与王某等合同纠纷再审案中，最高法院认为，《公司法司法解释二》第十八条的适用情形是，清算义务人怠于履行清算义务，导致公司财产贬值、流失、毁损或者灭失，或者导致公司主要财产、账册、重要文件等灭失，无法进行清算的，应对公司债务承担补充赔偿责任或者连带清偿责任。而本案中，王某仅证明王庄煤矿未在法定期限内对华某公司进行清算，但未举证证明王庄煤矿怠于履行清算义务的行为导致华某公司财产损失，或者导致华某公司主要财产、账册、重要文件等灭失，无法进行清算。原审亦未审查上述事实即认定王庄煤矿对华某公司的债务承担连带赔偿责任，不符合该司法解释的适用条件。该案例从因果关系角度进行剖析，依据《九民纪要》第十五条的规定，有限责任公司的股东举证证明其"怠于履行义务"的消极不作为与"公司主要财产、账册、重要文件等灭失，无法进行清算"的结果之间没有因果关系，主张其不应对公司债务承担连带清偿责任的，人民法院依法予以支持。②

另外，股东申请法院强制清算是股东的权利而不是义务，不因未申请强制清算而构成怠于履行清算义务。最高院民二庭在《全国法院民商事审判工作会议纪要理解与适用》中明确指出，在《公司法司法解释二》第七条第二款规定的三种情形下，股东申请人民法院指定清算组对公司进行清算，并不是法律规定的股东的义务，而是股东的权利，股东放弃权利并不构成对义务的违反③

---

① 指导案例9号已被《最高人民法院关于部分指导性案例不再参照的通知》宣布自2021年1月1日起不再参照。

② （2018）最高法民再435号。

③ 参见最高人民法院民事审判第二庭编著：《全国法院民商事审判工作会议纪要理解与适用》，人民法院出版社2019年版，第167-168页。

[引申法条]

《最高人民法院关于适用〈中华人民共和国公司法〉若干问题的规定（二）》

第十八条　有限责任公司的股东、股份有限公司的董事和控股股东未在法定期限内成立清算组开始清算，导致公司财产贬值、流失、毁损或者灭失，债权人主张其在造成损失范围内对公司债务承担赔偿责任的，人民法院应依法予以支持。

有限责任公司的股东、股份有限公司的董事和控股股东因怠于履行义务，导致公司主要财产、账册、重要文件等灭失，无法进行清算，债权人主张其对公司债务承担连带清偿责任的，人民法院应依法予以支持。

上述情形系实际控制人原因造成，债权人主张实际控制人对公司债务承担相应民事责任的，人民法院应依法予以支持。

《全国法院民商事审判工作会议纪要》

（五）关于有限责任公司清算义务人的责任

关于有限责任公司股东清算责任的认定，一些案件的处理结果不适当地扩大了股东的清算责任。特别是实践中出现了一些职业债权人，从其他债权人处大批量超低价收购僵尸企业的"陈年旧账"后，对批量僵尸企业提起强制清算之诉，在获得人民法院对公司主要财产、账册、重要文件等灭失的认定后，根据公司法司法解释（二）第18条第2款的规定，请求有限责任公司的股东对公司债务承担连带清偿责任。有的人民法院没有准确把握上述规定的适用条件，判决没有"怠于履行义务"的小股东或者虽"怠于履行义务"但与公司主要财产、账册、重要文件等灭失没有因果关系的小股东对公司债务承担远远超过其出资数额的责任，导致出现利益明显失衡的现象。需要明确的是，上述司法解释关于有限责任公司股东清算责任的规定，其性质是因股东怠于履行清算义务致使公司无法清算所应当承担的侵权责任。在认定有限责任公司股东是否应当对债权人承担侵权赔偿责任时，应当注意以下问题：

14.【怠于履行清算义务的认定】公司法司法解释（二）第18条第2款规定的"怠于履行义务"，是指有限责任公司的股东在法定清算事由出现后，在能够履行清算义务的情况下，故意拖延、拒绝履行清算义务，或者因过失导致无法进行清算的消极行为。股东举证证明其已经为履行清算义务采取了积极措施，或者小股东举证证明其既不是公司董事会或者监事会成员，也没有选派人员担任该机关成员，且从未参与公司经营管理，以不构成"怠于履行义务"为由，主张其不应当对公司债务承担连带清偿责任的，人民法院依法予以支持。

15.【因果关系抗辩】有限责任公司的股东举证证明其"怠于履行义务"的消极不作为与"公司主要财产、账册、重要文件等灭失，无法进行清算"的结果之间没有因果关系,主张其不应对公司债务承担连带清偿责任的,人民法院依法予以支持。

16.【诉讼时效期间】公司债权人请求股东对公司债务承担连带清偿责任,股东以公司债权人对公司的债权已经超过诉讼时效期间为由抗辩,经查证属实的,人民法院依法予以支持。

公司债权人以公司法司法解释(二)第18条第2款为依据,请求有限责任公司的股东对公司债务承担连带清偿责任的,诉讼时效期间自公司债权人知道或者应当知道公司无法进行清算之日起计算。

04 股东需对公司债务承担责任的情形有哪些?

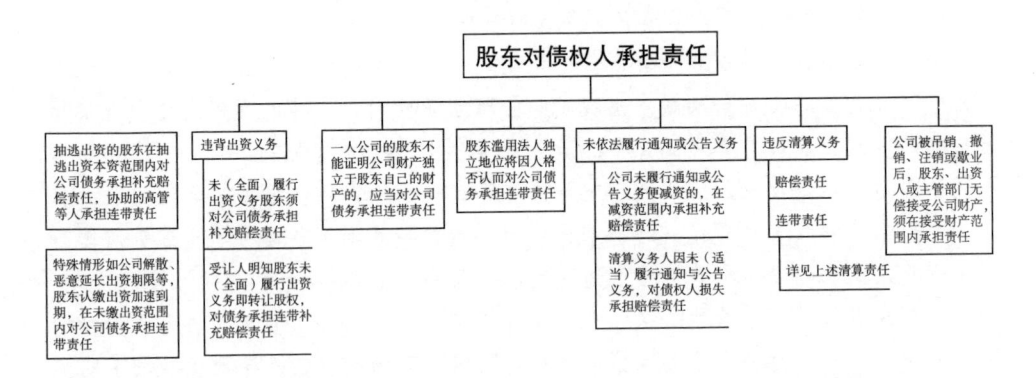

```
                    股东对债权人承担责任
┌──────┬──────┬──────┬──────┬──────┬──────┬──────┐
抽逃出资   违背出资   一人公司的   股东滥用   未依法履行   违反清算   公司被吊销、
的股东在抽  义务      股东不能    法人独立   通知或公告   义务      撤销、注销
逃出资本范           证明公司    地位将因   义务                  或歇业后,
围内对公司  未(全面)  财产独立    人格否认   公司未履行   赔偿责任   股东、出资
债务承担补  履行出资   于股东自   而对公司   通知或公告             人或主管部
充赔偿责任, 义务股东   己的财产,  债务承担   义务便减资   连带责任   门无偿接受
协助的高管  须对公司   应当对公   连带责任   的,在减资             公司财产,
等人承担责  债务承担   司债务承            范围内承担             须在接受财
任        补充赔偿   担连带责            补充赔偿责             产范围内承
          责任      任                  任                    担责任
特殊情形如   受让人明            清算义务   详见上述清
公司解散、  知股东未            人因未(适   算责任
恶意延长出  (全面)履             当)履行通
资期限等,  行出资义            知与公告义
股东认缴出  务即转让            务,对债权
资加速到   股权,对             人损失承担
期,在未缴  债务承担             赔偿责任
出资范围内  连带补充
对公司债务  赔偿责任
承担连带责
任
```

一般来说,股东以认缴投资额为限对公司承担有限责任,公司系独立的法人以自己的财产对债务承担无限责任,基于公司的隔离与屏障作用,股东无须对公司债务承担责任,但在特殊情形下,如股东违背出资义务、未履行通知义务减资、违反清算义务、滥用独立地位、一人公司财产混同等,将需要对公司债务承担责任,基于本书前文已陆续结合案例逐一分析,本篇仅结合法律依据汇总如下。

(一)违背出资义务

1. 未(全面)履行出资义务股东须对公司债务承担补充赔偿责任。

《公司法司法解释三》第十三条第二款规定:公司债权人请求未履行或者未全面履行出资义务的股东在未出资本息范围内对公司债务不能清偿的部分承担补充赔偿责任的,人民法院应予支持;未履行或者未全面履行出资义务的股东已经承担上述责任,其他债权人提出相同请求的,人民法院不予支持。

《最高人民法院关于民事执行中变更、追加当事人若干问题的规定》

第十七条　作为被执行人的营利法人，财产不足以清偿生效法律文书确定的债务，申请执行人申请变更、追加未缴纳或未足额缴纳出资的股东、出资人或依公司法规定对该出资承担连带责任的发起人为被执行人，在尚未缴纳出资的范围内依法承担责任的，人民法院应予支持。

2. 受让人明知股东未（全面）履行出资义务即转让股权，对债务承担连带补充赔偿责任。

《公司法司法解释三》第十八条第一款规定：有限责任公司的股东未履行或者未全面履行出资义务即转让股权，受让人对此知道或者应当知道，公司请求该股东履行出资义务、受让人对此承担连带责任的，人民法院应予支持；公司债权人依照本规定第十三条第二款向该股东提起诉讼，同时请求前述受让人对此承担连带责任的，人民法院应予支持。

《最高人民法院关于民事执行中变更、追加当事人若干问题的规定》

第十九条　作为被执行人的公司，财产不足以清偿生效法律文书确定的债务，其股东未依法履行出资义务即转让股权，申请执行人申请变更、追加该原股东或依公司法规定对该出资承担连带责任的发起人为被执行人，在未依法出资的范围内承担责任的，人民法院应予支持。

3. 抽逃出资的股东在抽逃出资本息范围内对公司债务承担补充赔偿责任，协助的高管等人承担连带责任。

《公司法司法解释三》第十四条第二款规定：公司债权人请求抽逃出资的股东在抽逃出资本息范围内对公司债务不能清偿的部分承担补充赔偿责任、协助抽逃出资的其他股东、董事、高级管理人员或者实际控制人对此承担连带责任的，人民法院应予支持；抽逃出资的股东已经承担上述责任，其他债权人提出相同请求的，人民法院不予支持。

《最高人民法院关于民事执行中变更、追加当事人若干问题的规定》

第十八条　作为被执行人的营利法人，财产不足以清偿生效法律文书确定的债务，申请执行人申请变更、追加抽逃出资的股东、出资人为被执行人，在抽逃出资的范围内承担责任的，人民法院应予支持。

4. 特殊情形如公司解散、恶意延长出资期限等，股东认缴出资加速到期，在未缴出资范围内对公司债务承担连带责任。

《公司法司法解释二》第二十二条规定：公司解散时，股东尚未缴纳的出资均应作为清算财产。股东尚未缴纳的出资，包括到期应缴未缴的出资，以及依照公司法第二十六条和第八十条的规定分期缴纳尚未届满缴纳期限的出资。

公司财产不足以清偿债务时，债权人主张未缴出资股东，以及公司设立时的其他股东或者发起人在未缴出资范围内对公司债务承担连带清偿责任的，人民法院应依法予以支持。

《九民纪要》第六条规定：【股东出资应否加速到期】在注册资本认缴制下，股东依法享有期限利益。债权人以公司不能清偿到期债务为由，请求未届出资期限的股东在未出资范围内对公司不能清偿的债务承担补充赔偿责任的，人民法院不予支持。但是，下列情形除外：

（1）公司作为被执行人的案件，人民法院穷尽执行措施无财产可供执行，已具备破产原因，但不申请破产的；

（2）在公司债务产生后，公司股东（大）会决议或以其他方式延长股东出资期限的。

（二）未依法履行通知或公告义务

1. 债权人若发现公司未履行通知或公告义务便减资的，可以要求股东在减资范围内承担补充赔偿责任。

《公司法》第一百七十七条　公司需要减少注册资本时，必须编制资产负债表及财产清单。

公司应当自作出减少注册资本决议之日起十日内通知债权人，并于三十日内在报纸上公告。债权人自接到通知书之日起三十日内，未接到通知书的自公告之日起四十五日内，有权要求公司清偿债务或者提供相应的担保。

2. 清算义务人因未（适当）履行通知与公告义务，须对由此造成债权人的损失承担赔偿责任。

《公司法》第一百八十五条第一款规定：清算组应当自成立之日起十日内通知债权人，并于六十日内在报纸上公告。债权人应当自接到通知书之日起三十日内，未接到通知书的自公告之日起四十五日内，向清算组申报其债权。

《公司法司法解释二》第十一条规定：公司清算时，清算组应当按照《公司法》第一百八十六条的规定，将公司解散清算事宜书面通知全体已知债权人，并根据公司规模和营业地域范围在全国或者公司注册登记地省级有影响的报纸上进行公告。

清算组未按照前款规定履行通知和公告义务，导致债权人未及时申报债权而未获清偿，债权人主张清算组成员对因此造成的损失承担赔偿责任的，人民法院应依法予以支持。

（三）违反清算义务

1. 执行未经确认的清算方案须对债权人损失承担赔偿责任。

《公司法司法解释二》第十五条第二款规定：执行未经确认的清算方案给公司或者债权人造成损失，公司、股东或者债权人主张清算组成员承担赔偿责任的，人民法院应依法予以支持。

2. 股东未在法定期限内进行清算，导致公司财产贬值、流失、毁损或者灭失，在损失范围内向公司债权人承担赔偿责任。

《公司法》第一百八十条规定：公司因下列原因解散：（1）公司章程规定的营业期限届满或者公司章程规定的其他解散事由出现；（2）股东会或者股东大会决议解散；（3）因公司合并或者分立需要解散；（4）依法被吊销营业执照、责令关闭或者被撤销；（5）人民法院依照本法第一百八十二条的规定予以解散。

《公司法》第一百八十三条规定：公司因本法第一百八十条第（一）项、第（二）项、第（四）项、第（五）项规定而解散的，应当在解散事由出现之日起十五日内成立清算组，开始清算。有限责任公司的清算组由股东组成，股份有限公司的清算组由董事或者股东大会确定的人员组成。逾期不成立清算组进行清算的，债权人可以申请人民法院指定有关人员组成清算组进行清算。人民法院应当受理该申请，并及时组织清算组进行清算。

《公司法司法解释二》第十八条第一款规定：有限责任公司的股东、股份有限公司的董事和控股股东未在法定期限内成立清算组开始清算，导致公司财产贬值、流失、毁损或者灭失，债权人主张其在造成损失范围内对公司债务承担赔偿责任的，人民法院应依法予以支持。

3. 股东怠于履行义务，导致公司主要财产、账册、重要文件等灭失，致无法进行清算，将对公司债务承担连带清偿责任。

《公司法司法解释二》第十八条第二款规定：有限责任公司的股东、股份有限公司的董事和控股股东因怠于履行义务，导致公司主要财产、账册、重要文件等灭失，无法进行清算，债权人主张其对公司债务承担连带清偿责任的，人民法院应依法予以支持。

4. 公司解散后恶意处置公司财产须对债权人损失承担赔偿责任。

《公司法司法解释二》第十九条规定：有限责任公司的股东、股份有限公司的董事和控股股东，以及公司的实际控制人在公司解散后，恶意处置公司财产给债权人造成损失，债权人主张其对公司债务承担相应赔偿责任的，人民法院应依法予以支持。

5. 提供虚假清算报告骗取公司注销须对债权人债务承担赔偿责任。

《公司法司法解释二》第十九条规定：有限责任公司的股东、股份有限公司的董事和控股股东，以及公司的实际控制人在公司解散后，未经依法清算，以虚假的清算报告骗取公司登记机关办理法人注销登记，债权人主张其对公司债务承担相应赔偿责任的，人民法院应依法予以支持。

6. 公司未清算即注销，导致公司无法清算的，须对公司债务承担连带清偿责任。

《公司法司法解释二》第二十条第一款规定：公司解散应当在依法清算完毕后，申请办理注销登记。公司未经清算即办理注销登记，导致公司无法进行清算，债权人主张有限责任公司的股东、股份有限公司的董事和控股股东,以及公司的实际控制人对公司债务承担清偿责任的,人民法院应依法予以支持。

《最高人民法院关于民事执行中变更、追加当事人若干问题的规定》

第二十一条　作为被执行人的公司,未经清算即办理注销登记,导致公司无法进行清算,申请执行人申请变更、追加有限责任公司的股东、股份有限公司的董事和控股股东为被执行人,对公司债务承担连带清偿责任的,人民法院应予支持。

7. 股东在办理注销登记时承诺清偿债务,须在承诺范围内承担清偿责任。

《公司法司法解释二》第二十条第二款规定:公司未经依法清算即办理注销登记,股东或者第三人在公司登记机关办理注销登记时承诺对公司债务承担责任,债权人主张其对公司债务承担相应民事责任的,人民法院应依法予以支持。

8. 股东在清算或注销过程中有其他过错需对债权人承担赔偿责任。

《公司法司法解释二》第二十三条第一款的规定:清算组成员从事清算事务时,违反法律、行政法规或者公司章程给公司或者债权人造成损失,公司或者债权人主张其承担赔偿责任的,人民法院应依法予以支持。

(四) 股东滥用法人独立地位将因人格否认而对公司债务承担连带责任

《公司法》第二十条第三款规定:公司股东滥用公司法人独立地位和股东有限责任,逃避债务,严重损害公司债权人利益的,应当对公司债务承担连带责任。

指导案例 15 号:徐某集团工程机械股份有限公司诉成都川某工贸有限责任公司等买卖合同纠纷案

裁判要点:1. 关联公司的人员、业务、财务等方面交叉或混同,导致各自财产无法区分,丧失独立人格的,构成人格混同。2. 关联公司人格混同,严重损害债权人利益的,关联公司相互之间对外部债务承担连带责任。

《九民纪要》第 10—13 条,详细规定了人格否认相关问题,其中第十一条规定:【过度支配与控制】公司控制股东对公司过度支配与控制,操纵公司的决策过程,使公司完全丧失独立性,沦为控制股东的工具或躯壳,严重损害公司债权人利益,应当否认公司人格,由滥用控制权的股东对公司债务承担连带责任。

(五) 一人公司的股东不能证明公司财产独立于股东自己的财产的,应当对公司债务承担连带责任

《公司法》

第六十三条　一人有限责任公司的股东不能证明公司财产独立于股东自己的财产的,应当对公司债务承担连带责任。

《最高人民法院关于民事执行中变更、追加当事人若干问题的规定》

第二十条　作为被执行人的一人有限责任公司,财产不足以清偿生效法律文书

确定的债务，股东不能证明公司财产独立于自己的财产，申请执行人申请变更、追加该股东为被执行人，对公司债务承担连带责任的，人民法院应予支持。

《最高人民法院公报》2016年第10期

一人公司的财产与股东个人财产是否混同，应当审查公司是否建立了独立规范的财务制度、财务支付是否明晰、是否具有独立的经营场所等进行综合考量。

（六）公司被吊销、撤销、注销或歇业后，股东、出资人或主管部门无偿接受公司财产，须在接受财产范围内承担责任

《最高人民法院关于民事执行中变更、追加当事人若干问题的规定》

第二十二条 作为被执行人的法人或非法人组织，被注销或出现被吊销营业执照、被撤销、被责令关闭、歇业等解散事由后，其股东、出资人或主管部门无偿接受其财产，致使该被执行人无遗留财产或遗留财产不足以清偿债务，申请执行人申请变更、追加该股东、出资人或主管部门为被执行人，在接受的财产范围内承担责任的，人民法院应予支持。

［引申法条］

《全国法院民商事审判工作会议纪要》

（四）关于公司人格否认

公司人格独立和股东有限责任是公司法的基本原则。否认公司独立人格，由滥用公司法人独立地位和股东有限责任的股东对公司债务承担连带责任，是股东有限责任的例外情形，旨在矫正有限责任制度在特定法律事实发生时对债权人保护的失衡现象。在审判实践中，要准确把握《公司法》第20条第3款规定的精神。一是只有在股东实施了滥用公司法人独立地位及股东有限责任的行为，且该行为严重损害了公司债权人利益的情况下，才能适用。损害债权人利益，主要是指股东滥用权利使公司财产不足以清偿公司债权人的债权。二是只有实施了滥用法人独立地位和股东有限责任行为的股东才对公司债务承担连带清偿责任，而其他股东不应承担此责任。三是公司人格否认不是全面、彻底、永久地否定公司的法人资格，而只是在具体案件中依据特定的法律事实、法律关系，突破股东对公司债务不承担责任的一般规则，例外地判令其承担连带责任。人民法院在个案中否认公司人格的判决的既判力仅仅约束该诉讼的各方当事人，不当然适用于涉及该公司的其他诉讼，不影响公司独立法人资格的存续。如果其他债权人提起公司人格否认诉讼，已生效判决认定的事实可以作为证据使用。四是《公司法》第20条第3款规定的滥用行为，实践中常见的情形有人格混同、过度支配与控制、资本显著不足等。在审理案件时，需要根据查明的案件事实进行综合判断，既审慎适用，又当用则用。实践中存在标准把握不严而滥用这一例外制度的现象，同时也存在因法律规定较为原则、抽象，适用难度大,而不善于适用、不敢于适用的现象,均应当引起高度重视。

10.【人格混同】认定公司人格与股东人格是否存在混同,最根本的判断标准是公司是否具有独立意思和独立财产,最主要的表现是公司的财产与股东的财产是否混同且无法区分。在认定是否构成人格混同时,应当综合考虑以下因素:

(1) 股东无偿使用公司资金或者财产,不作财务记载的;

(2) 股东用公司的资金偿还股东的债务,或者将公司的资金供关联公司无偿使用,不作财务记载的;

(3) 公司账簿与股东账簿不分,致使公司财产与股东财产无法区分的;

(4) 股东自身收益与公司盈利不加区分,致使双方利益不清的;

(5) 公司的财产记载于股东名下,由股东占有、使用的;

(6) 人格混同的其他情形。

在出现人格混同的情况下,往往同时出现以下混同:公司业务和股东业务混同;公司员工与股东员工混同,特别是财务人员混同;公司住所与股东住所混同。人民法院在审理案件时,关键要审查是否构成人格混同,而不要求同时具备其他方面的混同,其他方面的混同往往只是人格混同的补强。

11.【过度支配与控制】公司控制股东对公司过度支配与控制,操纵公司的决策过程,使公司完全丧失独立性,沦为控制股东的工具或躯壳,严重损害公司债权人利益,应当否认公司人格,由滥用控制权的股东对公司债务承担连带责任。实践中常见的情形包括:

(1) 母子公司之间或者子公司之间进行利益输送的;

(2) 母子公司或者子公司之间进行交易,收益归一方,损失却由另一方承担的;

(3) 先从原公司抽走资金,然后再成立经营目的相同或者类似的公司,逃避原公司债务的;

(4) 先解散公司,再以原公司场所、设备、人员及相同或者相似的经营目的另设公司,逃避原公司债务的;

(5) 过度支配与控制的其他情形。

控制股东或实际控制人控制多个子公司或者关联公司,滥用控制权使多个子公司或者关联公司财产边界不清、财务混同,利益相互输送,丧失人格独立性,沦为控制股东逃避债务、非法经营,甚至违法犯罪工具的,可以综合案件事实,否认子公司或者关联公司法人人格,判令承担连带责任。

12.【资本显著不足】资本显著不足指的是,公司设立后在经营过程中,股东实际投入公司的资本数额与公司经营所隐含的风险相比明显不匹配。股东利用较少资本从事力所不及的经营,表明其没有从事公司经营的诚意,实质是恶意利用公司独立人格和股东有限责任把投资风险转嫁给债权人。由于资本显著不足的判断标准有很大的模糊性,特别是要与公司采取"以小博大"的正常经营方式相区分,因此在适用时要十分谨慎,应当与其他因素结合起来综合判断。

13.【诉讼地位】人民法院在审理公司人格否认纠纷案件时,应当根据不同情形确定当事人的诉讼地位:

(1)债权人对债务人公司享有的债权已经由生效裁判确认,其另行提起公司人格否认诉讼,请求股东对公司债务承担连带责任的,列股东为被告,公司为第三人;

(2)债权人对债务人公司享有的债权提起诉讼的同时,一并提起公司人格否认诉讼,请求股东对公司债务承担连带责任的,列公司和股东为共同被告;

(3)债权人对债务人公司享有的债权尚未经生效裁判确认,直接提起公司人格否认诉讼,请求公司股东对公司债务承担连带责任的,人民法院应当向债权人释明,告知其追加公司为共同被告。债权人拒绝追加的,人民法院应当裁定驳回起诉。

第二十五章
上市公司收购

01 上市公司的收购人条件及要约收购信披义务有哪些？

2017年A股并购市场中，浙某投天某投资合伙企业（以下简称浙某投）收购振某生化股份有限公司（以下简称ST生化）事件颇具典型意义，这是A股市场第一次以公开要约收购方式成功取得上市公司控制权的案例，也是我国中小股东参与公司治理及决策人数众多、意义重大的典型案例，在该案中，ST生化大股东振某集团实名举报收购人浙某投，认为收购人隐瞒其自身持有ST生化股票事实，且公开披露的《要约收购报告书摘要》及相关文件中存在重大虚假记载，振某集团认为收购人严重违反了相关规定，不具备收购人资格，应立即终止收购人的要约收购行为，据此，下面来看法律规定哪些人不得收购上市公司，本案大股东反对收购的理由是否站得住脚：

对收购人资格条件的限定，主要见于《上市公司收购管理办法》（以下简称《收购办法》）第六条：任何人不得利用上市公司的收购损害被收购公司及其股东的合法权益。有下列情形之一的，不得收购上市公司：（1）收购人负有数额较大债务，到期未清偿，且处于持续状态；（2）收购人最近3年有重大违法行为或者涉嫌有重大违法行为；（3）收购人最近3年有严重的证券市场失信行为；（4）收购人为自然人的，存在《公司法》第146条规定情形；（5）法律、行政法规规定以及中国证监会认定的不得收购上市公司的其他情形。有上述情形之一的，不得作为收购人，而本案中ST生化大股东为防止收购而提出的事由均非收购人禁止条件，故并不影响浙某投的收购行为。

此外收购人需要履行严格的信披义务，依据《收购办法》第二十八条的规定："以要约方式收购上市公司股份的，收购人应当编制要约收购报告书，聘请财务顾问，通知被收购公司，同时对要约收购报告书摘要作出提示性公告。本次收购依法应当取得相关部门批准的，收购人应当在要约收购报告书摘要中作出特别提示，并在取得批准后公告要约收购报告书。"同时目标公司及其管理层在收购过程中也须履行信披义务，《收购办法》第三十二条规定："被收购公司董事会应当对收购人的主体资格、资信情况及收购意图进行调查，对要约条件进行分析，对股东是否接受要约提出建议，并聘请独立财务顾问提出专业意见。在收购人公告要约收购报告书后20日内，被收购公司董事会应当公告被收购公司董事会报告书与独立财务顾问的专业意见。收购人对收购要约条件做出重大变更的，被收购公司董事会应当在3个工作日内公告董事会及独立财务顾问就要约条件的变更情况所出具的补充意见。"

否则，将可能面临被限制行使表决权、被采取监管措施等。《收购办法》第七十六条规定，上市公司的收购及相关股份权益变动活动中的信息披露义务人，未按照本办法的规定履行报告、公告以及其他相关义务的，中国证监会责令改正，采取监管谈话、出具警示函、责令暂停或者停止收购等监管措施。在改正前，相关信息披露义务人不得对其持有或者实际支配的股份行使表决权。此处需注意的是，司法实践中限制表决权的权力仅限于证券监管机构，即只有证监会对相关股东的违法事实已作出认定，才能以违反信披义务为由限制股东表决权。不过，2019年修订《证券法》在第六十三条新增第四款规定，违规买入上市公司有表决权的股份的，在买入后36个月内，对超过规定比例部分的不得行使表决权，突破了对表决权的限制应首先由证券监管机构认定的要求。

综上，上市公司收购人资格有着明确的法律限定，若拟收购上市公司的收购人并非禁止情形的，上市公司自称收购人隐瞒事实存在虚假记载等理由将难以对抗收购人的收购行为，同时收购人须严格履行信披义务，若违规买入上市公司有表决权的股份的，在买入后36个月内，对超过规定比例部分的将无权行使表决权。

[引申法条]

《中华人民共和国证券法》

第六十三条 通过证券交易所的证券交易，投资者持有或者通过协议、其他安排与他人共同持有一个上市公司已发行的有表决权股份达到百分之五时，应当在该事实发生之日起三日内，向国务院证券监督管理机构、证券交易所作出书面报告，通知该上市公司，并予公告，在上述期限内不得再行买卖该上市公司的股票，但国务院证券监督管理机构规定的情形除外。

投资者持有或者通过协议、其他安排与他人共同持有一个上市公司已发行的有表决权股份达到百分之五后，其所持该上市公司已发行的有表决权股份比例每增加或者减少百分之五，应当依照前款规定进行报告和公告，在该事实发生之日起至公告后三日内，不得再行买卖该上市公司的股票，但国务院证券监督管理机构规定的情形除外。

投资者持有或者通过协议、其他安排与他人共同持有一个上市公司已发行的有表决权股份达到百分之五后，其所持该上市公司已发行的有表决权股份比例每增加或者减少百分之一，应当在该事实发生的次日通知该上市公司，并予公告。

违反第一款、第二款规定买入上市公司有表决权的股份的，在买入后的三十六个月内，对该超过规定比例部分的股份不得行使表决权。

第七十八条 发行人及法律、行政法规和国务院证券监督管理机构规定的其他信息披露义务人，应当及时依法履行信息披露义务。

信息披露义务人披露的信息，应当真实、准确、完整，简明清晰，通俗易懂，不得有虚假记载、误导性陈述或者重大遗漏。

证券同时在境内境外公开发行、交易的，其信息披露义务人在境外披露的信息，应当在境内同时披露。

《上市公司信息披露管理办法》

第二十四条 上市公司应当在最先发生的以下任一时点，及时履行重大事件的信息披露义务：

（一）董事会或者监事会就该重大事件形成决议时；

（二）有关各方就该重大事件签署意向书或者协议时；

（三）董事、监事或者高级管理人员知悉该重大事件发生时。

在前款规定的时点之前出现下列情形之一的，上市公司应当及时披露相关事项的现状、可能影响事件进展的风险因素：

（一）该重大事件难以保密；

（二）该重大事件已经泄露或者市场出现传闻；

（三）公司证券及其衍生品种出现异常交易情况。

《上市公司收购管理办法》

第六条 任何人不得利用上市公司的收购损害被收购公司及其股东的合法权益。

有下列情形之一的，不得收购上市公司：

（一）收购人负有数额较大债务，到期未清偿，且处于持续状态；

（二）收购人最近3年有重大违法行为或者涉嫌有重大违法行为；

（三）收购人最近3年有严重的证券市场失信行为；

（四）收购人为自然人的，存在《公司法》第一百四十六条规定情形；

（五）法律、行政法规规定以及中国证监会认定的不得收购上市公司的其他情形。

第二十八条 以要约方式收购上市公司股份的，收购人应当编制要约收购报告书，聘请财务顾问，通知被收购公司，同时对要约收购报告书摘要作出提示性公告。

本次收购依法应当取得相关部门批准的，收购人应当在要约收购报告书摘要中作出特别提示，并在取得批准后公告要约收购报告书。

第二十九条 前条规定的要约收购报告书，应当载明下列事项：

（一）收购人的姓名、住所；收购人为法人的，其名称、注册地及法定代表人，与其控股股东、实际控制人之间的股权控制关系结构图；

（二）收购人关于收购的决定及收购目的，是否拟在未来12个月内继续增持；

（三）上市公司的名称、收购股份的种类；

（四）预定收购股份的数量和比例；

（五）收购价格；

（六）收购所需资金额、资金来源及资金保证，或者其他支付安排；

（七）收购要约约定的条件；

（八）收购期限；

（九）公告收购报告书时持有被收购公司的股份数量、比例；

（十）本次收购对上市公司的影响分析，包括收购人及其关联方所从事的业务与上市公司的业务是否存在同业竞争或者潜在的同业竞争，是否存在持续关联交易；存在同业竞争或者持续关联交易的，收购人是否已作出相应的安排，确保收购人及其关联方与上市公司之间避免同业竞争以及保持上市公司的独立性；

（十一）未来12个月内对上市公司资产、业务、人员、组织结构、公司章程等进行调整的后续计划；

（十二）前24个月内收购人及其关联方与上市公司之间的重大交易；

（十三）前6个月内通过证券交易所的证券交易买卖被收购公司股票的情况；

（十四）中国证监会要求披露的其他内容。

收购人发出全面要约的，应当在要约收购报告书中充分披露终止上市的风险、终止上市后收购行为完成的时间及仍持有上市公司股份的剩余股东出售其股票的其他后续安排；收购人发出以终止公司上市地位为目的的全面要约，无须披露前款第（十）项规定的内容。

第七十五条 上市公司的收购及相关股份权益变动活动中的信息披露义务人，未按照本办法的规定履行报告、公告以及其他相关义务的，中国证监会责令改正，采取监管谈话、出具警示函、责令暂停或者停止收购等监管措施。在改正前，相关信息披露义务人不得对其持有或者实际支配的股份行使表决权。

第七十六条 上市公司的收购及相关股份权益变动活动中的信息披露义务人在报告、公告等文件中有虚假记载、误导性陈述或者重大遗漏的，中国证监会责令改正，采取监管谈话、出具警示函、责令暂停或者停止收购等监管措施。在改正前，收购人对其持有或者实际支配的股份不得行使表决权。

02 收购方撤回要约申请是否应当承担责任？

在我国首例因要约收购引发的收购人与投资者之间的纠纷，即兴某全球基金管理有限公司（以下简称兴某基金）与江苏熔某重工有限公司（以下简称熔某重工）缔约过失责任纠纷中，熔某重工先与全某县政府签订《产权交易合同》，间接受让全某动力44.39%的股份，触发了要约收购义务。但《产权交易合同》在国资审批有效期内未实施，熔某重工也在要约收购报证监会批准审查期间撤回申请，终止收购，引发股价大跌。投资者兴某基金以熔某重工违背诚实信用原则，应承担缔约过失责任为由，主张熔某重工应就其投资损失承担赔偿责任。

最高院在再审中认为，熔某重工以公告、报告的形式，真实、准确、完整地披露了与收购全某动力股份有关的重要信息，符合《上市公司收购管理办法》第三条关于"上市公司的收购及相关股份权益变动活动，必须遵循公开、公平、公正的原则。上市公司的收购及相关股份权益变动活动中的信息披露义务人，应当充分披露其在上市公司中的权益及变动情况，依法严格履行报告、公告和其他法定义务。在相关信息披露前，负有保密义务。信息披露义务人报告、公告的信息必须真实、准确、完整，不得有虚假记载、误导性陈述或者重大遗漏"之规定。

同时根据《合同法》第四条的规定，熔某重工依法享有自愿订立合同的权利。安徽省全某县人民政府持有全某集团100%的股权，全某集团持有全某动力44.39%的股权。2011年4月26日，熔某重工与安徽省全某县人民政府签订一份《产权交易合同》，约定了安徽省全某县人民政府所持全某集团100%股权转让给熔某重工。如果该份《产权交易合同》最终得以履行，则熔某重工间接持有全某动力44.39%的权益，超过该公司已发行股份的30%，依照《上市公司收购管理办法》第五十六条有关收购人虽不是上市公司的股东，但通过投资关系、协议、其他安排导致其拥有权益的股份超过该公司已发行股份的30%的，应当向该公司所有股东发出全面要约之规定，熔某重工在中国证监会行政许可后，应当向全某动力所有股东发出全面收购股份要约。对此，即系所谓的强制要约收购。但是，从全某动力公开发布的公告来看，上述《产权交易合同》在国资委、商务部相关批准文件有效期内并未实施，至今亦无直接有效的证据显示熔某重工通过其他投资关系、协议、安排，间接拥有全某动力权益的股份超过该公司已发行股份的30%。在这种情况下，强制熔某重工发出全面收购要约的条件尚不具备，依法其仍享有自愿订立合同的权利。

另外，根据《上市公司收购管理办法》第三十一条的规定，收购人向中国证监会报送要约收购报告书后，在公告要约收购报告书之前，拟自行取消收购计划的，应当向中国证监会提出取消收购计划的申请及原因说明，并予公告；自公告之日起12个月内，该收购人不得再次对同一上市公司进行收购，熔某重工于2012年8月17日向中国证监会撤回行政许可申请材料，自行取消全面要约收购全柴动力股份计划，也就没有必要再依2011年6月29日发布的《关于延期上报有关补正材料的公告》所称，立即向中国证监会补正上报国资委、商务部相关批复文件等材料。[①]

---

① （2013）民申字第1881号。

综上，最高院以熔某重工已经履行了信息披露的先合同义务，不违背诚实信用原则，同时由于《产权交易合同》并未实施，强制熔某重工发出全面收购要约的条件尚不具备，熔某重工仍享有自愿订立合同的权利，并且《上市公司收购管理办法》也准许收购人在报送要约收购报告书后，公告要约收购报告书之前，向证监会提出取消要约收购计划的申请，最终未支持投资者兴某基金的诉讼请求。

申言之，上述裁判案例要旨为在触发要约收购义务但公告要约收购报告书之前，收购方依法撤回要约申请并不承担违约责任或缔约过失责任。但是，基于我国并非判例法国家，尤其是收购方在收购期间，如果存在信息披露违法违规行为，或要约收购已正式实施而撤回要约收购计划的，仍将可能承担相应法律责任。

[引申法条]

《上市公司收购管理办法》

第三条 上市公司的收购及相关股份权益变动活动，必须遵循公开、公平、公正的原则。

上市公司的收购及相关股份权益变动活动中的信息披露义务人，应当充分披露其在上市公司中的权益及变动情况，依法严格履行报告、公告和其他法定义务。在相关信息披露前，负有保密义务。

信息披露义务人报告、公告的信息必须真实、准确、完整，不得有虚假记载、误导性陈述或者重大遗漏。

第三十一条 收购人自作出要约收购提示性公告起60日内，未公告要约收购报告书的，收购人应当在期满后次一个工作日通知被收购公司，并予公告；此后每30日应当公告一次，直至公告要约收购报告书。

收购人作出要约收购提示性公告后，在公告要约收购报告书之前，拟自行取消收购计划的，应当公告原因；自公告之日起12个月内，该收购人不得再次对同一上市公司进行收购。

第五十六条 收购人虽不是上市公司的股东，但通过投资关系、协议、其他安排导致其拥有权益的股份达到或者超过一个上市公司已发行股份的5%未超过30%的，应当按照本办法第二章的规定办理。

收购人拥有权益的股份超过该公司已发行股份的30%的，应当向该公司所有股东发出全面要约；收购人预计无法在事实发生之日起30日内发出全面要约的，应当在前述30日内促使其控制的股东将所持有的上市公司股份减持至30%或者30%以下，并自减持之日起2个工作日内予以公告；其后收购人或者其控制的股东拟继续增持的，应当采取要约方式；拟依据本办法第六章的规定免于发出要约的，应当按照本办法第四十八条的规定办理。

03　如何认定上市公司收购纠纷中的一致行动人？

根据《上市公司收购管理办法》的规定，一致行动指投资者通过协议、其他安排，与其他投资者共同扩大其所能够支配的一个上市公司股份表决权数量的行为或者事实。概言之，在上市公司的收购及相关股份权益变动活动中有一致行动情形的投资者，便互为一致行动人。同时投资者及其一致行动人在一个上市公司中拥有的股份、权益应当合并计算。

在浙江宋某控股有限公司（以下简称宋某控股）等与百某投资管理有限公司（以下简称百某投资）股权纠纷案中，原审法院认为"根据证监会《上市公司收购管理办法》第八十三条的规定，在上市公司的收购及相关股份权益变动活动中有一致行动情形的投资者，互为一致行动人，如无相反证据，投资者存在下列情形之一（投资者之间有股权控制关系）的，即为一致行动人。本案中依据证监会网站于2009年12月17日公告的《重大资产置换及发行股份购买资产暨关联交易预案》及2011年9月公告的《重大资产置换及发行股份购买资产暨关联交易报告书》中载明本案与百某投资交易的主体为宋某控股、平某置业、郭某娟，另三者系宋某集团的股东，持有宋某集团的全部出资份额的事实，应认定宋某控股、平安置业、郭某娟及宋某集团均为与百某投资发生资产置换及股权转让行为的一致行动人"。

辽宁省高院在上述案件上诉审理中对于一致行动人的认定亦支持原判"关于四方上诉人是否对百某板材拍卖所得500万元共同承担赔偿责任问题。宋某控股、平安置业、郭某娟系重组上市公司的交易一方，与宋某集团系关联公司，四方上诉人与交易对方百某投资在完成重组上市中的权利义务是一致的，符合《上市公司收购管理办法》第八十三条的规定，原判依据各方签订的重组系列协议，认定四上诉人为收购上市公司的一致行动人，对拍卖所得共同承担赔偿责任正确，本院应予支持。"[1]

另外一致行动人也须严格履行信披义务并承担连带责任。投资者及其一致行动人通过证券交易所或者协议转让，拥有的股份拟达到或者超过上市公司已发行股份5%时，应当在该事实发生之日起3日内编制权益变动报告书，履行公告、报告披露等义务，并通知上市公司。若一致行动人违反收购协议给公司带来损失的，还需承担连带赔偿责任。

---

[1]　（2012）辽民二终字第144号。

[引申法条]

《上市公司收购管理办法》

第十二条 投资者在一个上市公司中拥有的权益，包括登记在其名下的股份和虽未登记在其名下但该投资者可以实际支配表决权的股份。投资者及其一致行动人在一个上市公司中拥有的权益应当合并计算。

第十三条 通过证券交易所的证券交易，投资者及其一致行动人拥有权益的股份达到一个上市公司已发行股份的5%时，应当在该事实发生之日起3日内编制权益变动报告书，向中国证监会、证券交易所提交书面报告，通知该上市公司，并予公告；在上述期限内，不得再行买卖该上市公司的股票，但中国证监会规定的情形除外。

前述投资者及其一致行动人拥有权益的股份达到一个上市公司已发行股份的5%后，通过证券交易所的证券交易，其拥有权益的股份占该上市公司已发行股份的比例每增加或者减少5%，应当依照前款规定进行报告和公告。在该事实发生之日起至公告后3日内，不得再行买卖该上市公司的股票，但中国证监会规定的情形除外。

前述投资者及其一致行动人拥有权益的股份达到一个上市公司已发行股份的5%后，其拥有权益的股份占该上市公司已发行股份的比例每增加或者减少1%，应当在该事实发生的次日通知该上市公司，并予公告。

违反本条第一款、第二款的规定买入在上市公司中拥有权益的股份的，在买入后的36个月内，对该超过规定比例部分的股份不得行使表决权。

第十四条 通过协议转让方式，投资者及其一致行动人在一个上市公司中拥有权益的股份拟达到或者超过一个上市公司已发行股份的5%时，应当在该事实发生之日起3日内编制权益变动报告书，向中国证监会、证券交易所提交书面报告，通知该上市公司，并予公告。

前述投资者及其一致行动人拥有权益的股份达到一个上市公司已发行股份的5%后，其拥有权益的股份占该上市公司已发行股份的比例每增加或者减少达到或者超过5%的，应当依照前款规定履行报告、公告义务。

前两款规定的投资者及其一致行动人在作出报告、公告前，不得再行买卖该上市公司的股票。相关股份转让及过户登记手续按照本办法第四章及证券交易所、证券登记结算机构的规定办理。

第八十三条 本办法所称一致行动，是指投资者通过协议、其他安排，与其他投资者共同扩大其所能够支配的一个上市公司股份表决权数量的行为或者事实。

在上市公司的收购及相关股份权益变动活动中有一致行动情形的投资者，互为一致行动人。如无相反证据，投资者有下列情形之一的，为一致行动人：

（一）投资者之间有股权控制关系；

（二）投资者受同一主体控制；

（三）投资者的董事、监事或者高级管理人员中的主要成员，同时在另一个投资者担任董事、监事或者高级管理人员；

（四）投资者参股另一投资者，可以对参股公司的重大决策产生重大影响；

（五）银行以外的其他法人、其他组织和自然人为投资者取得相关股份提供融资安排；

（六）投资者之间存在合伙、合作、联营等其他经济利益关系；

（七）持有投资者30%以上股份的自然人，与投资者持有同一上市公司股份；

（八）在投资者任职的董事、监事及高级管理人员，与投资者持有同一上市公司股份；

（九）持有投资者30%以上股份的自然人和在投资者任职的董事、监事及高级管理人员，其父母、配偶、子女及其配偶、配偶的父母、兄弟姐妹及其配偶、配偶的兄弟姐妹及其配偶等亲属，与投资者持有同一上市公司股份；

（十）在上市公司任职的董事、监事、高级管理人员及其前项所述亲属同时持有本公司股份的，或者与其自己或者其前项所述亲属直接或者间接控制的企业同时持有本公司股份；

（十一）上市公司董事、监事、高级管理人员和员工与其所控制或者委托的法人或者其他组织持有本公司股份；

（十二）投资者之间具有其他关联关系。

一致行动人应当合并计算其所持有的股份。投资者计算其所持有的股份，应当包括登记在其名下的股份，也包括登记在其一致行动人名下的股份。

投资者认为其与他人不应被视为一致行动人的，可以向中国证监会提供相反证据。

图书在版编目（CIP）数据

公司法律服务全流程手册／梁玉茹编著．—北京：中国法制出版社，2022.4
ISBN 978-7-5216-2588-2

Ⅰ.①公… Ⅱ.①梁… Ⅲ.①企业法-研究-中国 Ⅳ.①D922.291.914

中国版本图书馆 CIP 数据核字（2022）第 049521 号

| 策划编辑 赵 宏 | 责任编辑 刘冰清 | 封面设计 杨泽江 |

公司法律服务全流程手册
GONGSI FALÜ FUWU QUANLIUCHENG SHOUCE

编著／梁玉茹
经销／新华书店
印刷／三河市紫恒印装有限公司
开本／710 毫米×1000 毫米　16 开　　　　　　　　印张／29　字数／410 千
版次／2022 年 4 月第 1 版　　　　　　　　　　　　2022 年 4 月第 1 次印刷

中国法制出版社出版
书号 ISBN 978-7-5216-2588-2　　　　　　　　　　　　　定价：119.00 元

北京市西城区西便门西里甲 16 号西便门办公区
邮政编码：100053　　　　　　　　　　　　　　　传真：010-63141600
网址：http://www.zgfzs.com　　　　　　　　　　编辑部电话：010-63141837
市场营销部电话：010-63141612　　　　　　　　　印务部电话：010-63141606

（如有印装质量问题，请与本社印务部联系。）